口腔诊所开业管理丛书

口腔诊所开业法规

Laws and Decree of Dental Practices

第 2 版

编著 李 刚

人民卫生出版社

图书在版编目（CIP）数据

口腔诊所开业法规 / 李刚编著. —2 版. —北京：人民卫生出版社，2016

（口腔诊所开业管理丛书）

ISBN 978-7-117-22934-0

Ⅰ. ①口… Ⅱ. ①李… Ⅲ. ①口腔科医院—医药卫生管理—法规—中国 Ⅳ. ①D922.16

中国版本图书馆 CIP 数据核字（2016）第 160330 号

人卫智网	www.ipmph.com	医学教育、学术、考试、健康，购书智慧智能综合服务平台
人卫官网	www.pmph.com	人卫官方资讯发布平台

口腔诊所开业法规
第 2 版

编　　著：李　刚
出版发行：人民卫生出版社（中继线 010-59780011）
地　　址：北京市朝阳区潘家园南里 19 号
邮　　编：100021
E - mail：pmph @ pmph.com
购书热线：010-59787592　010-59787584　010-65264830
印　　刷：北京九州迅驰传媒文化有限公司
经　　销：新华书店
开　　本：710×1000　1/16　印张：22
字　　数：419 千字
版　　次：2006 年 12 月第 1 版　　2016 年 12 月第 2 版
　　　　　2024 年 4 月第 2 版第 3 次印刷（总第 4 次印刷）
标准书号：ISBN 978-7-117-22934-0
定　　价：56.00 元
打击盗版举报电话：010-59787491　E-mail：WQ @ pmph.com
质量问题联系电话：010-59787234　E-mail：zhiliang @ pmph.com

前　言

　　新中国成立以来，我国在医疗机构管理的法律建设方面不断发展。原卫生部（现国家卫生计生委）1963年发布的《关于开业医生暂行管理办法》明确规定："个体开业医生是独立脑力劳动者，是社会主义卫生事业的补充……可允许极少数适合开业的医生个体开业。"这条规定，阐明了在我国允许和保护个体口腔诊所存在的政策及其在发展社会主义卫生事业中的作用。改革开放以来，我国医疗机构管理的立法工作在原有的基础上得到了更加快速的发展，先后颁布了《医疗机构管理条例》《中华人民共和国执业医师法》《医疗事故处理条例》等一系列的法律法规，推动了我国口腔诊所的开业发展。

　　随着我国社会主义市场经济的发展，我国的医疗卫生事业也得到了高速发展，然而在社会医疗保障制度的建立和完善，以及在口腔诊所和口腔医师的规模和质量方面都需要相应的提高。因此，所有口腔医疗机构和口腔医师都应遵守国家开业注册和政府管理相关政策与法规，认真学习和贯彻执行相关口腔卫生政策与法规，以规范口腔医疗工作。执业口腔医师和开业口腔诊所必须接受当地卫生行政部门的领导管理，业务技术指导和管理由指定的口腔医疗机构负责。

　　作为开业口腔诊所和从业人员，一方面要积极配合政府职能部门的监管，另一方面要切实做到自律。由于历史的原因，在我国有相当部分的口腔诊所和从业人员因受传统因素、某些特定时期的原因等影响，在就诊环境、临床医疗规程、消毒隔离制度、服务品质等方面还不规范，由此造成了口腔诊所和从业人员的整体医疗质量不稳定，在社会上影响了口腔诊所和口腔医师的整体形象。熟悉相关法规有助于口腔医师依法行医、口腔诊所依法执业。口腔诊所要实行以患者为中心，做到收费价格、疾病诊断以及医疗方法的公开，提高透明度，保障患者知情权，严守患者的隐私，在医疗过程中严禁误导患者。要把加强自律、诚信服务作为考评口腔诊所和口腔医师的重要内容。同时，呼吁口腔诊所和从业人员积极参与社会公益活动，为社会主义精神文明建设作出应有贡献。

　　社会主义市场经济是法制经济。与口腔医师执业管理和口腔诊所开业管理密切相关的法律法规有很多，本书只涉及其中直接部分。必须加强执业法制教育，全面了解国家对口腔诊所开业和口腔医师执业的方针政策。口腔诊所只有做到依法开业，口腔医师只有做到依法执业，才能适应市场竞争的要求，才能推动我国口腔卫生服务的进步，才能真正提高我国大众的口腔健康水平。

作者长期以来将我国口腔诊所开业管理作为其研究内容，对国内外众多的口腔诊所开业管理进行了调查与研究，积累了数以百计的口腔诊所依法开业案例。本书编写的目的是为推动我国口腔医师贯彻执业法规、口腔诊所贯彻开业法规和推进口腔医疗行业管理。本书分为口腔医师执业资格、口腔诊所开业许可、处理医疗事故纠纷、口腔诊所税收管理、医疗机构人事管理、口腔医疗消毒管理、口腔医疗器械管理、口腔放射工作管理、医疗机构经营管理、口腔临床技术管理、社区口腔卫生服务、医疗机构行政处罚、口腔诊所社团管理，共十三章。内容系统、全面、规范、实用、可操作性强，对推行我国口腔医师执业法制教育、口腔诊所开业法制建设具有指导作用。

如本书中汇编的法规与政府正式文本有出入，应以政府文本为准，特此说明。

在本书编写和相关研究过程中，得到了第四军医大学口腔医学院和西安爱牙管理咨询有限公司的大力支持和帮助，得到了我国各地口腔医院、口腔门诊部、口腔诊所的大力合作和支持。借此出版机会，特此表示敬意和感谢！

李　刚博士

2016 年 2 月 20 日

作者联系方法

单位：第四军医大学口腔医学院口腔预防医学教研室

地址：中国 西安 长乐西路 145 号　　邮编：710032

电话：029-84772650（办公室）　E-mail: chinaligang@21cn.com

欢迎来函来电咨询和提出宝贵修改意见

目　录

第一章

口腔医师执业资格

我国原卫生部 1963 年发布的《关于开业医生暂行管理办法》明确规定："个体开业医生是独立脑力劳动者，是社会主义卫生事业的补充……可允许极少数适合开业的医生个体开业。"这条规定，阐明了在我国现有条件下允许和保护个体开业医生存在的政策及其在发展社会主义卫生事业中的作用。直到现在，为了拓展我国医疗服务，方便群众看病，我国仍然执行允许个体开业行医的卫生政策。

口腔医师执业的审批权应属当地市(区)、县卫生行政部门，未经卫生行政部门批准不得执业。执业口腔医师必须接受当地卫生行政部门的领导管理，业务技术指导和管理。执业口腔医师除进行口腔医疗工作外，还要承担卫生宣传、卫生防疫、妇幼保健等方面的任务。

为了加强医师队伍的建设，提高医师的职业道德和业务素质，保障医师的合法权益，保护人民健康，1998 年 6 月 26 日，第九届全国人民代表大会常务委员会第三次会议通过了《中华人民共和国执业医师法》，江泽民总书记发布第 5 号令予以公布，并自 1999 年 5 月 1 日起施行，标志着我国医师执业准入进入了法制化的轨道。口腔医师执业，首先应当符合《中华人民共和国执业医师法》的要求以及相关法规规章的规定。县级以上地方人民政府卫生行政部门负责管理本行政区域内的医师工作。口腔诊所法人必须具备执业医师(大、中、小城市)或执业助理医师(小城市和乡镇)证书。

原卫生部 1999 年公布《医师执业注册暂行办法》，规定医师经注册取得《医师执业证书》后，方可按照注册的执业地点、执业类别、执业范围，从事相应的医疗、预防、保健活动。执业地点是指医师执业的医疗、预防、保健机构及其登记注册的地址。执业类别是指临床、中医(包括中医、民族医和中西医结合)、口腔、公共卫生。未经注册取得《医师执业证书》者，不得从事医疗、预防、保健活动。

原卫生部 2002 年修正《医师资格考试暂行办法》，医师资格考试是评价申请医师资格者是否具备执业所必须的专业知识与技能的考试。医师资格考试分为执业医师资格考试和执业助理医师资格考试。考试类别分为临床、中医（包括中医、民族医、中西医结合）、口腔、公共卫生四类。考试方式分为实践技能考试和医学综合笔试。

为了提高乡村医生的职业道德和业务素质，加强乡村医生从业管理，保护乡村医生的合法权益，保障村民获得初级卫生保健服务，国务院2003年第16次常务会议通过《乡村医生从业管理条例》。适用于尚未取得执业医师资格或者执业助理医师资格，经注册在村医疗卫生机构从事预防、保健和一般医疗服务的乡村医生。

医师是指取得执业医师资格或者执业助理医师资格，经注册在医疗、预防、保健机构（包括计划生育技术服务机构）中执业的专业医务人员。1998年6月26日经全国人大常委会通过，1999年5月1日实施的《中华人民共和国执业医师法》对执业（助理）医师的考试、医师资格认定、执业注册作了明确的法律规定，未经许可批准，不得从事医师职业。与《执业医师法》相配套的文件有：原卫生部《医师资格报名考试暂行办法》（1999年）、《医师执业注册暂行办法》（1999年）、《关于医师执业注册中执业范围的暂行规定》（2001年）、《医师资格考试报名资格规定（2014年）》等。

我国医师分为四类两级。四类包括：临床、口腔、公共卫生、中医。其中每个类别的医师又分为执业医师和执业助理医师两个级别。口腔医师开业时必须要有口腔医师和口腔助理医师的行医资格。我国每年都要进行口腔执业医师和口腔执业助理医师资格的全国统一考试，只有考试合格，才能具有对病人进行诊治的专业资格。

《卫生部关于2000年医师资格考试报名资格认定及有关规定》指出，对通过医学自学考试和广播电视大学获得医学专业学历，报名参加医师资格考试的，除符合《执业医师法》及有关文件的规定外，还应遵守下列规定：1998年6月30日以前，报名参加医学自学考试，其后取得医学专业学历的人员，其学历可以作为医师资格考试报名的学历依据。1998年7月1日以后，非在职卫生技术人员报名参加医学自学考试，其后取得的医学专业学历不作为医师资格考试报名的学历依据。2000年1月1日以后入学的非在职卫生技术人员，取得的广播电视大学医学专业学历，不作为医师资格考试报名的学历依据。2003年12月31日前，广播电视大学毕业并取得医学专业学历的人员，其学历可以作为医师资格考试报名的学历依据。2004年1月1日以后，广播电视大学毕业并取得医学专业学历的非在职卫生技术人员，其学历不作为医师资格考试报名的学历依据。在职卫生技术人员，经自学考试或广播电视大学毕业取得的医学专业学历，可以作为医师资格考试报名的学历依据。

一、资格考试

口腔医师资格考试的性质是行业准入考试，是评价申请医师资格者是否具备从事医疗工作所必须的专业知识与技能的考试。口腔医师资格考试也是世界各国普遍采用的口腔医师资格认可形式。我国实施口腔医师资格考试制度，每年举行一次考试。在《执业医师法》实施后，要取得口腔医师资格，只有通过国家口腔医师资格考试方可获取。口腔医师资格考试是测试和评价从事口腔医师工作的人员是否具备必需的基本知识、基本理论和基本技能的要求，是一个执业资格和行业准入性质的考试，是具有执法性质的考试，是口腔医师执业注册的先决条件之一，也是卫生行政部门依法管理口腔医师行业的重要措施。口腔医师行业准入制度的实施可分为五个环节，即报名资格审定、实践技能考试、综合笔试、口腔医师资格认定和执业注册五个环节，其中前三个环节的目的是为获取口腔执业（助理）医师资格，当持有口腔执业（助理）医师资格证书者被合法的医疗机构拟聘用，并经卫生行政部门注册后方可在规定范围内开展口腔医疗活动或其他口腔卫生服务。

医师资格考试分医学综合笔试和实践技能考试两部分。医学综合笔试部分采取标准化考试方式并实行全国统一考试，由国家医学考试中心和国家中医药管理局中医师资格认证中心承担国家一级的具体考试业务工作。实践技能考试具体由各省、自治区、直辖市医师资格考试领导小组组织实施。

由国家医学考试中心修订的 2013 年版医师资格考试大纲已经出版，考试大纲作为医师资格考试命题和考生备考的依据。新考试大纲摒弃了以学科为基础的模式，采用按系统、疾病为基础的模式，注重学科之间的整合，更加强调能力的考察，使医师资格考试更加接近考试目标。这些变化必将对考试和备考产生重大的影响。

二、执业注册

依据《中华人民共和国执业医师法》（中华人民共和国主席令第 5 号）、《医师执业注册暂行办法》（原卫生部令第 5 号），在区卫生行政部门执业登记的医疗、保健机构及同级预防机构中执业的有口腔执业医师或口腔执业助理医师资格的人员，取得口腔执业医师或口腔执业助理医师资格的人员在执业前必须向区卫生行政部门申请注册。区卫生行政部门收到注册申请之日起 30 日内，对申请人提交的申请材料进行初审，后转交至市卫生行政部门审核，合格的予以注册颁发《医师执业证书》。

申请注册需提供的资料：

（1）医师执业注册申请审核表；

（2）二寸免冠正面半身照片2张；

（3）《医师资格证书》及复印件；

（4）申请人6个月以内的健康体检表；

（5）申请人身份证及复印件；

（6）医疗、预防、保健机构的拟聘用证明；

（7）重新申请注册还需区卫生行政部门指定培训机构出具的业务水平考核结果证明；

（8）获得执业医师或助理医师资格后2年内未注册者，还应提交在区卫生行政部门指定培训机构内培训3～6个月，并经考核合格的证明；

（9）其他省级以上卫生行政部门规定的材料。

三、执 业 范 围

一般情况下，医师不得从事执业注册范围以外的其他专业的执业活动，但有下列情况之一的，不属于超范围执业：

（1）对病人实施紧急医疗救护的；

（2）临床医师依据《住院医师规范化培训规定》和《全科医师规范化培训试行办法》等，进行临床转科的；

（3）依据国家有关规定，经医疗、预防、保健机构批准的卫生支农、会诊、进修、学术交流、承担政府交办的任务和卫生行政部门批准的义诊等；

（4）省级以上卫生行政部门规定的其他情形。

为了加强外国医师来华短期行医的管理，保障医患双方的合法权益，促进中外医学技术的交流和发展，原卫生部制定《外国医师来华短期行医暂行管理办法》。规定"外国医师来华短期行医"，是指在外国取得合法行医权的外籍医师，应邀、应聘或申请来华从事不超过一年期限的临床诊断、治疗业务活动。

[案例] **执业医师/执业助理医师注册办理指南**[来源：成都市武侯区卫生局，时间：2014-09-12]

一、项目概述

1. 项目名称：执业医师/执业助理医师注册、变更注册

2. 法定时限：30个工作日

3. 承诺时限：5个工作日

二、法定依据

《中华人民共和国执业医师法》第 13 条

三、办理程序

1. 在武侯区卫生局登记注册的医疗、预防、保健机构和计划生育服务机构中取得执业医师资格证/执业助理医师资格证的人员填写《医师执业注册申请审核表》交所在医疗、保健机构或预防机构相关部门；

2. 由所在医疗、预防保健机构统一向区政务服务中心卫生分中心窗口提出申请，由区政务服务中心卫生分中心窗口工作人员进行初审合格后受理。对申请材料不齐全、不符合法定形式的，即时告知申请人应当补正的全部材料，补正后方可正式受理；

3. 区卫生局审核合格后，核发《医师执业证书》；对不符合条件的给予书面答复并说明理由。

四、申请材料

（一）执业（助理）医师执业注册

1.《医师执业注册申请审核表》1 份；

2. 定点医疗机构出具的申请人 6 个月内的《医师注册健康体检表》；

3.《医疗、预防、保健机构的拟聘用证明》1 份；

4. 拟执业机构的《医疗机构执业许可证》正本复印件 1 份（加盖单位公章）；

5.《医师资格证书》原件及复印件 1 份；

6.《医师执业证书》原件及复印件 1 份；

7. 申请人有效身份证原件及复印件 1 份；

8. 小二寸免冠半身照片 1 张（黑白或彩色近照均可）。

具有执业医师/执业助理医师资格，2 年内未注册者，申请注册时，还应提交在我市二级甲等以上综合性医疗机构接受 3~6 个月的培训，并经考核合格的证明。

重新申请注册者，除上述 2~8 项材料外，还应提交《医师重新执业注册申请审核表》、《医师执业证书》原件和指定的医疗、预防、保健机构或组织出具 3~6 个月的业务水平考核合格证明。

（二）医师变更注册

1.《医师变更执业注册申请审核表》1 份；

2.《医疗、预防、保健机构的拟聘用证明》1 份；

3. 拟执业机构的《医疗机构执业许可证》正本复印件 1 份（加盖单位公章）；

4.《医师资格证书》原件及复印件 1 份；

5.《医师执业证书》原件及复印件 1 份；

6. 申请人有效身份证原件及复印件 1 份。

注：由省外变更至省内的，还应提交小2寸免冠半身照片1张（黑白或彩色近照均可）。申请变更执业范围的，还应提交与拟变更的执业范围相应的同一类别高一层次毕业学历或者省级卫生行政部门指定的业务培训考核机构出具的培训考核合格证明。

（凡要求提交复印件的，均应在该复印件上注明"系原件复印"字样，并加盖单位公章。）

五、前置条件

1. 凡取得执业医师资格证或执业助理医师资格证的，2年内均可申请医师执业注册；

2. 有下列情形之一的，不予注册：不具备完全民事行为能力的；因受刑事处罚，自刑罚执行完毕之日起至申请注册之日止不满2年的；受吊销《医师执业证书》行政处罚，自处罚完毕之日起至申请注册之日止不满2年的；甲、乙类传染病传染期、精神病发病期以及身体残疾等健康状况不适宜或者不能胜任医疗、保健、预防业务工作的；原卫生部规定不宜从事医疗、保健、预防业务的其他情形的。

咨询电话：（028）85568586　投诉电话：（028）85087326　武侯区卫生局

[附录] **中华人民共和国执业医师法**［来源：1998年6月26日第九届全国人民代表大会常务委员会第三次会议通过中华人民共和国执业医师法，1998年6月26日中华人民共和国主席令第5号公布，自1999年5月1日起施行］

第一章　总则

第一条　为了加强医师队伍的建设，提高医师的职业道德和业务素质，保障医师的合法权益，保护人民健康，制定本法。

第二条　依法取得执业医师资格或者执业助理医师资格，经注册在医疗、预防、保健机构中执业的专业医务人员，适用本法。

本法所称医师，包括执业医师和执业助理医师。

第三条　医师应当具备良好的职业道德和医疗执业水平，发扬人道主义精神，履行防病治病、救死扶伤、保护人民健康的神圣职责。

全社会应当尊重医师。医师依法履行职责，受法律保护。

第四条　国务院卫生行政部门主管全国的医师工作。

县级以上地方人民政府卫生行政部门负责管理本行政区域内的医师工作。

第五条　国家对在医疗、预防、保健工作中作出贡献的医师，给予奖励。

第六条　医师的医学专业技术职称和医学专业技术职务的评定、聘任，按照国家有关规定办理。

第七条　医师可以依法组织和参加医师协会。

第二章 考试和注册

第八条 国家实行医师资格考试制度。医师资格考试分为执业医师资格考试和执业助理医师资格考试。

医师资格统一考试的办法,由国务院卫生行政部门制定。医师资格考试由省级以上人民政府卫生行政部门组织实施。

第九条 具有下列条件之一的,可以参加执业医师资格考试:

(一)具有高等学校医学专业本科以上学历,在执业医师指导下,在医疗、预防、保健机构中试用期满一年的;

(二)取得执业助理医师执业证书后,具有高等学校医学专科学历,在医疗、预防、保健机构中工作满二年的;具有中等专业学校医学专业学历,在医疗、预防、保健机构中工作满五年的。

第十条 具有高等学校医学专科学历或者中等专业学校医学专业学历,在执业医师指导下,在医疗、预防、保健机构中试用期满一年的,可以参加执业助理医师资格考试。

第十一条 以师承方式学习传统医学满三年或者经多年实践医术确有专长的,经县级以上人民政府卫生行政部门确定的传统医学专业组织或者医疗、预防、保健机构考核合格并推荐,可以参加执业医师资格或者执业助理医师资格考试。考试的内容和办法由国务院卫生行政部门另行制定。

第十二条 医师资格考试成绩合格,取得执业医师资格或者执业助理医师资格。

第十三条 国家实行医师执业注册制度。取得医师资格的,可以向所在地县级以上人民政府卫生行政部门申请注册。除有本法第十五条规定的情形外,受理申请的卫生行政部门应当自收到申请之日起三十日内准予注册,并发给由国务院卫生行政部门统一印制的医师执业证书。

医疗、预防、保健机构可以为本机构中的医师集体办理注册手续。

第十四条 医师经注册后,可以在医疗、预防、保健机构中按照注册的执业地点、执业类别、执业范围执业,从事相应的医疗、预防、保健业务。

未经医师注册取得执业证书,不得从事医师执业活动。

第十五条 有下列情形之一的,不予注册:

(一)不具有完全民事行为能力的;

(二)因受刑事处罚,自刑罚执行完毕之日起至申请注册之日止不满二年的;

(三)受吊销医师执业证书行政处罚,自处罚决定之日起至申请注册之日止不满二年的;

（四）有国务院卫生行政部门规定不宜从事医疗、预防、保健业务的其他情形的。

受理申请的卫生行政部门对不符合条件不予注册的，应当自收到申请之日起三十日内书面通知申请人，并说明理由。申请人有异议的，可以自收到通知之日起十五日内，依法申请复议或者向人民法院提起诉讼。

第十六条　医师注册后有下列情形之一的，其所在的医疗、预防、保健机构应当在三十日内报告准予注册的卫生行政部门，卫生行政部门应当注销注册，收回医师执业证书：

（一）死亡或者被宣告失踪的；

（二）受刑事处罚的；

（三）受吊销医师执业证书行政处罚的；

（四）依照本法第三十一条规定暂停执业活动期满，再次考核仍不合格的；

（五）中止医师执业活动满二年的；

（六）有国务院卫生行政部门规定不宜从事医疗、预防、保健业务的其他情形的。

被注销注册的当事人有异议的，可以自收到注销注册通知之日起十五日内，依法申请复议或者向人民法院提起诉讼。

第十七条　医师变更执业地点、执业类别、执业范围等注册事项的，应当到准予注册的卫生行政部门依照本法第十三条的规定办理变更注册手续。

第十八条　中止医师执业活动二年以上以及有本法第十五条规定情形消失的，申请重新执业，应当由本法第三十一条规定的机构考核合格，并依照本法第十三条的规定重新注册。

第十九条　申请个体行医的执业医师，须经注册后在医疗、预防、保健机构中执业满五年，并按照国家有关规定办理审批手续；未经批准，不得行医。

县级以上地方人民政府卫生行政部门对个体行医的医师，应当按照国务院卫生行政部门的规定，经常监督检查，凡发现有本法第十六条规定的情形的，应当及时注销注册，收回医师执业证书。

第二十条　县级以上地方人民政府卫生行政部门应当将准予注册和注销注册的人员名单予以公告，并由省级人民政府卫生行政部门汇总，报国务院卫生行政部门备案。

第三章　执业规则

第二十一条　医师在执业活动中享有下列权利：

（一）在注册的执业范围内，进行医学诊查、疾病调查、医学处置、出具相应的医学证明文件，选择合理的医疗、预防、保健方案；

（二）按照国务院卫生行政部门规定的标准，获得与本人执业活动相当的医

疗设备基本条件;

（三）从事医学研究、学术交流,参加专业学术团体;

（四）参加专业培训,接受继续医学教育;

（五）在执业活动中,人格尊严、人身安全不受侵犯;

（六）获取工资报酬和津贴,享受国家规定的福利待遇;

（七）对所在机构的医疗、预防、保健工作和卫生行政部门的工作提出意见和建议,依法参与所在机构的民主管理。

第二十二条　医师在执业活动中履行下列义务:

（一）遵守法律、法规,遵守技术操作规范;

（二）树立敬业精神,遵守职业道德,履行医师职责,尽职尽责为患者服务;

（三）关心、爱护、尊重患者,保护患者的隐私;

（四）努力钻研业务,更新知识,提高专业技术水平;

（五）宣传卫生保健知识,对患者进行健康教育。

第二十三条　医师实施医疗、预防、保健措施,签署有关医学证明文件,必须亲自诊查、调查,并按照规定及时填写医学文书,不得隐匿、伪造或者销毁医学文书及有关资料。

医师不得出具与自己执业范围无关或者与执业类别不相符的医学证明文件。

第二十四条　对急危患者,医师应当采取紧急措施进行诊治;不得拒绝急救处置。

第二十五条　医师应当使用经国家有关部门批准使用的药品、消毒药剂和医疗器械。

除正当诊断治疗外,不得使用麻醉药品、医疗用毒性药品、精神药品和放射性药品。

第二十六条　医师应当如实向患者或者其家属介绍病情,但应注意避免对患者产生不利后果。

医师进行实验性临床医疗,应当经医院批准并征得患者本人或者其家属同意。

第二十七条　医师不得利用职务之便,索取、非法收受患者财物或者牟取其他不正当利益。

第二十八条　遇有自然灾害、传染病流行、突发重大伤亡事故及其他严重威胁人民生命健康的紧急情况时,医师应当服从县级以上人民政府卫生行政部门的调遣。

第二十九条　医师发生医疗事故或者发现传染病疫情时,应当按照有关规定及时向所在机构或者卫生行政部门报告。

医师发现患者涉嫌伤害事件或者非正常死亡时,应当按照有关规定向有关部门报告。

第三十条 执业助理医师应当在执业医师的指导下,在医疗、预防、保健机构中按照其执业类别执业。

在乡、民族乡、镇的医疗、预防、保健机构中工作的执业助理医师,可以根据医疗诊治的情况和需要,独立从事一般的执业活动。

第四章 考核和培训

第三十一条 受县级以上人民政府卫生行政部门委托的机构或者组织应当按照医师执业标准,对医师的业务水平、工作成绩和职业道德状况进行定期考核。

对医师的考核结果,考核机构应当报告准予注册的卫生行政部门备案。

对考核不合格的医师,县级以上人民政府卫生行政部门可以责令其暂停执业活动三个月至六个月,并接受培训和继续医学教育。暂停执业活动期满,再次进行考核,对考核合格的,允许其继续执业;对考核不合格的,由县级以上人民政府卫生行政部门注销注册,收回医师执业证书。

第三十二条 县级以上人民政府卫生行政部门负责指导、检查和监督医师考核工作。

第三十三条 医师有下列情形之一的,县级以上人民政府卫生行政部门应当给予表彰或者奖励:

(一)在执业活动中,医德高尚,事迹突出的;

(二)对医学专业技术有重大突破,作出显著贡献的;

(三)遇有自然灾害、传染病流行、突发重大伤亡事故及其他严重威胁人民生命健康的紧急情况时,救死扶伤、抢救诊疗表现突出的;

(四)长期在边远贫困地区、少数民族地区条件艰苦的基层单位努力工作的;

(五)国务院卫生行政部门规定应当予以表彰或者奖励的其他情形的。

第三十四条 县级以上人民政府卫生行政部门应当制定医师培训计划,对医师进行多种形式的培训,为医师接受继续医学教育提供条件。

县级以上人民政府卫生行政部门应当采取有力措施,对在农村和少数民族地区从事医疗、预防、保健业务的医务人员实施培训。

第三十五条 医疗、预防、保健机构应当按照规定和计划保证本机构医师的培训和继续医学教育。

县级以上人民政府卫生行政部门委托的承担医师考核任务的医疗卫生机构,应当为医师的培训和接受继续医学教育提供和创造条件。

第五章 法律责任

第三十六条 以不正当手段取得医师执业证书的,由发给证书的卫生行政部门予以吊销;对负有直接责任的主管人员和其他直接责任人员,依法给予行政处分。

第三十七条 医师在执业活动中,违反本法规定,有下列行为之一的,由县级以上人民政府卫生行政部门给予警告或者责令暂停六个月以上，一年以下执业活动；情节严重的，吊销其执业证书；构成犯罪的，依法追究刑事责任：

（一）违反卫生行政规章制度或者技术操作规范，造成严重后果的；

（二）由于不负责任延误急危患者的抢救和诊治，造成严重后果的；

（三）造成医疗责任事故的；

（四）未经亲自诊查、调查，签署诊断、治疗、流行病学等证明文件或者有关出生、死亡等证明文件的；

（五）隐匿、伪造或者擅自销毁医学文书及有关资料的；

（六）使用未经批准使用的药品、消毒药剂和医疗器械的；

（七）不按照规定使用麻醉药品、医疗用毒性药品、精神药品和放射性药品的；

（八）未经患者或者其家属同意，对患者进行实验性临床医疗的；

（九）泄露患者隐私，造成严重后果的；

（十）利用职务之便，索取、非法收受患者财物或者牟取其他不正当利益的；

（十一）发生自然灾害、传染病流行、突发重大伤亡事故以及其他严重威胁人民生命健康的紧急情况时，不服从卫生行政部门调遣的；

（十二）发生医疗事故或者发现传染病疫情，患者涉嫌伤害事件或者非正常死亡，不按照规定报告的。

第三十八条　医师在医疗、预防、保健工作中造成事故的，依照法律或者国家有关规定处理。

第三十九条　未经批准擅自开办医疗机构行医或者非医师行医的，由县级以上人民政府卫生行政部门予以取缔，没收其违法所得及其药品、器械，并处十万元以下的罚款；对医师吊销其执业证书；给患者造成损害的，依法承担赔偿责任；构成犯罪的，依法追究刑事责任。

第四十条　阻碍医师依法执业，侮辱、诽谤、威胁、殴打医师或者侵犯医师人身自由、干扰医师正常工作、生活的，依照治安管理处罚条例的规定处罚；构成犯罪的，依法追究刑事责任。

第四十一条　医疗、预防、保健机构未依照本法第十六条的规定履行报告职责，导致严重后果的，由县级以上人民政府卫生行政部门给予警告；并对该机构的行政负责人依法给予行政处分。

第四十二条　卫生行政部门工作人员或者医疗、预防、保健机构工作人员违反本法有关规定，弄虚作假、玩忽职守、滥用职权、徇私舞弊，尚不构成犯罪的，依法给予行政处分；构成犯罪的，依法追究刑事责任。

第六章　附则

第四十三条　本法颁布之日前按照国家有关规定取得医学专业技术职称和

医学专业技术职务的人员，由所在机构报请县级以上人民政府卫生行政部门认定，取得相应的医师资格。其中在医疗、预防、保健机构中从事医疗、预防、保健业务的医务人员，依照本法规定的条件，由所在机构集体核报县级以上人民政府卫生行政部门，予以注册并发给医师执业证书。具体办法由国务院卫生行政部门会同国务院人事行政部门制定。

第四十四条　计划生育技术服务机构中的医师，适用本法。

第四十五条　在乡村医疗卫生机构中向村民提供预防、保健和一般医疗服务的乡村医生，符合本法有关规定的，可以依法取得执业医师资格或者执业助理医师资格；不具备本法规定的执业医师资格或者执业助理医师资格的乡村医生，由国务院另行制定管理办法。

第四十六条　军队医师执行本法的实施办法，由国务院、中央军事委员会依据本法的原则制定。

第四十七条　境外人员在中国境内申请医师考试、注册、执业或者从事临床示教、临床研究等活动的，按照国家有关规定办理。

第四十八条　本法自1999年5月1日起施行

[附录] **医师资格考试暂行办法**[来源：原卫生部令第4号1999年发布，自1999年5月1日起施行，2002年2月5日原卫生部修正]

第一章　总则

第一条　根据《中华人民共和国执业医师法》（以下简称《执业医师法》）第八条的规则，制定本办法。

第二条　医师资格考试是评价申请医师资格者是否具备执业所必须的专业知识与技能的考试。

第三条　医师资格考试分为执业医师资格考试和执业助理医师资格考试。考试类别分为临床、中医（包括中医、民族医、中西医结合）、口腔、公共卫生四类。考试方式分为实践技能考试和医学综合笔试。

医师资格考试方式的具体内容和方案由卫生部医师资格考试委员会制定。

第四条　医师资格考试实行国家统一考试，每年举行一次。考试时间由卫生部医师资格考试委员会确定，提前3个月向社会公告。

第二章　组织管理

第五条　卫生部医师资格考试委员会，负责全国医师资格考试工作。委员会下设办公室和专门委员会。

各省、自治区、直辖市卫生行政部门牵头成立医师资格考试领导小组，负责本辖区的医师资格考试工作。领导小组组长由省级卫生行政部门的主要领导兼任。

第六条　医师资格考试考务管理实行国家医学考试中心、考区、考点三级分别责任制。

第七条　国家医学考试中心在卫生部和卫生部医师资格考试委员会领导下,具体负责医师资格考试的技术性工作,其职责是:

（一）组织拟定考试大纲和命题组卷的有关具体工作;

（二）组织制订考务管理规定;

（三）承担考生报名信息处理、制卷、发送试卷、回收答题卡等考务工作;

（四）组织评定考试成绩,提供考生成绩单;

（五）提交考试结果统计分析报告;

（六）向卫生部和卫生部医师资格考试委员会报告考试工作;

（七）指导考区办公室和考点办公室的业务工作;

（八）承担命题专家的培训工作;

（九）其他。

第八条　各省、自治区、直辖市为考区,考区主任由省级卫生行政部门主管领导兼任。

考区的基本情况和人员组成报卫生部医师资格考试委员会备案。

考区设办公室,其职责是:

（一）制定本地区医师考试考务管理具体措施;

（二）负责本地区的医师资格考试考务管理;

（三）指导各考点办公室的工作;

（四）接收或转发报名信息、试卷、答题卡、成绩单等考试资料;向国家医学考试中心寄送报名信息、答题卡等考试资料;

（五）复核考生报名资格;

（六）处理、上报考试期间本考区发生的重大问题;

（七）其他。

第九条　考区根据考生情况设置考点,报卫生部医师资格考试委员会备案。考点应设在地或设区的市。考点设主考一人,由地或设区的市级卫生行政部门主管领导兼任。

考点设置应符合考点设置标准。考点设办公室,其职责是:

（一）负责本地区医师资格考试考务工作;

（二）受理考生报名,核实考生提供的报名材料,审核考生报名资格;

（三）指导考生填写报名信息表,按统一要求处理考生信息;

（四）收取考试费;

（五）核发《准考证》;

（六）安排考场,组织培训监考人员;

（七）负责接收本考点的试卷、答题卡，负责考试前的机要存放；

（八）组织实施考试；

（九）考试结束后清点试卷、答题卡，寄送答题卡并销毁试卷；

（十）分发成绩单并受理成绩查询；

（十一）处理、上报考试期间本考点发生的问题；

（十二）其他。

第十条 各级考试管理部门和机构要有计划地逐级培训考务工作人员。

第三章 报考程序

第十一条 凡符合《执业医师法》第九条所列条件的，可以申请参加执业医师资格考试。

在1998年6月26日前获得医士专业技术职务任职资格，后又取得执业助理医师资格的，医士从业时间和取得执业助理医师执业证书后执业时间累计满五年的，可以申请参加执业医师资格考试。

高等学校医学专业本科以上学历是指国务院教育行政部门认可的各类高等学校医学专业本科以上的学历。

第十二条 凡符合《执业医师法》第十条所列条件的，可以申请参加执业助理医师资格考试。

高等学校医学专科学历是指省级以上教育行政部门认可的各类高等学校医学专业专科学历；中等专业学校医学专业学历是指经省级以上教育行政部门认可的各类中等专业学校医学专业中专学历。

第十三条 申请参加医师资格考试的人员，应当在公告规定期限内，到户籍所在地的考点办公室报名，并提交下列材料：

（一）二寸免冠正面半身照片两张；

（二）本人身份证明；

（三）毕业证书复印件；

（四）试用机构出具的试用期满一年并考核合格的证明；

（五）执业助理医师申报执业医师资格考试的，还应当提交《医师资格证书》复印件、《医师执业证书》复印件、执业时间和考核合格证明；

（六）报考所需的其他材料。

试用机构与户籍所在跨省分离的，由试用机构推荐，可在试用机构所在地报名参加考试。

第十四条 经审查，符合报考条件，由考点发放《准考证》。

第十五条 考生报名后不参加考试的，取消本次考试资格。

第四章 实践技能考试

第十六条 在卫生部医师资格考试委员会领导下，省级医师资格考试领导小组根据本辖区考生情况及专业特点，依据实践技能考试大纲，负责实施实践技能考试工作。

第十七条 已经取得执业助理医师执业证书，报考执业医师资格的，可以免于实践技能考试。

第十八条 经省级医师资格考试领导小组批准的，符合《医疗机构基本标准》二级以上医院（中医、民族医、中西医结合医院除外）、妇幼保健院、急救中心标准的机构，承担对本机构聘用的申请报考临床类别人员的实践技能考试。

除前款规定的人员外，其他人员应根据考点办公室的统一安排，到省级医师资格考试领导小组指定的地或设区的市级以上医疗、预防、保健机构或组织参加实践技能考试。该机构或组织应当在考生医学综合笔试考点所在地。

第十九条 承担实践技能考试的考官应具备下列条件：

（一）取得主治医师以上专业技术职务任职资格满三年；

（二）具有一年以上培训医师或指导医学专业学生实习的工作经历；

（三）经省级医师资格考试领导小组进行考试相关业务知识的培训，考试成绩合格，并由省级医师资格考试领导小组颁发的实践技能考试考官聘任证书。

实践技能考试考官的聘用任期为二年。

第二十条 承担实践技能考试的机构或组织内设若干考试小组。每个考试小组由三人以上单数考官组成。其中一名为主考官。主考官应具有副主任医师以上专业技术职务任职资格，并经承担实践技能考试机构或组织的主要负责人推荐，报考点办公室审核，由考点主考批准。

第二十一条 考官有下列情形之一的，必须自行回避；应试者也有权以口头或者书面方式申请回避：

（一）是应试者的近亲属；

（二）与应试者有利害关系；

（三）与应试者有其他关系，可能影响考试公正的。

前款规定适用于组织考试的工作人员。

第二十二条 实践技能考试机构或组织应对应试者所提交的试用期一年的实践材料进行认真审核。

第二十三条 考试小组进行评议时，如果意见分歧，应当少数服从多数，并由主考官签署考试结果。但是少数人的意见应当写入笔录。评议笔录由考试小组的全体考官签名。

第二十四条 省级医师资格考试领导小组要加强对承担实践技能考试工作的机构或组织的检查、指导、监督和评价。

第二十五条 本办法第十八条第一款规定的机构，应当将考生考试结果及有关资料报考点办公室审核。考点办公室应在医学综合笔试考试日期15日前将考生实践技能考试结果通知考生,并对考试合格的,发给由主考签发的实践技能考试合格证明。

本办法第十八条第二款规定的机构或组织应于考试结束后将考生考试结果及有关资料报考点办公室审核,由考点办公室将考试结果通知考生,对考试合格的,发给由主考签发的实践技能考试合格证明。具体上报和通知考生时间由省级卫生行政部门规定。

实践技能考试合格者方可参加医学综合笔试。

第五章 医学综合笔试

第二十六条 实践技能考试合格的考生应持实践技能考试合格证明参加医学综合笔试。

第二十七条 医师资格考试试卷(包括备用卷)和标准答案,启用前应当严格保密;使用后的试卷应予销毁。

第二十八条 国家医学考试中心向考区提供医学综合笔试试卷和答题卡、各考区成绩册、考生成绩单及考试统计分析结果。考点在考区的领导监督下组织实施考试。

第二十九条 考试中心、考区、考点工作人员及命题人员,如有直系亲属参加当年医师资格考试的,应实行回避。

第三十条 医师资格考试结束后,考区应当立即将考试情况报告卫生部医师资格考试委员会。

第三十一条 医师资格考试的合格线由卫生部医师资格考试委员会确定,并向社会公告。

第三十二条 考生成绩单由考点发给考生。考生成绩在未正式公布前,应当严格保密。

第三十三条 考试成绩合格的,授予执业医师资格或执业助理医师资格,由省级卫生行政部门颁发卫生部统一印制的《医师资格证书》。

《医师资格证书》是执业医师资格或执业助理医师资格的证明文件。

第六章 处罚

第三十四条 违反本办法,考生有下列情形之一的,县级以上卫生行政部门视情节,给予警告、通报批评、取消单元考试资格、取消当年考试资格的处罚或处分;构成犯罪的,依法追究刑事责任:

(一)违反考场纪律、影响考场秩序;

(二)由他人代考、偷换答卷;

(三)假报姓名、年龄、学历、工龄、民族、身份证明、学籍等;

(四)伪造有关资料,弄虚作假;

(五)其他严重舞弊行为。

第三十五条　考试人员违反本办法,有下列情形之一的,由县级以上卫生行政部门给予警告或取消考试工作人员资格,考试工作人员所在单位可以给予记过、记大过、降级、降职、撤职、开除等处分;构成犯罪的,依法追究刑事责任:

(一)监考中不履行职责;

(二)在阅卷评分中错评、漏评、差错较多,经指出仍不改正的;

(三)泄漏阅卷评分工作情况;

(四)利用工作之便,为考生舞弊提供条件或者谋取私利;

(五)其他严重违纪行为。

第三十六条　考点有下列情况之一,造成较大影响的,取消考点资格,并追究考点负责人的责任:

(一)考点考务工作管理,出现严重差错的;

(二)所属考场秩序混乱,出现大面积舞弊、抄袭现象的;

(三)发生试卷泄密、损毁、丢失的;

(四)其他影响考试的行为。

考场、考点发生考试纪律混乱、有组织的舞弊,相应范围内考试无效。

第三十七条　卫生行政部门工作人员违反本办法有关规定,在考试中弄虚作假、玩忽职守、滥用职权、徇私舞弊,尚不构成犯罪的,依法给予行政处分;构成犯罪的依法追究刑事责任。

第三十八条　为申请参加实践技能考试的考生出具伪证的,依法追究直接责任者的法律责任。执业医师出具伪证的,注销注册,吊销其《医师执业证书》。对出具伪证的机构主要负责人视情节予以降职、撤职等处分;构成犯罪的,依法追究刑事责任。

省级医师资格考试领导小组对违反有关规定的承担实践技能考试机构或组织责令限期整改;情节严重的,取消承担实践技能考试机构或组织的资格,五年内不得再次申请承担实践技能考试指定机构或组织。

第七章　附则

第三十九条　省级卫生行政部门可根据本办法制定具体规定,并报卫生部备案。

第四十条　国家和省级中医药主管部门分别在卫生部医师资格考试委员会和省级医师资格考试领导小组统一安排下,参与组织中医(包括中医、民族医、中西医结合)医师资格考试中的有关技术性工作、考生资格审核、实践技能考试等。

第四十一条　本办法所称医疗机构是指符合《医疗机构管理条件》第二条和《医疗机构管理条例实施细则》第二条和第三条规定的机构;社区卫生服务机构和采供血机构适用《医疗机构管理条例实施细则》第三条第十二项的规定;预防机构是指《传染病防治法实施办法》第七十三条规定的机构。

第四十二条　计划生育技术服务机构中的人员适用本办法的规定。

第四十三条　本办法由卫生部解释。

第四十四条　本办法自颁布之日起施行。

[附录] **医师资格考试报名资格规定**（2014 版）[来源：于 2014 年 3 月 18 日由国家卫生计生委、教育部、国家中医药管理局联合印发并公布施行　国卫医发〔2014〕11 号]

为做好医师资格考试报名工作，依据《中华人民共和国执业医师法》（以下简称《执业医师法》）及有关规定，现对医师资格考试考生报名资格规定如下：

第一条　符合《执业医师法》、《医师资格考试暂行办法》（原卫生部令第 4 号）和《传统医学师承和确有专长人员医师资格考核考试办法》（原卫生部令第 52 号）有关规定。

第二条　试用机构是指符合《执业医师法》、《医疗机构管理条例》和《医疗机构管理条例实施细则》所规定的医疗、预防、保健机构。

第三条　试用期考核证明

（一）报名时考生应当提交与报考类别相一致的试用期满 1 年并考核合格的证明。

应届毕业生报名时应当提交试用机构出具的试用证明，并于当年 8 月 31 日前提交试用期满 1 年并考核合格的证明。

考生报考时应当在与报考类别相一致的医疗、预防、保健机构试用时间或累计（含多个机构）试用时间满 1 年。

（二）现役军人必须持所在军队医疗、预防、保健机构出具的试用期考核合格证明，方可报考。

（三）试用期考核合格证明当年有效。

第四条　报名有效身份证件

（一）中国大陆公民报考医师资格人员的有效身份证件为第二代居民身份证、临时身份证、军官证、警官证、文职干部证、士兵证、军队学员证；台港澳地区居民报考医师资格人员的有效身份证件为台港澳居民往来大陆通行证。

（二）外籍人员的有效身份证件为护照。

第五条　报考类别

（一）执业助理医师达到报考执业医师规定的，可以报考执业医师资格，报考类别应当与执业助理医师资格类别一致。

（二）报考相应类别的医师资格，应当具备与其相一致的医学学历。

具有临床医学专业本科学历，并在公共卫生岗位试用的，可以以该学历报考公共卫生类别医师资格。中医、中西医结合和民族医医学专业毕业的报考人员，按照取得学历的医学专业报考中医类别相应的医师资格。

（三）符合报考执业医师资格条件的人员可以报考同类别的执业助理医师资格。

（四）在乡级以上计划生育技术服务机构中工作，符合《执业医师法》第九条、第十条规定条件的，可以报考相应类别医师资格。

第六条 学历审核

学历的有效证明是指国家承认的毕业证书。基础医学类、法医学类、护理（学）类、医学技术类、药学类、中药学类等医学相关专业，其学历不作为报考医师资格的学历依据。

（一）研究生学历

1. 临床医学（含中医、中西医结合）、口腔医学、公共卫生专业学位研究生，在符合条件的医疗、预防、保健机构进行临床实践或公共卫生实践，至当次医学综合笔试时累计实践时间满1年的，以符合条件的本科学历和专业，于在学期间报考相应类别医师资格。

临床医学、口腔医学、中医学、中医学（中西医结合方向）、眼视光医学、预防医学长学制学生在学期间已完成1年临床或公共卫生毕业实习和1年以上临床或公共卫生实践的，以本科学历报考相应类别医师资格。

2. 临床医学（含中医、中西医结合）、口腔医学、公共卫生专业学位研究生学历，作为报考相应类别医师资格的学历依据。

在研究生毕业当年以研究生学历报考者，须在当年8月31日前提交研究生毕业证书，并提供学位证书等材料，证明是专业学位研究生学历，方可参加医学综合笔试。

3. 2014年12月31日以前入学的临床医学、口腔医学、中医学、中西医结合、民族医学、公共卫生与预防医学专业的学术学位（原"科学学位"）研究生，具有相当于大学本科1年的临床或公共卫生毕业实习和1年以上的临床或公共卫生实践的，该研究生学历和学科作为报考相应类别医师资格的依据。在研究生毕业当年报考者，须在当年8月31日前提交研究生毕业证书，方可参加医学综合笔试。

2015年1月1日以后入学的学术学位研究生，其研究生学历不作为报考各类别医师资格的学历依据。

4. 临床医学（护理学）学术学位研究生学历，或临床医学（护理领域）专业学位研究生学历，不作为报考各类别医师资格的学历依据。

（二）本科学历

1. 五年及以上学制临床医学、麻醉学、精神医学、医学影像学、放射医学、眼视光医学（"眼视光学"仅限温州医科大学2012年12月31日以前入学）、医学检验（仅限2012年12月31日以前入学）、妇幼保健医学（仅限2014年12月31

日以前入学）专业本科学历，作为报考临床类别执业医师资格考试的学历依据。

2．五年制的口腔医学专业本科学历，作为报考口腔类别执业医师资格考试的学历依据。

3．五年制预防医学、妇幼保健医学专业本科学历，作为报考公共卫生类别执业医师资格考试的学历依据。

4．五年及以上学制中医学、针灸推拿学、中西医临床医学、藏医学、蒙医学、维医学、傣医学、壮医学、哈萨克医学专业本科学历，作为报考中医类别相应执业医师资格考试的学历依据。

5．2009年12月31日以前入学、符合本款规定的医学专业本科学历加注医学专业方向的，应以学历专业报考；2010年1月1日以后入学的，医学专业本科学历加注医学专业方向的，该学历不作为报考医师资格的学历依据，经国家教育行政部门批准的除外。

6．专升本医学本科毕业生，2015年9月1日以后升入本科的，其专业必须与专科专业相同或相近，其本科学历方可作为报考医师资格的学历依据。

（三）高职（专科）学历

1．2005年1月1日以后入学的经教育部同意设置的临床医学类专业（含临床医学、口腔医学、中医学、中医骨伤、针灸推拿、蒙医学、藏医学、维医学等）毕业生，其专科学历作为报考医师资格的学历依据。

2004年12月31日以前入学的经省级教育、卫生行政部门（中医药管理部门）批准设置的医学类专业（参照同期本科专业名称）毕业生，其专科学历作为报考医师资格的学历依据。

2．经省级以上教育、卫生行政部门同意举办的初中起点5年制医学专业2013年12月31日以前入学的毕业生，其专科学历作为报考医师资格的学历依据。取得资格后限定在乡村两级医疗机构执业满5年后，方可申请将执业地点变更至县级医疗机构。2014年1月1日以后入学的初中起点5年制医学专业毕业生，其专科学历不能作为报考医师资格的学历依据。

3．2008年12月31日以前入学的中西医结合专业（含教育部、原卫生部批准试办的初中起点5年制专科层次中西医临床医学专业）毕业生，其专科学历作为报考医师资格的学历依据。

2009年1月1日以后入学的中西医结合专业毕业生（含初中起点5年制专科层次中西医临床医学专业），其专科学历不作为报考医师资格的学历依据。

4．2009年12月31日前入学的，符合本款规定的医学专业专科学历加注医学专业方向的，应以学历专业报考；2010年1月1日以后入学的，医学专业专科学历加注医学专业方向的，该学历不作为报考医师资格的学历依据，经国家教育行政部门批准的除外。

（四）中职（中专）学历

1. 2010年9月1日以后入学经省级教育行政部门、卫生计生行政部门（中医药管理部门）同意设置并报教育部备案的农村医学专业毕业生，其中职（中专）学历作为报考临床类别执业助理医师资格的学历依据。农村医学专业毕业生考取执业助理医师资格后，限定到村卫生室执业，确有需要的可到乡镇卫生院执业。

2. 2000年9月25日至2010年12月31日期间入学的中等职业学校（中等专业学校）卫生保健专业毕业生，其中职（中专）学历作为报考临床类别执业助理医师资格的学历依据。卫生保健专业毕业生取得资格后，限定到村卫生室执业，确有需要的可到乡镇卫生院执业。

2011年1月1日以后入学的中等职业学校毕业生，除农村医学专业外，其他专业的中职（中专）学历不作为报考临床类别执业助理医师资格的学历依据。

3. 2001年8月31日以前入学的中等职业学校（中等专业学校）社区医学、预防医学、妇幼卫生、医学影像诊断、口腔医学专业毕业生，其中职（中专）学历作为报考相应类别执业助理医师资格的学历依据。

2001年9月1日以后入学的上述专业毕业生，其中职（中专）学历不作为报考医师资格的学历依据。

4. 2006年12月31日以前入学的中等职业学校中西医结合专业毕业生，其中职（中专）学历作为报考中医类别中西医结合医师资格的学历依据。

2007年1月1日以后入学的中西医结合专业毕业生，其中职（中专）学历不作为报考医师资格的学历依据。

5. 2006年12月31日以前入学的中等职业学校（中等专业学校）中医、民族医类专业毕业生，其中职（中专）学历作为报考中医类别相应医师资格的学历依据。

2007年1月1日以后入学经教育部、国家中医药管理局备案的中等职业学校（中等专业学校）中医、民族医类专业毕业生，其中职（中专）学历作为报考中医类别相应医师资格的学历依据。2011年1月1日以后入学的中等中医类专业毕业生，取得资格后限定到基层医疗机构执业。

6. 卫生职业高中学历不作为报考医师资格的学历依据。

7. 1999年1月1日以后入学的卫生职工中等专业学校学历不作为报考医师资格的学历依据。

（五）成人教育学历

1. 2002年10月31日以前入学的成人高等教育、自学考试、各类高等学校远程教育的医学类专业毕业生，该学历作为报考相应类别的医师资格的学历依据。

2002年11月1日以后入学的上述毕业生，如其入学前已通过医师资格考试取得执业助理医师资格，且所学专业与取得医师资格类别一致的，可以以成人教育学历报考执业医师资格。除上述情形外，2002年11月1日以后入学的成人高等教育、自学考试、各类高等学校远程教育的医学类专业毕业生，其成人高等教育学历不作为报考医师资格的学历依据。

2. 2001年8月31日以前入学的成人中专医学类专业毕业生，其成人中专学历作为报考医师资格的学历依据。

2001年9月1日以后入学的成人中专医学类专业毕业生，其成人中专学历不作为报考医师资格的学历依据。

（六）西医学习中医人员

已获得临床执业医师或执业助理医师资格的人员，取得省级以上教育行政部门认可的中医专业学历或者脱产两年以上系统学习中医药专业知识并获得省级中医药管理部门认可，或者参加省级中医药行政部门批准举办的西医学习中医培训班，并完成了规定课程学习，取得相应证书的，或者按照《传统医学师承和确有专长人员医师资格考核考试办法》有关规定跟师学习满3年并取得《传统医学师承出师证书》的，可以申请参加相同级别的中西医结合执业医师或执业助理医师资格考试。

（七）传统医学师承和确有专长人员

1. 传统医学师承和确有专长人员申请参加医师资格考试应符合《传统医学师承和确有专长人员医师资格考核考试办法》第二十七条、二十八条有关规定。

2. 传统医学师承和确有专长人员取得执业助理医师执业证书后，取得国务院教育行政部门认可的成人高等教育中医类医学专业专科以上学历，其执业时间和取得成人高等教育学历时间符合规定的，可以报考具有规定学历的中医类别相应的执业医师资格。

（八）其他

取得国外医学学历学位的中国大陆居民，其学历学位证书须经教育部留学服务中心认证，同时符合《执业医师法》及其有关文件规定的，可以按照本规定报考。

第七条 台湾、香港、澳门永久性居民以及外籍人员报考的，按照有关文件规定执行。

第八条 盲人医疗按摩人员按照《盲人医疗按摩管理办法》（卫医政发〔2009〕37号）规定，参加盲人医疗按摩人员考试。

第九条 本规定自公布之日起施行。《医师资格考试报名资格规定（2006版）》和《关于修订〈医师资格考试报名资格规定（2006版）〉有关条款的通知》（卫办医发〔2008〕64号）同时废止。

[附录] **医师执业注册暂行办法**[来源：原卫生部令第5号1999年发布，自1999年7月16日起施行，2001年11月7日原卫生部修正]

第一章　总则

第一条　为了规范医师执业活动，加强医师队伍管理，根据《中华人民共和国执业医师法》，制定本办法。

第二条　医师经注册取得《医师执业证书》后，方可按照注册的执业地点、执业类别、执业范围，从事相应的医疗、预防、保健活动。

执业地点是指医师执业的医疗、预防、保健机构及其登记注册的地址。

执业类别是指临床、中医（包括中医、民族医和中西医结合）、口腔、公共卫生。

未经注册取得《医师执业证书》者，不得从事医疗、预防、保健活动。

第三条　卫生部负责全国医师执业注册监督管理工作。

县级以上地方卫生行政部门是医师执业注册的主管部门，负责本行政区域内的医师执业注册监督管理工作。

第二章　注册条件

第四条　凡取得执业医师资格或者执业助理医师资格的，均可申请医师执业注册。

第五条　有下列情形之一的，不予注册：

（一）不具有完全民事行为能力的；

（二）因受刑事处罚，自刑罚执行完毕之日起至申请注册之日止不满二年的；

（三）受吊销《医师执业证书》行政处罚，自处罚决定之日起至申请注册之日止不满二年的；

（四）甲类、乙类传染病传染期、精神病发病期以及身体残疾等健康状况不适宜或者不能胜任医疗、预防、保健业务工作的；

（五）重新申请注册，经卫生行政部门指定机构或组织考核不合格的；

（六）卫生部规定不宜从事医疗、预防、保健业务的其他情形的。

第三章　注册程序

第六条　拟在医疗、保健机构中执业的人员，应当向批准该机构执业的卫生行政部门申请注册。拟在预防机构中执业的人员，应当向该机构的同级卫生行政部门申请注册；拟在机关、企业和事业单位的医疗机构中执业的人员，应当向核发该机构《医疗机构执业许可证》的卫生行政部门申请。

第七条　申请医师执业注册，应当提交下列材料：

（一）医师执业注册申请审核表；

（二）二寸免冠正面半身照片两张；

（三）《医师资格证书》；

（四）注册主管部门指定的医疗机构出具的申请人 6 个月内的健康体检表；

（五）申请人身份证明；

（六）医疗、预防、保健机构的拟聘用证明；

（七）省级以上卫生行政部门规定的其他材料。

重新申请注册的，除提交前款第二至七项规定的材料外，还应提交医师重新执业注册申请审核表和县级以上卫生行政部门指定的医疗、预防、保健机构或组织出具的业务水平考核结果证明；

获得执业医师资格或执业助理医师资格后二年内未注册者，申请注册时，还应提交在省级以上卫生行政部门指定的机构接受 3 至 6 个月的培训，并经考核合格的证明。

第八条　注册主管部门应当自收到注册申请之日起 30 日内，对申请人提交的申请材料进行审核。审核合格的，予以注册，并发给卫生部统一印制的《医师执业证书》。

第九条　对不符合注册条件的，注册主管部门应当自收到注册申请之日起 30 日内，书面通知申请人，并说明理由。申请人如有异议的，可以依法申请行政复议或者向人民法院提起行政诉讼。

第十条　有下列情形之一的，应当重新申请注册：

（一）中止医师执业活动二年以上的；

（二）本办法第五条规定不予注册的情形消失的。

重新申请注册的人员，应当首先到县级以上卫生行政部门指定的医疗、预防、保健机构或组织，接受 3 至 6 个月的培训，并经考核合格，方可依照本办法的规定重新申请执业注册。

第十一条　执业助理医师取得执业医师资格后，继续在医疗、预防、保健机构中执业的，应当按本办法第六条规定，申请执业医师注册。

申请人除提交本办法第七条第一款规定的材料外，还应当提交原《医师执业证书》。注册主管部门在办理执业注册手续时，应当收回原《医师执业证书》，核发新的《医师执业证书》。

第十二条　《医师执业证书》应妥善保管，不得出借、出租、抵押、转让、涂改和毁损。如发生损坏或者遗失的，当事人应当及时向原发证部门申请补发或换领。损坏的《医师执业证书》，应当交回原发证部门。《医师执业证书》遗失的，原持证人应当于 15 日内在当地指定报刊上予以公告。

第四章　注销注册与变更注册

第十三条　医师注册后有下列情形之一的，其所在的医疗、预防、保健机构应当在 30 日内报告注册主管部门，办理注销注册：

（一）死亡或者被宣告失踪的；

（二）受刑事处罚的；

（三）受吊销《医师执业证书》行政处罚的；

（四）因考核不合格，暂停执业活动期满，经培训后再次考核仍不合格的；

（五）中止医师执业活动满二年的；

（六）身体健康状况不适宜继续执业的；

（七）有出借、出租、抵押、转让、涂改《医师执业证书》行为的。

（八）卫生部规定不宜从事医疗、预防、保健业务的其他情形的。

注册主管部门对具有前款规定情形的，应当予以注销注册，收回《医师执业证书》。

第十四条　被注销注册的当事人如有异议的，可以依法申请行政复议或者向人民法院提起诉讼。

第十五条　医师注册后有下列情况之一的，其所在的医疗、预防、保健机构应当在30日内报注册主管部门备案：

（一）调离、退休、退职；

（二）被辞退、开除；

（三）省级以上卫生行政部门规定的其他情形。

第十六条　医师变更执业地点、执业类别、执业范围等注册事项的，应当到注册主管部门办理变更注册手续，并提交医师变更执业注册申请审核表、《医师资格证书》、《医师执业证书》以及省级以上卫生行政部门规定提交的其他材料。

但经医疗、预防、保健机构批准的卫生支农、会诊、进修、学术交流、承担政府交办的任务和卫生行政部门批准的义诊等除外。

第十七条　医师申请变更执业注册事项属于原注册主管部门管辖的，申请人应到原注册主管部门申请办理变更手续。

医师申请变更执业注册事项不属于原注册主管部门管辖的，申请人应当先到原注册主管部门申请办理变更注册事项和医师执业证书编码，然后到拟执业地点注册主管部门申请办理变更执业注册手续。

跨省、自治区、直辖市变更执业注册事项的，除依照前款规定办理有关手续外，新的执业地点注册主管部门在办理执业注册手续时，应收回原《医师执业证书》，并发给新的《医师执业证书》。

第十八条　注册主管部门应当自收到变更注册申请之日起30日内办理变更注册手续。对因不符合变更注册条件不予变更的，应当自收到变更注册申请之日起30日内书面通知申请人，并说明理由。申请人如有异议的，可以依法申请行政复议或者向人民法院提起诉讼。

第十九条　医师在办理变更注册手续过程中，在《医师执业证书》原注册事项已被变更，未完成新的变更事项许可前，不得从事执业活动。

第二十条　医师执业注册主管部门,应当对《医师执业证书》的准予注册、发放、注销注册和变更注册等,建立统计制度和档案制度。

第二十一条　县级以上地方卫生行政部门应当对准予注册、注销注册或变更注册的人员名单予以公告,并由省级卫生行政部门汇总,报卫生部备案。

第二十二条　医疗、预防、保健机构未依照《中华人民共和国执业医师法》第十六条和本办法第十五条的规定履行报告职责,导致严重后果的,由县级以上卫生行政部门对该机构的主要负责人给予行政处分。

第五章　附　则

第二十三条　中医(包括中医、民族医、中西医结合)医疗机构的医师执业注册管理由中医(药)主管部门负责。

第二十四条　医师执业范围另行制定。

第二十五条　医师执业地点在两个以上的管理规定另行制定。

第二十六条　本办法所称医疗机构是指符合《医疗机构管理条例》第二条和《医疗机构管理条例实施细则》第二条和第三条规定的机构,社区卫生服务机构和采供血机构适用《医疗机构管理条例实施细则》第三条第十二项的规定;预防机构是指《传染病防治法实施办法》第七十三条规定的机构。

第二十七条　计划生育技术服务机构中的医师适用本办法的规定。

第二十八条　境外人员申请在中国境内执业的,按国家有关规定办理。

第二十九条　本办法自颁布之日起施行。

[附录] **乡村医生从业管理条例**[来源:2003年7月30日国务院第16次常务会议通过《乡村医生从业管理条例》,自2004年1月1日起施行]

第一章　总　则

第一条　为了提高乡村医生的职业道德和业务素质,加强乡村医生从业管理,保护乡村医生的合法权益,保障村民获得初级卫生保健服务,根据《中华人民共和国执业医师法》(以下称执业医师法)的规定,制定本条例。

第二条　本条例适用于尚未取得执业医师资格或者执业助理医师资格,经注册在村医疗卫生机构从事预防、保健和一般医疗服务的乡村医生。

村医疗卫生机构中的执业医师或者执业助理医师,依照执业医师法的规定管理,不适用本条例。

第三条　国务院卫生行政主管部门负责全国乡村医生的管理工作。

县级以上地方人民政府卫生行政主管部门负责本行政区域内乡村医生的管理工作。

第四条　国家对在农村预防、保健、医疗服务和突发事件应急处理工作中做出突出成绩的乡村医生,给予奖励。

第五条　地方各级人民政府应当加强乡村医生的培训工作，采取多种形式对乡村医生进行培训。

第六条　具有学历教育资格的医学教育机构，应当按照国家有关规定开展适应农村需要的医学学历教育，定向为农村培养适用的卫生人员。

国家鼓励乡村医生学习中医药基本知识，运用中医药技能防治疾病。

第七条　国家鼓励乡村医生通过医学教育取得医学专业学历；鼓励符合条件的乡村医生申请参加国家医师资格考试。

第八条　国家鼓励取得执业医师资格或者执业助理医师资格的人员，开办村医疗卫生机构，或者在村医疗卫生机构向村民提供预防、保健和医疗服务。

第二章　执业注册

第九条　国家实行乡村医生执业注册制度。

县级人民政府卫生行政主管部门负责乡村医生执业注册工作。

第十条　本条例公布前的乡村医生，取得县级以上地方人民政府卫生行政主管部门颁发的乡村医生证书，并符合下列条件之一的，可以向县级人民政府卫生行政主管部门申请乡村医生执业注册，取得乡村医生执业证书后，继续在村医疗卫生机构执业：

（一）已经取得中等以上医学专业学历的；

（二）在村医疗卫生机构连续工作20年以上的；

（三）按照省、自治区、直辖市人民政府卫生行政主管部门制定的培训规划，接受培训取得合格证书的。

第十一条　对具有县级以上地方人民政府卫生行政主管部门颁发的乡村医生证书，但不符合本条例第十条规定条件的乡村医生，县级人民政府卫生行政主管部门应当进行有关预防、保健和一般医疗服务基本知识的培训，并根据省、自治区、直辖市人民政府卫生行政主管部门确定的考试内容、考试范围进行考试。

前款所指的乡村医生经培训并考试合格的，可以申请乡村医生执业注册；经培训但考试不合格的，县级人民政府卫生行政主管部门应当组织对其再次培训和考试。不参加再次培训或者再次考试仍不合格的，不得申请乡村医生执业注册。

本条所指的培训、考试，应当在本条例施行后6个月内完成。

第十二条　本条例公布之日起进入村医疗卫生机构从事预防、保健和医疗服务的人员，应当具备执业医师资格或者执业助理医师资格。

不具备前款规定条件的地区，根据实际需要，可以允许具有中等医学专业学历的人员，或者经培训达到中等医学专业水平的其他人员申请执业注册，进入村医疗卫生机构执业。具体办法由省、自治区、直辖市人民政府制定。

第十三条 符合本条例规定申请在村医疗卫生机构执业的人员，应当持村医疗卫生机构出具的拟聘用证明和相关学历证明、证书，向村医疗卫生机构所在地的县级人民政府卫生行政主管部门申请执业注册。

县级人民政府卫生行政主管部门应当自受理申请之日起 15 日内完成审核工作，对符合本条例规定条件的，准予执业注册，发给乡村医生执业证书；对不符合本条例规定条件的，不予注册，并书面说明理由。

第十四条 乡村医生有下列情形之一的，不予注册：

（一）不具有完全民事行为能力的；

（二）受刑事处罚，自刑罚执行完毕之日起至申请执业注册之日止不满 2 年的；

（三）受吊销乡村医生执业证书行政处罚，自处罚决定之日起至申请执业注册之日止不满 2 年的。

第十五条 乡村医生经注册取得执业证书后，方可在聘用其执业的村医疗卫生机构从事预防、保健和一般医疗服务。

未经注册取得乡村医生执业证书的，不得执业。

第十六条 乡村医生执业证书有效期为 5 年。

乡村医生执业证书有效期满需要继续执业的，应当在有效期满前 3 个月申请再注册。

县级人民政府卫生行政主管部门应当自受理申请之日起 15 日内进行审核，对符合省、自治区、直辖市人民政府卫生行政主管部门规定条件的，准予再注册，换发乡村医生执业证书；对不符合条件的，不予再注册，由发证部门收回原乡村医生执业证书。

第十七条 乡村医生应当在聘用其执业的村医疗卫生机构执业；变更执业的村医疗卫生机构的，应当依照本条例第十三条规定的程序办理变更注册手续。

第十八条 乡村医生有下列情形之一的，由原注册的卫生行政主管部门注销执业注册，收回乡村医生执业证书：

（一）死亡或者被宣告失踪的；

（二）受刑事处罚的；

（三）中止执业活动满 2 年的；

（四）考核不合格，逾期未提出再次考核申请或者经再次考核仍不合格的。

第十九条 县级人民政府卫生行政主管部门应当将准予执业注册、再注册和注销注册的人员名单向其执业的村医疗卫生机构所在地的村民公告，并由设区的市级人民政府卫生行政主管部门汇总，报省、自治区、直辖市人民政府卫生行政主管部门备案。

第二十条 县级人民政府卫生行政主管部门办理乡村医生执业注册、再注册、注销注册，应当依据法定权限、条件和程序，遵循便民原则，提高办事效率。

第二十一条　村民和乡村医生发现违法办理乡村医生执业注册、再注册、注销注册的，可以向有关人民政府卫生行政主管部门反映；有关人民政府卫生行政主管部门对反映的情况应当及时核实，调查处理，并将调查处理结果予以公布。

第二十二条　上级人民政府卫生行政主管部门应当加强对下级人民政府卫生行政主管部门办理乡村医生执业注册、再注册、注销注册的监督检查，及时纠正违法行为。

第三章　执业规则

第二十三条　乡村医生在执业活动中享有下列权利：

（一）进行一般医学处置，出具相应的医学证明；

（二）参与医学经验交流，参加专业学术团体；

（三）参加业务培训和教育；

（四）在执业活动中，人格尊严、人身安全不受侵犯；

（五）获取报酬；

（六）对当地的预防、保健、医疗工作和卫生行政主管部门的工作提出意见和建议。

第二十四条　乡村医生在执业活动中应当履行下列义务：

（一）遵守法律、法规、规章和诊疗护理技术规范、常规；

（二）树立敬业精神，遵守职业道德，履行乡村医生职责，为村民健康服务；

（三）关心、爱护、尊重患者，保护患者的隐私；

（四）努力钻研业务，更新知识，提高专业技术水平；

（五）向村民宣传卫生保健知识，对患者进行健康教育。

第二十五条　乡村医生应当协助有关部门做好初级卫生保健服务工作；按照规定及时报告传染病疫情和中毒事件，如实填写并上报有关卫生统计报表，妥善保管有关资料。

第二十六条　乡村医生在执业活动中，不得重复使用一次性医疗器械和卫生材料。对使用过的一次性医疗器械和卫生材料，应当按照规定处置。

第二十七条　乡村医生应当如实向患者或者其家属介绍病情，对超出一般医疗服务范围或者限于医疗条件和技术水平不能诊治的病人，应当及时转诊；情况紧急不能转诊的，应当先行抢救并及时向有抢救条件的医疗卫生机构求助。

第二十八条　乡村医生不得出具与执业范围无关或者与执业范围不相符的医学证明，不得进行实验性临床医疗活动。

第二十九条　省、自治区、直辖市人民政府卫生行政主管部门应当按照乡村医生一般医疗服务范围，制定乡村医生基本用药目录。乡村医生应当在乡村医生基本用药目录规定的范围内用药。

第三十条　县级人民政府对乡村医生开展国家规定的预防、保健等公共卫生服务，应当按照有关规定予以补助。

第四章　培训与考核

第三十一条　省、自治区、直辖市人民政府组织制定乡村医生培训规划，保证乡村医生至少每2年接受一次培训。县级人民政府根据培训规划制定本地区乡村医生培训计划。

对承担国家规定的预防、保健等公共卫生服务的乡村医生，其培训所需经费列入县级财政预算。对边远贫困地区，设区的市级以上地方人民政府应当给予适当经费支持。

国家鼓励社会组织和个人支持乡村医生培训工作。

第三十二条　县级人民政府卫生行政主管部门根据乡村医生培训计划，负责组织乡村医生的培训工作。

乡、镇人民政府以及村民委员会应当为乡村医生开展工作和学习提供条件，保证乡村医生接受培训和继续教育。

第三十三条　乡村医生应当按照培训规划的要求至少每2年接受一次培训，更新医学知识，提高业务水平。

第三十四条　县级人民政府卫生行政主管部门负责组织本地区乡村医生的考核工作；对乡村医生的考核，每2年组织一次。

对乡村医生的考核应当客观、公正，充分听取乡村医生执业的村医疗卫生机构、乡村医生本人、所在村村民委员会和村民的意见。

第三十五条　县级人民政府卫生行政主管部门负责检查乡村医生执业情况，收集村民对乡村医生业务水平、工作质量的评价和建议，接受村民对乡村医生的投诉，并进行汇总、分析。汇总、分析结果与乡村医生接受培训的情况作为对乡村医生进行考核的主要内容。

第三十六条　乡村医生经考核合格的，可以继续执业；经考核不合格的，在6个月之内可以申请进行再次考核。逾期未提出再次考核申请或者经再次考核仍不合格的乡村医生，原注册部门应当注销其执业注册，并收回乡村医生执业证书。

第三十七条　有关人民政府卫生行政主管部门对村民和乡村医生提出的意见、建议和投诉，应当及时调查处理，并将调查处理结果告知村民或者乡村医生。

第五章　法律责任

第三十八条　乡村医生在执业活动中，违反本条例规定，有下列行为之一的，由县级人民政府卫生行政主管部门责令限期改正，给予警告；逾期不改正的，责令暂停3个月以上6个月以下执业活动；情节严重的，由原发证部门暂扣乡村医生执业证书：

（一）执业活动超出规定的执业范围，或者未按照规定进行转诊的；

（二）违反规定使用乡村医生基本用药目录以外的处方药品的；

（三）违反规定出具医学证明，或者伪造卫生统计资料的；

（四）发现传染病疫情、中毒事件不按规定报告的。

第三十九条　乡村医生在执业活动中，违反规定进行实验性临床医疗活动，或者重复使用一次性医疗器械和卫生材料的，由县级人民政府卫生行政主管部门责令停止违法行为，给予警告，可以并处 1000 元以下的罚款；情节严重的，由原发证部门暂扣或者吊销乡村医生执业证书。

第四十条　乡村医生变更执业的村医疗卫生机构，未办理变更执业注册手续的，由县级人民政府卫生行政主管部门给予警告，责令限期办理变更注册手续。

第四十一条　以不正当手段取得乡村医生执业证书的，由发证部门收缴乡村医生执业证书；造成患者人身损害的，依法承担民事赔偿责任；构成犯罪的，依法追究刑事责任。

第四十二条　未经注册在村医疗卫生机构从事医疗活动的，由县级以上地方人民政府卫生行政主管部门予以取缔，没收其违法所得以及药品、医疗器械，违法所得 5000 元以上的，并处违法所得 1 倍以上 3 倍以下的罚款；没有违法所得或者违法所得不足 5000 元的，并处 1000 元以上 3000 元以下的罚款；造成患者人身损害的，依法承担民事赔偿责任；构成犯罪的，依法追究刑事责任。

第四十三条　县级人民政府卫生行政主管部门未按照乡村医生培训规划、计划组织乡村医生培训的，由本级人民政府或者上一级人民政府卫生行政主管部门责令改正；情节严重的，对直接负责的主管人员和其他直接责任人员依法给予行政处分。

第四十四条　县级人民政府卫生行政主管部门，对不符合本条例规定条件的人员发给乡村医生执业证书，或者对符合条件的人员不发给乡村医生执业证书的，由本级人民政府或者上一级人民政府卫生行政主管部门责令改正，收回或者补发乡村医生执业证书，并对直接负责的主管人员和其他直接责任人员依法给予行政处分。

第四十五条　县级人民政府卫生行政主管部门对乡村医生执业注册或者再注册申请，未在规定时间内完成审核工作的，或者未按照规定将准予执业注册、再注册和注销注册的人员名单向村民予以公告的，由本级人民政府或者上一级人民政府卫生行政主管部门责令限期改正；逾期不改正的，对直接负责的主管人员和其他直接责任人员依法给予行政处分。

第四十六条　卫生行政主管部门对村民和乡村医生反映的办理乡村医生执业注册、再注册、注销注册的违法活动未及时核实、调查处理或者未公布调查处理结果的，由本级人民政府或者上一级人民政府卫生行政主管部门责令限期改正;逾期不改正的,对直接负责的主管人员和其他直接责任人员依法给予行政处分。

第四十七条　寻衅滋事、阻碍乡村医生依法执业,侮辱、诽谤、威胁、殴打乡村医生,构成违反治安管理行为的,由公安机关依法予以处罚;构成犯罪的,依法追究刑事责任。

第六章　附则

第四十八条　乡村医生执业证书格式由国务院卫生行政主管部门规定。

第四十九条　本条例自2004年1月1日起施行。

[附录] **外国医师来华短期行医暂行管理办法**[来源:原卫生部令第24号1992年发布,自1993年1月1日起施行,2003年11月28日原卫生部修正]

第一条　为了加强外国医师来华短期行医的管理,保障医患双方的合法权益,促进中外医学技术的交流和发展,制定本办法。

第二条　本办法所称"外国医师来华短期行医",是指在外国取得合法行医权的外籍医师,应邀、应聘或申请来华从事不超过一年期限的临床诊断、治疗业务活动。

第三条　外国医师来华短期行医必须经过注册,取得《外国医师短期行医许可证》。《外国医师短期行医许可证》由卫生部统一印制。

第四条　外国医师来华短期行医,必须有在华医疗机构作为邀请或聘用单位。邀请或聘用单位可以是一个或多人。

第五条　外国医师申请来华短期行医,必须依本办法的规定与聘用单位签订协议,有多个聘用单位的,要分别签订协议。外国医师应邀、应聘来华短期行医,可以根据情况由双方决定是否签订协议。未签订协议的,所涉及的有关民事责任由邀请或聘用单位承担。

第六条　外国医师来华短期行医的协议书必须包含以下内容:

(一) 目的;

(二) 具体项目;

(三) 地点;

(四) 时间;

(五) 责任的承担。

第七条　外国医师可以委托在华的邀请或聘用单位代其办理注册手续。

第八条　外国医师来华短期行医的注册机关为设区的市级以上卫生行政部门。

第九条　邀请或聘用单位分别在不同地区的,应当分别向当地设区的市级以上卫生行政部门申请注册。

第十条　申请外国医师来华短期行医注册,必须提交下列文件:

（一）申请书；

（二）外国医师的学位证书；

（三）外国行医执照或行医权证明；

（四）外国医师的健康证明；

（五）邀请或聘用单位证明以及协议书或承担有关民事责任的声明书。

前款（二）、（三）项的内容必须经过公正。

第十一条　注册机关应当在受理申请后30日内进行审核，并将审核结果书面通知申请人或代理申请的单位。对审核合格的予以注册，并发给《外国医师短期行医许可证》。

审核的主要内容包括：

（一）有关文字材料的真实性；

（二）申请项目的安全性和可靠性；

（三）申请项目的先进性和必要性。

第十二条　外国医师来华短期行医注册的有效期不超过一年。注册期满需要延期的，可以按本办法的规定重新办理注册。

第十三条　外国医师来华短期行医，应当事先依法获得入境签证，入境后按有关规定办理居留或停留手续。

第十四条　外国医师来华短期行医，必须遵守中国的法律法规，尊重中国的风俗习惯。

第十五条　违反本办法第三条规定的，由所在地设区的市级以上卫生行政部门予以取缔，没收非法所得，并处以10 000元以下罚款；对邀请、聘用或提供场所的单位，处以警告，没收非法所得，并处以5000元以下罚款。

第十六条　违反本办法第十四条规定的，由有关主管机关依法处理。

第十七条　外国医疗团体应邀或申请来华短期行医的，由邀请或合作单位所在地的省、自治区、直辖市卫生行政部门依照本办法的有关规定进行审核，报卫生部审批。

第十八条　香港、澳门、台湾的医师或医疗团体参照本办法执行。

第十九条　本办法的解释权在卫生部。

第二十条　本办法自一九九三年一月一日起施行。

[附录]**中华人民共和国护士管理办法**[来源：原卫生部令第31号发布《中华人民共和国护士管理办法》，自1994年1月1日起施行]

第一章　总则

第一条　为加强护士管理，提高护理质量，保障医疗和护理安全，保护护士的合法权益，制定本办法。

第二条 本办法所称护士系指按本办法规定取得《中华人民共和国护士执业证书》并经过注册的护理专业人员。

第三条 国家发展护理事业,促进护理学科的发展,加强护士队伍建设,重视和发挥护士在医疗、预防、保健和康复工作中的作用。

第四条 护士的执业权利受法律保护。护士的劳动受全社会的尊重。

第五条 各省、自治区、直辖市卫生行政部门负责护士的监督管理。

第二章 考试

第六条 凡申请护士执业者必须通过卫生部统一执业考试,取得《中华人民共和国护士执业证书》。

第七条 获得高等医学院校护理专业专科以上毕业文凭者,以及获得经省级以上卫生行政部门确认免考资格的普通中等卫生(护士)学校护理专业毕业文凭者,可以免于护士执业考试。获得其他普通中等卫生(护士)学校护理专业毕业文凭者,可以申请护士执业考试。

第八条 护士执业考试每年举行一次。

第九条 护士执业考试的具体办法另行制定。

第十条 符合本办法第七条规定以及护士执业考试合格者,由省、自治区、直辖市卫生行政部门发给《中华人民共和国护士执业证书》。

第十一条 《中华人民共和国护士执业证书》由卫生部监制。

第三章 注册

第十二条 获得《中华人民共和国护士执业证书》者,方可申请护士执业注册。

第十三条 护士注册机关为执业所在地的县级卫生行政部门。

第十四条 申请首次护士注册必须填写《护士注册申请表》,缴纳注册费,并向注册机关缴验:

(一)《中华人民共和国护士执业证书》;

(二)身份证明;

(三)健康检查说明;

(四)省级卫生行政部门规定提交的其他证明。

第十五条 注册机关在受理注册申请后,应当在三十日内完成审核,审核合格的,予以注册;审核不合格的,应当书面通知申请者。

第十六条 护士注册的有效期为二年。护士连续注册,在前一注册期满前六十日,对《中华人民共和国护士执业证书》进行个人或集体校验注册。

第十七条 中断注册五年以上者,必须按省、自治区、直辖市卫生行政部门的规定参加临床实践三个月,并向注册机关提交有关证明,方可办理再次注册。

第十八条 有下列情形之一的,不予注册:

(一)服刑期间;

（二）因健康原因不能或不宜执行护理业务；

（三）违反本办法被中止或取消注册；

（四）其他不宜从事护士工作的。

第四章　执业

第十九条　未经护士执业注册者不得从事护士工作。护理专业在校生或毕业生进行专业实习，以及按本办法第十七条规定进行临床实践的，必须按照卫生部的有关规定在护士的指导下进行。

第二十条　护理员只能在护士的指导下从事临床生活护理工作。

第二十一条　护士在执业中应当正确执行医嘱，观察病人的身心状态，对病人进行科学的护理。遇紧急情况应及时通知医生并配合抢救，医生不在场时，护士应当采取力所能及的急救措施。

第二十二条　护士有承担预防保健工作、宣传防病治病知识、进行康复指导、开展健康教育、提供卫生咨询的义务。

第二十三条　护士执业必须遵守职业道德和医疗护理工作的规章制度及技术规范。

第二十四条　护士在执业中得悉就医者的隐私，不得泄露，但法律另有规定的除外。

第二十五条　遇有自然灾害、传染病流行、突发重大伤亡事故及其他严重威胁人群生命健康的紧急情况，护士必须服从卫生行政部门的调遣，参加医疗救护和预防保健工作。

第二十六条　护士依法履行职责的权利受法律保护，任何单位和个人不得侵犯。

第五章　罚则

第二十七条　违反本办法第十九条规定，未经护士执业注册从事护士工作的，由卫生行政部门予以取缔。

第二十八条　非法取得《中华人民共和国护士执业证书》的，由卫生行政部门予以缴销。

第二十九条　护士执业违反医疗护理规章制度及技术规范的，由卫生行政部门视情节予以警告、责令改正、中止注册直至取消其注册。

第三十条　违反本办法第二十六条规定，非法阻挠护士依法执业或侵犯护士人身权利的，由护士所在单位提请公安机关予以治安行政处罚；情节严重、触犯刑律的，提交司法机关依法追究刑事责任。

第三十一条　违反本办法其他规定的，由卫生行政部门视情节予以警告、责令改正、中止注册直至取消其注册。

第三十二条　当事人对行政处理决定不服的，可以依照国家法律、法规的规定申请行政复议或者提起行政诉讼。当事人对行政处理决定不履行又未在法定期限内申请复议或提起诉讼的,卫生行政部门可以申请人民法院强制执行。

第六章 附则

第三十三条 本办法实施前已经取得护士以上技术职称者,经省、自治区、直辖市卫生行政部门审核合格,发给《中华人民共和国护士执业证书》,并准许按本办法的规定办理护士执业注册。

本办法实施前从事护士工作但未取得护士职称者的执业证书颁发办法,由省、自治区、直辖市卫生行政部门根据本地区的实行情况和当事人实际水平作出具体规定。

第三十四条 境外人员申请在中华人民共和国境内从事护士工作的,必须依本办法的规定通过执业考试,取得《中华人民共和国护士执业证书》并办理注册。

第三十五条 护士申请开业及成立护理服务机构,由县级以上卫生行政部门比照医疗机构管理的有关规定审批。

第三十六条 本办法的解释权在卫生部。

第三十七条 本办法的实施细则由省、自治区、直辖市制定。

第三十八条 本办法自 1994 年 1 月 1 日起施行。

[附录] **关于推进和规范医师多点执业的若干意见**[来源:国家卫生计生委、国家发展改革委、人力资源社会保障部、国家中医药管理局、中国保监会制定 国卫医发〔2014〕86 号]

为贯彻落实党的十八大和十八届三中全会精神,深入实施《中共中央 国务院关于深化医药卫生体制改革的意见》(中发〔2009〕6 号)和《国务院关于促进健康服务业发展的若干意见》(国发〔2013〕40 号),促进优质医疗资源平稳有序流动和科学配置,更好地为人民群众提供医疗卫生服务,经国务院同意,现就推进和规范医师多点执业提出以下意见:

一、总体要求

(一)推进医师合理流动。加快转变政府职能,放宽条件、简化程序,优化医师多点执业政策环境。发挥政策导向作用,鼓励医师到基层、边远地区、医疗资源稀缺地区和其他有需求的医疗机构多点执业。

(二)规范医师多点执业。坚持放管结合,制定完善医师多点执业管理政策,明确相关各方权利义务,促进医师多点执业有序规范开展,逐步建立符合国情的医师执业和管理制度,维护正常工作秩序。

(三)确保医疗质量安全。强化卫生计生行政部门和医疗机构对医师多点执业的监督管理,严格医师岗位管理,加强行业自律和社会监督,确保医疗服务的安全性、有效性和连续性。

二、医师多点执业的资格条件和注册管理

（一）医师多点执业的资格条件。医师多点执业是指医师于有效注册期内在两个或两个以上医疗机构定期从事执业活动的行为。医师参加慈善或公益性巡回医疗、义诊、突发事件或灾害事故医疗救援工作，参与实施基本和重大公共卫生服务项目，不属于本意见规定的医师多点执业。医师外出会诊按照《医师外出会诊管理暂行规定》等有关规定执行。

允许临床、口腔和中医类别医师多点执业。多点执业的医师应当具有中级及以上专业技术职务任职资格，从事同一专业工作满5年；身体健康，能够胜任医师多点执业工作；最近连续两个周期的医师定期考核无不合格记录。

（二）医师多点执业的注册管理。医师多点执业实行注册管理，相应简化注册程序，同时探索实行备案管理的可行性。条件成熟的地方可以探索实行区域注册，以促进区域医疗卫生人才充分有序流动，具体办法由各省（区、市）卫生计生行政部门制定。

医师在参加城乡医院对口支援、支援基层，或在签订医疗机构帮扶或托管协议、建立医疗集团或医疗联合体的医疗机构间多点执业时，不需办理多点执业相关手续。其中在公立医院担任院级领导职务的，除前述情形外一般不能从事其他形式的多点执业。

医师在第一执业地点医疗机构外的其他医疗机构执业，执业类别应当与第一执业地点医疗机构一致，执业范围涉及的专业应当与第一执业地点医疗机构二级诊疗科目相同。经全科医师培训合格的医师到基层医疗卫生机构多点执业的，在执业类别不变情况下，可增加注册全科医学专业。医师变更执业类别、执业范围，以及变更第一执业地点医疗机构的，应当按照《医师执业注册暂行办法》的规定办理，变更后原多点执业注册同时失效。

三、医师多点执业的人事（劳动）管理和医疗责任

（一）医师多点执业的人事（劳动）关系。医师与第一执业地点医疗机构在协商一致的基础上，签订聘用（劳动）合同，明确人事（劳动）关系和权利义务，并按照国家有关规定参加社会保险；与拟多点执业的其他医疗机构分别签订劳务协议，鼓励通过补充保险或商业保险等方式提高医师的医疗、养老保障水平。

（二）医师多点执业的劳务协议。医师与执业的医疗机构在协议中应当约定执业期限、时间安排、工作任务、医疗责任、薪酬、相关保险等。多点执业医师的薪酬，根据实际工作时间、工作量和工作业绩等因素，由执业地点医疗机构与医师协商确定。其中，医师在第一执业地点医疗机构的工作时间和工作量未达到全职医师要求的，不能领取全职薪酬。拟多点执业的医师应当获得第一执业地点医疗机构的同意，选择有条件的地方探索医师向第一执业地点医疗机构履行知情报备手续即可开展多点执业试点。

（三）医师多点执业医疗责任承担。医师多点执业过程中发生医疗损害或纠纷，应当由发生医疗损害或纠纷的当事医疗机构和医师按照有关法律法规处理，其他非当事医疗机构均不承担相关的医疗损害或纠纷处理责任。医疗机构和医师应当通过合同或协议明确发生医疗损害或纠纷时各自应当承担的责任及解决方法。支持医疗机构和医师个人购买医疗责任保险等医疗执业保险，医师个人购买的医疗执业保险适用于任一执业地点。

（四）医师多点执业的管理。第一执业地点医疗机构应当支持医师多点执业并完善内部管理。医疗机构同意医师多点执业后，应当及时根据实际合理规定医师岗位职责，完善考核、奖励、处分、竞聘上岗等的具体管理办法，不因医师多点执业而影响其职称晋升、学术地位等。多点执业医师应当根据合同或协议合理安排在各执业地点医疗机构的执业时间，保证履行合同和协议，确保各执业地点医疗质量和医疗安全。在特殊情况下，如处理突发公共卫生事件、紧急医疗救治等，多点执业医师应当服从第一执业地点医疗机构的工作安排。卫生计生行政部门和中医药管理部门及行业协会应当按照《中华人民共和国执业医师法》、《医师定期考核管理办法》等对多点执业医师进行考核。多点执业医师不得为谋取不当利益损害各执业地点医疗机构及患者的合法权益。

医师多点执业过程中出现违反法律、法规、规章等情形的，由卫生计生行政部门及有关部门依法依规处理。第一执业地点医疗机构为公立医院的医师，在其他医疗机构执业过程中出现违规违纪情形的，由当事医疗机构通报第一执业地点医疗机构，由第一执业地点医疗机构或者有关部门和单位按照《事业单位工作人员处分暂行规定》等进行处分。多点执业医师在执业过程中出现违反医疗机构内部规定情形的，由当事医疗机构依据本医疗机构相关规定和合同或协议进行处理。

四、组织实施

（一）加强组织领导。全面推进医师多点执业是优化医疗资源配置、推动医疗卫生事业加快发展的重要举措，事关医药卫生体制改革和事业单位改革的深入推进。各地区、各有关部门要高度重视，进一步解放思想，转变观念，及时完善政策措施，坚决破除阻碍医疗卫生人才合理流动的束缚和障碍，加快推进医师多点执业。有关部门要根据本意见要求，加强沟通协调，密切协作配合，抓紧制订并落实相关配套政策措施。各省（区、市）人民政府要结合实际制订具体实施方案，针对重点难点问题，进一步转变职能，创新管理，加强监管，抓好落实。

（二）推进试点工作。各地要根据实际，对开展医师多点执业涉及的人事管理、收入分配、社会保险等工作尽快研究制订试点方案，积极开展试点，取得经验后逐步推开。国家选择若干重点联系省份，加强跟踪指导。各省（区、市）可结合本地区实际确定省级联系试点城市。

（三）完善政策措施。加强公立医院医师多点执业与事业单位人事制度和社会保障制度改革的衔接。支持各地结合实际改革创新，探索简化注册审批手续，促进人才流动。鼓励支持大医院医师到基层医疗卫生机构、社会办医疗机构多点执业。坚持强化基层，对到基层医疗卫生机构多点执业的，要明确政策给予支持和鼓励。健全医师多点执业的执业风险保险制度。完善多点执业医师职称晋升办法。建立健全医师多点执业监管制度。提高医师执业管理信息化水平，实行医师多点执业信息公开。积极发挥行业协会作用，加强行业自律。及时总结实践经验，完善医师执业管理的政策法规。

（四）创造良好环境。医师多点执业政策性强，社会关注度高，各地区、各有关部门要切实做好政策解读和舆论引导，宣传医师多点执业的重要意义和政策措施，争取广大医务人员、医疗机构和社会各界的理解和支持，努力营造有利于推进改革的良好舆论氛围。

第二章

口腔诊所开业许可

口腔诊所开业的审批权应属当地市（区）、县卫生行政部门，未经卫生行政部门批准不得开业。过去其他部门审批的已开业口腔诊所，应由当地卫生行政部门重新进行审查核准。开业口腔诊所必须接受当地卫生行政部门的领导管理，业务技术指导和管理。开业口腔诊所除进行口腔医疗工作外，还要承担卫生宣传、卫生防疫、妇幼保健等方面的任务。其职责的履行涉及多方面的法律问题。对于目前某些地方开业的混乱状况，要进行整顿，擅自开业的非法个体口腔诊所，应予以取缔。

为了加强对医疗机构的管理，促进医疗卫生事业的发展，保障公民健康，1994 年国务院令第 149 号发布《医疗机构管理条例》。1994 年原卫生部令第 35 号发布《医疗机构管理条例实施细则》。为了实施医疗机构分类管理，促进医疗机构之间公平、有序的竞争，2000 年原卫生部、国家中医药管理局、财政部、国家计委联合制定《关于城镇医疗机构分类管理的实施意见》。依据医疗机构的经营目的、服务任务，以及执行不同的财政、税收、价格政策和财务会计制度，明确规定了对非营利性医疗机构和营利性医疗机构的整体划分界定。为进一步适应改革开放的需要，加强对中外合资、合作医疗机构的管理，促进我国医疗卫生事业的健康发展，2000 年原卫生部、对外贸易经济合作部令第 11 号公布了《中外合资、合作医疗机构管理暂行办法》。规定中外合资、合作医疗机构是指外国医疗机构、公司、企业和其他经济组织（以下称合资、合作外方），按照平等互利的原则，经中国政府主管部门批准，在中国境内（香港、澳门及台湾地区除外，下同）与中国的医疗机构、公司、企业和其他经济组织（以下称合资、合作中方）以合资或者合作形式设立的医疗机构。

口腔诊所开业从筹建成立就同国家法律法规密切相关。根据国务院发布的《医疗机构管理条例》和原卫生部发布的《医疗机构管理条例实施细则》有关规定，设置口腔诊所应当依法办理审批登记，取得医疗机构执业许可证，根据口腔诊所的性质不同，属非营利性口腔诊所，应到民政部门进行民办非企业单位登记；属营利性口腔诊所，应当按照国家工商管理法规办理工商登记注册，依法领取营业执照。此外，还应当符合一些省市县区政府和部门法规规章的专门规定，例如：上海市人民政府颁布的《上海市医疗机构管理办法》。对个人申请设置个体诊所还规定应当同时具备具有本市常住户口；根据申请执业范围取得相应的医师执业资格后，从事同一专业临床工作5年以上。例如：北京市东城区卫生局规定申请设置医疗机构，负责实施美容牙科项目的主诊医师必须同时应具有5年以上从事美容牙科或口腔科专业临床工作经历。例如：深圳市卫生局为加强和规范医疗机构的建设，根据国务院《医疗机构管理条例》、原卫生部《医疗机构基本标准》和《广东省医院基本现代化建设标准》等有关规定，结合深圳市实际，制定了《深圳市医疗机构设置规范》。

口腔诊所在执业过程中也必须遵守上述法规规章的规定，遵守执业纪律和职业道德。卫生行政部门依法对口腔诊所机构行使监督管理职权，口腔诊所违反上述管理规定的，由卫生行政部门依法查处。

根据《中华人民共和国执业医师法》，国务院《医疗机构管理条例》，原卫生部《医疗机构管理条例实施细则》，省市县区人民政府《医疗机构管理办法》，省市县区卫生厅局《医疗机构申请设置审批须知》，申请人需向居住和开业地点所在市县区卫生局申请口腔诊所设置及执业登记许可。

申请人向市、县、区卫生局提交设置申请全部材料，市、县、区卫生局在收到全部材料之日起30个工作日内进行审查，符合条件的发给《设置医疗机构批准书》，在设置批准有效期内筹建；不符合条件的将以书面告知设置申请人。

一、设 置 申 请

申请人应提供以下资料：

（1）《设置医疗机构申请书》。

（2）设置可行性研究报告（不设床位的医疗机构可以简化）。

（3）选址报告和建筑设计平面图。

（4）由两个以上法人（或个人）共同申请设置医疗机构的，应提交有效的合同书或协议书。

（5）申请设置单位或者设置人的资信证明。口腔诊所不少于15万元人民币。

（6）设置人或主要负责人的身份证明。

（7）还应提交申请人的医师资格证书、执业证书复印件。外省的无执业证书的人员需提供外省卫生厅的未注册证明；外地市的提供外地市的卫生行政部门的未注册证明；本市县区的应提供所在县区卫生行政部门的未注册证明。获得医师资格证书后2年未注册的，需提供上一级医疗机构3～6个月的培训，并经考核合格的证明。

设置医疗机构申请书

被申请机关：		
设置单位（人）： 地　址：		

申请核定项目	类　别
	名　称
	选　址
	所有制形式
	床位（牙椅）
	服务对象
	诊疗科目
	投资总额
	注册资金（资本）
	其他

提交文件目录：
(1)选址报告；　　　　　　　　（　）
(2)可行性研究报告；　　　　　（　）
(3)设置申请单位（人）的基本情况证明；（　）
(4)其他。　　　　　　　　　　（　）

设置单位（人）：　　（章）
年　月　日

设置地的区（县）卫生局意见	
	年　月　日　（章）
审查人员意见	签字：　　年　月　日
主管领导意见	签字：　　年　月　日
局长核批	签字：　　年　月　日

设置医疗机构申请书

二、执 业 登 记

在设置批准书的有效期内进行筹建（超过设置批准书有效期的，设置批准书作废）口腔诊所。筹建结束，应向卫生局提出书面申请，市卫生局在收到执业登记验收申请全部材料之日起45个工作日内组织专家进行评审验收。验收合格核发医疗机构执业许可证，持有医疗机构执业许可证方可开展诊疗活动。

申请执业登记验收应提供以下资料：

(1)《医疗机构申请执业登记注册书》、《设置医疗机构批准书》或者《设置医疗机构备案回执》；

(2)口腔诊所用房产权证明或者使用证明；

(3)口腔诊所建筑设计平面图；

(4)口腔诊所规章制度、技术操作规程并打印成册；

(5)口腔诊所上岗人员花名册、聘用合同；

(6)执业专业技术人员有效证件（医师资格证书、执业证书、毕业证书、技术职称证书）、退休证、下岗证或待业证；

(7)申办个体口腔诊所的，必须由县（区）级以上卫生行政部门出具"从事五年以上同一专业临床工作的有效证明"；

(8)申办大型口腔诊所的尚须提交环保、消防、规划、土地部门的验收批准文件，及主要仪器设备备案清单。

三、校　　验

口腔诊所设置申请批准，口腔诊所开业以后，依据 1994 年国务院令第 149 号《医疗机构管理条例》，原卫生部令第 35 号《医疗机构管理条例实施细则》，当地政府《医疗机构管理办法》政策，在市、县、区卫生行政部门执业登记的口腔诊所，每一年一次向市、县、区卫生行政部门申请《医疗机构执业许可证》校验。

需提交的材料：

（1）《医疗机构执业许可证》副本；

（2）医疗机构执业许可证校验申请书；

（3）上一年度卫生行政部门检查考核结果。

市县区卫生行政部门收到全部材料起 30 天内完成校验。未通过校验的，注销其《医疗机构执业许可证》。

四、变　更　登　记

依据 1994 年国务院令第 149 号《医疗机构管理条例》，原卫生部令第 35 号《医疗机构管理条例实施细则》，当地政府《医疗机构管理办法》，在市、县、区卫生行政部门执业登记的口腔诊所需变更名称、地址、类别、诊疗对象、诊疗方式、诊疗科目、法人等事项的，口腔诊所变更前应向市、县、区卫生行政部门申请办理变更手续，市、县、区卫生行政部门收到全部材料后 30 天内给予审核，合格批准。属初审的需提交市卫生行政部门进一步审核。

需提供的资料：

（1）《医疗机构执业许可证》正、副本；

（2）医疗机构申请变更登记注册书；

（3）其他规定的相关材料。

五、市、区、县卫生局

市、区、县卫生局是市、区、县人民政府主管市、区、县卫生行政工作的职能部门，一般设有党委办公室、行政办公室、人事科、计划财务科、医政科、疾病预防（卫生监督）科、法制科、医疗保险办公室、初保办公室等职能部门。并直接领导市、区、县卫生监督所、区疾病预防控制中心、区麻风病防治所、区卫生学校、区血站、区卫生工作者协会、区医疗保险事务中心、区卫生实业有限公司、区合作医疗基金管理中心，及市、区、县医院和镇乡医院等职能机构。

市、区、县卫生局的职能是在市、区、县委及市、区、县政府的领导下，坚持以农村卫生工作为重点，预防为主，中西医并重，加强社区卫生服务工作，以满足市、区、县卫生局卫生服务需求，提高区域内居民健康水平，实现市、区、县卫生局卫生事业的全面有序发展，为市、区、县卫生局经济和社会发展提供良好服务。

市、区、县卫生局医政科的职能是实施区域卫生规划；实施医疗服务信息公示；组织实施医政监督执法；实施医疗机构、人员、设备、新技术准入管理；组织实施医疗质量管理；组织实施重大活动的医疗保障工作；组织实施医学教育、妇幼卫生、科研管理、临床药事管理；组织落实中医政策方针；做好医疗纠纷的接待处理工作等。

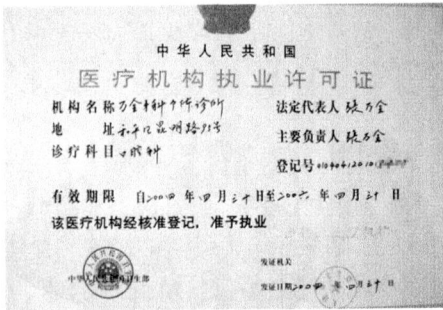

天津万全口腔诊所医疗机构执业许可证

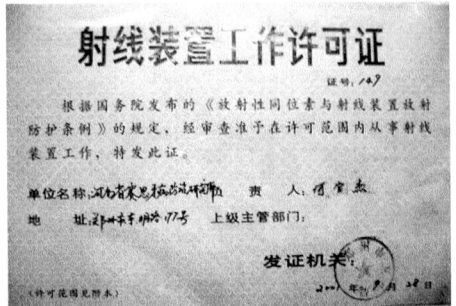

郑州赛思口腔医院放射装置工作许可证

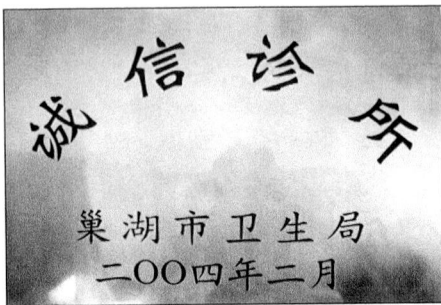

巢湖周光传口腔诊所获诚信诊所

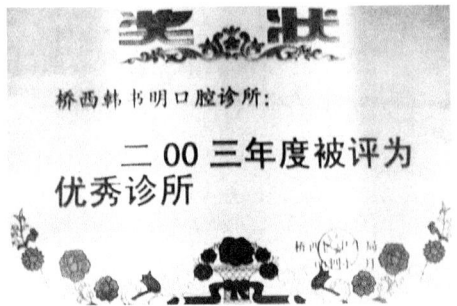

石家庄桥西和韩书明口腔诊所获优秀诊所

市、区、县卫生局医政科直接进行口腔诊所准入管理。各级卫生行政部门在受理设置申请之日起 30 日内，作出是否批准决定。经批准，发给《设置医疗机构批准书》，并报上一级卫生行政部门备案。上一级卫生行政部门在接到备案报告之日起 30 日内，对不符合《医疗机构设置规划》及有关设置条件的，有权予以纠正或者撤销；不予批准的，应书面答复。县级以上地方人民政府卫生行政部门自受理执业登记申请之日起 45 天内，根据《医疗机构管理条例》和《医疗机构基本标准》进行审核，审核合格的予以登记，发给《医疗机构执业许可证》；审核不合格的，将审核结果以书面形式通知申请人。

六、市、区、县工商行政管理局

市、区、县工商行政管理局、分局作为政府监督管理市场和行政执法的重要职能部门，设包括综合科室、业务科室、工商所、市场执法大队，以及信息中心、工商学会多个职能部门，并支持市、区、县消费者权益保护协会和个体经营经济协会工作。职能范围包括，依法确认市场主体资格；监督管理各类经济市场的交易行为；查处经济违法违规案件；维护市场经济秩序。

主要职责是：

（1）负责本行政区域内宣传、贯彻、实施有关工商行政管理的法律、法规及规章。

（2）依法管理本辖区内工商企业和从事经营活动的单位、个人的登记注册工作；审定、批准、颁发分管范围内有关证照并实行监督管理；承办企业改组改制的登记工作。

（3）依法监督本辖区内市场竞争行为，查处垄断、传销和变相传销等违法违章行为。

（4）负责流通领域商品质量的监督管理；组织查处侵犯消费者权益及假冒伪劣等违法行为。

（5）依法监督和管理本辖区内各类市场的经营秩序。

（6）依法监督管理本辖区内经纪人、经纪机构。

（7）负责本辖区内经济合同的监督管理；负责动产抵押物的登记管理；负责拍卖行为的监督管理；查处合同欺诈等违法行为。

（8）依法监督管理本辖区内个体工商户、个人合伙、私营企业和个人独资企业的经营行为。

（9）依法负责本辖区内商标管理工作；查处商标侵权假冒等违法行为，保护注册商标专用权。

（10）依法监督管理本辖区内广告发布和广告经营活动，查处广告违法违章行为。

（11）指导所属消费者协会和私营个体经济协会的工作。承办市工商局及区政府交办的其他工作。

从事口腔诊所开业的个体医师，申请人应当持户籍证明（本人身份证）、职业状况、场地证明等有关材料，向经营地的工商行政管理机关申请登记。经县级工商行政管理机关核准登记领取营业执照后，方可营业。

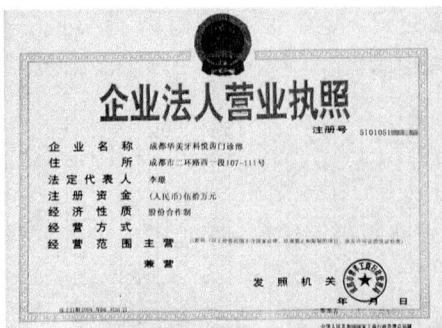

成都华美牙科企业法人营业执照

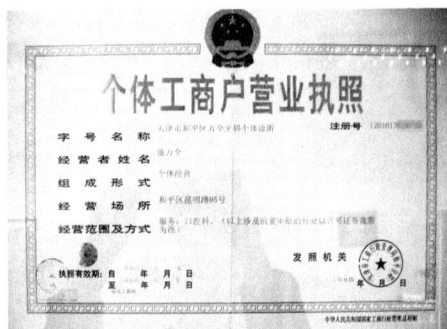

天津万全口腔诊所个体工商户营业执照

[案例] **医疗机构执业登记**[来源：武侯区卫生局，2011-09-08]

（一）法律依据

《医疗机构管理条例》《四川省医疗机构管理条例》

（二）行政审批程序

第一步：申请人持相关材料向卫生局窗口提出申请，经受理审查员初审通过，开具《医疗机构执业登记申请材料接收单》，对申请材料不齐全、不规范、不符合法定形式的在 5 个工作日内一次性告知申请人应当补正的全部材料，补正后受理；

第二步：自受理之日起，20 个工作日内进行现场审查，并按规定程序作出是否批准的决定，20 个工作日不能作出决定的，经本级卫生行政部门负责人批准，可以延长 10 日并告知申请人。对符合条件的予以许可；不许可的，书面说明理由。

第三步：在承诺的时限内，申请人可以凭《医疗机构执业登记办结通知书》到发证窗口领取《医疗机构执业许可证》。

（三）申请材料

1. 医疗机构执业登记注册书；

2. 设置医疗机构批准书或者设置医疗机构备案回执复印件；

3. 医疗机构名称申请核定表；

4. 医疗机构法定代表人任职证明；

5. 医疗机构法定代表人或负责人签字表；

6. 医疗机构法定代表人任职文件复印件；

7. 医疗机构用房产权证明或使用证明；

8. 验资证明、资产评估报告；

9. 医疗机构规章制度；

10. 医疗机构建筑设置平面图；

11. 医疗机构法定代表人或者主要负责人以及各科室负责人名录和有关资格证书、执业证书复印件。

申请门诊部、诊所、卫生所、医务室、卫生站和村卫生室登记的,还应提交附设药房(柜)的药品种类清单、卫生技术人员名录及有关资格证书、执业证书复印件以及健康体检证明。

(四)行政审批条件

医疗机构进行执业登记应具备下列条件:

1. 取得《设置医疗机构批准书》或《设置医疗机构备案回执》;

2. 符合医疗机构基本标准;

3. 有适合的名称、组织机构和场所;

4. 有与其开展的业务相适应的经费、设施、设备和专业卫生技术人员;

5. 有相应的规章制度;

6. 能独立承担民事责任。

咨询电话:028-85087326

[附录] **关于加快发展社会办医的若干意见**[来源:国家卫生和计划生育委员会,2014年1月9日 国卫体改发〔2013〕54号]

各省、自治区、直辖市卫生计生委(卫生厅局)、中医药管理局,新疆生产建设兵团卫生局:

加快发展社会办医是深化医药卫生体制改革、促进健康服务业发展的重要组成部分,是转变卫生发展方式、优化卫生资源配置的重要举措,是增加卫生资源供给、满足人民群众多样化多层次医疗卫生服务需求的重要途径。为深入贯彻党的十八届三中全会精神,落实《国务院关于促进健康服务业发展的若干意见》(国发〔2013〕40号),切实解决加快发展社会办医面临的突出问题和困难,现提出以下意见。

一、总体要求

各级卫生计生、中医药行政管理部门要转变政府职能,认真履行部门职责,强化行业指导,将社会办医纳入区域卫生规划统筹考虑。优先支持社会资本举办非营利性医疗机构,加快形成以非营利性医疗机构为主体、营利性医疗机构为补充的社会办医体系。持续提高社会办医的管理和质量水平,引导非公立医疗机构向规模化、多层次方向发展,实现公立和非公立医疗机构分工协作、共同发展。

二、加强规划引导

(一)制定实施卫生规划。国家完善卫生资源规划指导性文件,编制好《全国卫生服务体系规划纲要(2015-2020年)》,进一步明确卫生服务体系的功能定位、分级配置要求和资源配置指导标准，强化区域内各机构之间的功能整合及分工协作，完善规划实施的保障措施和监督评价机制。省级人民政府根据国家规划和本地实际制定卫生资源配置标准。各省和地市级人民政府负责制定区域卫生规划和医疗机构设置规划并负责组织实施，不断改善和提高医疗卫生综合服务能力和资源利用效率。

（二）切实将社会办医纳入规划范围。在区域卫生规划和医疗机构设置规划中为非公立医疗机构留出足够空间，优先满足非营利性医疗机构需求。新增卫生资源无论何种资金渠道，须按照有关规划要求和标准进行审批。

（三）优化卫生资源配置。按照总量控制、结构调整、规模适度的原则，严格控制公立医院发展规模，留出社会办医的发展空间。公立医院资源丰富的地区，在满足群众基本医疗需求的情况下，支持并优先选择社会信誉好、具有较强管理服务能力的社会资本，通过多种形式参与部分公立医院（包括国有企业所办医院）的改制重组。明确和规范改制的方法、程序和条件，充分听取职工意见，确保职工合法权益，同时要防止国有资产流失。

三、加大发展社会办医的支持力度

（一）放宽举办主体要求。建立公开、透明、平等、规范的社会办医准入制度。进一步放宽境外资本在内地设立独资医院的范围，按照逐步放开、风险可控的原则，将香港、澳门和台湾服务提供者在内地设立独资医院的地域范围扩大到全国地级以上城市；其他具备条件的境外资本可在中国（上海）自由贸易试验区等特定区域设立独资医疗机构。合理设定中外合资、合作医疗机构境外资本股权比例要求，并将审批权限下放到省级。

（二）放宽服务领域要求。凡是法律法规没有明令禁入的领域，都要向社会资本开放。鼓励社会资本直接投向资源稀缺及满足多元需求服务领域，举办康复医院、老年病医院、护理院、临终关怀医院等医疗机构，鼓励社会资本举办高水平、规模化的大型医疗机构或向医院集团化发展。积极发展中医类别医疗机构，鼓励社会资本举办中医专科医院，鼓励药品经营企业举办中医坐堂医诊所，鼓励有资质的中医专业技术人员特别是名老中医开办中医诊所。

（三）放宽大型医用设备配置。各地要科学制订本地区大型医用设备配置规划，严格控制公立医疗机构配置，充分考虑非公立医疗机构的发展需要，并按照非公立医疗机构设备配备不低于20%的比例，预留规划空间。按照满足合理需求、保障医疗质量安全的原则，对非公立医疗机构的配置申请，重点考核人员资质、技术能力等相关指标，对床位规模、门急诊人次等业务量评价指标方面的要求，可根据实际情况适当把握。对新建非公立医疗机构可按照建设方案拟定的科室、人员等条件予以配置评审。如符合配置要求，可予先行采购，经组织专家复审并确保相关专业人员落实到位后再正式下达配置规划。积极引导和支持区域内医疗机构按照国家有关规定联合建立区域性大型医用设备检查中心，形成共建、共用、共享和共管机制，促进资源充分合理利用，推进二级以上医疗机构检验对所有医疗机构开放。

（四）完善配套支持政策。按照国家有关法律法规和政策规定，在当地政府的统一领导下，各级卫生计生、中医药行政管理部门要加强与有关部门的协调和沟通，允许非公立医疗机构纳入医保定点范围，完善规划布局和用地保障，优化投融资引导政策，完善财税价格政策，非公立医疗机构医疗服务价格实行市场调节价。发挥非公立医疗机构在提供基本公共卫生和医疗服务中的作用，建立健全政府购买社会服务机制。

（五）加快办理审批手续。各地要加快落实非公立与公立医疗机构在设置审批、运行发展等方面同等对待的政策，不得设置法律法规规范以外的歧视性限制条件。对具备相应资质的非公立医疗机构，应按照规定予以批准，加快办理审批手续，简化审批流程，提高审批效率。

四、支持非公立医疗机构提升服务能力

（一）支持重点专科建设。各级卫生计生、中医药行政管理部门应当加强对非公立医疗机构临床专科能力建设的指导，将其统一纳入临床重点专科建设规划。非公立医疗机构获得国家和省市级重点专科建设项目的，在资金分配等方面给予同等对待。

（二）支持引进和培养人才。将非公立医疗机构所需专业人才纳入当地人才引进总体规划，享有当地政府规定的引进各类人才的同等优惠政策。在引进高层次人才以及开展继续医学教育、全科医生培养、住院医师规范化培训、新技术技能培训等方面，要对非公立医疗机构一视同仁。鼓励非公立医疗机构在业务收入中提取一定比例的教育培训经费。

（三）允许医师多点执业。制定规范的医师多点执业指导意见，重点明确医师多点执业的条件、注册、执业、责任分担等有关内容。卫生计生、中医药行政管理部门对符合条件的医师要及时办理有关手续。允许医务人员在不同举办主体医疗机构之间有序流动，在工龄计算、参加事业单位保险以及人事聘用等方面探索建立公立和非公立医疗机构间的衔接机制。为名老中医多点执业创造有利条件。

（四）支持提升学术地位。协调支持将具备较高管理能力和专业技术水平的非营利性医院优先纳入医学高等院校教学医院范围。鼓励大型公立医疗机构对口支援非公立医疗机构。各医学类行业协会、学术组织和医疗机构评审委员会要平等吸纳非公立医疗机构人员参与，扩大非公立医疗机构人员所占的比例。进一步保障非公立医疗机构在行业协会学会中享有承担与其学术水平和专业能力相适应的职务的机会。

（五）支持开展信息化建设。支持非公立医疗机构加快实现与医疗保障、公立医疗机构等信息系统的互联互通。卫生计生、中医药行政管理部门要按照信息公开的规定，及时公布各类卫生资源配置规划、行业政策、市场需求等方面信息，畅通非公立医疗机构获取相关政策信息的渠道，保障非公立和公立医疗机构在政策知情和信息占用等公共资源共享方面享有平等权益。

五、加强对非公立医疗机构监管

（一）确保医疗服务质量。将非公立医疗机构纳入统一的医疗质量控制与评价范围。对非公立医疗机构和公立医疗机构在医疗技术临床应用准入管理方面给予同等对待。卫生计生、中医药行政管理部门要切实履行政府监管职责，按照有关法律法规和标准规范，以规范非公立医疗机构的服务行为、提高服务质量和提升服务水平为核心，创新监管手段，加强对非公立医疗机构的监管。同时，充分发挥有关行业协会、社会组织对非公立医疗机构服务质量、服务费用、经营性质等方面的监管作用，建立统一立体的监管体系，实现对非公立医疗机构监管的制度化、常态化，保证医疗质量和医疗安全。严厉打击各类违法违规行为，建立"黑名单"制度。

（二）切实维护医疗秩序。将非公立医疗机构统一纳入医疗纠纷预防、处置管理体系，非公立医疗机构在发生重大医患纠纷时，当地卫生计生、中医药行政管理部门要协调公安等部门积极指导和支持其依法依规处置，维护医患双方的合法权益，保障良好的诊疗秩序。鼓励非公立医疗机构参加医疗责任保险、医疗意外保险等多种形式的执业保险。

（三）推动行业自律和医德医风建设。支持和鼓励有关协会、学会在职责范围内对非公立医疗机构进行行业指导，加强行业自律，维护非公立医疗机构合法权益。支持非公立医疗机构成立独立的行业协会。引导非公立医疗机构增强社会责任意识，坚持以病人为中心，加强医德医风建设，弘扬救死扶伤精神，努力构建和谐医患关系。

[附录] **医疗机构管理条例**[来源：1994 年 2 月 26 日国务院令第 149 号发布《医疗机构管理条例》，自 1994 年 9 月 1 日起施行]

第一章　总则

第一条　为了加强对医疗机构的管理，促进医疗卫生事业的发展，保障公民健康，制定本条例。

第二条　本条例适用于从事疾病诊断、治疗活动的医院、卫生院、疗养院、门诊部、诊所、卫生所（室）以及急救站等医疗机构。

第三条　医疗机构以救死扶伤，防病治病，为公民的健康服务为宗旨。

第四条　国家扶持医疗机构的发展，鼓励多种形式兴办医疗机构。

第五条　国务院卫生行政部门负责全国医疗机构的监督管理工作。

县级以上地方人民政府卫生行政部门负责本行政区域内医疗机构的监督管理工作。

中国人民解放军卫生主管部门依照本条例和国家有关规定,对军队的医疗机构实施监督管理。

第二章　规划布局和设置审批

第六条　县级以上地方人民政府卫生行政部门应当根据本行政区域内的人口、医疗资源、医疗需求和现有医疗机构的分布状况,制定本行政区域医疗机构设置规划。

机关、企业和事业单位可以根据需要设置医疗机构,并纳入当地医疗机构的设置规划。

第七条　县级以上地方人民政府应当把医疗机构设置规划纳入当地的区域卫生发展规划和城乡建设发展总体规划。

第八条　设置医疗机构应当符合医疗机构设置规划和医疗机构基本标准。

医疗机构基本标准由国务院卫生行政部门制定。

第九条　单位或者个人设置医疗机构,必须经县级以上地方人民政府卫生行政部门审查批准,并取得设置医疗机构批准书,方可向有关部门办理其他手续。

第十条　申请设置医疗机构,应当提交下列文件:

(一)设置申请书;

(二)设置可行性研究报告;

(三)选址报告和建筑设计平面图。

第十一条　单位或者个人设置医疗机构,应当按照以下规定提出设置申请:

(一)不设床位或者床位不满100张的医疗机构,向所在地的县级人民政府卫生行政部门申请;

(二)床位在100张以上的医疗机构和专科医院按照省级人民政府卫生行政部门的规定申请。

第十二条　县级以上地方人民政府卫生行政部门应当自受理设置申请之日起30日内,作出批准或者不批准的书面答复;批准设置的,发给设置医疗机构批准书。

第十三条　国家统一规划的医疗机构的设置,由国务院卫生行政部门决定。

第十四条　机关、企业和事业单位按照国家医疗机构基本标准设置为内部职工服务的门诊部、诊所、卫生所(室),报所在地的县级人民政府卫生行政部门备案。

第三章　登记

第十五条　医疗机构执业,必须进行登记,领取《医疗机构执业许可证》。

第十六条 申请医疗机构执业登记。应当具备下列条件:

(一)有设置医疗机构批准书;

(二)符合医疗机构的基本标准;

(三)有适合的名称、组织机构和场所;

(四)有与其开展的业务相适应的经费、设施和专业卫生技术人员;

(五)有相应的规章制度;

(六)能够独立承担民事责任。

第十七条 医疗机构的执业登记,由批准其设置的人民行政卫生行政部门办理。

按照本条例第十三条规定设置的医疗机构的执业登记,由所在地的省、自治区、直辖市人民政府卫生行政部门办理。

机关、企业和事业单位设置的为内部职工服务的门诊部、诊所、卫生所(室)的执业登记,由所在地的县级人民政府卫生行政部门办理。

第十八条 医疗机构执业登记的主要事项:

(一)名称、地址、主要负责人;

(二)所有制形式;

(三)诊疗科目、床位;

(四)注册资金。

第十九条 县级以上地方人民政府卫生行政部门自受理执业登记申请之日起45日内,根据本条例和医疗机构基本标准进行审核。审核合格的,予以登记,发给《医疗机构执业许可证》;审核不合格的,将审核结果以书面形式通知申请人。

第二十条 医疗机构改变名称、场所、主要负责人、诊疗科目、床位,必须向原登记机关办理变更登记。

第二十一条 医疗机构歇业,必须向原登记机关办理注销登记。经登记机关核准后,收缴《医疗机构执业许可证》。

医疗机构非因改建、扩建、迁建原因停业超过1年的,视为歇业。

第二十二条 床位不满100张的医疗机构,其《医疗机构执业许可证》每年校验1次;床位在100张以上的医疗机构,其《医疗机构执业许可证》每3年校验1次。校验由原登记机关办理。

第二十三条 《医疗机构执业许可证》不得伪造、涂改、出卖、转让、出借。

《医疗机构执业许可证》遗失的,应当及时申明,并向原登记机关申请补发。

第四章 执业

第二十四条 任何单位或者个人,未取得《医疗机构执业许可证》,不得开展诊疗活动。

第二十五条 医疗机构执业,必须遵守有关法律、法规和医疗技术规范。

第二十六条　医疗机构必须将《医疗机构执业许可证》、诊疗科目、诊疗时间和收费标准悬挂于明显处所。

第二十七条　医疗机构必须按照核准登记的诊疗科目开展诊疗活动。

第二十八条　医疗机构不得使用非卫生技术人员从事医疗卫生技术工作。

第二十九条　医疗机构应当加强对医务人员的医德教育。

第三十条　医疗机构工作人员上岗工作,必须佩戴载有本人姓名、职务或者职称的标牌。

第三十一条　医疗机构对危重病人应当立即抢救。对限于设备或者技术条件不能诊治的病人,应当及时转诊。

第三十二条　未经医师(士)亲自诊查病人,医疗机构不得出具疾病诊断书、健康证明书或者死亡证明书等证明文件;未经医师(士)、助产人员亲自接产,医疗机构不得出具出生证明书或者死产报告书。

第三十三条　医疗机构施行手术、特殊检查或者特殊治疗时,必须征得患者同意,并应当取得其家属或者关系人同意并签字;无法取得患者意见时,应当取得家属或者关系人同意并签字;无法取得患者意见又无家属或者关系人在场,或者遇到其他特殊情况时,经治医师应当提出医疗处置方案,在取得医疗机构负责人或者被授权负责人员的批准后实施。

第三十四条　医疗机构发生医疗事故,按照国家有关规定处理。

第三十五条　医疗机构对传染病、精神病、职业病等患者的特殊诊治和处理,应当按照国家有关法律、法规的规定办理。

第三十六条　医疗机构必须按照有关药品管理的法律、法规,加强药品管理。

第三十七条　医疗机构必须按照人民政府或者物价部门的有关规定收取医疗费用,详列细项,并出具收据。

第三十八条　医疗机构必须承担相应的预防保健工作,承担县级以上人民政府卫生行政部门委托的支援农村、指导基层医疗卫生工作等任务。

第三十九条　发生重大灾害、事故、疾病流行或者其他意外情况时,医疗机构及其卫生技术人员必须服从县级以上人民政府卫生行政部门的调遣。

第五章　监督管理

第四十条　县级以上人民政府卫生行政部门行使下列监督管理职权:

(一)负责医疗机构的设置审批、执业登记和校验;

(二)对医疗机构的执业活动进行检查指导;

(三)负责组织对医疗机构的评审;

(四)对违反本条例的行为给予处罚。

第四十一条　国家实行医疗机构评审制度,由专家组成的评审委员会按照医疗机构评审办法和评审标准,对医疗机构的执业活动、医疗服务质量等进行综合评价。

医疗机构评审办法和评审标准由国务院卫生行政部门制定。

第四十二条 县级以上地方人民政府卫生行政部门负责组织本行政区域医疗机构评审委员会。

医疗机构评审委员会由医院管理、医学教育、医疗、医技、护理和财务等有关专家组成。评审委员会成员由县级以上地方人民政府卫生行政部门聘任。

第四十三条 县级以上地方人民政府卫生行政部门根据评审委员会的评审意见，对达到评审标准的医疗机构，发给评审合格证书；对未达到评审标准的医疗机构，提出处理意见。

第六章 罚则

第四十四条 违反本条例第二十四条规定，未取得《医疗机构执业许可证》擅自执业的，由县级以上人民政府卫生行政部门责令其停止执业活动，没收非法所得和药品、器械，并可以根据情节处以 1 万元以下的罚款。

第四十五条 违反本条例第二十二条规定，逾期不校验《医疗机构执业许可证》仍从事诊疗活动的，由县级以上人民政府卫生行政部门责令其限期补办校验手续；拒不校验的，吊销其《医疗机构执业许可证》。

第四十六条 违反本条例第二十三条规定，出卖、转让、出借《医疗机构执业许可证》的，由县级以上人民政府卫生行政部门没收非法所得，并可以处以 5000 元以下的罚款；情节严重的，吊销其《医疗机构执业许可证》。

第四十七条 违反本条例第二十七条规定，诊疗活动超出登记范围的，由县级以上人民政府卫生行政部门予以警告、责令其改正，并可以根据情节处以 3000 元以下的罚款；情节严重的，吊销其《医疗机构执业许可证》。

第四十八条 违反本条例第二十八条规定，使用非卫生技术人员从事医疗卫生技术工作的，由县级以上人民政府卫生行政部门责令其限期改正，并可以处以 5000 元以下的罚款，情节严重的，吊销其《医疗机构执业许可证》。

第四十九条 违反本条例第三十二条规定，出具虚假证明文件的，由县级以上人民政府卫生行政部门予以警告；对造成危害后果的，可以处以 1000 元以下的罚款；对直接责任人员由所在单位或者上级机关给予行政处分。

第五十条 没收的财物和罚款全部上交国库。

第五十一条 当事人对行政处罚决定不服的，可以依照国家法律、法规的规定申请行政复议或者提起行政诉讼。当事人对罚款及没收药品、器械的处罚决定未在法定期限内申请复议或者提起诉讼又不履行的，县级以上人民政府卫生行政部门可以申请人民法院强制执行。

第七章 附则

第五十二条 本条例实施前已经执业的医疗机构，应当在条例实施后的 6 个月内，按照本条例第三章的规定，补办登记手续，领取《医疗机构执业许可证》。

第五十三条　外国人在中华人民共和国境内开设医疗机构及香港、澳门、台湾居民在内地开设医疗机构的管理办法，由国务院卫生行政部门另行制定。

第五十四条　本条例由国务院卫生行政部门负责解释。

第五十五条　本条例自 1994 年 9 月 1 日起施行。1951 年政务院批准发布的《医院诊所管理暂行条例》同时废止。

[附录]《**医疗机构管理条例实施细则**》[来源：1994 年原卫生部令第 35 号发布《医疗机构管理条例实施细则》，自 1994 年 9 月 1 日起施行]

第一章　总则

第一条　根据《医疗机构管理条例》(以下简称条例)制定本细则。

第二条　条例及本细则所称医疗机构，是指依据条例和本细则的规定，经登记取得《医疗机构执业许可证》的机构。

第三条　医疗机构的类别：

(一) 综合医院、中医医院、中西医结合医院、民族医医院、专科医院、康复医院；

(二) 妇幼保健院；

(三) 中心卫生院、乡(镇)卫生院、街道卫生院；

(四) 疗养院；

(五) 综合门诊部、专科门诊部、中医门诊部、中西医结合门诊部、民族医门诊部；

(六) 诊所、中医诊所、民族医诊所、卫生所、医务室、卫生保健所、卫生站；

(七) 村卫生室(所)；

(八) 急救中心、急救站；

(九) 临床检验中心；

(十) 专科疾病防治院、专科疾病防治所、专科疾病防治站；

(十一) 护理院、护理站；

(十二) 其他诊疗机构。

第四条　卫生防疫、国境卫生检疫、医学科研和教学等机构在本机构业务范围之外开展诊疗活动以及美容服务机构开展医疗美容业务的，必须依据条例及本细则，申请设置相应类别的医疗机构。

第五条　中国人民解放军和中国人民武装警察部队编制外的医疗机构，由地方卫生行政部门按照条例和本细则管理。

中国人民解放军后勤卫生主管部门负责向地方卫生行政部门提供军队编制外医疗机构的名称和地址。

第六条　医疗机构依法从事诊疗活动受法律保护。

第七条　卫生行政部门依法独立行使监督管理职权，不受任何单位和个人干涉。

第二章　设置审批

第八条　各省、自治区、直辖市应当按照当地《医疗机构设置规划》合理配置和合理利用医疗资源。

《医疗机构设置规划》由县级以上地方卫生行政部门依据《医疗机构设置规划指导原则》制定，经上一级卫生行政部门审核，报同级人民政府批准，在本行政区域内发布实施。

《医疗机构设置规划指导原则》另行制定。

第九条　县级以上地方卫生行政部门按照《医疗机构设置规划指导原则》规定的权限和程序组织实施本行政区域《医疗机构设置规划》，定期评价实施情况，并将评价结果按年度向上一级卫生行政部门和同级人民政府报告。

第十条　医疗机构不分类别、所有制形式、隶属关系、服务对象，其设置必须符合当地《医疗机构设置规划》。

第十一条　床位在100张以上的综合医院、中医医院、中西医结合医院、民族医医院以及专科医院、疗养院、康复医院、妇幼保健院、急救中心、临床检验中心和专科疾病防治机构的设置审批权限的划分，由省、自治区、直辖市卫生行政部门规定；其他医疗机构的设置，由县级卫生行政部门负责审批。

第十二条　有下列情形之一的，不得申请设置医疗机构：

（一）不能独立承担民事责任的单位；

（二）正在服刑或者不具有完全民事行为能力的个人；

（三）医疗机构在职、因病退职或者停薪留职的医务人员；

（四）发生二级以上医疗事故未满五年的医务人员；

（五）因违反有关法律、法规和规章，已被吊销执业证书的医务人员；

（六）被吊销《医疗机构执业许可证》的医疗机构法定代表人或者主要负责人；

（七）省、自治区、直辖市政府卫生行政部门规定的其他情形。

有前款第（二）、（三）、（四）、（五）、（六）项所列情形之一者，不得充任医疗机构的法定代表人或者主要负责人。

第十三条　在城市设置诊所的个人，必须同时具备下列条件：

（一）经医师执业技术考核合格，取得《医师执业证书》；

（二）取得《医师执业证书》或者医师职称后，从事五年以上同一专业的临床工作；

（三）省、自治区、直辖市卫生行政部门规定的其他条件。

医师执业技术标准另行制定。

在乡镇和村设置诊所的个人的条件，由省、自治区、直辖市卫生行政部门规定。

第十四条　地方各级人民政府设置医疗机构，由政府指定或者任命的拟设医疗机构的筹建负责人申请；法人或者其他组织设置医疗机构，由其代表人申请；个人设置医疗机构，由设置人申请；两人以上合伙设置医疗机构，由合伙人共同申请。

第十五条　条例第十条规定提交的设置可行性研究报告包括以下内容：

（一）申请单位名称、基本情况以及申请人姓名、年龄、专业履历、身份证号码；

（二）所在地区的人口、经济和社会发展等概况；

（三）所在地区人群健康状况和疾病流行以及有关疾病患病率；

（四）所在地区医疗资源分布情况以及医疗服务需求分析；

（五）拟设医疗机构的名称、选址、功能、任务、服务半径；

（六）拟设医疗机构的服务方式、时间、诊疗科目和床位编制；

（七）拟设医疗机构的组织结构、人员配备；

（八）拟设医疗机构的仪器、设备配备；

（九）拟设医疗机构与服务半径区域内其他医疗机构的关系和影响；

（十）拟设医疗机构的污水、污物、粪便处理方案；

（十一）拟设医疗机构的通讯、供电、上下水道、消防设施情况；

（十二）资金来源、投资方式、投资总额、注册资金（资本）；

（十三）拟设医疗机构的投资预算；

（十四）拟设医疗机构五年内的成本效益预测分析。

并附申请设置单位或者设置人的资信证明。

申请设置门诊部、诊所、卫生所、医务室、卫生保健所、卫生站、村卫生室（所）、护理站等医疗机构的，可以根据情况适当简化设置可行性研究报告内容。

第十六条　条例第十条规定提交的选址报告包括以下内容：

（一）选址的依据；

（二）选址所在地区的环境和公用设施情况；

（三）选址与周围托幼机构、中小学校、食品生产经营单位布局的关系；

（四）占地和建筑面积。

第十七条　由两个以上法人或者其他组织共同申请设置医疗机构以及由两人以上合伙申请设置医疗机构的，除提交可行性研究报告和选址报告外，还必须提交由各方共同签署的协议书。

第十八条　医疗机构建筑设计必须经设置审批机关审查同意后，方可施工。

第十九条　条例第十二条规定的设置申请的受理时间，自申请人提供条例和本细则规定的全部材料之日算起。

第二十条　县级以上地方卫生行政部门依据当地《医疗机构设置规划》及本细则审查和批准医疗机构的设置。

申请设置医疗机构有下列情形之一的，不予批准：

（一）不符合当地《医疗机构设置规划》；

（二）设置人不符合规定的条件；

（三）不能提供满足投资总额的资信证明；

（四）投资总额不能满足各项预算开支；

（五）医疗机构选址不合理；

（六）污水、污物、粪便处理方案不合理；

（七）省、自治区、直辖市卫生行政部门规定的其他情形。

第二十一条　卫生行政部门应当在核发《设置医疗机构批准书》的同时，向上一级卫生行政部门备案。

上级卫生行政部门有权在接到备案报告之日起三十日内纠正或者撤销下级卫生行政部门作出的不符合当地《医疗机构设置规划》的设置审批。

第二十二条　《设置医疗机构批准书》的有效期，由省、自治区、直辖市卫生行政部门规定。

第二十三条　变更《设置医疗机构批准书》中核准的医疗机构的类别、规模、选址和诊疗科目，必须按照条例和本细则的规定，重新申请办理设置审批手续。

第二十四条　法人和其他组织设置的为内部职工服务的门诊部、诊所、卫生所（室），由设置单位在该医疗机构执业登记前，向当地县级卫生行政部门备案，并提交下列材料：

（一）设置单位或者其主管部门设置医疗机构的决定；

（二）《设置医疗机构备案书》。

卫生行政部门应当在接到备案后十五日内给予《设置医疗机构备案回执》。

第三章　登记与校验

第二十五条　申请医疗机构执业登记必须填写《医疗机构申请执业登记注册书》，并向登记机关提交下列材料：

（一）《设置医疗机构批准书》或者《设置医疗机构备案回执》；

（二）医疗机构用房产权证明或者使用证明；

（三）医疗机构建筑设计平面图；

（四）验资证明、资产评估报告；

（五）医疗机构规章制度；

（六）医疗机构法定代表人或者主要负责人以及各科室负责人名录和有关资格证书、执业证书复印件；

（七）省、自治区、直辖市卫生行政部门规定提交的其他材料。

申请门诊部、诊所、卫生所、医务室、卫生保健所和卫生站登记的，还应当提交附设药房（柜）的药品种类清单、卫生技术人员名录及其有关资格证书、执业证书复印件以及省、自治区、直辖市卫生行政部门规定提交的其他材料。

第二十六条 登记机关在受理医疗机构执业登记申请后，应当按照条例第十六条规定的条件和条例第十九条规定的时限进行审查和实地考察、核实，并对有关执业人员进行消毒、隔离和无菌操作等基本知识和技能的现场抽查考核。经审核合格的，发给《医疗机构执业许可证》；审核不合格的，将审核结果和不予批准的理由以书面形式通知申请人。

《医疗机构执业许可证》及其副本由卫生部统一印制。

条例第十九条规定的执业登记申请的受理时间，自申请人提供条例和本细则规定的全部材料之日算起。

第二十七条 申请医疗机构执业登记有下列情形之一的，不予登记：

（一）不符合《设置医疗机构批准书》核准的事项；

（二）不符合《医疗机构基本标准》；

（三）投资不到位；

（四）医疗机构用房不能满足诊疗服务功能；

（五）通讯、供电、上下水道等公共设施不能满足医疗机构正常运转；

（六）医疗机构规章制度不符合要求；

（七）消毒、隔离和无菌操作等基本知识和技能的现场抽查考核不合格；

（八）省、自治区、直辖市卫生行政部门规定的其他情形。

第二十八条 医疗机构执业登记的事项：

（一）类别、名称、地址、法定代表人或者主要负责人；

（二）所有制形式；

（三）注册资金（资本）；

（四）服务方式；

（五）诊疗科目；

（六）房屋建筑面积、床位（牙椅）；

（七）服务对象；

（八）职工人数；

（九）执业许可证登记号（医疗机构代码）；

（十）省、自治区、直辖市卫生行政部门规定的其他登记事项。

门诊部、诊所、卫生所、医务室、卫生保健所、卫生站除登记前款所列事项外，还应当核准登记附设药房（柜）的药品种类。

《医疗机构诊疗科目名录》另行制定。

第二十九条 因分立或者合并而保留的医疗机构应当申请变更登记；因分立或者合并而新设置的医疗机构应当申请设置许可和执业登记；因合并而终止的医疗机构应当申请注销登记。

第三十条 医疗机构变更名称、地址、法定代表人或者主要负责人、所有制形式、服务对象、服务方式、注册资金（资本）、诊疗科目、床位（牙椅）的，必须向登记机关申请办理变更登记，并提交下列材料：

（一）医疗机构法定代表人或者主要负责人签署的《医疗机构申请变更登记注册书》；

（二）申请变更登记的原因和理由；

（三）登记机关规定提交的其他材料。

第三十一条 机关、企业和事业单位设置的为内部职工服务的医疗机构向社会开放，必须按照前条规定申请办理变更登记。

第三十二条 医疗机构在原登记机关管辖权限范围内变更登记事项的，由原登记机关办理变更登记；因变更登记超出原登记机关管辖权限的，由有管辖权的卫生行政部门办理变更登记。

医疗机构在原登记机关管辖区域内迁移，由原登记机关办理变更登记；向原登记机关管辖区域外迁移的，应当在取得迁移目的地的卫生行政部门发给的《设置医疗机构批准书》，并经原登记机关核准办理注销登记后，再向迁移目的地的卫生行政部门申请办理执业登记。

第三十三条 登记机关在受理变更登记申请后，依据条例和本细则的有关规定以及当地《医疗机构设置规划》进行审核，按照登记程序或者简化程序办理变更登记，并作出核准变更登记或者不予变更登记的决定。

第三十四条 医疗机构停业，必须经登记机关批准。除改建、扩建、迁建原因，医疗机构停业不得超过一年。

第三十五条 床位在一百张以上的综合医院、中医医院、中西医结合医院、民族医医院以及专科医院、疗养院、康复医院、妇幼保健院、急救中心、临床检验中心和专科疾病防治机构的校验期为三年；其他医疗机构的校验期为一年。

医疗机构应当于校验期满前三个月向登记机关申请办理校验手续。

办理校验应当交验《医疗机构执业许可证》，并提交下列文件：

（一）《医疗机构校验申请书》；

（二）《医疗机构执业许可证》副本；

（三）省、自治区、直辖市卫生行政部门规定提交的其他材料。

第三十六条 卫生行政部门应当在受理校验申请后的三十日内完成校验。

第三十七条 医疗机构有下列情形之一的，登记机关可以根据情况，给予一至六个月的暂缓校验期：

（一）不符合《医疗机构基本标准》；

（二）限期改正期间；

（三）省、自治区、直辖市卫生行政部门规定的其他情形。

不设床位的医疗机构在暂缓校验期内不得执业。

暂缓校验期满仍不能通过校验的，由登记机关注销其《医疗机构执业许可证》。

第三十八条 县级卫生行政部门应当于每年二月底前，将上年度本行政区域内执业的医疗机构名册逐级上报至卫生部，其中中医、中西医结合和民族医医疗机构名册逐级上报至国家中医药管理局。

第三十九条 医疗机构开业、迁移、更名、改变诊疗科目以及停业、歇业和校验结果由登记机关予以公告。

第四章 名称

第四十条 医疗机构的名称由识别名称和通用名称依次组成。

医疗机构的通用名称为：医院、中心卫生院、卫生院、疗养院、妇幼保健院、门诊部、诊所、卫生所、卫生站、卫生室、医务室、卫生保健所、急救中心、急救站、临床检验中心、防治院、防治所、防治站、护理院、护理站、中心以及卫生部规定或者认可的其他名称。

医疗机构可以下列名称作为识别名称：地名、单位名称、个人姓名、医学学科名称、医学专业和专科名称、诊疗科目名称和核准机关批准使用的名称。

第四十一条 医疗机构的命名必须符合以下原则：

（一）医疗机构的通用名称以前条第二款所列的名称为限；

（二）前条第三款所列的医疗机构的识别名称可以合并使用；

（三）名称必须名副其实；

（四）名称必须与医疗机构类别或者诊疗科目相适应；

（五）各级地方人民政府设置的医疗机构的识别名称中应当含有省、市、县、区、街道、乡、镇、村等行政区划名称，其他医疗机构的识别名称中不得含有行政区划名称；

（六）国家机关、企业和事业单位、社会团体或者个人设置的医疗机构的名称中应当含有设置单位名称或者个人的姓名。

第四十二条 医疗机构不得使用下列名称：

（一）有损于国家、社会或者公共利益的名称；

（二）侵犯他人利益的名称；

（三）以外文字母、汉语拼音组成的名称；

（四）以医疗仪器、药品、医用产品命名的名称。

（五）含有"疑难病"、"专治"、"专家"、"名医"或者同类含义文字的名称以及其他宣传或者暗示诊疗效果的名称；

（六）超出登记的诊疗科目范围的名称；

（七）省级以上卫生行政部门规定不得使用的名称。

第四十三条　以下医疗机构名称由卫生部核准；属于中医、中西医结合和民族医医疗机构的，由国家中医药管理局核准：

（一）含有外国国家（地区）名称及其简称、国际组织名称的；

（二）含有"中国"、"全国"、"中华"、"国家"等字样以及跨省地域名称的；

（三）各级地方人民政府设置的医疗机构的识别名称中不含有行政区划名称的。

第四十四条　以"中心"作为医疗机构通用名称的医疗机构名称，由省级以上卫生行政部门核准；在识别名称中含有"中心"字样的医疗机构名称的核准，由省、自治区、直辖市卫生行政部门规定。

含有"中心"字样的医疗机构名称必须同时含有行政区划名称或者地名。

第四十五条　除专科疾病防治机构以外，医疗机构不得以具体疾病名称作为识别名称，确有需要的由省、自治区、直辖市卫生行政部门核准。

第四十六条　医疗机构名称经核准登记，于领取《医疗机构执业许可证》后方可使用，在核准机关管辖范围内享有专用权。

第四十七条　医疗机构只准使用一个名称。确有需要，经核准机关核准可以使用两个或者两个以上名称，但必须确定一个第一名称。

第四十八条　卫生行政部门有权纠正已经核准登记的不适宜的医疗机构名称，上级卫生行政部门有权纠正下级卫生行政部门已经核准登记的不适宜的医疗机构名称。

第四十九条　两个以上申请人向同一核准机关申请相同的医疗机构名称，核准机关依照申请在先原则核定。属于同一天申请的，应当由申请人双方协商解决；协商不成的，由核准机关作出裁决。

两个以上医疗机构因已经核准登记的医疗机构名称相同发生争议时，核准机关依照登记在先原则处理。属于同一天登记的，应当由双方协商解决；协商不成的，由核准机关报上一级卫生行政部门作出裁决。

第五十条　医疗机构名称不得买卖、出借。

未经核准机关许可，医疗机构名称不得转让。

第五章　执业

第五十一条　医疗机构的印章、银行账户、牌匾以及医疗文件中使用的名称应当与核准登记的医疗机构名称相同；使用两个以上名称的，应当与第一名称相同。

第五十二条 医疗机构应当严格执行无菌消毒、隔离制度，采取科学有效的措施处理污水和废弃物，预防和减少医院感染。

第五十三条 医疗机构的门诊病历的保存期不得少于十五年；住院病历的保存期不得少于三十年。

第五十四条 标有医疗机构标识的票据和病历本册以及处方笺、各种检查的申请单、报告单、证明文书单、药品分装袋、制剂标签等不得买卖、出借和转让。

医疗机构不得冒用标有其他医疗机构标识的票据和病历本册以及处方笺、各种检查的申请单、报告单、证明文书单、药品分装袋、制剂标签等。

第五十五条 医疗机构应当按照卫生行政部门的有关规定、标准，加强医疗质量管理，实施医疗质量保证方案，确保医疗安全和服务质量，不断提高服务水平。

第五十六条 医疗机构应当定期检查、考核各项规章制度和各级各类人员岗位责任制的执行和落实情况。

第五十七条 医疗机构应当经常对医务人员进行"基础理论、基本知识、基本技能"的训练与考核，把"严格要求、严密组织、严谨态度"落实到各项工作中。

第五十八条 医疗机构应当组织医务人员学习医德规范和有关教材，督促医务人员恪守职业道德。

第五十九条 医疗机构不得使用假劣药品、过期和失效药品以及违禁药品。

第六十条 医疗机构为死因不明者出具的《死亡医学证明书》，只作是否死亡的诊断，不作死亡原因的诊断。如有关方面要求进行死亡原因诊断的，医疗机构必须指派医生对尸体进行解剖和有关死因检查后方能作出死因诊断。

第六十一条 医疗机构在诊疗活动中，应当对患者实行保护性医疗措施，并取得患者家属和有关人员的配合。

第六十二条 医疗机构应当尊重患者对自己的病情、诊断、治疗的知情权利。在实施手术、特殊检查、特殊治疗时，应当向患者作必要的解释。因实施保护性医疗措施不宜向患者说明情况的，应当将有关情况通知患者家属。

第六十三条 门诊部、诊所、卫生所、医务室、卫生保健所和卫生站附设药房（柜）的药品种类由登记机关核定，具体办法由省、自治区、直辖市卫生行政部门规定。

第六十四条 为内部职工服务的医疗机构未经许可和变更登记不得向社会开放。

第六十五条 医疗机构被吊销或者注销执业许可证后，不得继续开展诊疗活动。

第六章　监督管理

第六十六条　各级卫生行政部门负责所辖区域内医疗机构的监督管理工作。

第六十七条　在监督管理工作中,要充分发挥医院管理学会和卫生工作者协会等学术性和行业性社会团体的作用。

第六十八条　县级以上卫生行政部门设立医疗机构监督管理办公室。

各级医疗机构监督管理办公室在同级卫生行政部门的领导下开展工作。

第六十九条　各级医疗机构监督管理办公室的职责:

(一)拟订医疗机构监督管理工作计划;

(二)办理医疗机构监督员的审查、发证、换证;

(三)负责医疗机构登记、校验和有关监督管理工作的统计,并向同级卫生行政部门报告;

(四)负责接待、办理群众对医疗机构的投诉;

(五)完成卫生行政部门交给的其他监督管理工作。

第七十条　县级以上卫生行政部门设医疗机构监督员,履行规定的监督管理职责。

医疗机构监督员由同级卫生行政部门聘任。

医疗机构监督员应当严格执行国家有关法律、法规和规章,其主要职责是:

(一)对医疗机构执行有关法律、法规、规章和标准的情况进行监督、检查、指导;

(二)对医疗机构执业活动进行监督、检查、指导;

(三)对医疗机构违反条例和本细则的案件进行调查、取证;

(四)对经查证属实的案件向卫生行政部门提出处理或者处罚意见;

(五)实施职权范围内的处罚;

(六)完成卫生行政部门交付的其他监督管理工作。

第七十一条　医疗机构监督员有权对医疗机构进行现场检查,无偿索取有关资料,医疗机构不得拒绝、隐匿或者隐瞒。

医疗机构监督员在履行职责时应当佩戴证章、出示证件。

医疗机构监督员证章、证件由卫生部监制。

第七十二条　各级卫生行政部门对医疗机构的执业活动检查、指导主要包括:

(一)执行国家有关法律、法规、规章和标准情况;

(二)执行医疗机构内部各项规章制度和各级各类人员岗位责任制情况;

(三)医德医风情况;

(四)服务质量和服务水平情况;

(五)执行医疗收费标准情况;

（六）组织管理情况；

（七）人员任用情况；

（八）省、自治区、直辖市卫生行政部门规定的其他检查、指导项目。

第七十三条　国家实行医疗机构评审制度，对医疗机构的基本标准、服务质量、技术水平、管理水平等进行综合评价。县级以上卫生行政部门负责医疗机构评审的组织和管理；各级医疗机构评审委员会负责医疗机构评审的具体实施。

第七十四条　县级以上中医（药）行政管理部门成立医疗机构评审委员会，负责中医、中西医结合和民族医医疗机构的评审。

第七十五条　医疗机构评审包括周期性评审、不定期重点检查。

医疗机构评审委员会在对医疗机构进行评审时，发现有违反条例和本细则的情节，应当及时报告卫生行政部门；医疗机构评审委员会委员为医疗机构监督员的，可以直接行使监督权。

第七十六条　《医疗机构监督管理行政处罚程序》另行制定。

第七章　处罚

第七十七条　对未取得《医疗机构执业许可证》擅自执业的，责令其停止执业活动，没收非法所得和药品、器械，并处以三千元以下的罚款；有下列情形之一的，责令其停止执业活动，没收非法所得和药品、器械，处以三千元以上一万元以下的罚款：

（一）因擅自执业曾受过卫生行政部门处罚；

（二）擅自执业的人员为非卫生技术专业人员；

（三）擅自执业时间在三个月以上；

（四）给患者造成伤害；

（五）使用假药、劣药蒙骗患者；

（六）以行医为名骗取患者钱物；

（七）省、自治区、直辖市卫生行政部门规定的其他情形。

第七十八条　对不按期办理校验《医疗机构执业许可证》又不停止诊疗活动的，责令其限期补办校验手续；在限期内仍不办理校验的，吊销其《医疗机构执业许可证》。

第七十九条　转让、出借《医疗机构执业许可证》的，没收其非法所得，并处以三千元以下的罚款；有下列情形之一的，没收其非法所得，处以三千元以上五千元以下的罚款，并吊销《医疗机构执业许可证》：

（一）出卖《医疗机构执业许可证》；

（二）转让或者出借《医疗机构执业许可证》是以营利为目的；

（三）受让方或者承借方给患者造成伤害；

（四）转让、出借《医疗机构执业许可证》给非卫生技术专业人员；

（五）省、自治区、直辖市卫生行政部门规定的其他情形。

第八十条 除急诊和急救外，医疗机构诊疗活动超出登记的诊疗科目范围，情节轻微的，处以警告；有下列情形之一的，责令其限期改正，并可处以三千元以下罚款：

（一）超出登记的诊疗科目范围的诊疗活动累计收入在三千元以下；

（二）给患者造成伤害。

有下列情形之一的，处以三千元罚款，并吊销《医疗机构执业许可证》：

（一）超出登记的诊疗科目范围的诊疗活动累计收入在三千元以上；

（二）给患者造成伤害；

（三）省、自治区、直辖市卫生行政部门规定的其他情形。

第八十一条 任用非卫生技术人员从事医疗卫生技术工作的，责令其立即改正，并可处以三千元以下的罚款；有下列情形之一的，处以三千元以上五千元以下罚款，并可以吊销其《医疗机构执业许可证》：

（一）任用两名以上非卫生技术人员从事诊疗活动；

（二）任用的非卫生技术人员给患者造成伤害。

医疗机构使用卫生技术人员从事本专业以外的诊疗活动的，按使用非卫生技术人员处理。

第八十二条 出具虚假证明文件，情节轻微的，给予警告，并可处以五百元以下的罚款；有下列情形之一的，处以五百元以上一千元以下的罚款：

（一）出具虚假证明文件造成延误诊治的；

（二）出具虚假证明文件给患者精神造成伤害的；

（三）造成其他危害后果的。

对直接责任人员由所在单位或者上级机关给予行政处分。

第八十三条 医疗机构有下列情形之一的，登记机关可以责令其限期改正：

（一）发生重大医疗事故；

（二）连续发生同类医疗事故，不采取有效防范措施；

（三）连续发生原因不明的同类患者死亡事件，同时存在管理不善因素；

（四）管理混乱，有严重事故隐患，可能直接影响医疗安全；

（五）省、自治区、直辖市卫生行政部门规定的其他情形。

第八十四条 当事人对行政处罚决定不服的，可以在接到《行政处罚决定通知书》之日起十五日内向作出行政处罚决定的上一级卫生行政部门申请复议。上级卫生行政部门应当在接到申请书之日起三十日内作出书面答复。

当事人对行政处罚决定不服的，也可以在接到《行政处罚决定通知书》之日起十五日内直接向人民法院提起行政诉讼。

逾期不申请复议、不起诉又不履行行政处罚决定的，由作出行政处罚决定的卫生行政部门填写《行政处罚强制执行申请书》，向人民法院申请强制执行。

第八章 附则

第八十五条 医疗机构申请办理设置审批、执业登记、校验、评审时，应当交纳费用，医疗机构执业应当交纳管理费，具体办法由省级以上卫生行政部门会同物价管理部门规定。

第八十六条 各省、自治区、直辖市根据条例和本细则并结合当地的实际情况，制定实施办法。实施办法中的有关中医、中西结合、民族医医疗机构的条款，由省、自治区、直辖市中医（药）行政部门拟订。

第八十七条 条例及本细则实施前已经批准执业的医疗机构的审核登记办法，由省、自治区、直辖市卫生行政部门根据当地的实际情况规定。

第八十八条 条例及本细则中下列用语的含义：

诊疗活动：是指通过各种检查，使用药物、器械及手术等方法，对疾病作出判断和消除疾病、缓解病情、减轻痛苦、改善功能、延长生命、帮助患者恢复健康的活动。

医疗美容：是指使用药物以及手术、物理和其他损伤性或者侵入性手段进行的美容。

特殊检查、特殊治疗：是指具有下列情形之一的诊断、治疗活动：

（一）有一定危害性，可能产生不良后果的检查和治疗；

（二）由于患者体质特殊或者病情危笃，可能对患者产生不良后果和危险的检查和治疗；

（三）临床试验性检查和治疗；

（四）收费可能对患者造成较大经济负担的检查和治疗。

卫生技术人员：是指按照国家有关法律、法规和规章的规定取得卫生技术人员资格或者职称的人员。

技术规范：是指由卫生部、国家中医药管理局制定或者认可的与诊疗活动有关的技术标准、操作规程等规范性文件。

军队的医疗机构：是指中国人民解放军和中国人民武装警察部队编制内的医疗机构。

第八十九条 各级中医（药）行政管理部门依据条例和本细则以及当地医疗机构管理条例实施办法，对管辖范围内各类中医、中西医结合和民族医医疗机构行使设置审批、登记和监督管理权。

第九十条 本细则的解释权在卫生部。

第九十一条 本细则自1994年9月1日起施行。

[附录] **医疗机构基本标准（试行）**[来源：卫医发（1994）第30号，关于下发《医疗机构基本标准（试行）》的通知，附件：医疗机构基本标准（试行）]

医疗机构基本标准（试行）为医疗机构执业必须达到的最低标准，是卫生行政部门核发《医疗机构执业许可证》的依据。少数地区执行本标准确有困难的，可由省、自治区、直辖市卫生行政部门根据实际情况调整某些指标，作为地方标准，报卫生部核准备案后施行。尚未列入本标准的医疗机构，可比照同类医疗机构基本标准执行。民族医医院基本标准由各省、自治区、直辖市卫生行政部门制定。

第一部分　医院基本标准

凡以"医院"命名的医疗机构，住院床位总数应在20张以上。

综合医院

一级综合医院

一、床位：住院床位总数20至99张。

二、科室设置：

（一）临床科室：至少设有急诊室、内科、外科、妇（产）科、预防保健科。

（二）医技科室：至少设有药房、化验室、X光室、消毒供应室。

三、人员：

（一）每床至少配备0.7名卫生技术人员；

（二）至少有3名医师、5名护士和相应的药剂、检验、放射等卫生技术人员；

（三）至少有1名具有主治医师以上职称的医师。

四、房屋：每床建筑面积不少于45平方米。

五、设备：

（一）基本设备：

心电图机　洗胃器　电动吸引器　呼吸球囊　妇科检查床　冲洗车　气管插管　万能手术床　必要的手术器械　显微镜　离心机　X光机　电冰箱　药品柜　恒温培养箱　高压灭菌设备　紫外线灯　洗衣机　常水、热水、蒸馏水、净化过滤系统

（二）病房每床单元设备：

床1张　床垫1.2条　被子1.2条　褥子1.2条　被套2条　床单2条　枕芯2个　枕套4个　床头柜1个　暖水瓶1个　面盆2个　痰盂或痰杯1个　病员服2套

（三）有与开展的诊疗科目相应的其他设备。

六、制订各项规章制度、人员岗位责任制，有国家制定或认可的医疗护理技术操作规程，并成册可用。

七、注册资金到位，数额由各省、自治区、直辖市卫生行政部门确定。

二级综合医院

一、床位：住院床位总数100至499张。

二、科室设置：

（一）临床科室：至少设有急诊科、内科、外科、妇产科、儿科、眼科、耳鼻喉科、口腔科、皮肤科、麻醉科、传染科、预防保健科，其中眼科、耳鼻喉科、口腔科可合并建科，皮肤科可并入内科或外科，附近已有传染病医院的，根据当地《医疗机构设置规划》可不设传染科；

（二）医技科室：至少设有药剂科、检验科、放射科、手术室、病理科、血库（可与检验科合设）、理疗科、消毒供应室、病案室。

三、人员：

（一）每床至少配备0.88名卫生技术人员；

（二）每床至少配备0.4名护士；

（三）至少有3名具有副主任医师以上职称的医师；

（四）各专业科室至少有1名具有主治医师以上职称的医师。

四、房屋：

（一）每床建筑面积不少于45平方米；

（二）病房每床净使用面积不少于5平方米；

（三）日平均每诊人次占门诊建筑面积不少于3平方米。

五、设备：

（一）基本设备：

给氧装置　呼吸机　电动吸引器　自动洗胃机　心电图机　心脏除颤器　心电监护仪　多功能抢救床　万能手术床　无影灯　麻醉机　胃镜　妇科检查床　冲洗车　万能产床　产程监护仪　婴儿保温箱　裂隙灯　牙科治疗椅　涡轮机　牙钻机　银汞搅拌机　显微镜　电冰箱　恒温箱　分析天平　X光机　离心机　钾钠氯分析仪　尿分析仪　B超　冷冻切片机　石蜡切片机　敷料柜　洗衣机　器械柜　紫外线灯　手套烘干上粉机　蒸馏器　高压灭菌设备　下收下送密闭车　常水、热水、净化过滤系统　冲洗工具　净物存放、消毒灭菌密闭柜　热源监测设备（恒温箱、净化台、干燥箱）

（二）病房每床单元设备：除增加床头信号灯1台外，其他与一级综合医院相同；

（三）有与开展的诊疗科目相应的其他设备。

六、制订各项规章制度、人员岗位责任制，有国家制定或认可的医疗护理技术操作规程，并成册可用。

七、注册资金到位，数额由各省、自治区、直辖市卫生行政部门确定。

三级综合医院

一、床位：住院床位总数 500 张以上。

二、科室设置：

（一）临床科室：至少设有急诊科、内科、外科、妇产科、儿科、中医科、耳鼻喉科、口腔科、眼科、皮肤科、麻醉科、康复科、预防保健科；

（二）医技科室：至少设有药剂科、检验科、放射科、手术室、病理科、输血科、核医学科、理疗科（可与康复科合设）、消毒供应室、病案室、营养部和相应的临床功能检查室。

三、人员：

（一）每床至少配备 1.03 名卫生技术人员；

（二）每床至少配备 0.4 名护士；

（三）各专业科室的主任应具有副主任医师以上职称；

（四）临床营养师不少于 2 人；

（五）工程技术人员（技师、助理工程师及以上人员）占卫生技术人员总数的比例不低于 1%。

四、房屋：

（一）每床建筑面积不少于 60 平方米；

（二）病房每床净使用面积不少于 6 平方米；

（三）日平均每门诊人次占门诊建筑面积不少于 4 平方米。

五、设备：

（一）基本设备：

给氧装置　呼吸机　电动吸引器　自动洗胃机　心电图机　心脏除颤器　心电监护仪　多功能抢救床　万能手术床　无影灯　麻醉机　麻醉监护仪　高频电刀　移动式 X 光机　X 光机　B 超　多普勒成像仪　动态心电图机　脑电图机　脑血流图机　血液透析器　肺功能仪　支气管镜　食道镜　胃镜　十二指肠镜　乙状结肠镜　结肠镜　直肠镜　腹腔镜　膀胱镜　宫腔镜　妇科检查床　产程监护仪　万能产床　胎儿监护仪　婴儿保温箱　骨科牵引床　裂隙灯　牙科治疗椅　涡轮机　牙钻机　银汞搅拌机　显微镜　生化分析仪　紫外线分光光度计　酶标分光光度计　自动生化分析仪　酶标分析仪　尿分析仪　分析天平　细胞自动筛选器　冲洗车　电冰箱　恒温箱离心机　敷料柜　器械柜　冷冻切片机　石蜡切片机　高压灭菌设备　蒸馏器　紫外线灯　手套烘干上粉机　洗衣机　冲洗工具　下收下送密闭车　常水、热水、净化过滤系统　通风降温、烘干设备　净物存放、消毒灭菌密闭柜　热源监测设备（恒温箱、净化台、干燥箱）

（二）病房每床单元设备：与二级综合医院相同；

（三）有与开展的诊疗科目相应的其他设备。

六、制订各项规章制度、人员岗位责任制,有国家制定或认可的医疗护理技术操作规程,并成册可用。

七、注册资金到位,数额由各省、自治区、直辖市卫生行政部门确定。

中医医院(省略)

中西医结合医院(省略)

专科医院

口腔医院

二级口腔医院

一、牙椅和床位:牙科治疗椅20至59台,住院床位总数15至49张。

二、科室设置:

(一)临床科室:至少设有口腔内科、口腔颌面外科和口腔修复科、口腔预防保健组、口腔急诊室;

(二)医技科室:至少设有药剂科、检验科、放射科、消毒供应室、病案室。

三、人员:

(一)每牙椅(床)至少配备1.03名卫生技术人员;

(二)至少有2名具有副主任医师以上职称的医师;

(三)各专业科室(组)至少有1名医师;

(四)医生与护理人员之比不低于1:1.5;

(五)修复医师与技工之比为1:1。

四、房屋:

(一)每牙科治疗椅建筑面积不少于30平方米;

(二)诊室每牙科治疗椅净使用面积不少于6平方米;

(三)每床建筑面积不少于45平方米;

(四)病房每床净使用面积不少于6平方米。

五、设备:

(一)基本设备:

给氧装置 呼吸机 心电图机 电动吸引器 抢救床 麻醉机 多功能口腔综合治疗台 涡轮机 光敏固化灯 银汞搅拌机 高频铸造机 中熔铸造机 超声洁治器 显微镜 火焰光度计 分析天平 生化分析仪 血球计数仪 离心机 电冰箱 X光机 X光牙片机 敷料柜 器械柜 高压灭菌设备 煮沸消毒锅 紫外线灯 洗衣机

(二)病房每床单元设备:与二级综合医院相同;

(三)门诊每诊椅单元设备:

牙科治疗椅1台 手术灯1个 痰盂1个 器械盘1个 电动吸引器1支 低速牙科切割装置1套 高速牙科切割装置1套 三用枪1支 口腔检查器械

1套 病历书写柜1张 医师座椅1个

（四）有与开展的诊疗科目相应的其他设备。

六、制订各项规章制度、人员岗位责任制，有国家制定或认可的医疗护理技术操作规程，并成册可用。

七、注册资金到位，数额由各省、自治区、直辖市卫生行政部门确定。

三级口腔医院

一、牙椅和床位：牙科治疗椅60台以上，住院床位总数50张以上。

二、科室设置：

（一）临床科室：至少设有口腔内科、口腔颌面外科、口腔修复科、口腔正畸科、口腔预防保健科、口腔急诊室；

（二）医技科室：至少设有药剂科、检验科、放射科、病理科、消毒供应室、病案室、营养室。

三、人员：

（一）每牙椅（床）至少配备1.03名卫生技术人员；

（二）医师与护士之比不低于1:1.5；

（三）各专业科室主任应具有副主任医师以上职称；

（四）临床营养师1人；

（五）修复医师与技工之比为1:1；

（六）工程技术人员（技师、助理工程师以上职称的人员）占卫生技术人员总数的比例不低于1%。

四、房屋：

（一）每牙科治疗椅建筑面积不少于40平方米；

（二）诊室每牙科治疗椅净使用面积不少于6平方米；

（三）每床建筑面积不少于60平方米；

（四）病房每床净使用面积不少于6平方米。

五、设备：

（一）基本设备：

给氧装置 呼吸机 电动吸引器 心电图机 心脏除颤器 心电监护仪 手术床 麻醉机 麻醉监护仪 高频电刀 多功能口腔综合治疗台 涡轮机 银汞搅拌机 超声洁治器 光敏固化灯 配套微型骨锯 光固化烤塑机 铸造与烤瓷设备 X光机 X光牙片机 口腔体腔摄片机 断层摄片机 超短波治疗器 激光器 肌松弛仪 肌电图仪 𬌗力测试仪 显微镜 血球计数仪 分析天平 紫外线分光光度计 自动生化分析仪 酶标分析仪 尿分析仪 血气分析仪 恒温培养箱 电冰箱 离心机 冷冻切片机 石蜡切片机 敷料柜 器械柜 高压灭菌设备 煮沸消毒锅 紫外线灯 蒸馏器 洗衣机 下收下送

密封车　水净化过滤装置

（二）病房每床单元设备：与二级综合医院相同；

（三）门诊每诊椅单元设备：与二级口腔医院相同；

（四）有与开展的诊疗科目相应的其他设备。

六、制订各项规章制度、人员岗位责任制，有国家制定或认可的医疗护理技术操作规程，并成册可用。

七、注册资金到位，数额由各省、自治区、直辖市卫生行政部门确定。

（注：目前我国不设一级口腔医院）

肿瘤医院（省略）

儿童医院（省略）

精神病医院（省略）

传染病医院（省略）

心血管病医院（省略）

血液病医院（省略）

皮肤病医院（省略）

整形外科医院（省略）

美容医院

一、床位和牙椅：住院床位总数50张以上，美容床20张以上，牙科治疗椅10台以上。

二、科室设置：

（一）临床科室：至少设有美容外科、口腔科、皮肤科、理疗科、中医科、设计科、麻醉科；

（二）医技科室：至少设有药剂科、检验科、放射科、手术室、病理科、技工室、影像室、消毒供应科、病案室。

三、人员：

（一）每床（椅）至少配备1.03名卫生技术人员；

（二）每床（椅）至少配备0.4名护士；

（三）至少有8名具有副主任医师以上职称的医师。

四、房屋：

（一）每床建筑面积不少于60平方米；

（二）病房每床净使用面积不少于6平方米；

（三）每牙科治疗椅建筑面积不少于60平方米，诊室每牙科治疗椅净使用面积不少于6平方米；

（四）每美容床建筑面积不少于40平方米，每美容床净使用面积不少于6平方米；

（五）日平均每门诊人次占门诊建筑面积不少于4平方米。

五、设备：

（一）基本设备：

呼吸机　电动吸引器　心电监护仪　体外除颤器　自动血压监测仪　口腔综合治疗台　超声洁治器　涡轮机　光敏固化灯　银汞搅拌机　正颌外科器械光固化烤塑机　铸造与烤瓷设备　X光牙片机　口腔全景X光机　麻醉机　二氧化碳激光机　高频电治疗机　皮肤磨削机　离子喷雾器　纹眉机　皮肤测量仪　1/10 000分析天平　自动生化分析仪　尿分析仪　酶标仪　离子分析仪酸度仪　恒温培养箱　超净工作台　电冰箱　器械柜　石蜡切片机　紫外线灯高压灭菌设备　洗衣机　X光机及暗室成套设备　血气分析仪　超声波美容治疗机　多功能健胸治疗机　美容外科手术相应的各种手术器械

（二）病房每床单元设备：与二级综合医院相同；

（三）有与开展的诊疗科目相应的其他设备。

六、制订各项规章制度、人员岗位责任制，有国家制定或认可的医疗护理技术操作规程，并成册可用。

七、注册资金到位，数额由各省、自治区、直辖市卫生行政部门确定。

康复医院（省略）

疗养院（省略）

第二部分　妇幼保健院基本标准（省略）

第三部分　乡（镇）、街道卫生院基本标准（省略）

第四部分　门诊部基本标准

综合门诊部

一、科室设置：

（一）临床科室：至少设有5个临床科室。急诊室、内科、外科为必设科室，妇（产）科、儿科、中医科、眼科、耳鼻喉科、口腔科、预防保健科等为选设科室；

（二）医技科室：至少设有药房、化验室、X光室、治疗室、处置室、消毒供应室。

二、人员：

（一）至少有5名医师，其中有1名具有副主任医师以上职称的医师；

（二）每临床科室至少有1名医师；

（三）至少有5名护士，其中至少有1名具有护师以上职称的护士；

（四）医技科室至少有1名相应专业的卫生技术人员。

三、房屋：

（一）建筑面积不少于400平方米；

（二）每室必须独立。

四、设备：

（一）基本设备：

氧气瓶　人工呼吸机　电动吸引器　气管插管　洗胃机　心电图机　显微镜　尿常规分析仪　血球计数器　生化分析仪　血液粘度仪　恒温箱　电冰箱　X光机　紫外线灯　高压灭菌设备　B超　药柜、转台、密集架、调剂台　静脉切开包、气管切开包及规定的抢救药品

（二）有与开展的诊疗科目相应的其他设备。

五、制订各项规章制度、人员岗位责任制，有国家制定或认可的医疗护理技术操作规程，并成册可用。

六、注册资金到位，数额由各省、自治区、直辖市卫生行政部门确定。

中医门诊部（省略）

中西医结合门诊部（省略）

民族医门诊部（省略）

专科门诊部

普通专科门诊部（省略）

口腔门诊部

一、牙椅：至少设有牙科治疗椅4台。

二、科室设置：不设分科。能开展口腔内科、口腔外科和口腔修复科的大部分诊治工作，有条件的可分设专业组（室）。有专人负责药剂、化验（检验中心有统一安排的可不要求）、放射、消毒供应等工作。

三、人员：

（一）每牙科治疗椅至少配备1.03名卫生技术人员；

（二）至少有2名口腔科医师，其中1名具有主治医师以上职称；

（三）牙科治疗椅超过4台的，每增设4台牙椅，至少增加1名口腔科医师；

（四）医生与护理人员之比不低于1:1。

四、房屋：

（一）每牙科治疗椅建筑面积不少于30平方米；

（二）诊室每牙科治疗椅净使用面积不少于6平方米。

五、设备：

（一）基本设备：

电动吸引器　显微镜　X光牙片机　银汞搅拌器　光敏固化灯　超声洁治器　铸造机　紫外线灯　高压灭菌设备

（二）每牙椅单元设备：

牙科治疗椅1台　手术灯1个　痰盂1个　器械盘1个　低速牙科切割装置1套　医师座椅1个　病历书写桌1张　口腔检查器械1套

配备中高速牙科切割装置不少于牙科治疗椅总数的1/2;

（三）有与开展的诊疗科目相应的其他设备。

六、制订各项规章制度、人员岗位责任制,有国家制定或认可的医疗护理技术操作规程,并成册可用。

七、注册资金到位,数额由各省、自治区、直辖市卫生行政部门确定。

整形外科门诊部(省略)

医疗美容门诊部

一、床位:至少设有美容床4张,手术床2台。

二、科室设置:

（一）临床科室:至少设有美容外科、皮肤科、物理治疗室、美容咨询室;

（二）医技科室:至少设有药房、化验室、手术室、治疗室、处置室、消毒供应室。

三、人员:

（一）每台手术床至少配备2.4名卫生技术人员;

（二）每张美容床至少配备1.4名卫生技术人员;

（三）至少有5名医师,其中至少有1名从事美容外科临床工作5年以上并具有副主任医师以上职称的医师和1名从事皮肤科临床工作5年以上的医师;

（四）至少有5名护士,其中至少有1名具有护师以上职称的护士。

四、房屋:

（一）建筑面积不少于200平方米;

（二）每室必须独立;

（三）手术室净使用面积不少于15平方米;

（四）诊室每美容床净使用面积不少于6平方米。

五、设备:

（一）基本设备:

手术床2台和相应的成套美容外科手术器械　离子喷雾器　多功能美容仪　皮肤磨削机　二氧化碳激光治疗机　吸引器　电冰箱　双极电凝器　紫外线消毒灯　高压灭菌设备

（二）有与开展的诊疗科目相应的其他设备。

六、制订各项规章制度、人员岗位责任制,有国家制定或认可的医疗护理技术操作规程,并成册可用。

七、注册资金到位,数额由各省、自治区、直辖市卫生行政部门确定。

第五部分　诊所、卫生所(室)、医务室、中小学卫生保健所、卫生站基本标准

诊所、卫生所(室)、医务室

一、至少设有诊室、处置室、治疗室。

二、人员：

（一）至少有1名取得医师资格后从事5年以上临床工作的医师；

（二）至少有1名护士。

三、房屋：

（一）建筑面积不少于40平方米；

（二）每室必须独立。

四、设备：

（一）基本设备：

诊察床 诊察桌 诊察凳 听诊器 血压计 出诊箱 体温计 污物桶 压舌板 处置台 注射器 纱布罐 方盘 药品柜 紫外线灯 高压灭菌设备

（二）有与开展的诊疗科目相应的其他设备。

五、制订各项规章制度、人员岗位责任制，有国家制定或认可的医疗护理技术操作规程，并成册可用。

六、注册资金到位，数额由各省、自治区、直辖市卫生行政部门确定。

中医诊所（省略）

中西医结合诊所（省略）

民族医诊所（省略）

口腔诊所

一、牙椅：至少设有牙科治疗椅1台。

二、科室设置：能开展口腔内科、口腔外科和口腔修复科的部分诊治工作。

三、人员：

（一）设一台牙科治疗椅，人员配备不少于2人；设二台牙科治疗椅，人员配备不少于3人；设三台牙科治疗椅，人员配备不少于5人；

（二）至少有1名取得医师资格后从事5年以上临床工作的口腔科医师。

四、房屋：

（一）每牙科治疗椅建筑面积不少于25平方米；

（二）诊室每牙科治疗椅净使用面积不少于6平方米。

五、设备：

（一）基本设备：

电动吸引器 X光牙片机 银汞搅拌器 紫外线灯 高压灭菌设备 药品柜

（二）每牙椅单元设备

牙科治疗椅1台 手术灯1个 痰盂1个 器械盘1个 低速牙科切割装置1套 医师座椅1个 病历书写桌1张 口腔检查器械1套

（三）有与开展的诊疗科目相应的其他设备。

六、制订各项规章制度、人员岗位责任制，有国家制定或认可的医疗护理技术操作规程，并成册可用。

七、注册资金到位，数额由各省、自治区、直辖市卫生行政部门确定。

美容整形外科诊所（省略）

医疗美容诊所（省略）

精神卫生诊所（省略）

中小学卫生保健所（省略）

卫生站（省略）

第六部分　村卫生室（所）基本标准（省略）

第七部分　专科疾病防治院、所、站基本标准

一级口腔病防治所

一、牙椅：牙科治疗椅4至14台。

二、科室设置：不要求设立分科，能开展口腔内科、口腔外科、口腔修复科部分诊治和预防保健工作，并有专人负责药剂、化验（检验中心有统一安排的可不做要求）、放射、消毒供应等工作。

三、人员：

（一）每牙科治疗椅至少配备1.03名卫生技术人员；

（二）至少有2名口腔科医师，其中1名具有主治医师以上职称；

（三）牙科治疗椅超过4台的，每增设4台牙椅，至少增加1名口腔科医师；

（四）医生与护理人员之比不低于1：1。

四、房屋：

（一）每牙科治疗椅建筑面积不少于30平方米；

（二）诊室每牙科治疗椅净使用面积不少于6平方米。

五、设备：

（一）基本设备：

电动吸引器　显微镜　X光牙片机　银汞搅拌器　光敏固化灯　超声洁治器　铸造机　煮沸消毒锅　紫外线灯　高压灭菌设备　药品柜

（二）每牙椅单元设备

牙科治疗椅1台　手术灯1个　痰盂1个　器械盘1个　低速牙科切割装置1套　口腔检查器械1套　医师座椅1个　病历书写柜1张

配备中高速牙科切割装置不少于牙科治疗椅总数的1/2；

（三）有与开展的诊疗科目相应的其他设备。

六、制订各项规章制度、人员岗位责任制，有国家制定或认可的医疗护理技术操作规程，并成册可用。

七、注册资金到位，数额由各省、自治区、直辖市卫生行政部门确定。

二级口腔病防治所

一、牙椅：牙科治疗椅15至59台。

二、科室设置：

（一）临床科室：至少设有口腔内科、口腔外科和口腔修复科、预防保健科；

（二）医技科室：至少设有药剂科、检验科、放射科、消毒供应室、病案室。

三、人员：

（一）每牙科治疗椅应配备1.03名卫生技术人员；

（二）至少有1名具有副主任医师以上职称的口腔科医师和1名任职三年以上的具有主治医师职称的口腔科医师，或者有2名具有副主任医师以上职称的口腔科医师；

（三）各专业科室（组）至少有1名口腔科医师；

（四）医生与护理人员之比不低于1∶1.3；

（五）修复医师与技工人员之比不低于1∶1。

四、房屋：

（一）每牙科治疗椅建筑面积不少于30平方米；

（二）诊室每牙科治疗椅净使用面积不少于6平方米。

五、设备：

（一）基本设备：

供氧装置　辅助呼吸器囊　电动吸引器　抢救床　显微镜　X光牙片机　银汞搅拌机　超声洁治器　光敏固化灯　中熔铸造机或高频铸造机　紫外线灯　高压灭菌设备　电冰箱

（二）每牙椅单元设备

牙科治疗椅1台　手术灯1个　痰盂1个　器械盘1个　吸引器1支　低速牙科切割装置1套　高速牙科切割装置1套　三用枪1支　口腔检查器械1套　病历书写柜1张　医师座椅1个

（三）有与开展的诊疗科目相应的其他设备。

六、制订各项规章制度、人员岗位责任制，有国家制定或认可的医疗护理技术操作规程，并成册可用。

七、注册资金到位，数额由各省、自治区、直辖市卫生行政部门确定。

三级口腔病防治所

一、牙椅：至少设牙科治疗椅60台。

二、科室设置：

（一）临床科室：至少设有口腔内科、口腔外科、口腔修复科、口腔正畸科、口腔预防保健科。

（二）医技科室：至少设有药剂科、检验科、放射科、病理科、消毒供应室、病案室。

三、人员：

（一）每牙科治疗椅至少应配备1.03名卫生技术人员；

（二）各专业科室主任应是具有副主任医师以上职称的口腔科医师；

（三）医师与护士之比不低于1∶1.3；

（四）修复医师与技工人员之比1∶1。

四、房屋：

（一）每牙科治疗椅建筑面积不少于40平方米；

（二）诊室每牙科治疗椅净使用面积不少于6平方米。

五、设备：

（一）基本设备：

供氧装置　辅助呼吸器囊　电动吸引器　心电图机　抢救床　抢救柜（车）显微镜　X光机　X光牙片机　断层摄片机　多功能口腔综合治疗台　涡轮机光敏固化灯　银汞搅拌机　光固化烤塑机　铸造与烤瓷设备　超声洁治器　超短波治疗器　敷料柜　器械柜　紫外线灯　高压灭菌设备　电冰箱

（二）每牙椅单元设备：与二级口腔病防治所相同；

（三）有与开展的诊疗科目相应的其他设备。

六、制订各项规章制度、人员岗位责任制，有国家制定或认可的医疗护理技术操作规程，并成册可用。

七、注册资金到位，数额由各省、自治区、直辖市卫生行政部门确定。

职业病防治所（省略）

第八部分　急救中心、站基本标准（省略）

第九部分　临床检验中心基本标准（省略）

第十部分　护理院、站基本标准（省略）

[附录] **诊所基本标准**[来源：原卫生部关于印发《诊所基本标准》的通知　卫医政发〔2010〕75号]

诊所

诊所是为患者提供门诊诊断和治疗的医疗机构，不设住院病床（产床），只提供易于诊断的常见病和多发病的诊疗服务。

一、人员

（一）至少有1名取得执业医师资格，经注册后在医疗、保健机构中执业满5年，身体健康的执业医师。

（二）至少有1名注册护士。

（三）设医技科室的，每医技科室至少有1名相应专业的卫生技术人员。

二、房屋

（一）建筑面积不少于40平方米。

（二）至少设有诊室、治疗室、处置室。

（三）每室独立且符合卫生学布局及流程。其中治疗室、处置室的使用面积均不少于10平方米；如设观察室，其使用面积不少于15平方米。

三、设备

（一）基本设备：

诊桌、诊椅、方盘、纱布罐、诊察凳、听诊器、血压计、体温表、压舌板、药品柜、紫外线消毒灯、污物桶、高压灭菌设备、处置台。

（二）急救设备：

氧气瓶（袋）、开口器、牙垫、口腔通气道、人工呼吸器。

（三）有与开展的诊疗科目相应的其他设备。

其中，临床检验、消毒供应与其他合法机构签订相关服务合同，由其他机构提供服务的，可不配备化验室和消毒供应室设备。

四、具有国家统一规定的各项规章制度和技术操作规范，制定诊所人员岗位职责。

五、注册资金到位，数额由各省、自治区、直辖市卫生行政部门确定。

口腔诊所

一、口腔综合治疗台

至少设口腔综合治疗台1台。

二、人员

（一）医师：

1. 至少有1名取得口腔类别执业医师资格，经注册后在医疗、保健机构中从事口腔诊疗工作满5年，身体健康的执业医师。

2. 每增设2台口腔综合治疗台，至少增加1名口腔医师。

3. 设4台以上口腔综合治疗台的，至少有1名具有口腔主治医师以上专业技术职务任职资格的人员。

（二）护士：

1. 至少有1名注册护士。

2. 每增加3台口腔综合治疗台，至少增加1名注册护士。

三、房屋

（一）设1台口腔综合治疗台的，建筑面积不少于30平方米；设2台以上口腔综合治疗台的，每台建筑面积不少于25平方米。

（二）诊室中每口腔综合治疗台净使用面积不少于9平方米。

（三）房屋设置要符合卫生学布局及流程。

四、设备

（一）基本设备：

光固化灯、超声洁治器、空气净化设备、高压灭菌设备。

（二）急救设备：

氧气瓶（袋）、开口器、牙垫、口腔通气道、人工呼吸器。

（三）每口腔综合治疗台单元设备：

牙科治疗椅（附手术灯1个、痰盂1个、器械盘1个）1台，高速和低速牙科切割装置1套，吸唾装置1套，三用喷枪1支，医师座椅1张，病历书写桌1张，口腔检查器械1套。诊疗器械符合一人一用一消毒配置。

其中，临床检验、消毒供应与其他合法机构签订相关服务合同，由其他机构提供服务的，可不配备化验室和消毒供应室设备。

五、具有国家统一规定的各项规章制度和技术操作规范，制定诊所人员岗位职责。

六、注册资金到位，数额由各省、自治区、直辖市卫生行政部门确定。

卫生所（室）、医务室

卫生所（室）、医务室的基本标准参照诊所的基本标准执行。

[附录] **关于城镇医疗机构分类管理的实施意见**[来源：原卫生部、国家中医药管理局、财政部、国家计委联合制定《关于城镇医疗机构分类管理的实施意见》，自2000年9月1日起施行]

为贯彻国务院办公厅批转国务院体改办等八部门《关于城镇医药卫生体制改革的指导意见》（国办发〔2000〕16号），实施医疗机构分类管理，促进医疗机构之间公平、有序的竞争，根据国家有关法律法规和政策，提出如下意见。

一、非营利性医疗机构和营利性医疗机构的界定

非营利性和营利性医疗机构按机构整体划分。划分的主要依据是医疗机构的经营目的、服务任务，以及执行不同的财政、税收、价格政策和财务会计制度。

1.非营利性医疗机构是指为社会公众利益服务而设立和运营的医疗机构，不以营利为目的，其收入用于弥补医疗服务成本，实际运营中的收支结余只能用于自身的发展，如改善医疗条件、引进技术、开展新的医疗服务项目等。营利性医疗机构是指医疗服务所得收益可用于投资者经济回报的医疗机构。政府不举办营利性医疗机构。

2.政府举办的非营利性医疗机构主要提供基本医疗服务并完成政府交办的其他任务，其他非营利性医疗机构主要提供基本医疗服务，这二类非营利性医疗机构也可以提供少量的非基本医疗服务；营利性医疗机构根据市场需求自主确定医疗服务项目。当发生重大灾害、事故、疫情等特殊情况时，各类医疗机

构均有义务执行政府指令性任务。

3. 政府举办的非营利性医疗机构享受同级政府给予的财政补助,其他非营利性医疗机构不享受政府财政补助。非营利性医疗机构执行政府规定的医疗服务指导价格,享受相应的税收优惠政策。营利性医疗机构医疗服务价格放开,依法自主经营,照章纳税。

4. 非营利性医疗机构执行财政部、卫生部颁布的《医院财务制度》和《医院会计制度》等有关法规、政策。营利性医疗机构参照执行企业的财务、会计制度和有关政策。

二、医疗机构分类的核定程序

医疗机构按《医疗机构管理条例》进行设置审批、登记注册和校验时,需要书面向卫生行政部门申明其性质,由接受其登记注册的卫生行政部门会同有关部门根据医疗机构投资来源、经营性质等有关分类界定的规定予以核定,在执行登记中注明"非营利性"或"营利性"。取得《医疗机构执业许可证》的营利性医疗机构,按有关法律法规还需到工商行政管理、税务等有关部门办理相关登记手续。

医疗机构改变其性质,须经核发其《医疗机构执业许可证》的卫生行政部门和有关部门批准并办理相关变更手续。

三、做好与现有医疗机构管理制度的衔接工作

现有医疗机构性质的划分应遵循如下原则:自愿选择和政府核定相结合;非营利性医疗机构在我国医疗服务体系中占主体和主导地位;符合区域卫生规划,优化卫生资源配置。

1. 现有政府举办的承担基本医疗任务、代表区域性或国家水平的医疗机构,经同级政府根据经济发展和医疗需求予以核定,继续由政府举办,定为非营利性医疗机构;其余的可自愿选择逐步转为其他非营利性医疗机构或转为营利性医疗机构。

2. 社会捐资兴办的医疗机构一般定为非营利性医疗机构。

3. 企事业单位设立的为本单位职工服务的医疗机构一般定为非营利性医疗机构;对社会开放的,由其自愿选择并经当地卫生行政等部门核定为非营利性医疗机构或转为营利性医疗机构。

4. 社会团体和其他社会组织举办的医疗机构,由其自愿选择并经卫生行政等部门核定为非营利性医疗机构或转为营利性医疗机构。

5. 城镇个体诊所、股份制、股份合作制和中外合资合作医疗机构一般定为营利性医疗机构。

6. 国有或集体资产与医疗机构职工集资合办的医疗机构(包括联合诊所),由其自愿选择并经卫生行政和财政部门核准可改造为股份制、股份合作制等营

利性医疗机构；也可转为非营利性医疗机构。

7. 政府举办的非营利性医疗机构不得投资与其他组织合资合作设立非独立法人资格的营利性的"科室"、"病区"、"项目"。已投资与其他组织合资合作举办营利性的"科室"、"病区"、"项目"的，应停办或经卫生行政和财政等部门批准转为独立法人单位。

四、完善医疗机构分类管理的相关制度

1. 加强非营利性医疗机构的国有资产监管。非营利性医疗机构的国有资产未经卫生行政部门和财政部门同意，不得自行处置、转移、出租或变更用途；非营利性医疗机构转变为营利性医疗机构，涉及的国有资产，必须经财政部门批准，确保国有资产不流失；从营利性医疗机构中退出的国有资产和非营利性医疗机构解散后的国有资产，经卫生行政部门商财政部门后可继续用于发展卫生事业。

2. 规范非营利性医疗机构职工工资等收入的分配办法。政府举办的非营利性医疗机构可在执行事业单位工资制度和工资政策的基础上，根据国家核定的工资总额，自主确定各类人员的内部分配办法；其他非营利性医疗机构在坚持工资总额增长幅度低于经济效益增长幅度，职工实际平均工资增长幅度低于本单位劳动生产率增长幅度原则的前提下，确定工资分配办法。要将管理要素、技术要素、责任要素等纳入分配因素确定岗位工资，按岗定酬，并将工资待遇计入医疗服务成本。

3. 改革医疗机构管理体制。各级卫生行政部门是政府依法管理卫生工作的职能部门。要合理划分中央和地方的事权，打破医疗机构行政隶属关系和所有制界限，加强全行业管理。按照转变职能、政事分开的要求，在实施医疗机构分类管理过程中，积极探索建立权责明晰、富有生机的医疗机构组织管理体制，如实行医院管理委员会、理事会、董事会等管理形式，使其真正成为自主管理的法人实体。

医疗机构管理体制改革和对医疗机构实行分类管理是适应社会主义市场经济体制的一项重大改革，有许多开创性的工作要做，涉及面广，政策性强，各地要加强领导，总结经验，稳步推开，保证分类管理工作的平稳实施。

[附录] **中外合资、合作医疗机构管理暂行办法** [来源：2000年5月15日原卫生部、对外贸易经济合作部令第11号，自2000年7月1日起实施]

第一章　总则

第一条　为进一步适应改革开放的需要，加强对中外合资、合作医疗机构的管理，促进我国医疗卫生事业的健康发展，根据《中华人民共和国中外合资经营企业法》、《中华人民共和国中外合作经营企业法》、《医疗机构管理条例》等国家有关法律、法规，制定本办法。

第二条 本办法所称中外合资、合作医疗机构是指外国医疗机构、公司、企业和其他经济组织（以下称合资、合作外方），按照平等互利的原则，经中国政府主管部门批准，在中国境内（香港、澳门及台湾地区除外，下同）与中国的医疗机构、公司、企业和其他经济组织（以下称合资、合作中方）以合资或者合作形式设立的医疗机构。

第三条 申请在中国境内设立中外合资、合作医疗机构，适用本办法。

第四条 中外合资、合作医疗机构必须遵守国家有关法律、法规和规章。中外合资、合作医疗机构的正当经营活动及合资、合作双方的合法权益受中国法律保护。

第五条 卫生部和对外贸易经济合作部（以下称外经贸部）在各自的职责范围内负责全国中外合资、合作医疗机构管理工作。

县级以上地方人民政府卫生行政部门（含中医／药主管部门）和外经贸行政部门在各自职责范围内负责本行政区域内中外合资、合作医疗机构的日常监督管理工作。

第二章 设置条件

第六条 中外合资、合作医疗机构的设置与发展必须符合当地区域卫生规划和医疗机构设置规划，并执行卫生部制定的《医疗机构基本标准》。

第七条 申请设立中外合资、合作医疗机构的中外双方应是能够独立承担民事责任的法人。合资、合作的中外双方应当具有直接或间接从事医疗卫生投资与管理的经验，并符合下列要求之一：

（一）能够提供国际先进的医疗机构管理经验、管理模式和服务模式；

（二）能够提供具有国际领先水平的医学技术和设备；

（三）可以补充或改善当地在医疗服务能力、医疗技术、资金和医疗设施方面的不足。

第八条 设立的中外合资、合作医疗机构应当符合以下条件：

（一）必须是独立的法人；

（二）投资总额不得低于2000万人民币；

（三）合资、合作中方在中外合资、合作医疗机构中所占的股权比例或权益不得低于30%；

（四）合资、合作期限不超过20年；

（五）省级以上卫生行政部门规定的其他条件。

第九条 合资、合作中方以国有资产参与投资（包括作价出资或作为合作条件），应当经相应主管部门批准，并按国有资产评估管理有关规定，由国有资产管理部门确认的评估机构对拟投入国有资产进行评估。经省级以上国有资产管理部门确认的评估结果，可以作为拟投入的国有资产的作价依据。

第三章 设置审批与登记

第十条 设置中外合资、合作医疗机构,应先向所在地设区的市级卫生行政部门提出申请,并提交以下材料:

(一)设置医疗机构申请书;

(二)合资、合作双方法人代表签署的项目建议书及中外合资、合作医疗机构设置可行性研究报告;

(三)合资、合作双方各自的注册登记证明(复印件)、法定代表人身份证明(复印件)和银行资信证明;

(四)国有资产管理部门对拟投入国有资产的评估报告确认文件。

设区的市级卫生行政部门对申请人提交的材料进行初审,并根据区域卫生规划和医疗机构设置规划提出初审意见,并与申请材料、当地区域卫生规划和医疗机构设置规划一起报所在地省级卫生行政部门审核。

第十一条 省级卫生行政部门对申请材料及设区的市级卫生行政部门初审意见进行审核后报卫生部审批。

报请审批,需由省级卫生行政部门向卫生部提交以下材料:

(一)申请人设置申请材料;

(二)设置地设区的市级人民政府批准发布实施的《医疗机构设置规划》及设置地设区的市级和省级卫生行政部门关于拟设置中外合资、合作医疗机构是否符合当地区域卫生规划和医疗机构设置规划的审核意见;

(三)省级卫生行政管理部门关于设置该中外合资、合作医疗机构的审核意见,其中包括对拟设置中外合资、合作医疗机构的名称、选址、规模(床位、牙椅)、诊疗科目和经营期限等的意见;

(四)法律、法规和卫生部规定的其他材料。

卫生部应当自受理之日起45个工作日内,作出批准或者不批准的书面决定。

第十二条 申请设置中外合资、合作中医医疗机构(含中外合资、合作中西医结合医疗机构和中外合资、合作民族医医疗机构)的,按本办法第十条和第十一条要求,经所在地设区的市级卫生行政部门初审和所在地的省级卫生行政部门审核,报国家中医药管理局审核后转报卫生部审批。

第十三条 申请人在获得卫生部设置许可后,按照有关法律、法规向外经贸部提出申请,并提交以下材料:

(一)设置申请申报材料及批准文件;

(二)由中外合资、合作各方的法定代表人或其授权的代表签署的中外合资、合作医疗机构的合同、章程;

(三)拟设立中外合资、合作医疗机构董事会成员名单及合资、合作各方董事委派书;

（四）工商行政管理部门出具的机构名称预先核准通知书；

（五）法律、法规和外经贸部规定的其他材料。外经贸部应当自受理申请之日起45个工作日内，作出批准或者不批准的书面决定；予以批准的，发给《外商投资企业批准证书》。

获得批准设立的中外合资、合作医疗机构，应自收到外经贸部颁发的《外商投资企业批准证书》之日起一个月内，凭此证书到国家工商行政管理部门办理注册登记手续。

第十四条　申请在我国中西部地区或老、少、边、穷地区设置中外合资、合作医疗机构或申请设置的中外合资、合作医疗机构所提供的医疗服务范围和内容属于国家鼓励的服务领域，可适当放宽第七条、第八条规定的条件。

第十五条　获准设立的中外合资、合作医疗机构，应当按《医疗机构管理条例》和《医疗机构管理条例实施细则》关于医疗机构执业登记所规定的程序和要求，向所在地省级卫生行政部门规定的卫生行政部门申请执业登记，领取《医疗机构执业许可证》。

省级卫生行政部门根据中外合资、合作医疗机构的类别和规模，确定省级卫生行政部门或设区的市级卫生行政部门受理中外合资、合作医疗机构执业登记申请。

第十六条　中外合资、合作医疗机构命名应当遵循卫生部发布的《医疗机构管理条例实施细则》规定。中外合资、合作医疗机构的名称由所在地地名、识别名和通用名依次组成。

第十七条　中外合资、合作医疗机构不得设置分支机构。

第四章　变更、延期和终止

第十八条　已设立的中外合资、合作医疗机构变更机构规模（床位、牙椅）、诊疗科目、合资、合作期限等，应按本办法第三章规定的审批程序，经原审批机关审批后，到原登记机关办理相应的变更登记手续。

中外合资、合作医疗机构涉及合同、章程有关条款的变更，由所在地外经贸部门转报外经贸部批准。

第十九条　中外合资、合作医疗机构合资、合作期20年届满，因特殊情况确需延长合资、合作期限的，合资、合作双方可以申请延长合资、合作期限，并应当在合资、合作期限届满的90天前申请延期。延期申请经省级卫生行政部门和外经贸行政部门审核同意后，报请卫生部和外经贸部审批。审批机关自接到申请之日起45个工作日内，作出批准或者不予批准的书面决定。

第二十条　经批准设置的中外合资、合作医疗机构，应当在审批机关规定的期限内办理完有关登记注册手续；逾期未能完成的，经审批机关核准后，撤销该合资、合作项目。

第五章 执业

第二十一条 中外合资、合作医疗机构作为独立法人实体,自负盈亏,独立核算,独立承担民事责任。

第二十二条 中外合资、合作医疗机构应当执行《医疗机构管理条例》和《医疗机构管理条例实施细则》关于医疗机构执业的规定。

第二十三条 中外合资、合作医疗机构必须执行医疗技术准入规范和临床诊疗技术规范,遵守新技术、新设备及大型医用设备临床应用的有关规定。

第二十四条 中外合资、合作医疗机构发生医疗事故,依照国家有关法律、法规处理。

第二十五条 中外合资、合作医疗机构聘请外籍医师、护士,按照《中华人民共和国执业医师法》和《中华人民共和国护士管理办法》等有关规定办理。

第二十六条 发生重大灾害、事故、疾病流行或者其他意外情况时,中外合资、合作医疗机构及其卫生技术人员要服从卫生行政部门的调遣。

第二十七条 中外合资、合作医疗机构发布本机构医疗广告,按照《中华人民共和国广告法》《医疗广告管理办法》办理。

第二十八条 中外合资、合作医疗机构的医疗收费价格按照国家有关规定执行。

第二十九条 中外合资、合作医疗机构的税收政策按照国家有关规定执行。

第六章 监督

第三十条 县以上地方各级卫生行政部门负责本行政区域内中外合资、合作医疗机构的日常监督管理工作。

中外合资、合作医疗机构的《医疗机构执业许可证》每年校验一次,《医疗机构执业许可证》的校验由医疗机构执业登记机关办理。

第三十一条 中外合资、合作医疗机构应当按照国家对外商投资企业的有关规定,接受国家有关部门的监督。

第三十二条 中外合资、合作医疗机构违反国家有关法律、法规和规章,由有关主管部门依法查处。对于违反本办法的中外合资、合作医疗机构,县级以上卫生行政部门和外经贸部门可依据相关法律、法规和规章予以处罚。

第三十三条 地方卫生行政部门和地方外经贸行政部门违反本办法规定,擅自批准中外合资、合作医疗机构的设置和变更的,依法追究有关负责人的责任。

中外各方未经卫生部和外经贸部批准,成立中外合资、合作医疗机构并开展医疗活动或以合同方式经营诊疗项目的,视同非法行医,按《医疗机构管理条例》和《医疗机构管理条例实施细则》及有关规定进行处罚。

第七章 附则

第三十四条 香港特别行政区、澳门特别行政区、台湾地区的投资者在大陆投资举办合资、合作医疗机构的，参照本办法执行。

第三十五条　申请在中国境内设立外商独资医疗机构的，不予以批准。

第三十六条　各省、自治区、直辖市卫生、外经贸行政部门可依据本办法，结合本地实际制订具体规定。

第三十七条　本办法由卫生部和外经贸部负责解释。

第三十八条　本规定自2000年7月1日起实施。

一九八九年二月十日颁布的卫医字〔89〕第3号文和一九九七年四月三十日颁布的〔1997〕外经贸发第292号文同时废止。

[附录] **云南省医疗机构管理条例**［来源：2013年11月29日经云南省第十二届人民代表大会常务委员会第六次会议审议通过，自2014年1月1日起施行］

第一章　总则

第一条　为了加强医疗机构管理，提高医疗机构服务水平，促进医疗卫生事业发展，根据《中华人民共和国执业医师法》和《医疗机构管理条例》等法律、法规，结合本省实际，制定本条例。

第二条　本省行政区域内医疗机构的设置、登记、校验、执业以及对其监督管理和医疗纠纷预防处置等活动，适用本条例。

本条例所称医疗机构，是指综合医院、中医医院、中西医结合医院、民族医医院、专科医院、康复医院、妇幼保健院、社区卫生服务中心（站）、卫生院（站、所、室）、疗养院、门诊部、诊所、医务室、卫生保健所、急救中心（站）、临床检验中心，专科疾病防治院（站、所）、护理院（站）和国家规定的其他诊疗机构。

第三条　县级以上人民政府应当将医疗机构设置规划纳入城乡规划和区域卫生规划，优化配置医疗资源，落实医疗机构政府补助、补偿和扶持政策，建设结构合理、覆盖城乡的医疗服务体系。

政府举办的医疗机构，其基本建设、设备购置、重点学科建设、公共卫生服务、离退休人员费用和政策性亏损补贴等投入，同级财政应当给予保障，省财政给予适当补助。

鼓励和支持社会力量举办医疗机构。

第四条　县级以上卫生行政部门负责医疗机构的设置、登记、校验、执业、监督管理和纠纷预防处置等工作。

发展改革、财政、公安、司法行政、人力资源社会保障、住房城乡建设、环境保护、民政、工商、审计、质监、税务、食品药品监管等部门在各自职责范围内，做好医疗机构监督管理的相关工作。

第五条　患者、医疗机构及其工作人员的合法权益受法律保护。任何单位和个人不得扰乱医疗机构的正常秩序。

第二章　设置、登记与校验

第六条　县级以上卫生行政部门制定医疗机构设置规划,应当经上一级卫生行政部门审核后,报本级人民政府批准实施,并向社会公布。

第七条　申请设置医疗机构,应当提交下列材料:

(一)设置申请书;

(二)设置可行性研究报告;

(三)选址报告和建筑设计平面图;

(四)拟设置医疗机构的法定代表人或者负责人身份证明和银行出具的资信证明。

第八条　医疗机构的负责人应当具有执业医师资格,并经执业注册后,连续在医疗、预防、保健机构中从事5年以上同一专业的临床工作。

个人申请设置诊所的,即为该诊所的负责人。

第九条　县级以上卫生行政部门应当按照医疗机构设置规划和设置标准对医疗机构的设置进行审批。省、州(市)、县(市、区)的审批权限由省卫生行政部门规定。

第十条　县级以上卫生行政部门应当自接到医疗机构设置申请之日起20日内,对其申请事项进行审查。符合条件的,作出拟准予设置医疗机构的书面决定;不符合条件的,作出不予设置医疗机构的书面决定。

第十一条　县级以上卫生行政部门对拟准予设置医疗机构的,应当向社会公示,公示期为10日。

公示内容应当包括:申请人名称、拟设置医疗机构的名称、类别、级别、地址、诊疗科目、床位(牙椅)、审查情况和其他必要的情况说明等。

公示无异议的,卫生行政部门应当及时核发《设置医疗机构批准书》;公示有异议的,应当进行核实,核发《设置医疗机构批准书》或者作出不予核发的书面决定。

第十二条　州(市)、县(市、区)卫生行政部门应当自核发《设置医疗机构批准书》之日起5个工作日内,将有关材料报上一级卫生行政部门备案。

第十三条　《设置医疗机构批准书》的有效期为:

(一)100张床位以上的医疗机构为2年;

(二)不满100张床位的医疗机构为1年;

(三)不设床位的医疗机构为6个月。

申请人在取得《设置医疗机构批准书》后,应当在规定的有效期内设置。设有床位的医疗机构在有效期内不能完成筹建工作的,可以在有效期届满前30日内,向批准设置的卫生行政部门申请延期1次,延期时限为半年;延期届满仍不能完成的,其《设置医疗机构批准书》自动失效。新建的500张以上床位的医疗机构在上述期限内仍不能完成的，向批准设置的卫生行政部门申请，可以再适当延期。

第十四条　设置医疗机构申请人在完成《设置医疗机构批准书》核准的事项后，应当向批准其设置的卫生行政部门办理执业登记。

办理执业登记，应当提交下列材料：

（一）《设置医疗机构批准书》；

（二）符合规定的医疗机构基本标准说明和规章制度；

（三）符合规定的名称、组织机构、场所的证明材料；

（四）与开展业务相适应的专业卫生技术人员资格证书、执业证书、聘用合同的复印件；

（五）与开展业务相适应的经费证明、设施设备购进证明，以及符合规定的消防、供电供水、医疗废物和污水处理等必要设施的证明材料；

（六）新建、改建或者扩建的建筑设施竣工验收报告。

第十五条　卫生行政部门应当自收到医疗机构执业登记材料之日起20日内进行审查。符合条件的，予以登记并发给《医疗机构执业许可证》；不符合条件的，应当书面告知申请人。

第十六条　医疗机构取得《医疗机构执业许可证》后，应当依法到相关部门办理登记手续。

第十七条　医疗机构可以使用地名、单位名称、个人姓名、医学学科名称、医学专业和专科名称、诊疗科目名称和登记机关批准使用的名称作为识别名称，不得使用国家和省卫生行政部门规定不得使用的名称。

第十八条　医疗机构的名称、诊疗科目、床位（牙椅）发生变更的，应当办理变更手续；类别、地点、设置申请人发生变更的，应当重新办理设置审批。

因变更登记超出原登记机关管辖权限的，向有管辖权限的卫生行政部门申请办理变更登记。

第十九条　医疗机构终止医疗执业活动的，应当向原登记机关办理《医疗机构执业许可证》注销手续。

医疗机构因扩建、改建等原因，暂时停业或者部分停业的，应当事先向原登记机关办理停业手续。暂时停业时限为半年，情况特殊的，经申请批准后可以再延期半年。

第二十条　医疗机构应当按照国家有关规定在校验期满前3个月向登记机关申请办理校验手续。登记机关应当在受理校验申请之日起20日内进行校验审查，作出校验结论。校验结论分为校验合格和暂缓校验。

第三章　执业

第二十一条　医疗机构及其卫生技术人员开展医疗执业活动，应当遵守有关法律、法规、规章及医疗技术规范、职业道德规范,优化服务流程,提高服务质量。

遇有突发事件及其他威胁人民群众生命健康的紧急情况时,医疗机构及其卫生技术人员应当服从县级以上卫生行政部门的调遣。

第二十二条 医疗机构开展需要审核登记的医疗技术临床应用,应当经具有审批权限的卫生行政部门批准,并向登记机关办理医疗技术登记后,方可开展临床应用。

第二十三条 医疗机构不得将《医疗机构执业许可证》和医疗机构名称出卖、出租、出借或者以其他形式转让;不得将医疗场所出租、承包给其他机构(人员)开展诊疗活动。

第二十四条 医疗机构出具的诊断证明、检验、检查报告及其他医疗文书应当真实、完整,并按规定妥善保存,不得涂改、伪造、隐匿、毁损。

医疗机构不得为未经本医疗机构医师(士)诊查的病人出具疾病诊断书、健康证明或者死亡证明等医疗文书;不得为未经本医疗机构医师(士)、助产人员亲自接产的婴儿出具出生医学证明。在医疗机构外出生的婴儿,由县级卫生行政部门指定的妇幼保健院按规定出具出生医学证明。

医疗机构未经批准,不得从事遗传病诊断、胎儿性别鉴定、产前诊断和终止妊娠手术以及其他计划生育手术等活动。

第二十五条 医疗机构在执业活动中不得聘用未在本医疗机构执业注册的人员,或者其他不具备卫生专业技术资格的人员从事执业活动;不得使用未取得执业医师资格的人员独立从事执业活动。乡(镇)卫生院、村卫生室可以根据诊治的情况和需要,使用执业助理医师独立从事一般的诊疗活动。

医疗机构及其卫生技术人员在执业活动中不得雇佣人员或者使用其他形式诱导患者就医;不得泄露在医疗执业活动中知悉的病隐私;不得实施违反诊疗规范的诊断和治疗;不得收受患者及其家属钱物或者获取其他不正当利益。

第二十六条 医疗机构应当加强感染管理,严格执行消毒隔离制度,及时处理污水和医疗废弃物,预防和控制医院感染。发现传染病疫情应当及时报告,并采取有效措施控制疫情蔓延。

第二十七条 医疗机构发布医疗广告,应当向其所在地的州(市)卫生行政部门申请办理《医疗广告审查证明》,发布的内容不得超出《医疗广告审查证明》核准的范围。

医疗机构发布互联网医疗保健信息,应当经省卫生行政部门同意,取得《互联网医疗保健信息服务审核同意书》,发布的内容不得超出《互联网医疗保健信息服务审核同意书》核准的范围。

第二十八条 医疗机构应当将服务项目、价格等信息进行公示。非营利性医疗机构应当执行国家和省规定的医疗服务收费标准,不得擅自增加收费项目或者提高收费标准。

第二十九条 医疗机构应当支持医师个人和技术团队到基层医疗机构和社会举办的医疗机构多点执业。多点执业的管理办法由省卫生行政部门制定。

第三十条 医疗保险定点医疗机构应当设置基本医疗保险管理部门,配备管理人员,履行医疗保险服务协议,遵循基本医疗保险结算程序,使用由财政和税务部门规定的收费票据或者发票,向医疗保险经办机构提供审核医疗费用所需的全部诊治资料及账目清单,禁止伪造医疗保险费用结算单据、发票和报表。

第三十一条 医疗保险定点医疗机构及其卫生技术人员在诊断和治疗中,应当遵守医疗保险的有关规定,核实患者身份及参保情况;在规定的范围内使用药品、提供医疗服务;不得推诿参保人员就医或者限制参保人员外购药品。

第四章 医疗纠纷预防和处置

第三十二条 县级以上卫生行政部门、医疗机构应当建立健全医疗纠纷的预防和处置制度。医疗纠纷实行属地管理,县级卫生行政部门应当引导医患双方依法解决医疗纠纷。

第三十三条 县级司法行政部门负责指导本行政区域内的医疗纠纷人民调解工作。依法设立的医疗纠纷人民调解委员会,负责医疗纠纷的人民调解工作。

医疗纠纷人民调解委员会调解医疗纠纷应当坚持医患双方自愿、平等的原则,尊重医患双方的权利,不得泄露医患双方的隐私、商业秘密。

第三十四条 医疗机构负责人对本单位的医疗安全负责,做好医疗秩序的维护工作;加强对卫生技术人员的管理,督促提高医疗诊治水平,避免和减少医疗纠纷。

医疗机构应当建立投诉受理制度,对涉及收费、服务质量等能及时处理的投诉,医疗机构应当及时处理,并向投诉人反馈;对情况复杂,不能及时处理的,应当在5个工作日内给予回复。

第三十五条 医疗纠纷发生后,医疗机构及其工作人员应当向患者及其家属告知有关医疗纠纷处置的具体办法和程序,做好解释和沟通工作,防止事态扩大;应当配合卫生行政部门、公安机关做好调查取证工作,启动应急处置预案,积极参与处置因医疗纠纷引发的治安事件。

第三十六条 医疗纠纷发生后,医患双方可以自行协商解决,可以申请医疗纠纷人民调解委员会调解,可以向县级卫生行政部门申请处理,也可以直接向人民法院提起诉讼。

第三十七条 患者应当遵守医疗机构的规章制度,配合医疗机构及其卫生技术人员开展相关的诊疗活动。

患者及其家属对医疗行为有异议的,应当通过合法途径表达自己的意见和要求,禁止有下列行为:

（一）限制医疗机构工作人员人身自由，或者侮辱、威胁、伤害医疗机构工作人员；

（二）损毁、抢夺医疗机构的财物、医疗文书；

（三）设置障碍或者以其他形式堵塞交通、妨碍他人就诊；

（四）违规停尸、私设灵堂、摆放花圈、焚烧纸钱、燃放烟花炮竹等；

（五）聚众滋事，破坏或者干扰医疗机构的正常秩序；

（六）其他危害医疗秩序的行为。

第三十八条　公安机关接到危害医疗秩序的报警后，应当立即组织警力赶赴现场，维持秩序，控制事态扩大；对医患双方劝阻无效的，依法予以处置。

第三十九条　医疗纠纷调解过程中，调解人应当分别向医患双方、有关专家了解相关事实和情况，医患双方、有关专家应当予以配合。根据案件需要，调解人可以建议医患双方进行医疗事故或者医疗损害鉴定。

对患者及其家属提出的赔偿数额在 10 万元以上的医疗纠纷，可以鉴定的，应当依据具有资质的鉴定机构或者医学会出具的鉴定意见进行处理。

第四十条　医疗机构应当自纠纷解决之日起 7 个工作日内，向所在地县级卫生行政部门作出书面报告，并分别附上自行协商协议书、调解书、人民法院裁判书。

第五章　监督管理

第四十一条　县级以上卫生行政部门应当依法加强对医疗机构及其卫生技术人员执业活动的监督管理，完善医疗机构评审评价制度，推进医疗机构不良执业行为计分制度，督促医疗机构提高医疗服务质量。

上级卫生行政部门有权纠正下级卫生行政部门在医疗机构设置、执业、登记、校验、评审评价和执法检查中的违法行为。

第四十二条　县级以上卫生行政部门应当督促医疗机构建立健全安全保卫制度，落实安全防范措施。公安机关应当指导医疗机构开展安全保卫工作。

第四十三条　人力资源社会保障部门和卫生行政部门应当将符合条件的医疗机构纳入基本医疗保险定点范围，科学确定诊疗项目保险支付范围。

人力资源社会保障部门和卫生行政部门在纠正医疗保险定点医疗机构不符合保险支付范围的医疗行为时，应当听取医疗机构的申诉。

医疗保险经办机构应当与医疗保险定点医疗机构建立平等协商机制，对考核方式进行协商，及时结算医疗费用。

第四十四条　医疗机构应当逐步实行医疗责任保险和卫生技术人员职业综合保险。

第四十五条　县级以上卫生行政部门调整和新增医疗机构，同等条件下优先配置社会举办的医疗机构。

在同一医疗机构设置规划区域内,多个社会主体同时申请举办医疗机构超出规划限定数额的,由具有审批权限的卫生行政部门通过公开竞争方式确定举办主体。

第四十六条 社会举办的医疗机构与政府举办的医疗机构,在技术准入、医院等级评审、学科建设、人才引进、科研立项、基本医疗保险定点、卫生技术人员职称评定、继续教育等方面,享受同等待遇。

社会举办的非营利性医疗机构在扣除办医成本、预留发展基金以及按照国家有关规定提取的其他必需费用后,出资人可以从办医结余中取得合理回报。

各级政府应当通过购买服务、定额补助等方式,对社会举办的营利性医疗机构承担公共卫生等非营利性服务项目时给予补偿。

第六章 法律责任

第四十七条 医疗机构违反本条例第十七条、第十八条规定的,由县级以上卫生行政部门责令限期改正,可以并处5000元以上1万元以下罚款。逾期不改正的,处1万元以上5万元以下罚款;情节严重的,吊销《医疗机构执业许可证》。

第四十八条 医疗机构违反本条例第二十四条第三款规定的,由县级以上卫生行政部门责令限期改正,没收违法所得,并处5000元以上1万元以下罚款;逾期不改正的,吊销其相关诊疗科目,直至吊销《医疗机构执业许可证》。

第四十九条 医疗机构及其卫生技术人员违反本条例第二十五条第二款规定的,由县级以上卫生行政部门责令限期改正,并对医疗机构处5000元以上2万元以下罚款,对卫生技术人员处2000元以上1万元以下罚款;造成严重后果的,吊销医疗机构的相关诊疗科目,或者吊销卫生技术人员的执业证书。

第五十条 医疗机构违反本条例第二十七条第一款规定的,由县级以上卫生行政部门责令限期改正;逾期不改正的,责令停业整顿;情节严重的,吊销其相关诊疗科目,直至吊销《医疗机构执业许可证》。

医疗机构违反本条例第二十七条第二款规定的,由省卫生行政部门责令限期改正;逾期不改正的,责令停业整顿;情节严重的,吊销其相关诊疗科目,直至吊销《医疗机构执业许可证》。

第五十一条 医疗保险定点医疗机构违反本条例第三十一条规定,未严格执行医疗保险制度,致使医保资金流失的,由县级以上人力资源社会保障或者卫生行政部门责令限期改正,并处以发生金额2倍的罚款;情节严重的,取消医疗保险定点医疗机构资格。

第五十二条 医疗纠纷人民调解委员会的调解人违反本条例第三十三条第二款规定的,由司法行政部门责令限期改正;情节严重的,给予处分;构成犯罪的,依法追究刑事责任。

第五十三条　违反本条例第三十七条第二款规定的，由公安机关依法进行处罚；构成犯罪的，依法追究刑事责任。

第五十四条　卫生、公安、人力资源社会保障等部门的工作人员在医疗机构监督管理工作中滥用职权、玩忽职守、徇私舞弊的，由其所在单位或者上级主管机关责令限期改正；情节严重的，对直接负责的主管人员和直接责任人员，给予处分；构成犯罪的，依法追究刑事责任。

第七章　附　则

第五十五条　本条例自 2014 年 1 月 1 日起施行。

第三章

处理医疗事故纠纷

为了正确处理医疗事故,保护病人和医疗机构及其医务人员的合法权益,维护医疗秩序,保障医疗安全,促进医学科学的发展,2002年国务院令第351号公布了《医疗事故处理条例》。为了科学划分医疗事故等级,正确处理医疗事故争议,保护患者和医疗机构及其医务人员的合法权益,2002年原卫生部令第32号发布了《医疗事故分级标准(试行)》。为规范医疗事故技术鉴定工作,确保医疗事故技术鉴定工作有序进行,2002年原卫生部令第30号发布了《医疗事故技术鉴定暂行办法》。要求医疗事故技术鉴定工作应当按照程序进行,坚持实事求是的科学态度,做到事实清楚、定性准确、责任明确。

目前,在一些地方法规中已明确将医患关系纳入消费者权益保护的范畴内,进一步加重了医疗机构的责任,如浙江省人大发布施行的《浙江省实施〈中华人民共和国消费者权益保护法〉办法》的有关规定。

对口腔诊所在诊疗过程中发生的医疗纠纷,应当坚持依法处理和切实维护口腔诊所合法权益的原则。口腔医疗机构要依法建立健全内部规章制度,从源头防止各种医疗纠纷和事故的发生。在诊疗过程中应注意收集和保存相关原始资料,一旦发生医疗事故才能分清责任,促使纠纷顺利解决。对于患者的无理要求,则应坚决抵制,要按照公安部、原卫生部联合发布的《关于维护医院秩序的联合通告》的规定,对各种扰乱口腔医疗机构正常秩序、阻碍医护人员依法执业的行为予以打击,依法维护自身的合法权益。

一、医疗事故的鉴定

1. 鉴定组织　医疗事故技术鉴定由医学会主持。由市区的市级地方医学会和省、自治区、直辖市直接管辖的县(市)地方医学会负责组织首次医疗事故技术鉴定工作。省、自治区、直辖市地方医学会负责组织再次鉴定工作。必要时,中华医学会可以组织疑难、复杂,并在全国有重大影响的医疗事故争议的技术鉴定工作。

医学会内成立专家库,专家可以是卫生专业技术人员,也可以是法医,且不受行政区域的限制。

2. 鉴定程序　医疗事故技术鉴定由负责组织医疗事故技术鉴定工作的医学会组织专家鉴定组进行。参加鉴定的专家由医、患双方在医学会主持下从专家库中随机抽取,共同组成。专家组进行医疗事故技术鉴定实行合议制。专家鉴定组人数为单数,涉及的主要学科的专家一般不少于鉴定组成员的二分之一;涉及死因、伤残等级鉴定的,应当从专家库中随机抽取法医参加专家鉴定组。鉴定实行回避制度。具体程序如下:

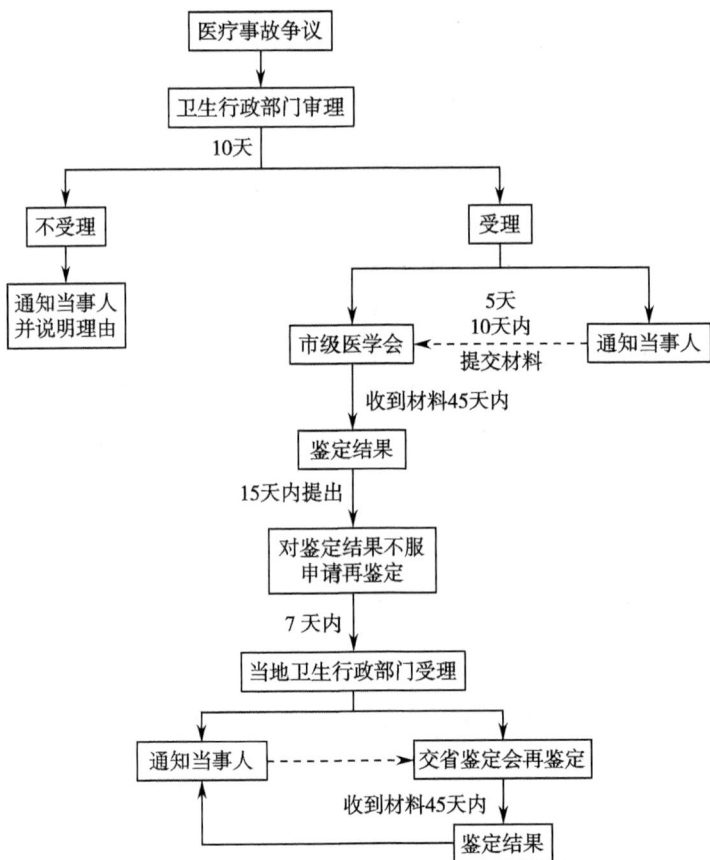

医疗事故技术鉴定具体程序

二、医疗事故的处理

处理医疗事故争议必须遵循公开、公平、公正的基本原则。对医疗事故争议的处理有三种途径,发生医疗事故的赔偿等民事责任争议,医患双方可以协商解决;不愿意协商或者协商不成的,当事人可以向卫生行政部门提出调解申请,也可以直接向人民法院提起民事诉讼。即:医患双方协商解决、卫生行政部门调解和向人民法院提出诉讼解决三种途径。无论是协商解决还是调解解决,都应当制作协议书,协议书应载明双方当事人的基本情况和医疗事故的原因、双方当事人共同认定的医疗事故等级以及确定的赔偿数额等,并由双方当事人在协议上签名。鼓励医患双方协商解决,但人民法院的判决具有强制性,法律效力最强。

医疗事故的赔偿要根据医疗事故等级、医疗过失在医疗事故损害后果中的责任程度和医疗事故后果与患者原有疾病状况之间的关系确定具体赔偿数额。赔偿的项目有医疗费、误工费、住院伙食补助费、残疾生活补助费、残疾用具费、丧葬费、被扶养人生活费、交通费、住宿费和精神损害抚慰金十个项目。

卫生行政部门应当依照有关法律法规的规定,对发生医疗事故的医疗机构和医务人员作出处理。医疗机构发生医疗事故的,可以根据医疗事故的等级和情节,给予责令改正、警告、责令限期停业整顿、吊销执业许可证等处分;对直接责任医务人员可给予行政处分、纪律处分,责令停止执业活动、吊销执业证书等处分,构成医疗事故罪的,依法追究刑事责任。

[附录] **医疗事故处理条例**[来源:2002年2月20日国务院第55次常务会议通过,2002年4月4日中华人民共和国国务院令第351号公布,自2002年9月1日起施行]

第一章 总则

第一条 为了正确处理医疗事故,保护患者和医疗机构及其医务人员的合法权益,维护医疗秩序,保障医疗安全,促进医学科学的发展,制定本条例。

第二条 本条例所称医疗事故,是指医疗机构及其医务人员在医疗活动中,违反医疗卫生管理法律、行政法规、部门规章和诊疗护理规范、常规,过失造成患者人身损害的事故。

第三条 处理医疗事故,应当遵循公开、公平、公正、及时、便民的原则,坚持实事求是的科学态度,做到事实清楚、定性准确、责任明确、处理恰当。

第四条 根据对患者人身造成的损害程度,医疗事故分为四级:

一级医疗事故:造成患者死亡、重度残疾的;

二级医疗事故:造成患者中度残疾、器官组织损伤导致严重功能障碍的;

三级医疗事故:造成患者轻度残疾、器官组织损伤导致一般功能障碍的;

四级医疗事故:造成患者明显人身损害的其他后果的。

第二章 医疗事故的预防与处置

第五条 医疗机构及其医务人员在医疗活动中,必须严格遵守医疗卫生管理法律、行政法规、部门规章和诊疗护理规范、常规,恪守医疗服务职业道德。

第六条　医疗机构应当对其医务人员进行医疗卫生管理法律、行政法规、部门规章和诊疗护理规范、常规的培训和医疗服务职业道德教育。

第七条　医疗机构应当设置医疗服务质量监控部门或者配备专（兼）职人员，具体负责监督本医疗机构的医务人员的医疗服务工作，检查医务人员执业情况，接受患者对医疗服务的投诉，向其提供咨询服务。

第八条　医疗机构应当按照国务院卫生行政部门规定的要求，书写并妥善保管病历资料。

因抢救急危患者，未能及时书写病历的，有关医务人员应当在抢救结束后6小时内据实补记，并加以注明。

第九条　严禁涂改、伪造、隐匿、销毁或者抢夺病历资料。

第十条　患者有权复印或者复制其门诊病历、住院志、体温单、医嘱单、化验单（检验报告）、医学影像检查资料、特殊检查同意书、手术同意书、手术及麻醉记录单、病理资料、护理记录以及国务院卫生行政部门规定的其他病历资料。

患者依照前款规定要求复印或者复制病历资料的，医疗机构应当提供复印或者复制服务并在复印或者复制的病历资料上加盖证明印记。复印或者复制病历资料时，应当有患者在场。

医疗机构应患者的要求，为其复印或者复制病历资料，可以按照规定收取工本费。具体收费标准由省、自治区、直辖市人民政府价格主管部门会同同级卫生行政部门规定。

第十一条　在医疗活动中，医疗机构及其医务人员应当将患者的病情、医疗措施、医疗风险等如实告知患者，及时解答其咨询；但是，应当避免对患者产生不利后果。

第十二条　医疗机构应当制定防范、处理医疗事故的预案，预防医疗事故的发生，减轻医疗事故的损害。

第十三条　医务人员在医疗活动中发生或者发现医疗事故、可能引起医疗事故的医疗过失行为或者发生医疗事故争议的，应当立即向所在科室负责人报告，科室负责人应当及时向本医疗机构负责医疗服务质量监控的部门或者专（兼）职人员报告；负责医疗服务质量监控的部门或者专（兼）职人员接到报告后，应当立即进行调查、核实，将有关情况如实向本医疗机构的负责人报告，并向患者通报、解释。

第十四条　发生医疗事故的，医疗机构应当按照规定向所在地卫生行政部门报告。

发生下列重大医疗过失行为的，医疗机构应当在12小时内向所在地卫生行政部门报告：

（一）导致患者死亡或者可能为二级以上的医疗事故；

（二）导致3人以上人身损害后果；

（三）国务院卫生行政部门和省、自治区、直辖市人民政府卫生行政部门规定的其他情形。

第十五条 发生或者发现医疗过失行为，医疗机构及其医务人员应当立即采取有效措施，避免或者减轻对患者身体健康的损害，防止损害扩大。

第十六条 发生医疗事故争议时，死亡病例讨论记录、疑难病例讨论记录、上级医师查房记录、会诊意见、病程记录应当在医患双方在场的情况下封存和启封。封存的病历资料可以是复印件，由医疗机构保管。

第十七条 疑似输液、输血、注射、药物等引起不良后果的，医患双方应当共同对现场实物进行封存和启封，封存的现场实物由医疗机构保管；需要检验的，应当由双方共同指定的、依法具有检验资格的检验机构进行检验；双方无法共同指定时，由卫生行政部门指定。

疑似输血引起不良后果，需要对血液进行封存保留的，医疗机构应当通知提供该血液的采供血机构派员到场。

第十八条 患者死亡，医患双方当事人不能确定死因或者对死因有异议的，应当在患者死亡后48小时内进行尸检；具备尸体冻存条件的，可以延长至7日。尸检应当经死者近亲属同意并签字。

尸检应当由按照国家有关规定取得相应资格的机构和病理解剖专业技术人员进行。承担尸检任务的机构和病理解剖专业技术人员有进行尸检的义务。

医疗事故争议双方当事人可以请法医病理学人员参加尸检，也可以委派代表观察尸检过程。拒绝或者拖延尸检，超过规定时间，影响对死因判定的，由拒绝或者拖延的一方承担责任。

第十九条 患者在医疗机构内死亡的，尸体应当立即移放太平间。死者尸体存放时间一般不得超过2周。逾期不处理的尸体，经医疗机构所在地卫生行政部门批准，并报经同级公安部门备案后，由医疗机构按照规定进行处理。

第三章 医疗事故的技术鉴定

第二十条 卫生行政部门接到医疗机构关于重大医疗过失行为的报告或者医疗事故争议当事人要求处理医疗事故争议的申请后，对需要进行医疗事故技术鉴定的，应当交由负责医疗事故技术鉴定工作的医学会组织鉴定；医患双方协商解决医疗事故争议，需要进行医疗事故技术鉴定的，由双方当事人共同委托负责医疗事故技术鉴定工作的医学会组织鉴定。

第二十一条 设区的市级地方医学会和省、自治区、直辖市直接管辖的县（市）地方医学会负责组织首次医疗事故技术鉴定工作。省、自治区、直辖市地方医学会负责组织再次鉴定工作。

必要时，中华医学会可以组织疑难、复杂，并在全国有重大影响的医疗事故争议的技术鉴定工作。

第二十二条　当事人对首次医疗事故技术鉴定结论不服的,可以自收到首次鉴定结论之日起15日内向医疗机构所在地卫生行政部门提出再次鉴定的申请。

第二十三条　负责组织医疗事故技术鉴定工作的医学会应当建立专家库。

专家库由具备下列条件的医疗卫生专业技术人员组成:

(一) 有良好的业务素质和执业品德;

(二) 受聘于医疗卫生机构或者医学教学、科研机构,并担任相应专业高级技术职务3年以上。

符合前款第(一)项规定条件并具备高级技术任职资格的法医可以受聘进入专家库。

负责组织医疗事故技术鉴定工作的医学会依照本条例规定聘请医疗卫生专业技术人员和法医进入专家库,可以不受行政区域的限制。

第二十四条　医疗事故技术鉴定,由负责组织医疗事故技术鉴定工作的医学会组织专家鉴定组进行。

参加医疗事故技术鉴定的相关专业的专家,由医患双方在医学会主持下从专家库中随机抽取。在特殊情况下,医学会根据医疗事故技术鉴定工作的需要,可以组织医患双方在其他医学会建立的专家库中随机抽取相关专业的专家参加鉴定或者函件咨询。

符合本条例第二十三条规定条件的医疗卫生专业技术人员和法医有义务受聘进入专家库,并承担医疗事故技术鉴定工作。

第二十五条　专家鉴定组进行医疗事故技术鉴定,实行合议制。专家鉴定组人数为单数,涉及的主要学科的专家一般不得少于鉴定组成员的二分之一;涉及死因、伤残等级鉴定的,并应当从专家库中随机抽取法医参加专家鉴定组。

第二十六条　专家鉴定组成员有下列情形之一的,应当回避,当事人也可以以口头或者书面的方式申请其回避:

(一) 是医疗事故争议当事人或者当事人的近亲属的;

(二) 与医疗事故争议有利害关系的;

(三) 与医疗事故争议当事人有其他关系,可能影响公正鉴定的。

第二十七条　专家鉴定组依照医疗卫生管理法律、行政法规、部门规章和诊疗护理规范、常规,运用医学科学原理和专业知识,独立进行医疗事故技术鉴定,对医疗事故进行鉴别和判定,为处理医疗事故争议提供医学依据。

任何单位或者个人不得干扰医疗事故技术鉴定工作,不得威胁、利诱、辱骂、殴打专家鉴定组成员。

专家鉴定组成员不得接受双方当事人的财物或者其他利益。

第二十八条　负责组织医疗事故技术鉴定工作的医学会应当自受理医疗事

故技术鉴定之日起 5 日内通知医疗事故争议双方当事人提交进行医疗事故技术鉴定所需的材料。

当事人应当自收到医学会的通知之日起 10 日内提交有关医疗事故技术鉴定的材料、书面陈述及答辩。医疗机构提交的有关医疗事故技术鉴定的材料应当包括下列内容：

（一）住院患者的病程记录、死亡病例讨论记录、疑难病例讨论记录、会诊意见、上级医师查房记录等病历资料原件；

（二）住院患者的住院志、体温单、医嘱单、化验单（检验报告）、医学影像检查资料、特殊检查同意书、手术同意书、手术及麻醉记录单、病理资料、护理记录等病历资料原件；

（三）抢救急危患者，在规定时间内补记的病历资料原件；

（四）封存保留的输液、注射用物品和血液、药物等实物，或者依法具有检验资格的检验机构对这些物品、实物作出的检验报告；

（五）与医疗事故技术鉴定有关的其他材料。

在医疗机构建有病历档案的门诊、急诊患者，其病历资料由医疗机构提供；没有在医疗机构建立病历档案的，由患者提供。

医患双方应当依照本条例的规定提交相关材料。医疗机构无正当理由未依照本条例的规定如实提供相关材料，导致医疗事故技术鉴定不能进行的，应当承担责任。

第二十九条　负责组织医疗事故技术鉴定工作的医学会应当自接到当事人提交的有关医疗事故技术鉴定的材料、书面陈述及答辩之日起 45 日内组织鉴定，并出具医疗事故技术鉴定书。

负责组织医疗事故技术鉴定工作的医学会可以向双方当事人调查取证。

第三十条　专家鉴定组应当认真审查双方当事人提交的材料，听取双方当事人的陈述及答辩并进行核实。

双方当事人应当按照本条例的规定如实提交进行医疗事故技术鉴定所需要的材料，并积极配合调查。当事人任何一方不予配合，影响医疗事故技术鉴定的，由不予配合的一方承担责任。

第三十一条　专家鉴定组应当在事实清楚、证据确凿的基础上，综合分析患者的病情和个体差异，作出鉴定结论，并制作医疗事故技术鉴定书。鉴定结论以专家鉴定组成员的过半数通过。鉴定过程应当如实记载。

医疗事故技术鉴定书应当包括下列主要内容：

（一）双方当事人的基本情况及要求；

（二）当事人提交的材料和负责组织医疗事故技术鉴定工作的医学会的调查材料；

（三）对鉴定过程的说明；

（四）医疗行为是否违反医疗卫生管理法律、行政法规、部门规章和诊疗护理规范、常规；

（五）医疗过失行为与人身损害后果之间是否存在因果关系；

（六）医疗过失行为在医疗事故损害后果中的责任程度；

（七）医疗事故等级；

（八）对医疗事故患者的医疗护理医学建议。

第三十二条　医疗事故技术鉴定办法由国务院卫生行政部门制定。

第三十三条　有下列情形之一的，不属于医疗事故：

（一）在紧急情况下为抢救垂危患者生命而采取紧急医学措施造成不良后果的；

（二）在医疗活动中由于患者病情异常或者患者体质特殊而发生医疗意外的；

（三）在现有医学科学技术条件下，发生无法预料或者不能防范的不良后果的；

（四）无过错输血感染造成不良后果的；

（五）因患方原因延误诊疗导致不良后果的；

（六）因不可抗力造成不良后果的。

第三十四条　医疗事故技术鉴定，可以收取鉴定费用。经鉴定，属于医疗事故的，鉴定费用由医疗机构支付；不属于医疗事故的，鉴定费用由提出医疗事故处理申请的一方支付。鉴定费用标准由省、自治区、直辖市人民政府价格主管部门会同同级财政部门、卫生行政部门规定。

具体分级标准由国务院卫生行政部门制定。

第四章　医疗事故的行政处理与监督

第三十五条　卫生行政部门应当依照本条例和有关法律、行政法规、部门规章的规定，对发生医疗事故的医疗机构和医务人员作出行政处理。

第三十六条　卫生行政部门接到医疗机构关于重大医疗过失行为的报告后，除责令医疗机构及时采取必要的医疗救治措施，防止损害后果扩大外，应当组织调查，判定是否属于医疗事故；对不能判定是否属于医疗事故的，应当依照本条例的有关规定交由负责医疗事故技术鉴定工作的医学会组织鉴定。

第三十七条　发生医疗事故争议，当事人申请卫生行政部门处理的，应当提出书面申请。申请书应当载明申请人的基本情况、有关事实、具体请求及理由等。

当事人自知道或者应当知道其身体健康受到损害之日起1年内，可以向卫生行政部门提出医疗事故争议处理申请。

第三十八条　发生医疗事故争议，当事人申请卫生行政部门处理的，由医疗机构所在地的县级人民政府卫生行政部门受理。医疗机构所在地是直辖市的，由医疗机构所在地的区、县人民政府卫生行政部门受理。

有下列情形之一的，县级人民政府卫生行政部门应当自接到医疗机构的报告或者当事人提出医疗事故争议处理申请之日起 7 日内移送上一级人民政府卫生行政部门处理：

（一）患者死亡；

（二）可能为二级以上的医疗事故；

（三）国务院卫生行政部门和省、自治区、直辖市人民政府卫生行政部门规定的其他情形。

第三十九条　卫生行政部门应当自收到医疗事故争议处理申请之日起 10 日内进行审查，作出是否受理的决定。对符合本条例规定，予以受理，需要进行医疗事故技术鉴定的，应当自作出受理决定之日起 5 日内将有关材料交由负责医疗事故技术鉴定工作的医学会组织鉴定并书面通知申请人；对不符合本条例规定，不予受理的，应当书面通知申请人并说明理由。

当事人对首次医疗事故技术鉴定结论有异议，申请再次鉴定的，卫生行政部门应当自收到申请之日起 7 日内交由省、自治区、直辖市地方医学会组织再次鉴定。

第四十条　当事人既向卫生行政部门提出医疗事故争议处理申请，又向人民法院提起诉讼的，卫生行政部门不予受理；卫生行政部门已经受理的，应当终止处理。

第四十一条　卫生行政部门收到负责组织医疗事故技术鉴定工作的医学会出具的医疗事故技术鉴定书后，应当对参加鉴定的人员资格和专业类别、鉴定程序进行审核；必要时，可以组织调查，听取医疗事故争议双方当事人的意见。

第四十二条　卫生行政部门经审核，对符合本条例规定作出的医疗事故技术鉴定结论，应当作为对发生医疗事故的医疗机构和医务人员作出行政处理以及进行医疗事故赔偿调解的依据；经审核，发现医疗事故技术鉴定不符合本条例规定的，应当要求重新鉴定。

第四十三条　医疗事故争议由双方当事人自行协商解决的，医疗机构应当自协商解决之日起 7 日内向所在地卫生行政部门作出书面报告，并附具协议书。

第四十四条　医疗事故争议经人民法院调解或者判决解决的，医疗机构应当自收到生效的人民法院的调解书或者判决书之日起 7 日内向所在地卫生行政部门作出书面报告，并附具调解书或者判决书。

第四十五条　县级以上地方人民政府卫生行政部门应当按照规定逐级将当地发生的医疗事故以及依法对发生医疗事故的医疗机构和医务人员作出行政处理的情况，上报国务院卫生行政部门。

第五章　医疗事故的赔偿

第四十六条　发生医疗事故的赔偿等民事责任争议，医患双方可以协商解决；不愿意协商或者协商不成的，当事人可以向卫生行政部门提出调解申请，也可以直接向人民法院提起民事诉讼。

第四十七条　双方当事人协商解决医疗事故的赔偿等民事责任争议的，应当制作协议书。协议书应当载明双方当事人的基本情况和医疗事故的原因、双方当事人共同认定的医疗事故等级以及协商确定的赔偿数额等，并由双方当事人在协议书上签名。

第四十八条　已确定为医疗事故的，卫生行政部门应医疗事故争议双方当事人请求，可以进行医疗事故赔偿调解。调解时，应当遵循当事人双方自愿原则，并应当依据本条例的规定计算赔偿数额。

经调解，双方当事人就赔偿数额达成协议的，制作调解书，双方当事人应当履行；调解不成或者经调解达成协议后一方反悔的，卫生行政部门不再调解。

第四十九条　医疗事故赔偿，应当考虑下列因素，确定具体赔偿数额：

（一）医疗事故等级；

（二）医疗过失行为在医疗事故损害后果中的责任程度；

（三）医疗事故损害后果与患者原有疾病状况之间的关系。

不属于医疗事故的，医疗机构不承担赔偿责任。

第五十条　医疗事故赔偿，按照下列项目和标准计算：

（一）医疗费：按照医疗事故对患者造成的人身损害进行治疗所发生的医疗费用计算，凭据支付，但不包括原发病医疗费用。结案后确实需要继续治疗的，按照基本医疗费用支付。

（二）误工费：患者有固定收入的，按照本人因误工减少的固定收入计算，对收入高于医疗事故发生地上一年度职工年平均工资 3 倍以上的，按照 3 倍计算；无固定收入的，按照医疗事故发生地上一年度职工年平均工资计算。

（三）住院伙食补助费：按照医疗事故发生地国家机关一般工作人员的出差伙食补助标准计算。

（四）陪护费：患者住院期间需要专人陪护的，按照医疗事故发生地上一年度职工年平均工资计算。

（五）残疾生活补助费：根据伤残等级，按照医疗事故发生地居民年平均生活费计算，自定残之月起最长赔偿 30 年；但是，60 周岁以上的，不超过 15 年；70 周岁以上的，不超过 5 年。

（六）残疾用具费：因残疾需要配置补偿功能器具的，凭医疗机构证明，按照普及型器具的费用计算。

（七）丧葬费：按照医疗事故发生地规定的丧葬费补助标准计算。

（八）被扶养人生活费：以死者生前或者残疾者丧失劳动能力前实际扶养且没有劳动能力的人为限，按照其户籍所在地或者居所地居民最低生活保障标准计算。对不满 16 周岁的，扶养到 16 周岁。对年满 16 周岁但无劳动能力的，扶养 20 年；但是，60 周岁以上的，不超过 15 年；70 周岁以上的，不超过 5 年。

（九）交通费：按照患者实际必需的交通费用计算，凭据支付。

（十）住宿费：按照医疗事故发生地国家机关一般工作人员的出差住宿补助标准计算，凭据支付。

（十一）精神损害抚慰金：按照医疗事故发生地居民年平均生活费计算。造成患者死亡的，赔偿年限最长不超过 6 年；造成患者残疾的，赔偿年限最长不超过 3 年。

第五十一条 参加医疗事故处理的患者近亲属所需交通费、误工费、住宿费，参照本条例第五十条的有关规定计算，计算费用的人数不超过 2 人。

医疗事故造成患者死亡的，参加丧葬活动的患者的配偶和直系亲属所需交通费、误工费、住宿费，参照本条例第五十条的有关规定计算，计算费用的人数不超过 2 人。

第五十二条 医疗事故赔偿费用，实行一次性结算，由承担医疗事故责任的医疗机构支付。

第六章 罚则

第五十三条 卫生行政部门的工作人员在处理医疗事故过程中违反本条例的规定，利用职务上的便利收受他人财物或者其他利益，滥用职权，玩忽职守，或者发现违法行为不予查处，造成严重后果的，依照刑法关于受贿罪、滥用职权罪、玩忽职守罪或者其他有关罪的规定，依法追究刑事责任；尚不够刑事处罚的，依法给予降级或者撤职的行政处分。

第五十四条 卫生行政部门违反本条例的规定，有下列情形之一的，由上级卫生行政部门给予警告并责令限期改正；情节严重的，对负有责任的主管人员和其他直接责任人员依法给予行政处分：

（一）接到医疗机构关于重大医疗过失行为的报告后，未及时组织调查的；

（二）接到医疗事故争议处理申请后，未在规定时间内审查或者移送上一级人民政府卫生行政部门处理的；

（三）未将应当进行医疗事故技术鉴定的重大医疗过失行为或者医疗事故争议移交医学会组织鉴定的；

（四）未按照规定逐级将当地发生的医疗事故以及依法对发生医疗事故的医疗机构和医务人员的行政处理情况上报的；

（五）未依照本条例规定审核医疗事故技术鉴定书的。

第五十五条 医疗机构发生医疗事故的，由卫生行政部门根据医疗事故等级和情节,给予警告;情节严重的,责令限期停业整顿直至由原发证部门吊销执业许可证,对负有责任的医务人员依照刑法关于医疗事故罪的规定,依法追究刑事责任;尚不够刑事处罚的,依法给予行政处分或者纪律处分。

对发生医疗事故的有关医务人员,除依照前款处罚外,卫生行政部门并可以责令暂停6个月以上1年以下执业活动;情节严重的,吊销其执业证书。

第五十六条　医疗机构违反本条例的规定,有下列情形之一的,由卫生行政部门责令改正;情节严重的,对负有责任的主管人员和其他直接责任人员依法给予行政处分或者纪律处分:

(一) 未如实告知患者病情、医疗措施和医疗风险的;

(二) 没有正当理由,拒绝为患者提供复印或者复制病历资料服务的;

(三) 未按照国务院卫生行政部门规定的要求书写和妥善保管病历资料的;

(四) 未在规定时间内补记抢救工作病历内容的;

(五) 未按照本条例的规定封存、保管和启封病历资料和实物的;

(六) 未设置医疗服务质量监控部门或者配备专(兼)职人员的;

(七) 未制定有关医疗事故防范和处理预案的;

(八) 未在规定时间内向卫生行政部门报告重大医疗过失行为的;

(九) 未按照本条例的规定向卫生行政部门报告医疗事故的;

(十) 未按照规定进行尸检和保存、处理尸体的。

第五十七条　参加医疗事故技术鉴定工作的人员违反本条例的规定,接受申请鉴定双方或者一方当事人的财物或者其他利益,出具虚假医疗事故技术鉴定书,造成严重后果的,依照刑法关于受贿罪的规定,依法追究刑事责任;尚不够刑事处罚的,由原发证部门吊销其执业证书或者资格证书。

第五十八条　医疗机构或者其他有关机构违反本条例的规定,有下列情形之一的,由卫生行政部门责令改正,给予警告;对负有责任的主管人员和其他直接责任人员依法给予行政处分或者纪律处分;情节严重的,由原发证部门吊销其执业证书或者资格证书:

(一) 承担尸检任务的机构没有正当理由,拒绝进行尸检的;

(二) 涂改、伪造、隐匿、销毁病历资料的。

第五十九条　以医疗事故为由,寻衅滋事、抢夺病历资料,扰乱医疗机构正常医疗秩序和医疗事故技术鉴定工作,依照刑法关于扰乱社会秩序罪的规定,依法追究刑事责任;尚不够刑事处罚的,依法给予治安管理处罚。

第七章　附则

第六十条　本条例所称医疗机构,是指依照《医疗机构管理条例》的规定取得《医疗机构执业许可证》的机构。

县级以上城市从事计划生育技术服务的机构依照《计划生育技术服务管理

条例》的规定开展与计划生育有关的临床医疗服务,发生的计划生育技术服务事故,依照本条例的有关规定处理。但是,其中不属于医疗机构的县级以上城市从事计划生育技术服务的机构发生的计划生育技术服务事故,由计划生育行政部门行使依照本条例有关规定由卫生行政部门承担的受理、交由负责医疗事故技术鉴定工作的医学会组织鉴定和赔偿调解的职能;对发生计划生育技术服务事故的该机构及其有关责任人员,依法进行处理。

第六十一条　非法行医,造成患者人身损害,不属于医疗事故,触犯刑律的,依法追究刑事责任;有关赔偿,由受害人直接向人民法院提起诉讼。

第六十二条　军队医疗机构的医疗事故处理办法,由中国人民解放军卫生主管部门会同国务院卫生行政部门依据本条例制定。

第六十三条　本条例自 2002 年 9 月 1 日起施行。1987 年 6 月 29 日国务院发布的《医疗事故处理办法》同时废止。本条例施行前已经处理结案的医疗事故争议,不再重新处理。

[附录] **医疗事故分级标准**(试行)[来源:2002 年 7 月 19 日原卫生部部务会讨论通过,原卫生部令第 32 号发布,自 2002 年 9 月 1 日起施行]

为了科学划分医疗事故等级,正确处理医疗事故争议,保护患者和医疗机构及其医务人员的合法权益,根据《医疗事故处理条例》,制定本标准。

专家鉴定组在进行医疗事故技术鉴定、卫生行政部门在判定重大医疗过失行为是否为医疗事故或医疗事故争议双方当事人在协商解决医疗事故争议时,应当按照本标准确定的基本原则和实际情况具体判定医疗事故的等级。

本标准列举的情形是医疗事故中常见的造成患者人身损害的后果。

本标准中医疗事故一级乙等至三级戊等对应伤残等级一级至十级。

一、一级医疗事故

系指造成患者死亡、重度残疾。

(一)一级甲等医疗事故:死亡。

(二)一级乙等医疗事故:重要器官缺失或功能完全丧失,其他器官不能代偿,存在特殊医疗依赖,生活完全不能自理。例如造成患者下列情形之一的:

1. 植物人状态;

2. 极重度智能障碍;

3. 临床判定不能恢复的昏迷;

4. 临床判定自主呼吸功能完全丧失,不能恢复,靠呼吸机维持;

5. 四肢瘫,肌力 0 级,临床判定不能恢复。

二、二级医疗事故

系指造成患者中度残疾、器官组织损伤导致严重功能障碍。

（一）二级甲等医疗事故：器官缺失或功能完全丧失，其他器官不能代偿，可能存在特殊医疗依赖，或生活大部分不能自理。例如造成患者下列情形之一的：

1. 双眼球摘除或双眼经客观检查证实无光感；

2. 小肠缺失90%以上，功能完全丧失；

3. 双侧有功能肾脏缺失或孤立有功能肾缺失，用透析替代治疗；

4. 四肢肌力Ⅱ级（二级）以下（含Ⅱ级），临床判定不能恢复；

5. 上肢一侧腕上缺失或一侧手功能完全丧失，不能装配假肢，伴下肢双膝以上缺失。

（二）二级乙等医疗事故：存在器官缺失、严重缺损、严重畸形情形之一，有严重功能障碍，可能存在特殊医疗依赖，或生活大部分不能自理。例如造成患者下列情形之一的：

1. 重度智能障碍；

2. 单眼球摘除或经客观检查证实无光感，另眼球结构损伤，闪光视觉诱发电位（VEP）P100波潜时延长 >160ms（毫秒），矫正视力 <0.02，视野半径 <5°；

3. 双侧上颌骨或双侧下颌骨完全缺失；

4. 一侧上颌骨及对侧下颌骨完全缺失，并伴有颜面软组织缺损大于30cm²；

5. 一侧全肺缺失并需胸改术；

6. 肺功能持续重度损害；

7. 持续性心功能不全，心功能四级；

8. 持续性心功能不全，心功能三级伴有不能控制的严重心律失常；

9. 食管闭锁，摄食依赖造瘘；

10. 肝缺损3/4，并有肝功能重度损害；

11. 胆道损伤致肝功能重度损害；

12. 全胰缺失；

13. 小肠缺损大于3/4，普通膳食不能维持营养；

14. 肾功能部分损害不全失代偿；

15. 两侧睾丸、副睾丸缺损；

16. 阴茎缺损或性功能严重障碍；

17. 双侧卵巢缺失；

18. 未育妇女子宫全部缺失或大部分缺损；

19. 四肢瘫，肌力Ⅲ级（三级）或截瘫、偏瘫，肌力Ⅲ级以下，临床判定不能恢复；

20. 双上肢腕关节以上缺失、双侧前臂缺失或双手功能完全丧失，不能装配假肢；

21. 肩、肘、髋、膝关节中有四个以上(含四个)关节功能完全丧失;

22. 重型再生障碍性贫血(I型)。

(三)二级丙等医疗事故:存在器官缺失、严重缺损、明显畸形情形之一,有严重功能障碍,可能存在特殊医疗依赖,或生活部分不能自理。例如造成患者下列情形之一的:

1. 面部重度毁容;

2. 单眼球摘除或客观检查无光感,另眼球结构损伤,闪光视觉诱发电位(VEP)>155ms(毫秒),矫正视力<0.05,视野半径<10°;

3. 一侧上颌骨或下颌骨完全缺失,伴颜面部软组织缺损大于30cm²;

4. 同侧上下颌骨完全性缺失;

5. 双侧甲状腺或孤立甲状腺全缺失;

6. 双侧甲状旁腺全缺失;

7. 持续性心功能不全,心功能三级;

8. 持续性心功能不全,心功能二级伴有不能控制的严重心律失常;

9. 全胃缺失;

10. 肝缺损2/3,并肝功能重度损害;

11. 一侧有功能肾缺失或肾功能完全丧失,对侧肾功能不全代偿;

12. 永久性输尿管腹壁造瘘;

13. 膀胱全缺失;

14. 两侧输精管缺损不能修复;

15. 双上肢肌力IV级(四级),双下肢肌力0级,临床判定不能恢复;

16. 单肢两个大关节(肩、肘、腕、髋、膝、踝)功能完全丧失,不能行关节置换;

17. 一侧上肢肘上缺失或肘、腕、手功能完全丧失,不能手术重建功能或装配假肢;

18. 一手缺失或功能完全丧失,另一手功能丧失50%以上,不能手术重建功能或装配假肢;

19. 一手腕上缺失,另一手拇指缺失,不能手术重建功能或装配假肢;

20. 双手拇、食指均缺失或功能完全丧失无法矫正;

21. 双侧膝关节或者髋关节功能完全丧失,不能行关节置换;

22. 一下肢膝上缺失,无法装配假肢;

23. 重型再生障碍性贫血(II型)。

(四)二级丁等医疗事故:存在器官缺失、大部分缺损、畸形情形之一,有严重功能障碍,可能存在一般医疗依赖,生活能自理。例如造成患者下列情形之一的:

1. 中度智能障碍;

2. 难治性癫痫；

3. 完全性失语，伴有神经系统客观检查阳性所见；

4. 双侧重度周围性面瘫；

5. 面部中度毁容或全身瘢痕面积大于70%；

6. 双眼球结构损伤，较好眼闪光视觉诱发电位（VEP）>155ms（毫秒），矫正视力<0.05，视野半径<10°；

7. 双耳经客观检查证实听力在原有基础上损失大于91dBHL（分贝）；

8. 舌缺损大于全舌2/3；

9. 一侧上颌骨缺损1/2，颜面部软组织缺损大于20cm²；

10. 下颌骨缺损长6cm以上的区段，口腔、颜面软组织缺损大于20cm²；

11. 甲状旁腺功能重度损害；

12. 食管狭窄只能进流食；

13. 吞咽功能严重损伤，依赖鼻饲管进食；

14. 肝缺损2/3，功能中度损害；

15. 肝缺损1/2伴有胆道损伤致严重肝功能损害；

16. 胰缺损，胰岛素依赖；

17. 小肠缺损2/3，包括回盲部缺损；

18. 全结肠、直肠、肛门缺失，回肠造瘘；

19. 肾上腺功能明显减退；

20. 大、小便失禁，临床判定不能恢复；

21. 女性双侧乳腺缺失；

22. 单肢肌力Ⅱ级（二级），临床判定不能恢复；

23. 双前臂缺失；

24. 双下肢瘫；

25. 一手缺失或功能完全丧失，另一手功能正常，不能手术重建功能或装配假肢；

26. 双拇指完全缺失或无功能；

27. 双膝以下缺失或无功能，不能手术重建功能或装配假肢；

28. 一侧下肢膝上缺失，不能手术重建功能或装配假肢；

29. 一侧膝以下缺失，另一侧前足缺失，不能手术重建功能或装配假肢；

30. 双足全肌瘫，肌力Ⅱ级（二级），临床判定不能恢复。

三、三级医疗事故

系指造成患者轻度残疾、器官组织损伤导致一般功能障碍。

（一）三级甲等医疗事故

存在器官缺失、大部分缺损、畸形情形之一，有较重功能障碍，可能存在一般医疗依赖，生活能自理。例如造成患者下列情形之一的：

1. 不完全失语并伴有失用、失写、失读、失认之一者，同时有神经系统客观检查阳性所见；

2. 不能修补的脑脊液瘘；

3. 尿崩，有严重离子紊乱，需要长期依赖药物治疗；

4. 面部轻度毁容；

5. 面颊部洞穿性缺损大于20cm²；

6. 单侧眼球摘除或客观检查无光感，另眼球结构损伤，闪光视觉诱发电位（VEP）>150ms（毫秒），矫正视力0.05～0.1，视野半径<15°；

7. 双耳经客观检查证实听力在原有基础上损失大于81dBHL（分贝）；

8. 鼻缺损1/3以上；

9. 上唇或下唇缺损大于1/2；

10. 一侧上颌骨缺损1/4或下颌骨缺损长4cm以上区段，伴口腔、颜面软组织缺损大于10cm²；

11. 肺功能中度持续损伤；

12. 胃缺损3/4；

13. 肝缺损1/2伴较重功能障碍；

14. 慢性中毒性肝病伴较重功能障碍；

15. 脾缺失；

16. 胰缺损2/3造成内、外分泌腺功能障碍；

17. 小肠缺损2/3，保留回盲部；

18. 尿道狭窄，需定期行尿道扩张术；

19. 直肠、肛门、结肠部分缺损，结肠造瘘；

20. 肛门损伤致排便障碍；

21. 一侧肾缺失或输尿管狭窄，肾功能不全代偿；

22. 不能修复的尿道瘘；

23. 膀胱大部分缺损；

24. 双侧输卵管缺失；

25. 阴道闭锁丧失性功能；

26. 不能修复的Ⅲ度（三度）会阴裂伤；

27. 四肢瘫，肌力Ⅳ级（四级），临床判定不能恢复；

28. 单肢瘫，肌力Ⅲ级（三级），临床判定不能恢复；

29. 肩、肘、腕关节之一功能完全丧失；

30. 利手全肌瘫，肌力Ⅲ级（三级），临床判定不能恢复；

31. 一手拇指缺失，另一手拇指功能丧失50%以上；

32. 一手拇指缺失或无功能，另一手除拇指外三指缺失或无功能，不能手术重建功能；

33. 双下肢肌力Ⅲ级（三级）以下，临床判定不能恢复。大、小便失禁；

34. 下肢双膝以上缺失伴一侧腕上缺失或手功能部分丧失，能装配假肢；

35. 一髋或一膝关节功能完全丧失，不能手术重建功能；

36. 双足全肌瘫，肌力Ⅲ级（三级），临床判定不能恢复；

37. 双前足缺失；

38. 慢性再生障碍性贫血。

（二）三级乙等医疗事故：器官大部分缺损或畸形，有中度功能障碍，可能存在一般医疗依赖，生活能自理。例如造成患者下列情形之一的：

1. 轻度智能减退；

2. 癫痫中度；

3. 不完全性失语，伴有神经系统客观检查阳性所见；

4. 头皮、眉毛完全缺损；

5. 一侧完全性面瘫，对侧不完全性面瘫；

6. 面部重度异常色素沉着或全身瘢痕面积达60%～69%；

7. 面部软组织缺损大于20cm^2；

8. 双眼球结构损伤，较好眼闪光视觉诱发电位（VEP）＞150ms（毫秒），矫正视力0.05～0.1，视野半径＜15°；

9. 双耳经客观检查证实听力损失大于71dBHL（分贝）；

10. 双侧前庭功能丧失，睁眼行走困难，不能并足站立；

11. 甲状腺功能严重损害，依赖药物治疗；

12. 不能控制的严重器质性心律失常；

13. 胃缺损2/3伴轻度功能障碍；

14. 肝缺损1/3伴轻度功能障碍；

15. 胆道损伤伴轻度肝功能障碍；

16. 胰缺损1/2；

17. 小肠缺损1/2（包括回盲部）；

18. 腹壁缺损大于腹壁1/4；

19. 肾上腺皮质功能轻度减退；

20. 双侧睾丸萎缩，血清睾丸酮水平低于正常范围；

21. 非利手全肌瘫，肌力Ⅳ级（四级），临床判定不能恢复，不能手术重建功能；

22. 一拇指完全缺失；

23. 双下肢肌力Ⅳ级（四级），临床判定不能恢复。大、小便失禁；

24. 一髋或一膝关节功能不全；

25. 一侧踝以下缺失或一侧踝关节畸形，功能完全丧失，不能手术重建功能；

26. 双足部分肌瘫，肌力Ⅳ级（四级），临床判定不能恢复，不能手术重建功能；

27. 单足全肌瘫，肌力Ⅳ级，临床判定不能恢复，不能手术重建功能。

（三）三级丙等医疗事故：器官大部分缺损或畸形，有轻度功能障碍，可能存在一般医疗依赖，生活能自理。例如造成患者下列情形之一的：

1. 不完全性失用、失写、失读、失认之一者，伴有神经系统客观检查阳性所见；

2. 全身瘢痕面积50%～59%；

3. 双侧中度周围性面瘫，临床判定不能恢复；

4. 双眼球结构损伤，较好眼闪光视觉诱发电位（VEP）>140ms（毫秒），矫正视力0.01～0.3，视野半径<20°；

5. 双耳经客观检查证实听力损失大于56dBHL（分贝）；

6. 喉保护功能丧失，饮食时呛咳并易发生误吸，临床判定不能恢复；

7. 颈颏粘连，影响部分活动；

8. 肺叶缺失伴轻度功能障碍；

9. 持续性心功能不全，心功能二级；

10. 胃缺损1/2伴轻度功能障碍；

11. 肝缺损1/4伴轻度功能障碍；

12. 慢性轻度中毒性肝病伴轻度功能障碍；

13. 胆道损伤，需行胆肠吻合术；

14. 胰缺损1/3伴轻度功能障碍；

15. 小肠缺损1/2伴轻度功能障碍；

16. 结肠大部分缺损；

17. 永久性膀胱造瘘；

18. 未育妇女单侧乳腺缺失；

19. 未育妇女单侧卵巢缺失；

20. 育龄已育妇女双侧输卵管缺失；

21. 育龄已育妇女子宫缺失或部分缺损；

22. 阴道狭窄不能通过二横指；

23. 颈部或腰部活动度丧失50%以上；

24. 腕、肘、肩、踝、膝、髋关节之一丧失功能50%以上；

25. 截瘫或偏瘫，肌力Ⅳ级（四级），临床判定不能恢复；

26. 单肢两个大关节（肩、肘、腕、髋、膝、踝）功能部分丧失，能行关节置换；

27. 一侧肘上缺失或肘、腕、手功能部分丧失，可以手术重建功能或装配假肢；

28. 一手缺失或功能部分丧失，另一手功能丧失 50% 以上，可以手术重建功能或装配假肢；

29. 一手腕上缺失，另一手拇指缺失，可以手术重建功能或装配假肢；

30. 利手全肌瘫，肌力Ⅳ级（四级），临床判定不能恢复；

31. 单手部分肌瘫，肌力Ⅲ级（三级），临床判定不能恢复；

32. 除拇指外 3 指缺失或功能完全丧失；

33. 双下肢长度相差 4cm 以上；

34. 双侧膝关节或者髋关节功能部分丧失，可以行关节置换；

35. 单侧下肢膝上缺失，可以装配假肢；

36. 双足部分肌瘫，肌力Ⅲ级（三级），临床判定不能恢复；

37. 单足全肌瘫，肌力Ⅲ级（三级），临床判定不能恢复。

（四）三级丁等医疗事故：器官部分缺损或畸形，有轻度功能障碍，无医疗依赖，生活能自理。例如造成患者下列情形之一的：

1. 边缘智能；

2. 发声及言语困难；

3. 双眼结构损伤，较好眼闪光视觉诱发电位（VEP）>130ms（毫秒），矫正视力 0.3～0.5，视野半径<30°；

4. 双耳经客观检查证实听力损失大于 41dBHL（分贝）或单耳大于 91dBHL（分贝）；

5. 耳廓缺损 2/3 以上；

6. 器械或异物误入呼吸道需行肺段切除术；

7. 甲状旁腺功能轻度损害；

8. 肺段缺损，轻度持续肺功能障碍；

9. 腹壁缺损小于 1/4；

10. 一侧肾上腺缺失伴轻度功能障碍；

11. 一侧睾丸、附睾缺失伴轻度功能障碍；

12. 一侧输精管缺损，不能修复；

13. 一侧卵巢缺失，一侧输卵管缺失；

14. 一手缺失或功能完全丧失，另一手功能正常，可以手术重建功能及装配假肢；

15. 双大腿肌力近Ⅴ级（五级），双小腿肌力Ⅲ级（三级）以下，临床判定不能恢复。大、小便轻度失禁；

16. 双膝以下缺失或无功能，可以手术重建功能或装配假肢；

17. 单侧下肢膝上缺失，可以手术重建功能或装配假肢；

18. 一侧膝以下缺失，另一侧前足缺失，可以手术重建功能或装配假肢。

（五）三级戊等医疗事故：器官部分缺损或畸形，有轻微功能障碍，无医疗依赖，生活能自理。例如造成患者下列情形之一的：

1. 脑叶缺失后轻度智力障碍；

2. 发声或言语不畅；

3. 双眼结构损伤，较好眼闪光视觉诱发电位（VEP）>120ms（毫秒），矫正视力<0.6，视野半径<50°；

4. 泪器损伤，手术无法改进溢泪；

5. 双耳经客观检查证实听力在原有基础上损失大于31dBHL（分贝）或一耳听力在原有基础上损失大于71dBHL（分贝）；

6. 耳廓缺损大于1/3而小于2/3；

7. 甲状腺功能低下；

8. 支气管损伤需行手术治疗；

9. 器械或异物误入消化道，需开腹取出；

10. 一拇指指关节功能不全；

11. 双小腿肌力Ⅳ级（四级），临床判定不能恢复。大、小便轻度失禁；

12. 手术后当时引起脊柱侧弯30度以上；

13. 手术后当时引起脊柱后凸成角（胸段大于60度，胸腰段大于30度，腰段大于20度以上）；

14. 原有脊柱、躯干或肢体畸形又严重加重；

15. 损伤重要脏器，修补后功能有轻微障碍。

四、四级医疗事故

系指造成患者明显人身损害的其他后果的医疗事故。例如造成患者下列情形之一的：

1. 双侧轻度不完全性面瘫，无功能障碍；

2. 面部轻度色素沉着或脱失；

3. 一侧眼睑有明显缺损或外翻；

4. 拔除健康恒牙；

5. 器械或异物误入呼吸道或消化道，需全麻后内窥镜下取出；

6. 口周及颜面软组织轻度损伤；

7. 非解剖变异等因素，拔除上颌后牙时牙根或异物进入上颌窦需手术取出；

8. 组织、器官轻度损伤，行修补术后无功能障碍；

9. 一拇指末节1/2缺损；

10. 一手除拇指、食指外，有两指近侧指间关节无功能；

11. 一足拇趾末节缺失；

12. 软组织内异物滞留；

13. 体腔遗留异物已包裹，无需手术取出，无功能障碍；

14. 局部注射造成组织坏死，成人大于体表面积2%，儿童大于体表面积5%；

15. 剖宫产术引起胎儿损伤；

16. 产后胎盘残留引起大出血，无其他并发症。

[附录] **医疗事故技术鉴定暂行办法**[来源：原卫生部令第30号《医疗事故技术鉴定暂行办法》已于2002年7月19日经原卫生部部务会讨论通过，自2002年9月1日起施行]

第一章　总则

第一条　为规范医疗事故技术鉴定工作，确保医疗事故技术鉴定工作有序进行，依据《医疗事故处理条例》的有关规定制定本办法。

第二条　医疗事故技术鉴定工作应当按照程序进行，坚持实事求是的科学态度，做到事实清楚、定性准确、责任明确。

第三条　医疗事故技术鉴定分为首次鉴定和再次鉴定。

设区的市级和省、自治区、直辖市直接管辖的县（市）级地方医学会负责组织专家鉴定组进行首次医疗事故技术鉴定。

省、自治区、直辖市地方医学会负责组织医疗事故争议的再次鉴定工作。

负责组织医疗事故技术鉴定工作的医学会（以下简称医学会）可以设立医疗事故技术鉴定工作办公室，具体负责有关医疗事故技术鉴定的组织和日常工作。

第四条　医学会组织专家鉴定组，依照医疗卫生管理法律、行政法规、部门规章和诊疗护理技术操作规范、常规，运用医学科学原理和专业知识，独立进行医疗事故技术鉴定。

第二章　专家库的建立

第五条　医学会应当建立专家库。专家库应当依据学科专业组名录设置学科专业组。

医学会可以根据本地区医疗工作和医疗事故技术鉴定实际，对本专家库学科专业组设立予以适当增减和调整。

第六条　具备下列条件的医疗卫生专业技术人员可以成为专家库候选人：

（一）有良好的业务素质和执业品德；

（二）受聘于医疗卫生机构或者医学教学、科研机构，并担任相应专业高级技术职务3年以上；

（三）健康状况能够胜任医疗事故技术鉴定工作。

符合前款（一）、（三）项规定条件并具备高级技术职务任职资格的法医可以受聘进入专家库。

负责首次医疗事故技术鉴定工作的医学会原则上聘请本行政区域内的专家建立专家库；当本行政区域内的专家不能满足建立专家库需要时，可以聘请本省、自治区、直辖市范围内的专家进入本专家库。

负责再次医疗事故技术鉴定工作的医学会原则上聘请本省、自治区、直辖市范围内的专家建立专家库；当本省、自治区、直辖市范围内的专家不能满足建立专家库需要时，可以聘请其他省、自治区、直辖市的专家进入本专家库。

第七条 医疗卫生机构或医学教学、科研机构、同级的医药卫生专业学会应当按照医学会要求，推荐专家库成员候选人；符合条件的个人经所在单位同意后也可以直接向组建专家库的医学会申请。

医学会对专家库成员候选人进行审核。审核合格的，予以聘任，并发给中华医学会统一格式的聘书。

符合条件的医疗卫生专业技术人员和法医，有义务受聘进入专家库。

第八条 专家库成员聘用期为4年。在聘用期间出现下列情形之一的，应当由专家库成员所在单位及时报告医学会，医学会应根据实际情况及时进行调整：

（一）因健康原因不能胜任医疗事故技术鉴定的；

（二）变更受聘单位或被解聘的；

（三）不具备完全民事行为能力的；

（四）受刑事处罚的；

（五）省级以上卫生行政部门规定的其他情形。

聘用期满需继续聘用的，由医学会重新审核、聘用。

第三章 鉴定的提起

第九条 双方当事人协商解决医疗事故争议，需进行医疗事故技术鉴定的，应共同书面委托医疗机构所在地负责首次医疗事故技术鉴定工作的医学会进行医疗事故技术鉴定。

第十条 县级以上地方卫生行政部门接到医疗机构关于重大医疗过失行为的报告或者医疗事故争议当事人要求处理医疗事故争议的申请后，对需要进行医疗事故技术鉴定的，应当书面移交负责首次医疗事故技术鉴定工作的医学会组织鉴定。

第十一条 协商解决医疗事故争议涉及多个医疗机构的，应当由涉及的所有医疗机构与患者共同委托其中任何一所医疗机构所在地负责组织首次医疗事故技术鉴定工作的医学会进行医疗事故技术鉴定。

医疗事故争议涉及多个医疗机构，当事人申请卫生行政部门处理的，只可以向其中一所医疗机构所在地卫生行政部门提出处理申请。

第四章 鉴定的受理

第十二条 医学会应当自受理医疗事故技术鉴定之日起 5 日内，通知医疗事故争议双方当事人按照《医疗事故处理条例》第 28 条规定提交医疗事故技术鉴定所需的材料。

当事人应当自收到医学会的通知之日起 10 日内提交有关医疗事故技术鉴定的材料、书面陈述及答辩。

对不符合受理条件的，医学会不予受理。不予受理的，医学会应说明理由。

第十三条 有下列情形之一的，医学会不予受理医疗事故技术鉴定：

（一）当事人一方直接向医学会提出鉴定申请的；

（二）医疗事故争议涉及多个医疗机构，其中一所医疗机构所在地的医学会已经受理的；

（三）医疗事故争议已经人民法院调解达成协议或判决的；

（四）当事人已向人民法院提起民事诉讼的（司法机关委托的除外）；

（五）非法行医造成患者身体健康损害的；

（六）卫生部规定的其他情形。

第十四条 委托医学会进行医疗事故技术鉴定，应当按规定缴纳鉴定费。

第十五条 双方当事人共同委托医疗事故技术鉴定的，由双方当事人协商预先缴纳鉴定费。

卫生行政部门移交进行医疗事故技术鉴定的，由提出医疗事故争议处理的当事人预先缴纳鉴定费。经鉴定属于医疗事故的，鉴定费由医疗机构支付；经鉴定不属于医疗事故的，鉴定费由提出医疗事故争议处理申请的当事人支付。

县级以上地方卫生行政部门接到医疗机构关于重大医疗过失行为的报告后，对需要移交医学会进行医疗事故技术鉴定的，鉴定费由医疗机构支付。

第十六条 有下列情形之一的，医学会中止组织医疗事故技术鉴定：

（一）当事人未按规定提交有关医疗事故技术鉴定材料的；

（二）提供的材料不真实的；

（三）拒绝缴纳鉴定费的；

（四）卫生部规定的其他情形。

第五章 专家鉴定组的组成

第十七条 医学会应当根据医疗事故争议所涉及的学科专业，确定专家鉴定组的构成和人数。

专家鉴定组组成人数应为 3 人以上单数。

医疗事故争议涉及多学科专业的，其中主要学科专业的专家不得少于专家鉴定组成员的二分之一。

第十八条 医学会应当提前通知双方当事人，在指定时间、指定地点，从专家库相关学科专业组中随机抽取专家鉴定组成员。

第十九条　医学会主持双方当事人抽取专家鉴定组成员前，应当将专家库相关学科专业组中专家姓名、专业、技术职务、工作单位告知双方当事人。

第二十条　当事人要求专家库成员回避的，应当说明理由。符合下列情形之一的，医学会应当将回避的专家名单撤出，并经当事人签字确认后记录在案：

（一）医疗事故争议当事人或者当事人的近亲属的；

（二）与医疗事故争议有利害关系的；

（三）与医疗事故争议当事人有其他关系，可能影响公正鉴定的。

第二十一条　医学会对当事人准备抽取的专家进行随机编号，并主持双方当事人随机抽取相同数量的专家编号，最后一个专家由医学会随机抽取。

双方当事人还应当按照上款规定的方法各自随机抽取一个专家作为候补。

涉及死因、伤残等级鉴定的，应当按照前款规定由双方当事人各自随机抽取一名法医参加鉴定组。

第二十二条　随机抽取结束后，医学会当场向双方当事人公布所抽取的专家鉴定组成员和候补成员的编号并记录在案。

第二十三条　现有专家库成员不能满足鉴定工作需要时，医学会应当向双方当事人说明，并经双方当事人同意，可以从本省、自治区、直辖市其他医学会专家库中抽取相关学科专业组的专家参加专家鉴定组；本省、自治区、直辖市医学会专家库成员不能满足鉴定工作需要时，可以从其他省、自治区、直辖市医学会专家库中抽取相关学科专业组的专家参加专家鉴定组。

第二十四条　从其他医学会建立的专家库中抽取的专家无法到场参加医疗事故技术鉴定，可以以函件的方式提出鉴定意见。

第二十五条　专家鉴定组成员确定后，在双方当事人共同在场的情况下，由医学会对封存的病历资料启封。

第二十六条　专家鉴定组应当认真审查双方当事人提交的材料，妥善保管鉴定材料，保护患者的隐私，保守有关秘密。

第六章　医疗事故技术鉴定

第二十七条　医学会应当自接到双方当事人提交的有关医疗事故技术鉴定的材料、书面陈述及答辩之日起45日内组织鉴定，并出具医疗事故技术鉴定书。

第二十八条　医学会可以向双方当事人和其他相关组织、个人进行调查取证，进行调查取证时不得少于2人。调查取证结束后，调查人员和调查对象应当在有关文书上签字。如调查对象拒绝签字的，应当记录在案。

第二十九条　医学会应当在医疗事故技术鉴定7日前，将鉴定的时间、地点、要求等书面通知双方当事人。双方当事人应当按照通知的时间、地点、要求参加鉴定。

参加医疗事故技术鉴定的双方当事人每一方人数不超过3人。

任何一方当事人无故缺席、自行退席或拒绝参加鉴定的,不影响鉴定的进行。

第三十条　医学会应当在医疗事故技术鉴定7日前书面通知专家鉴定组成员。专家鉴定组成员接到医学会通知后认为自己应当回避的,应当于接到通知时及时提出书面回避申请,并说明理由;因其他原因无法参加医疗事故技术鉴定的,应当于接到通知时及时书面告知医学会。

第三十一条　专家鉴定组成员因回避或因其他原因无法参加医疗事故技术鉴定时,医学会应当通知相关学科专业组候补成员参加医疗事故技术鉴定。

专家鉴定组成员因不可抗力因素未能及时告知医学会不能参加鉴定或虽告知但医学会无法按规定组成专家鉴定组的,医疗事故技术鉴定可以延期进行。

第三十二条　专家鉴定组组长由专家鉴定组成员推选产生,也可以由医疗事故争议所涉及的主要学科专家中具有最高专业技术职务任职资格的专家担任。

第三十三条　鉴定由专家鉴定组组长主持,并按照以下程序进行:

(一)双方当事人在规定的时间内分别陈述意见和理由。陈述顺序先患方,后医疗机构;

(二)专家鉴定组成员根据需要可以提问,当事人应当如实回答。必要时,可以对患者进行现场医学检查;

(三)双方当事人退场;

(四)专家鉴定组对双方当事人提供的书面材料、陈述及答辩等进行讨论;

(五)经合议,根据半数以上专家鉴定组成员的一致意见形成鉴定结论。专家鉴定组成员在鉴定结论上签名。专家鉴定组成员对鉴定结论的不同意见,应当予以注明。

第三十四条　医疗事故技术鉴定书应当根据鉴定结论作出,其文稿由专家鉴定组组长签发。

医疗事故技术鉴定书盖医学会医疗事故技术鉴定专用印章。

医学会应当及时将医疗事故技术鉴定书送达移交鉴定的卫生行政部门,经卫生行政部门审核,对符合规定作出的医疗事故技术鉴定结论,应当及时送达双方当事人;由双方当事人共同委托的,直接送达双方当事人。

第三十五条　医疗事故技术鉴定书应当包括下列主要内容:

(一)双方当事人的基本情况及要求;

(二)当事人提交的材料和医学会的调查材料;

(三)对鉴定过程的说明;

(四)医疗行为是否违反医疗卫生管理法律、行政法规、部门规章和诊疗护理规范、常规;

(五)医疗过失行为与人身损害后果之间是否存在因果关系;

（六）医疗过失行为在医疗事故损害后果中的责任程度；

（七）医疗事故等级；

（八）对医疗事故患者的医疗护理医学建议。

经鉴定为医疗事故的，鉴定结论应当包括上款（四）至（八）项内容；经鉴定不属于医疗事故的，应当在鉴定结论中说明理由。

医疗事故技术鉴定书格式由中华医学会统一制定。

第三十六条　专家鉴定组应当综合分析医疗过失行为在导致医疗事故损害后果中的作用、患者原有疾病状况等因素，判定医疗过失行为的责任程度。医疗事故中医疗过失行为责任程度分为：

（一）完全责任，指医疗事故损害后果完全由医疗过失行为造成。

（二）主要责任，指医疗事故损害后果主要由医疗过失行为造成，其他因素起次要作用。

（三）次要责任，指医疗事故损害后果主要由其他因素造成，医疗过失行为起次要作用。

（四）轻微责任，指医疗事故损害后果绝大部分由其他因素造成，医疗过失行为起轻微作用。

第三十七条　医学会参加医疗事故技术鉴定会的工作人员，应如实记录鉴定会过程和专家的意见。

第三十八条　当事人拒绝配合，无法进行医疗事故技术鉴定的，应当终止本次鉴定，由医学会告知移交鉴定的卫生行政部门或共同委托鉴定的双方当事人，说明不能鉴定的原因。

第三十九条　医学会对经卫生行政部门审核认为参加鉴定的人员资格和专业类别或者鉴定程序不符合规定，需要重新鉴定的，应当重新组织鉴定。重新鉴定时不得收取鉴定费。

如参加鉴定的人员资格和专业类别不符合规定的，应当重新抽取专家组织专家鉴定组进行重新鉴定。

如鉴定的程序不符合规定而参加鉴定的人员资格和专业类别符合规定的，可以由原专家鉴定组进行重新鉴定。

第四十条　任何一方当事人对首次医疗事故技术鉴定结论不服的，可以自收到首次医疗事故技术鉴定书之日起15日内，向原受理医疗事故争议处理申请的卫生行政部门提出再次鉴定的申请，或由双方当事人共同委托省、自治区、直辖市医学会组织再次鉴定。

第四十一条　县级以上地方卫生行政部门对发生医疗事故的医疗机构和医务人员进行行政处理时，应当以最后的医疗事故技术鉴定结论作为处理依据。

第四十二条　当事人对鉴定结论无异议，负责组织医疗事故技术鉴定的医学会应当及时将收到的鉴定材料中的病历资料原件等退还当事人，并保留有关复印件。

当事人提出再次鉴定申请的，负责组织首次医疗事故技术鉴定的医学会应当及时将收到的鉴定材料移送负责组织再次医疗事故技术鉴定的医学会。

第四十三条　医学会应当将专家鉴定组成员签名的鉴定结论、由专家鉴定组组长签发的医疗事故技术鉴定书文稿和复印或者复制的有关病历资料等存档，保存期限不得少于20年。

第四十四条　在受理医患双方共同委托医疗事故技术鉴定后至专家鉴定组作出鉴定结论前，双方当事人或者一方当事人提出停止鉴定的，医疗事故技术鉴定终止。

第四十五条　医学会应当于每年3月31日前将上一年度医疗事故技术鉴定情况报同级卫生行政部门。

第七章　附　则

第四十六条　必要时，对疑难、复杂，并在全国有重大影响的医疗事故争议，省级卫生行政部门可以商请中华医学会组织医疗事故技术鉴定。

第四十七条　本办法由卫生部负责解释。

第四十八条　本办法自2002年9月1日起施行。

［附录］关于维护医疗机构秩序的通告［来源：原卫生部，中华人民共和国公安部，2012年4月30日公布　卫通〔2012〕7号］

为有效维护医疗机构正常秩序，保证各项诊疗工作有序进行，依照国家有关法律法规的规定，特通告如下：

一、医疗机构是履行救死扶伤责任、保障人民生命健康的重要场所，禁止任何单位和个人以任何理由、手段扰乱医疗机构的正常诊疗秩序，侵害患者合法权益，危害医务人员人身安全，损坏医疗机构财产。

二、医疗机构及其医务人员应当坚持救死扶伤、全心全意为人民服务的宗旨，严格执行医疗管理相关法律、法规和诊疗技术规范，切实加强内部管理，提高医疗服务质量，保障医疗安全，优化服务流程，增进医患沟通，积极预防化解医患矛盾。

三、患者在医疗机构就诊，其合法权益受法律保护。患者及家属应当遵守医疗机构的有关规章制度。

四、医疗机构应当按照《医院投诉管理办法（试行）》的规定，采取设立统一投诉窗口、公布投诉电话等形式接受患者投诉，并在显著位置公布医疗纠纷的解决途径、程序以及医疗纠纷人民调解组织等相关机构的职责、地址和联系方式。患者及家属应依法按程序解决医疗纠纷。

五、患者在医疗机构死亡后，必须按规定将遗体立即移放太平间，并及时处理。未经医疗机构允许，严禁将遗体停放在太平间以外的医疗机构其他场所。

六、公安机关要会同有关部门做好维护医疗机构治安秩序工作，依法严厉打击侵害医务人员、患者人身安全和扰乱医疗机构秩序的违法犯罪活动。

七、有下列违反治安管理行为之一的，由公安机关依据《中华人民共和国治安管理处罚法》予以处罚；构成犯罪的，依法追究刑事责任：

（一）在医疗机构焚烧纸钱、摆设灵堂、摆放花圈、违规停尸、聚众滋事的；

（二）在医疗机构内寻衅滋事的；

（三）非法携带易燃、易爆危险物品和管制器具进入医疗机构的；

（四）侮辱、威胁、恐吓、故意伤害医务人员或者非法限制医务人员人身自由的；

（五）在医疗机构内故意损毁或者盗窃、抢夺公私财物的；

（六）倒卖医疗机构挂号凭证的；

（七）其他扰乱医疗机构正常秩序的行为。

本通告自公布之日起施行。

第四章

口腔诊所税收管理

为了加强对个人从事医疗服务活动个人所得税的征收管理,国家税务总局公布《关于个人从事医疗服务活动征收个人所得税问题的通知》(国税发〔1997〕178 号)。2000 年原卫生部、国家中医药管理局、财政部、原国家计委联合制定《关于城镇医疗机构分类管理的实施意见》,明确规定医疗机构按其性质不同适用不同的税收政策;非营利性口腔医疗机构应按照国家规定的价格取得的医疗服务,免征各项税收;营利性口腔医疗机构应按国家规定纳税。为了加强医疗机构地方税收征管,规范医疗机构的税收征管秩序,我国由地市地方税务局和卫生局制定医疗机构地方税收征管暂行办法,县地方税务局、卫生局,市地税局各分局(局),各区卫生局,市卫生局卫生监督所具体遵照执行。如岳西县地方税务局 2006 年印发《安庆市医疗卫生机构地方税收征收管理暂行办法》。

根据财政部、国家税务总局《关于医疗卫生机构有关税收政策的通知》(财税〔2000〕42 号),目前国家为支持营利性医疗机构的发展,在 3 年内给予免税的优惠。营利性口腔诊所应按《中华人民共和国税收征收管理法》的有关规定办理税务登记并申请减免税。口腔诊所在内部的财务管理中必须遵守有关财会法规,依法建立账簿,实行财务核算;在收费上,要遵守《中华人民共和国价格法》的规定,按照核准的收费项目和标准做到依法收费。

市、区、县地税局为市地税务局设在市、区、县主管本辖区内地方税收工作的派出机构。主要职责:

(1)负责本辖区内宣传、贯彻、实施有关地方税收工作的法律、法规及规章。

(2)根据市地税局确定的预算收入计划指标,负责编制本辖区内地方税收计划,并组织实施。

(3)负责依法实施征管范围内各种税、费的征收和管理工作。

(4)监督检查本辖区内各纳税义务人依法履行纳税义务的情况,并对各种涉税违法、违规行为进行行政处罚。

(5)实施本辖区内税收政策咨询和纳税服务工作。

(6)承办市地税局交办的其他事项。

口腔诊所开业后要及时到当地市、区、县地税局办理税务登记。目前,我国市、区、县地税局采取两种方法对口腔诊所进行税收征管工作:一是鼓励财务制度健全的口腔诊所实行查账征收,并告知有关营业税减免的优惠政策;二是对经营规模较小,财务制度不健全的口腔诊所,实行定额征收。

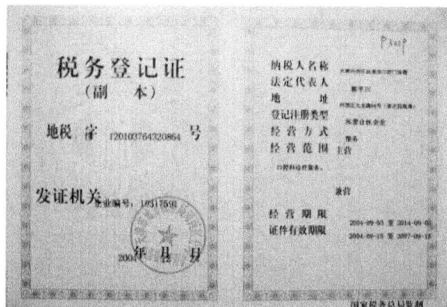

天津爱齿口腔门诊部税务登记证

朱晓霞口腔诊所税务登记证

[附录] 关于个人从事医疗服务活动征收个人所得税问题的通知[来源:国家税务总局 1997 年 11 月 25 日公布　国税发〔1997〕178 号]

各省、自治区、直辖市和计划单列市地方税务局:

为了加强对个人从事医疗服务活动个人所得税的征收管理,根据《中华人民共和国个人所得税法》(以下简称税法)及其实施条例的规定精神,现将一些具体问题明确如下:

一、个人经政府有关部门批准,取得执照,以门诊部、诊所、卫生所(室)、卫生院、医院等医疗机构形式从事疾病诊断、治疗及售药等服务活动,应当以该医疗机构取得的所得,作为个人的应纳税所得,按照"个体工商户的生产、经营所得"应税项目缴纳个人所得税。个人未经政府有关部门批准,自行连续从事医疗服务活动,不管是否有经营场所,其取得与医疗服务活动相关的所得,按照"个体工商户的生产、经营所得"应税项目缴纳个人所得税。

各省、自治区、直辖市地方税务局可以根据本地实际情况,确定个体工商户业主的费用扣除标准。

二、对于由集体、合伙或个人出资的乡村卫生室(站),由医生承包经营,经营成果归医生个人所有,承包人取得的所得,比照"对企事业单位的承包经营、承租经营所得"应税项目缴纳个人所得税。

乡村卫生室(站)的医务人员取得的所得,按照"工资、薪金所得"应税项目缴纳个人所得税。

三、受医疗机构临时聘请坐堂门诊及售药,由该医疗机构支付报酬,或收入与该医疗机构按比例分成的人员,其取得的所得,按照"劳务报酬所得"应税项目缴纳个人所得税,以一个月内取得的所得为一次,税款由该医疗机构代扣代缴。

四、经政府有关部门批准而取得许可证(执照)的个人,应当在领取执照后30日内向当地主管税务机关申报办理税务登记。未经政府有关部门批准而自行开业的个人,应当自开始医疗服务活动后30日内向当地主管税务机关申报办理税务登记。

以前的规定或答复与本文不符的,应以本文为准。

执行中有什么问题和建议,请及时向总局报告。

[附录] **关于医疗卫生机构有关税收政策的通知** [来源:财政部、国家税务总局 2000年7月1日公布 财税〔2000〕42号]

各省、自治区、直辖市、计划单列市财政厅(局)、国家税务局、地方税务局:

为了贯彻落实《国务院办公厅转发国务院体改办等部门关于城镇医药卫生体制改革指导意见的通知》(国办发〔2000〕16号),促进我国医疗卫生事业的发展,经国务院批准,现将医疗卫生机构有关税收政策通知如下:

一、关于非营利性医疗机构的税收政策

(一)对非营利性医疗机构按照国家规定的价格取得的医疗服务收入,免征各项税收。不按照国家规定价格取得的医疗服务收入不得享受这项政策。

医疗服务是指医疗服务机构对患者进行检查、诊断、治疗、康复和提供预防保健、接生、计划生育方面的服务,以及与这些服务有关的提供药品、医用材料器具、救护车、病房住宿和伙食的业务(下同)。

(二)对非营利性医疗机构从事非医疗服务取得的收入,如租赁收入、财产转让收入、培训收入、对外投资收入等应按规定征收各项税收。非营利性医疗机构将取得的非医疗服务收入,直接用于改善医疗卫生服务条件的部分,经税务部门审核批准可抵扣其应纳税所得额,就其余额征收企业所得税。

(三)对非营利性医疗机构自产自用的制剂,免征增值税。

(四)非营利性医疗机构的药房分离为独立的药品零售企业,应按规定征收各项税收。

(五)对非营利性医疗机构自用的房产、土地、车船,免征房产税,城镇土地使用税和车船使用税。

二、关于营利性医疗机构的税收政策

(一)对营利性医疗机构取得的收入,按规定征收各项税收。但为了支持营利性医疗机构的发展,对营利性医疗机构取得的收入,直接用于改善医疗卫生条件的,自其取得执业登记之日起,3年内给予下列优惠:对其取得的医疗服务收入免征营业税;对其自产自用的制剂免征增值税;对营利性医疗机构自用的房产、土地、车船免征房产税、城镇土地使用税和车船使用税。3 年免税期满后恢复征税。

（二）对营利性医疗机构的药房分离为独立的药品零售企业，应按规定征收各项税收。

三、关于疾病控制机构和妇幼保健机构等卫生机构的税收政策

（一）对疾病控制机构和妇幼保健机构等卫生机构按照国家规定的价格取得的卫生服务收入（含疫苗接种和调拨、销售收入），免征各项税收。不按照国家规定的价格取得的卫生服务收入不得享受这项政策。对疾病控制机构和妇幼保健等卫生机构取得的其他经营收入，如直接用于改善本卫生机构卫生服务条件的，经税务部门审核批准可抵扣其应纳税所得额，就其余额征收企业所得税。

（二）对疾病控制机构和妇幼保健机构等卫生机构自用的房产、土地、车船，免征房产税、城镇土地使用税和车船使用税。

医疗机构需要书面向卫生行政主管部门申明其性质，按《医疗机构管理条例》进行设置审批和登记注册，并由接受其登记注册的卫生行政部门核定，在执业登记中注明"非营利性医疗机构"和"营利性医疗机构"。

上述医疗机构具体包括：各级各类医院、门诊部（所）、社区卫生服务中心（站）、急救中心（站）、城乡卫生院、护理院（所）、疗养院、临床检验中心等。上述疾病控制、妇幼保健卫生等机构具体包括：各级政府及有关部门举办的卫生防疫站（疾病控制中心）、各种专科疾病防治站（所），各级政府举办的妇幼保健所（站）、母婴保健机构、儿童保健机构等，各级政府举办的血站（血液中心）。

本通知自发布之日起执行。

[附录] 丽水市医疗卫生机构地方税收征收管理办法 [来源：丽水市财政地税局 丽地税征〔2007〕120 号]

第一条　为规范医疗卫生机构的税收征收管理，促进医疗卫生事业的发展，根据《中华人民共和国税收征收管理法》及其实施细则、《中华人民共和国发票管理办法》及其实施细则等法律、法规和税收政策，制定本办法。

第二条　市本级（含莲都区）从事医疗卫生服务的医疗机构、疾病控制和妇幼保健等卫生机构（以下统称医疗卫生机构）的地方税收征收管理，适用本办法。

第三条　本办法所称医疗机构是指：各类医院、门诊部（所）、诊所、社区卫生服务中心（站）、急救中心（站）、城乡卫生院、护理院（所）、疗养院、临床检验中心等。

疾病控制、妇幼保健等卫生机构是指：各级政府及有关部门举办的卫生防疫站（疾病控制中心）、各种专科疾病防治站（所），各级政府举办的妇幼保健所（站）、母婴保健机构、儿童保健机构等，各级政府举办的血站（血液中心）。

第四条 本办法所称医疗（卫生）服务收入是指医疗卫生机构对患者进行检查、诊断、治疗、康复和提供预防保健、接生、计划生育方面的服务收入，以及与医疗（卫生）服务有关的提供药品、医用材料器具、救护车、病房住宿和伙食的业务收入。

本办法所称非医疗（卫生）服务收入是指医疗服务机构取得的租赁收入、财产转让收入、培训收入、对外投资收入等。

第五条 各类医疗机构和疾病控制、妇幼保健等卫生机构均应按规定办理税务登记。

第六条 医疗机构分为非营利性机构和营利性机构。医疗机构应当在申请执业登记时向卫生行政部门书面申明其性质，由接受其登记注册的卫生行政部门会同有关部门根据有关分类界定的规定予以核定，并在《医疗机构执业许可证》上注明"非营利性医疗机构"和"营利性医疗机构"。

第七条 非营利性医疗机构、疾病控制和妇幼保健卫生机构按照国家规定价格取得的医疗服务收入，应统一使用浙江省财政部门印制的收费收据。

上述机构取得非医疗服务收入以及其他医疗机构取得收入应按规定使用发票。

第八条 医疗卫生机构应当依照有关规定向财政部门管理机构领购收费收据和向主管税务机关申请领购地税发票，并按规定开具、使用和保管收费收据和地税发票。

主管税务机关应定期或不定期对医疗卫生机构地税发票使用情况进行检查。

第九条 医疗卫生机构应当依法向主管税务机关办理纳税申报，将财务、会计制度或者财务、会计处理办法报送主管税务机关备案，并按规定设置和保管账簿、记账凭证、完税凭证及其他有关资料。

第十条 医疗卫生机构在纳税期内没有发生纳税义务的或按规定享受减税、免税待遇的，应当按照规定办理纳税申报。

第十一条 非营利性医疗机构按照国家规定的价格取得的医疗服务收入，经主管地税机关核准后可免征相关税收。

非营利性医疗机构自用的房产、土地，经主管地税机关核准后，免征房产税、城镇土地使用税。

非营利性医疗机构将取得的非医疗服务收入，直接用于改善医疗卫生服务条件的，经主管地税机关核准后，可抵扣其应纳税所得额，就其余额征收企业所得税。

第十二条 营利性医疗机构自取得执业登记之日（初次）起，将取得的收入直接用于改善医疗卫生条件的及自用的房产、土地，经主管地税机关核准后，可在3年内免征相关税收。3年免税期满后恢复征税。

第十三条　疾病控制、妇幼保健等卫生机构按照国家规定价格取得的卫生服务收入，经主管地税机关核准后，免征各项税收。

疾病控制、妇幼保健等卫生机构取得的非卫生服务收入直接用于改善卫生服务条件的，经主管地税机关核准后，可抵扣其应纳税所得额，就其余额征收企业所得税。

对疾病控制、妇幼保健等卫生机构自用的房产、土地，经主管地税机关核准后，免征房产税、城镇土地使用税。

第十四条　非营利性医疗机构、疾病控制和妇幼保健卫生机构对于其所取得的医疗（卫生）服务与非医疗（卫生）服务的收入、成本及费用要分别核算，成本与费用确实难以划分清楚的，经主管地税机关审核同意，可采取分摊比例法或其他合理方法确定。

第十五条　医疗卫生机构有下列情形之一的，不得享受税收优惠政策：

（一）无证经营的；

（二）非营利性医疗机构、疾病控制和妇幼保健等卫生机构未按照国家规定的价格取得医疗卫生服务收入的；

（三）改变经营主体和经营方式而不符合非营利性医疗机构条件的；

（四）财务核算不健全、账目混乱而无法核实资金用途和赢利分配的；

（五）承包、承租、挂靠经营的；

（六）无法提供有关材料的。

第十六条　对不同时符合以下条件的医疗卫生机构的"科室"、"门诊"、"病区"、"社康中心"及"医疗项目"等，税务机关按外部承包进行税收征收管理，其取得的收入按规定征收各项税收，不能享受医疗卫生机构的税收优惠政策：

（一）以医疗卫生机构的名义对外经营，并由该医疗卫生机构承担相关的法律责任；

（二）从事医疗卫生服务的收入和支出全部纳入医疗卫生机构财务会计核算；

（三）利益分配以医疗卫生机构的利润（收支结余）为基础。

第十七条　主管税务机关应加强对医疗卫生机构享受税收优惠政策的后续管理，对不符合减免税条件的，取消其免税资格并追回已免征税款。

第十八条　医疗机构性质发生转换，即非营利性医疗机构经年度审批转成营利性医疗机构，营利性医疗机构经审批转成非营利性医疗机构的，应及时办理税务登记变更手续。主管税务机关按其新机构性质进行税收征收管理。

第十九条　医疗机构既未注明属"非营利性医疗机构"，又未注明"营利性医疗机构"性质的，应按规定征收各项税收。

第二十条　医疗卫生机构的药房分离为独立的药品零售企业，应按规定征收各项税收。

第二十一条　医疗卫生机构如有《中华人民共和国税收征收管理法》第三十五条情形之一的，主管税务机关有权核定其应纳税额。

第二十二条　对个体医疗卫生机构实行定期定额征收的，依照国家税务总局《个体工商户定期定额征收管理办法》（第 16 号令）规定执行。定期定额核定程序按照《丽水市本级地方税收定期定额核定管理制度》（丽地税征〔2007〕119号）规定执行。主管税务机关要在深入调查研究的基础上如实核定（或调整）定额，努力缩小核定定额与实际收入额之间的差距。

第二十三条　个体医疗卫生机构未达营业税起征点的，依照市局《丽水市未达起征点纳税人地方税收管理试行办法》（丽地税征〔2003〕85号）的规定执行。

第二十四条　对医疗卫生机构按照国家规定免征各项税收，仅指机构自身的各项税收，不包括个人从医疗机构取得所得应纳的个人所得税。个人取得应税所得，应依法缴纳个人所得税。

第二十五条　个人在医疗卫生机构任职而取得的所得，应按照规定计征个人所得税。

第二十六条　主管税务机关依法对医疗卫生机构进行税务检查。

医疗卫生机构必须接受主管税务机关依法进行的税务检查，如实反映情况，提供有关资料，不得拒绝、隐瞒。

第二十七条　医疗卫生机构违反税收法律法规规定的，由主管税务机关依法予以处罚；构成犯罪的，移送司法机关依法追究其刑事责任。

第二十八条　本办法自 2008 年 1 月 1 日起实行。

第五章

医疗机构人事管理

在人事管理方面，口腔诊所应当根据《中华人民共和国劳动法》的规定与工作人员签订劳动合同，建立劳动关系。在聘用相关医疗卫生技术专业人员时应当按《医疗机构管理条例》和原卫生部发布的《医疗机构管理条例实施细则》的规定，聘请已根据《中华人民共和国执业医师法》、《中华人民共和国护士管理办法》依法取得执业医师资格和护士执业证书的卫生技术人员从事医疗卫生技术工作。

口腔诊所要按照原卫生部《关于建立医务人员医德考评制度的指导意见（试行）》，加强口腔诊所社会主义精神文明建设，提高从业人员的职业道德素质，改善和提高医疗服务质量，全心全意为人民服务。对于从业人员业余服务和兼职工作要遵守原卫生部《关于医务人员业余服务和兼职工作管理的规定》，使从业人员处理好本职工作与业余服务和兼职的关系，保障国家、单位和个人的合法权益，维护群众利益。

[附录] **关于建立医务人员医德考评制度的指导意见**（试行）[来源：卫办发〔2007〕296号，2007年12月7日]

为加强医德医风建设，提高医务人员职业道德素质和医疗服务水平，建立对医务人员规范有效的激励和约束机制，依据有关法律、法规和规章的规定，制定本指导意见。

一、指导思想

以邓小平理论和"三个代表"重要思想为指导，贯彻落实科学发展观，以树立社会主义荣辱观、加强医德医风建设、提高医务人员职业道德素质为目标，以考核记录医务人员的医德医风状况为内容，以规范医疗服务行为、提高医疗服务质量、改善医疗服务态度、优化医疗环境为重点，强化教育，完善制度，加强监督，严肃纪律，树立行业新风，构建和谐医患关系，更好地为广大人民群众的健康服务。

二、考评范围

全国各级各类医疗机构中的医师、护士及其他卫生专业技术人员（以下统称医务人员）。

三、考评的主要内容

（一）救死扶伤，全心全意为人民服务。

1. 加强政治理论和职业道德学习，树立救死扶伤、以病人为中心、全心全意为人民服务的宗旨意识和服务意识，大力弘扬白求恩精神。

2. 增强工作责任心，热爱本职工作，坚守岗位，尽职尽责。

（二）尊重患者的权利，为患者保守医疗秘密。

1. 对患者不分民族、性别、职业、地位、贫富都平等对待，不得歧视。

2. 维护患者的合法权益，尊重患者的知情权、选择权和隐私权，为患者保守医疗秘密。

3. 在开展临床药物或医疗器械试验、应用新技术和有创诊疗活动中，遵守医学伦理道德，尊重患者的知情同意权。

（三）文明礼貌，优质服务，构建和谐医患关系。

1. 关心、体贴患者，做到热心、耐心、爱心、细心。

2. 着装整齐，举止端庄，服务用语文明规范，服务态度好，无"生、冷、硬、顶、推、拖"现象。

3. 认真践行医疗服务承诺，加强与患者的交流和沟通，自觉接受监督，构建和谐医患关系。

（四）遵纪守法，廉洁行医。

1. 严格遵守卫生法律法规、卫生行政规章制度和医学伦理道德，严格执行各项医疗护理工作制度，坚持依法执业，廉洁行医，保证医疗质量和安全。

2. 在医疗服务活动中，不收受、不索要患者及其亲友的财物。

3. 不利用工作之便谋取私利，不收受药品、医用设备、医用耗材等生产、经营企业或经销人员给予的财物、回扣以及其他不正当利益，不以介绍患者到其他单位检查、治疗和购买药品、医疗器械等为由，从中牟取不正当利益。

4. 不开具虚假医学证明，不参与虚假医疗广告宣传和药品医疗器械促销，不隐匿、伪造或违反规定涂改、销毁医学文书及有关资料。

5. 不违反规定外出行医，不违反规定鉴定胎儿性别。

（五）因病施治，规范医疗服务行为。

1. 严格执行诊疗规范和用药指南，坚持合理检查、合理治疗、合理用药。

2. 认真落实有关控制医药费用的制度和措施。

3. 严格执行医疗服务和药品价格政策，不多收、乱收和私自收取费用。

（六）顾全大局，团结协作，和谐共事。

1. 积极参加上级安排的指令性医疗任务和社会公益性的扶贫、义诊、助残、支农、援外等医疗活动。

2．正确处理同行、同事间的关系，互相尊重，互相配合，取长补短，共同进步。

（七）严谨求实，努力提高专业技术水平。

1．积极参加在职培训，刻苦钻研业务技术，努力学习新知识、新技术，提高专业技术水平。

2．增强责任意识，防范医疗差错、医疗事故的发生。

四、考评的主要方法

医德考评要坚持实事求是、客观公正的原则，坚持定性考评与量化考核相结合，与医务人员的年度考核、定期考核等工作相结合，纳入医院管理体系，每年进行一次。各医疗机构要为每位医务人员建立医德档案，考评结果要记入医务人员医德档案。考评工作分为三个步骤：

（一）自我评价。

医务人员各自根据医德考评的内容和标准，结合自己的实际工作表现，实事求是地进行自我评价。

（二）科室评价。

在医务人员自我评价的基础上，以科室为单位，由科室考评小组根据每个人日常的医德行为进行评价。

（三）单位评价。

由医疗机构的医德考评机构组织实施，根据自我评价和科室评价的结果，将日常检查、问卷调查、患者反映、投诉举报、表扬奖励等记录反映出来的具体情况作为重要参考依据，对每个医务人员进行评价，作出医德考评结论并填写综合评语。

五、医德考评结果及其应用

医德考评结果分为四个等级：优秀、良好、一般、较差。

医德考评要严格坚持标准，被确定为优秀等次的人数，一般在本单位考评总人数的百分之十，最多不超过百分之十五。

医务人员在考评周期内有下列情形之一的，医德考评结果应当认定为较差：

（一）在医疗服务活动中索要患者及其亲友财物或者牟取其他不正当利益的；

（二）在临床诊疗活动中，收受药品、医用设备、医用耗材等生产、经营企业或经销人员以各种名义给予的财物或提成的；

（三）违反医疗服务和药品价格政策，多记费、多收费或者私自收取费用，情节严重的；

（四）隐匿、伪造或擅自销毁医学文书及有关资料的；

（五）不认真履行职责，导致发生医疗事故或严重医疗差错的；

（六）出具虚假医学证明文件或参与虚假医疗广告宣传和药品医疗器械促销的；

（七）医疗服务态度恶劣，造成恶劣影响或者严重后果的；

（八）其他严重违反职业道德和医学伦理道德的情形。考评结果要在本单位内进行公示，并与医务人员的晋职晋级、岗位聘用、评先评优、绩效工资、定期考核等直接挂钩。

医疗机构对本单位的医务人员进行年度考核时，职业道德考评应作为一项重要内容，医德考评结果为优秀或良好的，年度考核方有资格评选优秀；医德考评结果为较差的，年度考核为不称职或不合格。

医务人员定期考核中的职业道德评定，以医德考评结果为依据。考核周期内，有一次以上医德考评结果为较差的，认定为考核不合格，按照有关法律、法规和规章的规定处理。

执业医师的医德考评结果，医疗机构应当按照《医师定期考核管理办法》的规定报送执业医师定期考核机构，同时报送医师执业注册的卫生行政部门。

六、工作要求

（一）加强领导，认真组织实施。

各级卫生、中医药行政部门要充分认识医德考评制度对于加强医德医风建设、提高医疗服务水平、纠正行业不正之风的重要意义，将此项工作与医院管理工作紧密结合起来，加强领导、精心组织、明确分工、落实责任。各级医疗机构要认真组织实施，层层落实责任，医德考评工作应当有医院领导和医政、人事、纪检监察等职能部门负责人参加，确保医德考评工作顺利进行。

（二）紧密结合实际，制订考评工作方案。

各省（区、市）卫生厅（局）、中医药管理局，要根据《指导意见》，结合实际，针对医德医风方面存在的突出问题，制定具体实施办法，细化、量化考评内容和标准，增强考评的针对性和实效性，并报卫生部、国家中医药管理局备案。

（三）加强监督检查，保证考评工作落实

各级卫生、中医药行政部门要加强对所辖医疗机构落实医德考评制度工作情况的监督、检查、指导，总结经验，不断完善，确保考评工作取得实效。卫生部、国家中医药管理局要对各级卫生、中医药行政部门和医疗机构贯彻落实《指导意见》的情况进行督导检查，促进工作落实。

[附录] **医师定期考核管理办法**[来源：原卫生部关于印发《医师定期考核管理办法》的通知，2007年2月9日 卫医发〔2007〕66号]

第一章 总则

第一条 为了加强医师执业管理，提高医师素质，保证医疗质量和医疗安全，根据《中华人民共和国执业医师法》及相关规定，制定本办法。

第二条 本办法所称医师定期考核是指受县级以上地方人民政府卫生行政

部门委托的机构或组织按照医师执业标准对医师的业务水平、工作成绩和职业道德进行的考核。

第三条　依法取得医师资格，经注册在医疗、预防、保健机构中执业的医师，其定期考核适用本办法。

第四条　定期考核应当坚持客观、科学、公平、公正、公开原则。

第五条　医师定期考核分为执业医师考核和执业助理医师考核。考核类别分为临床、中医（包括中医、民族医、中西医结合）、口腔和公共卫生。

医师定期考核每两年为一个周期。

第六条　卫生部主管全国医师定期考核管理工作。

县级以上地方人民政府卫生行政部门主管其负责注册的医师定期考核管理工作。

第二章　考核机构

第七条　县级以上地方人民政府卫生行政部门可以委托符合下列条件之一的医疗、预防、保健机构或者医疗卫生行业、学术组织（以下统称考核机构）承担医师定期考核工作：

（一）设有100张以上床位的医疗机构；

（二）医师人数在50人以上的预防、保健机构；

（三）具有健全组织机构的医疗卫生行业、学术组织。

县级以上地方人民政府卫生行政部门应当公布受委托的考核机构名单，并逐级上报至卫生部备案。

第八条　考核机构负责医师定期考核的组织、实施和考核结果评定，并向委托其承担考核任务的卫生行政部门报告考核工作情况及医师考核结果。

第九条　考核机构应当成立专门的考核委员会，负责拟定医师考核工作制度，对医师定期考核工作进行检查、指导，保证考核工作规范进行。考核委员会应当由具有中级以上专业技术职务的医学专业技术人员和有关医疗卫生管理人员组成。

第十条　卫生行政部门应当对委托的考核机构的医师定期考核工作进行监督，并可以对考核机构的考核结果进行抽查核实。

第三章　考核方式及管理

第十一条　医师定期考核包括业务水平测评、工作成绩和职业道德评定。

业务水平测评由考核机构负责；工作成绩、职业道德评定由医师所在医疗、预防、保健机构负责，考核机构复核。

第十二条　考核机构应当于定期考核日前60日通知需要接受定期考核的医师。

考核机构可以委托医疗、预防、保健机构通知本机构的医师。

第十三条　各级各类医疗、预防、保健机构应当按要求对执业注册地点在本机构的医师进行工作成绩、职业道德评定，在《医师定期考核表》上签署评定意见，并于业务水平测评日前30日将评定意见报考核机构。

医疗、预防、保健机构对本机构医师进行工作成绩、职业道德评定应当与医师年度考核情况相衔接。

医疗、预防、保健机构应当按规定建立健全医德考评制度，作为对本机构医师进行职业道德评定的依据。

第十四条　考核机构应当先对报送的评定意见进行复核，然后根据本办法的规定对参加定期考核的医师进行业务水平测评，并在《医师定期考核表》上签署意见。业务水平测评可以采用以下一种或几种形式：

（一）个人述职；

（二）有关法律、法规、专业知识的考核或考试以及技术操作的考核或考试；

（三）对其本人书写的医学文书的检查；

（四）患者评价和同行评议；

（五）省级卫生行政部门规定的其他形式。

第十五条　考核机构综合医疗、预防、保健机构的评定意见及业务水平测评结果对医师作出考核结论，在《医师定期考核表》上签署意见，并于定期考核工作结束后30日内将医师考核结果报委托其考核的卫生行政部门备案，同时书面通知被考核医师及其所在机构。

第十六条　医师认为考核机构的考核人员与其有利害关系，可能影响考核客观公正的，可以在考核前向考核机构申请回避。理由正当的，考核机构应当予以同意。

考核机构的考核人员与接受考核的医师有利害关系的，应当主动回避。

第十七条　卫生行政部门应当向考核机构提供参加考核医师考核周期内的行政处罚情况。

第十八条　在考核周期内，拟变更执业地点的或者有执业医师法第三十七条所列情形之一但未被吊销执业证书的医师，应当提前进行考核。

需提前进行考核的医师，由其执业注册所在机构向考核机构报告。

第四章　执业记录与考核程序

第十九条　国家实行医师行为记录制度。医师行为记录分为良好行为记录和不良行为记录。

良好行为记录应当包括医师在执业过程中受到的奖励、表彰、完成政府指令性任务、取得的技术成果等；不良行为记录应当包括因违反医疗卫生管理法规和诊疗规范常规受到的行政处罚、处分，以及发生的医疗事故等。

医师行为记录作为医师考核的依据之一。

第二十条　医师定期考核程序分为一般程序与简宜程序。一般程序为按照本办法第三章规定进行的考核。简宜程序为本人书写述职报告，执业注册所在机构签署意见，报考核机构审核。

第二十一条　符合下列条件的医师定期考核执行简宜程序：

（一）具有5年以上执业经历，考核周期内有良好行为记录的；

（二）具有12年以上执业经历，在考核周期内无不良行为记录的；

（三）省级以上卫生行政部门规定的其他情形。

其他医师定期考核按照一般程序进行。

第五章　考核结果

第二十二条　考核结果分为合格和不合格。工作成绩、职业道德和业务水平中任何一项不能通过评定或测评的，即为不合格。

第二十三条　医师在考核周期内按规定通过住院医师规范化培训或通过晋升上一级专业技术职务考试，可视为业务水平测评合格，考核时仅考核工作成绩和职业道德。

第二十四条　被考核医师对考核结果有异议的，可以在收到考核结果之日起30日内，向考核机构提出复核申请。考核机构应当在接到复核申请之日起30日内对医师考核结果进行复核，并将复核意见书面通知医师本人。

第二十五条　卫生行政部门应当将考核结果记入《医师执业证书》的"执业记录"栏，并录入医师执业注册信息库。

第二十六条　对考核不合格的医师，卫生行政部门可以责令其暂停执业活动3个月至6个月，并接受培训和继续医学教育；暂停执业活动期满，由考核机构再次进行考核。对考核合格者，允许其继续执业，但该医师在本考核周期内不得评优和晋升；对考核不合格的，由卫生行政部门注销注册，收回医师执业证书。

第二十七条　医师在考核周期内有下列情形之一的，考核机构应当认定为考核不合格：

（一）在发生的医疗事故中负有完全或主要责任的；

（二）未经所在机构或者卫生行政部门批准，擅自在注册地点以外的医疗、预防、保健机构进行执业活动的；

（三）跨执业类别进行执业活动的；

（四）代他人参加医师资格考试的；

（五）在医疗卫生服务活动中索要患者及其亲友财物或者牟取其他不正当利益的；

（六）索要或者收受医疗器械、药品、试剂等生产、销售企业或其工作人员给予的回扣、提成或者牟取其他不正当利益的；

（七）通过介绍病人到其他单位检查、治疗或者购买药品、医疗器械等收取回扣或者提成的；

（八）出具虚假医学证明文件，参与虚假医疗广告宣传和药品医疗器械促销的；

（九）未按照规定执行医院感染控制任务，未有效实施消毒或者无害化处置，造成疾病传播、流行的；

（十）故意泄漏传染病人、病原携带者、疑似传染病病人、密切接触者涉及个人隐私的有关信息、资料的；

（十一）疾病预防控制机构的医师未依法履行传染病监测、报告、调查、处理职责，造成严重后果的；

（十二）考核周期内，有一次以上医德考评结果为医德较差的；

（十三）无正当理由不参加考核，或者扰乱考核秩序的；

（十四）违反《执业医师法》有关规定，被行政处罚的。

第六章　监督管理

第二十八条　医疗、预防、保健机构不按照本办法对执业注册地点在本机构的医师进行工作成绩、职业道德评定或者弄虚作假，以及不配合医师定期考核的，卫生行政部门应当责令改正，经责令仍不改正的，对该机构及其主要责任人和有关责任人予以通报批评。

第二十九条　考核机构有下列情形之一的，卫生行政部门应当责令改正；情节严重的，取消其两个考核周期以上的考核机构资格：

（一）不履行考核职责或者未按规定履行职责的；

（二）在考核工作中有弄虚作假、徇私舞弊行为的；

（三）在考核过程中显失公平的；

（四）考核人员索要或者收受被考核医师及其所在机构财物的；

（五）拒绝接受卫生行政部门监督或者抽查核实的；

（六）省级以上卫生行政部门规定的其他情形。

第三十条　考核机构工作人员违反有关规定，弄虚作假、玩忽职守、滥用职权、徇私舞弊，按《执业医师法》第四十二条处理。

第三十一条　医师以贿赂或欺骗手段取得考核结果的，应当取消其考核结果，并判定为该考核周期考核不合格。

第七章　附则

第三十二条　中医、民族医、中西医结合医疗机构中医师的考核工作由核准该医疗机构执业的卫生或中医药行政部门委托符合条件的考核机构按照本办法组织实施。

第三十三条　本办法所称业务水平包括医师掌握医疗卫生管理相关法律、

法规、部门规章和应用本专业的基本理论、基础知识、基本技能解决实际问题的能力以及学习和掌握新理论、新知识、新技术和新方法的能力。

本办法所称工作成绩包括医师执业过程中，遵守有关规定和要求，一定阶段完成工作的数量、质量和政府指令性工作的情况。

本办法所称职业道德包括医师执业中坚持救死扶伤，以病人为中心，以及医德医风、医患关系、团结协作、依法执业状况等。

第三十四条　对从事母婴保健工作医师的考核还应包括《中华人民共和国母婴保健法》及其实施办法规定的考核内容。

第三十五条　省、自治区、直辖市卫生行政部门可以根据本办法制定实施细则。

第三十六条　本办法由卫生部负责解释。

第三十七条　本办法自 2007 年 5 月 1 日起施行。

[附录] 关于医务人员业余服务和兼职工作管理的规定 [来源：原卫生部关于医务人员业余服务和兼职工作管理的规定，颁布时间：1989-4-13]

为了贯彻《国务院批转国家教委等部门关于深化改革鼓励教育科研卫生单位增加社会服务意见的通知》的精神，加强对医务人员业余服务和兼职的领导与管理，处理好本职工作与业余服务和兼职的关系，保障国家、单位和个人的合法权益，维护群众利益，特作如下规定：

一、作好本职工作是医务人员的光荣职责。医疗工作与病人的生命息息相关，医务人员必须时刻忠于职守，全心全意地履行岗位职责，努力提高医疗质量，认真完成各项工作任务。决不允许玩忽职守、敷衍塞责、消极怠工。在保质保量地完成本职工作、不影响医务人员业务提高和身体健康的前提下，县（区）级以上医疗单位可以有组织、有领导地开展业余服务，并允许一些技术骨干经过批准应聘在其他单位兼职。

二、医务人员业余服务系指利用业余时间从事门诊、查房、手术、体检、教学、咨询等服务活动。兼职系指中级以上技术职务的医务人员应聘到外单位兼任相应的技术职务，从事医疗、教学、科研等有偿服务。

上级医疗单位对下级医疗单位的逐级技术指导、院际间会诊不属本规定范围。

三、医务人员的业余服务，原则上由本单位统一组织，在单位内安排进行，少数到外单位开展业余服务的，必须经本单位批准。一般每人每周累计从事业余服务的时间，不得超过一个工作日。

有下列情况之一者，不得从事业余服务和兼职：

（一）不认真做好本职工作或不能完成本职工作定额的；

（二）不能胜任本职工作的；

（三）在病、事假期间。

四、兼职签约：兼职必须由聘用单位与应聘人所属单位签定协议书。

协议书应包括下列条款：

（一）所兼职务；

（二）实现的目标；

（三）各方的权利、义务（包括医疗事故与纠纷的处理）；

（四）收益分配比例与结算方式；

（五）协议变更及纠纷处理；

（六）违约责任；

（七）生效条件和有效期限。

五、从事业余服务和兼职要严格遵纪守法，执行各项医疗规章制度及技术操作常规。做到诊疗有病志、手术有记录、开药有处方。不得把急诊和正常工作转入业余服务；不得将应在本单位诊治的病人向兼职单位和私人挂钩单位转诊；不得以任何方式收取"介绍费"、"回扣费"及"好处费"；不得搞拼仪器设备、拼消耗的短期行为；不得化大公为小公、化公为私。从事兼职的时间每人每周最多不得超过二个工作日。

六、业余服务中发生的医疗纠纷与事故，由组织业余服务的单位负责处理；兼职中发生的医疗纠纷与事故，由聘用单位按协议规定处理。

七、兼职医务人员应当认真维护本单位和聘用单位的合法权益。不得私自将属于本单位特有的技术成果和专利提供或转让给兼职单位，亦不得从兼职单位套取技术成果，侵害兼职单位的技术权益。

八、业余服务和应聘在外单位兼职从事医疗活动的收费标准，可参照成本由各地卫生行政部门会同有关部门制定。医疗单位必须建立健全业余服务和兼职的收支账目，严格财务手续，加强监督管理。不得巧立名目乱收费，不得自行确定收费价格。

业余服务的收入（不含药品收入），扣除材料消耗、水电费、设备折旧费后，作为个人酬金由单位自主分配，不计入奖金总额。分配时要体现"按劳分配，多劳多得"的原则。兼职人员利用业余时间履行协议所获得的收入，不涉及本单位技术和经济权益的归个人所有；占用工作时间或涉及本单位技术和经济权益的，其收入分配必须兼顾国家、集体、个人利益。

业余服务和兼职的收入总额达到个人收入调节税起征标准的，要照章纳税。

九、医务人员在业余服务和兼职中的成绩和表现、差错及事故，记入本人档案。出色完成本职工作，并在业余服务和兼职活动中做出突出贡献的，要予以表扬和奖励。不认真遵守本规定，严重影响本职工作的，应进行批评教育。损害国家和本单位的权益或者发生严重差错事故者，应视情节轻重分别给予批评教育和相应的处分。

十、各地卫生行政部门可根据本规定的精神，结合本地实际情况制定具体管理办法，加强对业余服务和兼职的管理。

[附录] **中华人民共和国劳动合同法** [来源：由中华人民共和国第十届全国人民代表大会常务委员会第二十八次会议于 2007 年 6 月 29 日通过，中华人民共和国主席令第六十五号公布，自 2008 年 1 月 1 日起施行]

第一章　总则

第一条　为了完善劳动合同制度，明确劳动合同双方当事人的权利和义务，保护劳动者的合法权益，构建和发展和谐稳定的劳动关系，制定本法。

第二条　中华人民共和国境内的企业、个体经济组织、民办非企业单位等组织（以下称用人单位）与劳动者建立劳动关系，订立、履行、变更、解除或者终止劳动合同，适用本法。

国家机关、事业单位、社会团体和与其建立劳动关系的劳动者，订立、履行、变更、解除或者终止劳动合同，依照本法执行。

第三条　订立劳动合同，应当遵循合法、公平、平等自愿、协商一致、诚实信用的原则。

依法订立的劳动合同具有约束力，用人单位与劳动者应当履行劳动合同约定的义务。

第四条　用人单位应当依法建立和完善劳动规章制度，保障劳动者享有劳动权利、履行劳动义务。

用人单位在制定、修改或者决定有关劳动报酬、工作时间、休息休假、劳动安全卫生、保险福利、职工培训、劳动纪律以及劳动定额管理等直接涉及劳动者切身利益的规章制度或者重大事项时，应当经职工代表大会或者全体职工讨论，提出方案和意见，与工会或者职工代表平等协商确定。

在规章制度和重大事项决定实施过程中，工会或者职工认为不适当的，有权向用人单位提出，通过协商予以修改完善。

用人单位应当将直接涉及劳动者切身利益的规章制度和重大事项决定公示，或者告知劳动者。

第五条　县级以上人民政府劳动行政部门会同工会和企业方面代表，建立健全协调劳动关系三方机制，共同研究解决有关劳动关系的重大问题。

第六条　工会应当帮助、指导劳动者与用人单位依法订立和履行劳动合同，并与用人单位建立集体协商机制，维护劳动者的合法权益。

第二章　劳动合同的订立

第七条　用人单位自用工之日起即与劳动者建立劳动关系。用人单位应当建立职工名册备查。

第八条 用人单位招用劳动者时,应当如实告知劳动者工作内容、工作条件、工作地点、职业危害、安全生产状况、劳动报酬,以及劳动者要求了解的其他情况;用人单位有权了解劳动者与劳动合同直接相关的基本情况,劳动者应当如实说明。

第九条 用人单位招用劳动者,不得扣押劳动者的居民身份证和其他证件,不得要求劳动者提供担保或者以其他名义向劳动者收取财物。

第十条 建立劳动关系,应当订立书面劳动合同。

已建立劳动关系,未同时订立书面劳动合同的,应当自用工之日起一个月内订立书面劳动合同。

用人单位与劳动者在用工前订立劳动合同的,劳动关系自用工之日起建立。

第十一条 用人单位未在用工的同时订立书面劳动合同,与劳动者约定的劳动报酬不明确的,新招用的劳动者的劳动报酬按照集体合同规定的标准执行;没有集体合同或者集体合同未规定的,实行同工同酬。

第十二条 劳动合同分为固定期限劳动合同、无固定期限劳动合同和以完成一定工作任务为期限的劳动合同。

第十三条 固定期限劳动合同,是指用人单位与劳动者约定合同终止时间的劳动合同。用人单位与劳动者协商一致,可以订立固定期限劳动合同。

第十四条 无固定期限劳动合同,是指用人单位与劳动者约定无确定终止时间的劳动合同。

用人单位与劳动者协商一致,可以订立无固定期限劳动合同。有下列情形之一,劳动者提出或者同意续订、订立劳动合同的,除劳动者提出订立固定期限劳动合同外,应当订立无固定期限劳动合同:

(一)劳动者在该用人单位连续工作满十年的;

(二)用人单位初次实行劳动合同制度或者国有企业改制重新订立劳动合同时,劳动者在该用人单位连续工作满十年且距法定退休年龄不足十年的;

(三)连续订立二次固定期限劳动合同,且劳动者没有本法第三十九条和第四十条第一项、第二项规定的情形,续订劳动合同的。

用人单位自用工之日起满一年不与劳动者订立书面劳动合同的,视为用人单位与劳动者已订立无固定期限劳动合同。

第十五条 以完成一定工作任务为期限的劳动合同,是指用人单位与劳动者约定以某项工作的完成为合同期限的劳动合同。

用人单位与劳动者协商一致,可以订立以完成一定工作任务为期限的劳动合同。

第十六条 劳动合同由用人单位与劳动者协商一致,并经用人单位与劳动者在劳动合同文本上签字或者盖章生效。

劳动合同文本由用人单位和劳动者各执一份。

第十七条　劳动合同应当具备以下条款：

（一）用人单位的名称、住所和法定代表人或者主要负责人；

（二）劳动者的姓名、住址和居民身份证或者其他有效身份证件号码；

（三）劳动合同期限；

（四）工作内容和工作地点；

（五）工作时间和休息休假；

（六）劳动报酬；

（七）社会保险；

（八）劳动保护、劳动条件和职业危害防护；

（九）法律、法规规定应当纳入劳动合同的其他事项。

劳动合同除前款规定的必备条款外，用人单位与劳动者可以约定试用期、培训、保守秘密、补充保险和福利待遇等其他事项。

第十八条　劳动合同对劳动报酬和劳动条件等标准约定不明确，引发争议的，用人单位与劳动者可以重新协商；协商不成的，适用集体合同规定；没有集体合同或者集体合同未规定劳动报酬的，实行同工同酬；没有集体合同或者集体合同未规定劳动条件等标准的，适用国家有关规定。

第十九条　劳动合同期限三个月以上不满一年的，试用期不得超过一个月；劳动合同期限一年以上不满三年的，试用期不得超过二个月；三年以上固定期限和无固定期限的劳动合同，试用期不得超过六个月。

同一用人单位与同一劳动者只能约定一次试用期。

以完成一定工作任务为期限的劳动合同或者劳动合同期限不满三个月的，不得约定试用期。

试用期包含在劳动合同期限内。劳动合同仅约定试用期的，试用期不成立，该期限为劳动合同期限。

第二十条　劳动者在试用期的工资不得低于本单位相同岗位最低档工资或者劳动合同约定工资的百分之八十，并不得低于用人单位所在地的最低工资标准。

第二十一条　在试用期中，除劳动者有本法第三十九条和第四十条第一项、第二项规定的情形外，用人单位不得解除劳动合同。用人单位在试用期解除劳动合同的，应当向劳动者说明理由。

第二十二条　用人单位为劳动者提供专项培训费，对其进行专业技术培训的，可以与该劳动者订立协议，约定服务期。

劳动者违反服务期约定的，应当按照约定向用人单位支付违约金。违约金的数额不得超过用人单位提供的培训费用。用人单位要求劳动者支付的违约金不得超过服务期尚未履行部分所应分摊的培训费用。

用人单位与劳动者约定服务期的，不影响按照正常的工资调整机制提高劳动者在服务期期间的劳动报酬。

第二十三条　用人单位与劳动者可以在劳动合同中约定保守用人单位的商业秘密和与知识产权相关的保密事项。

对负有保密义务的劳动者，用人单位可以在劳动合同或者保密协议中与劳动者约定竞业限制条款，并约定在解除或者终止劳动合同后，在竞业限制期限内按月给予劳动者经济补偿。劳动者违反竞业限制约定的，应当按照约定向用人单位支付违约金。

第二十四条　竞业限制的人员限于用人单位的高级管理人员、高级技术人员和其他负有保密义务的人员。竞业限制的范围、地域、期限由用人单位与劳动者约定，竞业限制的约定不得违反法律、法规的规定。

在解除或者终止劳动合同后，前款规定的人员到与本单位生产或者经营同类产品、从事同类业务的有竞争关系的其他用人单位，或者自己开业生产或者经营同类产品、从事同类业务的竞业限制期限，不得超过二年。

第二十五条　除本法第二十二条和第二十三条规定的情形外，用人单位不得与劳动者约定由劳动者承担违约金。

第二十六条　下列劳动合同无效或者部分无效：

（一）以欺诈、胁迫的手段或者乘人之危，使对方在违背真实意思的情况下订立或者变更劳动合同的；

（二）用人单位免除自己的法定责任、排除劳动者权利的；

（三）违反法律、行政法规强制性规定的。

对劳动合同的无效或者部分无效有争议的，由劳动争议仲裁机构或者人民法院确认。

第二十七条　劳动合同部分无效，不影响其他部分效力的，其他部分仍然有效。

第二十八条　劳动合同被确认无效，劳动者已付出劳动的，用人单位应当向劳动者支付劳动报酬。劳动报酬的数额，参照本单位相同或者相近岗位劳动者的劳动报酬确定。

第三章　劳动合同的履行和变更

第二十九条　用人单位与劳动者应当按照劳动合同的约定，全面履行各自的义务。

第三十条　用人单位应当按照劳动合同约定和国家规定，向劳动者及时足额支付劳动报酬。

用人单位拖欠或者未足额支付劳动报酬的,劳动者可以依法向当地人民法院申请支付令,人民法院应当依法发出支付令。

第三十一条　用人单位应当严格执行劳动定额标准,不得强迫或者变相强迫劳动者加班。用人单位安排加班的,应当按照国家有关规定向劳动者支付加班费。

第三十二条　劳动者拒绝用人单位管理人员违章指挥、强令冒险作业的,不视为违反劳动合同。

劳动者对危害生命安全和身体健康的劳动条件,有权对用人单位提出批评、检举和控告。

第三十三条　用人单位变更名称、法定代表人、主要负责人或者投资人等事项,不影响劳动合同的履行。

第三十四条　用人单位发生合并或者分立等情况,原劳动合同继续有效,劳动合同由承继其权利和义务的用人单位继续履行。

第三十五条　用人单位与劳动者协商一致,可以变更劳动合同约定的内容。变更劳动合同,应当采用书面形式。

变更后的劳动合同文本由用人单位和劳动者各执一份。

第四章　劳动合同的解除和终止

第三十六条　用人单位与劳动者协商一致,可以解除劳动合同。

第三十七条　劳动者提前三十日以书面形式通知用人单位,可以解除劳动合同。劳动者在试用期内提前三日通知用人单位,可以解除劳动合同。

第三十八条　用人单位有下列情形之一的,劳动者可以解除劳动合同:

(一)未按照劳动合同约定提供劳动保护或者劳动条件的;

(二)未及时足额支付劳动报酬的;

(三)未依法为劳动者缴纳社会保险费的;

(四)用人单位的规章制度违反法律、法规的规定,损害劳动者权益的;

(五)因本法第二十六条第一款规定的情形致使劳动合同无效的;

(六)法律、行政法规规定劳动者可以解除劳动合同的其他情形。

用人单位以暴力、威胁或者非法限制人身自由的手段强迫劳动者劳动的,或者用人单位违章指挥、强令冒险作业危及劳动者人身安全的,劳动者可以立即解除劳动合同,不需事先告知用人单位。

第三十九条　劳动者有下列情形之一的,用人单位可以解除劳动合同:

(一)在试用期间被证明不符合录用条件的;

(二)严重违反用人单位的规章制度的;

(三)严重失职,营私舞弊,给用人单位造成重大损害的;

(四)劳动者同时与其他用人单位建立劳动关系,对完成本单位的工作任务造成严重影响，或者经用人单位提出，拒不改正的；

（五）因本法第二十六条第一款第一项规定的情形致使劳动合同无效的；

（六）被依法追究刑事责任的。

第四十条　有下列情形之一的，用人单位提前三十日以书面形式通知劳动者本人或者额外支付劳动者一个月工资后，可以解除劳动合同：

（一）劳动者患病或者非因工负伤，在规定的医疗期满后不能从事原工作，也不能从事由用人单位另行安排的工作的；

（二）劳动者不能胜任工作，经过培训或者调整工作岗位，仍不能胜任工作的；

（三）劳动合同订立时所依据的客观情况发生重大变化，致使劳动合同无法履行，经用人单位与劳动者协商，未能就变更劳动合同内容达成协议的。

第四十一条　有下列情形之一，需要裁减人员二十人以上或者裁减不足二十人但占企业职工总数百分之十以上的，用人单位提前三十日向工会或者全体职工说明情况，听取工会或者职工的意见后，裁减人员方案经向劳动行政部门报告，可以裁减人员：

（一）依照企业破产法规定进行重整的；

（二）生产经营发生严重困难的；

（三）企业转产、重大技术革新或者经营方式调整，经变更劳动合同后，仍需裁减人员的；

（四）其他因劳动合同订立时所依据的客观经济情况发生重大变化，致使劳动合同无法履行的。

裁减人员时，应当优先留用下列人员：

（一）与本单位订立较长期限的固定期限劳动合同的；

（二）与本单位订立无固定期限劳动合同的；

（三）家庭无其他就业人员，有需要扶养的老人或者未成年人的。

用人单位依照本条第一款规定裁减人员，在六个月内重新招用人员的，应当通知被裁减的人员，并在同等条件下优先招用被裁减的人员。

第四十二条　劳动者有下列情形之一的，用人单位不得依照本法第四十条、第四十一条的规定解除劳动合同：

（一）从事接触职业病危害作业的劳动者未进行离岗前职业健康检查，或者疑似职业病病人在诊断或者医学观察期间的；

（二）在本单位患职业病或者因工负伤并被确认丧失或者部分丧失劳动能力的；

（三）患病或者非因工负伤，在规定的医疗期内的；

（四）女职工在孕期、产期、哺乳期的；

（五）在本单位连续工作满十五年，且距法定退休年龄不足五年的；

（六）法律、行政法规规定的其他情形。

第四十三条　用人单位单方解除劳动合同，应当事先将理由通知工会。用人单位违反法律、行政法规规定或者劳动合同约定的，工会有权要求用人单位纠正。用人单位应当研究工会的意见，并将处理结果书面通知工会。

第四十四条　有下列情形之一的，劳动合同终止：

（一）劳动合同期满的；

（二）劳动者开始依法享受基本养老保险待遇的；

（三）劳动者死亡，或者被人民法院宣告死亡或者宣告失踪的；

（四）用人单位被依法宣告破产的；

（五）用人单位被吊销营业执照、责令关闭、撤销或者用人单位决定提前解散的；

（六）法律、行政法规规定的其他情形。

第四十五条　劳动合同期满，有本法第四十二条规定情形之一的，劳动合同应当续延至相应的情形消失时终止。但是，本法第四十二条第二项规定丧失或者部分丧失劳动能力劳动者的劳动合同的终止，按照国家有关工伤保险的规定执行。

第四十六条　有下列情形之一的，用人单位应当向劳动者支付经济补偿：

（一）劳动者依照本法第三十八条规定解除劳动合同的；

（二）用人单位依照本法第三十六条规定向劳动者提出解除劳动合同并与劳动者协商一致解除劳动合同的；

（三）用人单位依照本法第四十条规定解除劳动合同的；

（四）用人单位依照本法第四十一条第一款规定解除劳动合同的；

（五）除用人单位维持或者提高劳动合同约定条件续订劳动合同，劳动者不同意续订的情形外，依照本法第四十四条第一项规定终止固定期限劳动合同的；

（六）依照本法第四十四条第四项、第五项规定终止劳动合同的；

（七）法律、行政法规规定的其他情形。

第四十七条　经济补偿按劳动者在本单位工作的年限，每满一年支付一个月工资的标准向劳动者支付。六个月以上不满一年的，按一年计算；不满六个月的，向劳动者支付半个月工资的经济补偿。

劳动者月工资高于用人单位所在直辖市、设区的市级人民政府公布的本地区上年度职工月平均工资三倍的，向其支付经济补偿的标准按职工月平均工资三倍的数额支付，向其支付经济补偿的年限最高不超过十二年。

本条所称月工资是指劳动者在劳动合同解除或者终止前十二个月的平均工资。

第四十八条　用人单位违反本法规定解除或者终止劳动合同，劳动者要求继续履行劳动合同的，用人单位应当继续履行；劳动者不要求继续履行劳动合同或者劳动合同已经不能继续履行的，用人单位应当依照本法第八十七条规定支付赔偿金。

第四十九条　国家采取措施，建立健全劳动者社会保险关系跨地区转移接续制度。

第五十条　用人单位应当在解除或者终止劳动合同时出具解除或者终止劳动合同的证明，并在十五日内为劳动者办理档案和社会保险关系转移手续。

劳动者应当按照双方约定，办理工作交接。用人单位依照本法有关规定应当向劳动者支付经济补偿的，在办结工作交接时支付。

用人单位对已经解除或者终止的劳动合同的文本，至少保存二年备查。

第五章　特别规定

第一节　集体合同

第五十一条　企业职工一方与用人单位通过平等协商，可以就劳动报酬、工作时间、休息休假、劳动安全卫生、保险福利等事项订立集体合同。集体合同草案应当提交职工代表大会或者全体职工讨论通过。

集体合同由工会代表企业职工一方与用人单位订立；尚未建立工会的用人单位，由上级工会指导劳动者推举的代表与用人单位订立。

第五十二条　企业职工一方与用人单位可以订立劳动安全卫生、女职工权益保护、工资调整机制等专项集体合同。

第五十三条　在县级以下区域内，建筑业、采矿业、餐饮服务业等行业可以由工会与企业方面代表订立行业性集体合同，或者订立区域性集体合同。

第五十四条　集体合同订立后，应当报送劳动行政部门；劳动行政部门自收到集体合同文本之日起十五日内未提出异议的，集体合同即行生效。

依法订立的集体合同对用人单位和劳动者具有约束力。行业性、区域性集体合同对当地本行业、本区域的用人单位和劳动者具有约束力。

第五十五条　集体合同中劳动报酬和劳动条件等标准不得低于当地人民政府规定的最低标准；用人单位与劳动者订立的劳动合同中劳动报酬和劳动条件等标准不得低于集体合同规定的标准。

第五十六条　用人单位违反集体合同，侵犯职工劳动权益的，工会可以依法要求用人单位承担责任；因履行集体合同发生争议，经协商解决不成的，工会可以依法申请仲裁、提起诉讼。

第二节　劳务派遣

第五十七条　劳务派遣单位应当依照公司法的有关规定设立，注册资本不得少于五十万元。

第五十八条　劳务派遣单位是本法所称用人单位，应当履行用人单位对劳动者的义务。劳务派遣单位与被派遣劳动者订立的劳动合同，除应当载明本法第十七条规定的事项外，还应当载明被派遣劳动者的用工单位以及派遣期限、工作岗位等情况。

劳务派遣单位应当与被派遣劳动者订立二年以上的固定期限劳动合同，按月支付劳动报酬；被派遣劳动者在无工作期间，劳务派遣单位应当按照所在地人民政府规定的最低工资标准，向其按月支付报酬。

第五十九条　劳务派遣单位派遣劳动者应当与接受以劳务派遣形式用工的单位（以下称用工单位）订立劳务派遣协议。劳务派遣协议应当约定派遣岗位和人员数量、派遣期限、劳动报酬和社会保险费的数额与支付方式以及违反协议的责任。

用工单位应当根据工作岗位的实际需要与劳务派遣单位确定派遣期限，不得将连续用工期限分割订立数个短期劳务派遣协议。

第六十条　劳务派遣单位应当将劳务派遣协议的内容告知被派遣劳动者。

劳务派遣单位不得克扣用工单位按照劳务派遣协议支付给被派遣劳动者的劳动报酬。

劳务派遣单位和用工单位不得向被派遣劳动者收取费用。

第六十一条　劳务派遣单位跨地区派遣劳动者的，被派遣劳动者享有的劳动报酬和劳动条件，按照用工单位所在地的标准执行。

第六十二条　用工单位应当履行下列义务：

（一）执行国家劳动标准，提供相应的劳动条件和劳动保护；

（二）告知被派遣劳动者的工作要求和劳动报酬；

（三）支付加班费、绩效奖金，提供与工作岗位相关的福利待遇；

（四）对在岗被派遣劳动者进行工作岗位所必需的培训；

（五）连续用工的，实行正常的工资调整机制。

用工单位不得将被派遣劳动者再派遣到其他用人单位。

第六十三条　被派遣劳动者享有与用工单位的劳动者同工同酬的权利。用工单位无同类岗位劳动者的，参照用工单位所在地相同或者相近岗位劳动者的劳动报酬确定。

第六十四条　被派遣劳动者有权在劳务派遣单位或者用工单位依法参加或者组织工会，维护自身的合法权益。

第六十五条　被派遣劳动者可以依照本法第三十六条、第三十八条的规定与劳务派遣单位解除劳动合同。

被派遣劳动者有本法第三十九条和第四十条第一项、第二项规定情形的，用工单位可以将劳动者退回劳务派遣单位，劳务派遣单位依照本法有关规定，可以与劳动者解除劳动合同。

第六十六条　劳务派遣一般在临时性、辅助性或者替代性的工作岗位上实施。

第六十七条　用人单位不得设立劳务派遣单位向本单位或者所属单位派遣劳动者。

第三节　非全日制用工

第六十八条　非全日制用工，是指以小时计酬为主，劳动者在同一用人单位一般平均每日工作时间不超过四小时，每周工作时间累计不超过二十四小时的用工形式。

第六十九条　非全日制用工双方当事人可以订立口头协议。

从事非全日制用工的劳动者可以与一个或者一个以上用人单位订立劳动合同，但是，后订立的劳动合同不得影响先订立的劳动合同的履行。

第七十条　非全日制用工双方当事人不得约定试用期。

第七十一条　非全日制用工双方当事人任何一方都可以随时通知对方终止用工。终止用工，用人单位不向劳动者支付经济补偿。

第七十二条　非全日制用工小时计酬标准不得低于用人单位所在地人民政府规定的最低小时工资标准。

非全日制用工劳动报酬结算支付周期最长不得超过十五日。

第六章　监督检查

第七十三条　国务院劳动行政部门负责全国劳动合同制度实施的监督管理。

县级以上地方人民政府劳动行政部门负责本行政区域内劳动合同制度实施的监督管理。

县级以上各级人民政府劳动行政部门在劳动合同制度实施的监督管理工作中，应当听取工会、企业方面代表以及有关行业主管部门的意见。

第七十四条　县级以上地方人民政府劳动行政部门依法对下列实施劳动合同制度的情况进行监督检查：

（一）用人单位制定直接涉及劳动者切身利益的规章制度及其执行的情况；

（二）用人单位与劳动者订立和解除劳动合同的情况；

（三）劳务派遣单位和用工单位遵守劳务派遣有关规定的情况；

（四）用人单位遵守国家关于劳动者工作时间和休息休假规定的情况；

（五）用人单位支付劳动合同约定的劳动报酬和执行最低工资标准的情况；

（六）用人单位参加各项社会保险和缴纳社会保险费的情况；

（七）法律、法规规定的其他劳动监察事项。

第七十五条　县级以上地方人民政府劳动行政部门实施监督检查时，有权查阅与劳动合同、集体合同有关的材料，有权对劳动场所进行实地检查，用人单位和劳动者都应当如实提供有关情况和材料。

劳动行政部门的工作人员进行监督检查,应当出示证件,依法行使职权,文明执法。

第七十六条　县级以上人民政府建设、卫生、安全生产监督管理等有关主管部门在各自职责范围内,对用人单位执行劳动合同制度的情况进行监督管理。

第七十七条　劳动者合法权益受到侵害的,有权要求有关部门依法处理,或者依法申请仲裁、提起诉讼。

第七十八条　工会依法维护劳动者的合法权益,对用人单位履行劳动合同、集体合同的情况进行监督。用人单位违反劳动法律、法规和劳动合同、集体合同的,工会有权提出意见或者要求纠正;劳动者申请仲裁、提起诉讼的,工会依法给予支持和帮助。

第七十九条　任何组织或者个人对违反本法的行为都有权举报,县级以上人民政府劳动行政部门应当及时核实、处理,并对举报有功人员给予奖励。

第七章　法律责任

第八十条　用人单位直接涉及劳动者切身利益的规章制度违反法律、法规规定的,由劳动行政部门责令改正,给予警告;给劳动者造成损害的,应当承担赔偿责任。

第八十一条　用人单位提供的劳动合同文本未载明本法规定的劳动合同必备条款或者用人单位未将劳动合同文本交付劳动者的,由劳动行政部门责令改正;给劳动者造成损害的,应当承担赔偿责任。

第八十二条　用人单位自用工之日起超过一个月不满一年未与劳动者订立书面劳动合同的,应当向劳动者每月支付二倍的工资。

用人单位违反本法规定不与劳动者订立无固定期限劳动合同的,自应当订立无固定期限劳动合同之日起向劳动者每月支付二倍的工资。

第八十三条　用人单位违反本法规定与劳动者约定试用期的,由劳动行政部门责令改正;违法约定的试用期已经履行的,由用人单位以劳动者试用期满月工资为标准,按已经履行的超过法定试用期的期间向劳动者支付赔偿金。

第八十四条　用人单位违反本法规定,扣押劳动者居民身份证等证件的,由劳动行政部门责令限期退还劳动者本人,并依照有关法律规定给予处罚。

用人单位违反本法规定,以担保或者其他名义向劳动者收取财物的,由劳动行政部门责令限期退还劳动者本人,并以每人五百元以上二千元以下的标准处以罚款;给劳动者造成损害的,应当承担赔偿责任。

劳动者依法解除或者终止劳动合同,用人单位扣押劳动者档案或者其他物品的,依照前款规定处罚。

第八十五条　用人单位有下列情形之一的,由劳动行政部门责令限期支付劳动报酬、加班费或者经济补偿;劳动报酬低于当地最低工资标准的,应当支付其差额部分;逾期不支付的,责令用人单位按应付金额百分之五十以上百分之一百以下的标准向劳动者加付赔偿金:

（一）未按照劳动合同的约定或者国家规定及时足额支付劳动者劳动报酬的;

（二）低于当地最低工资标准支付劳动者工资的;

（三）安排加班不支付加班费的;

（四）解除或者终止劳动合同,未依照本法规定向劳动者支付经济补偿的。

第八十六条　劳动合同依照本法第二十六条规定被确认无效,给对方造成损害的,有过错的一方应当承担赔偿责任。

第八十七条　用人单位违反本法规定解除或者终止劳动合同的,应当依照本法第四十七条规定的经济补偿标准的二倍向劳动者支付赔偿金。

第八十八条　用人单位有下列情形之一的,依法给予行政处罚;构成犯罪的,依法追究刑事责任;给劳动者造成损害的,应当承担赔偿责任:

（一）以暴力、威胁或者非法限制人身自由的手段强迫劳动的;

（二）违章指挥或者强令冒险作业危及劳动者人身安全的;

（三）侮辱、体罚、殴打、非法搜查或者拘禁劳动者的;

（四）劳动条件恶劣、环境污染严重,给劳动者身心健康造成严重损害的。

第八十九条　用人单位违反本法规定未向劳动者出具解除或者终止劳动合同的书面证明,由劳动行政部门责令改正;给劳动者造成损害的,应当承担赔偿责任。

第九十条　劳动者违反本法规定解除劳动合同,或者违反劳动合同中约定的保密义务或者竞业限制,给用人单位造成损失的,应当承担赔偿责任。

第九十一条　用人单位招用与其他用人单位尚未解除或者终止劳动合同的劳动者,给其他用人单位造成损失的,应当承担连带赔偿责任。

第九十二条　劳务派遣单位违反本法规定的,由劳动行政部门和其他有关主管部门责令改正;情节严重的,以每人一千元以上五千元以下的标准处以罚款,并由工商行政管理部门吊销营业执照;给被派遣劳动者造成损害的,劳务派遣单位与用工单位承担连带赔偿责任。

第九十三条　对不具备合法经营资格的用人单位的违法犯罪行为,依法追究法律责任;劳动者已经付出劳动的,该单位或者其出资人应当依照本法有关规定向劳动者支付劳动报酬、经济补偿、赔偿金;给劳动者造成损害的,应当承担赔偿责任。

第九十四条　个人承包经营违反本法规定招用劳动者,给劳动者造成损害的,承包的组织与个人承包经营者承担连带赔偿责任。

第九十五条　劳动行政部门和其他有关主管部门及其工作人员玩忽职守、

不履行法定职责，或者违法行使职权，给劳动者或者用人单位造成损害的，应当承担赔偿责任；对直接负责的主管人员和其他直接责任人员，依法给予行政处分；构成犯罪的，依法追究刑事责任。

第八章 附则

第九十六条 事业单位与实行聘用制的工作人员订立、履行、变更、解除或者终止劳动合同，法律、行政法规或者国务院另有规定的，依照其规定；未作规定的，依照本法有关规定执行。

第九十七条 本法施行前已依法订立且在本法施行之日存续的劳动合同，继续履行；本法第十四条第二款第三项规定连续订立固定期限劳动合同的次数，自本法施行后续订固定期限劳动合同时开始计算。

本法施行前已建立劳动关系，尚未订立书面劳动合同的，应当自本法施行之日起一个月内订立。

本法施行之日存续的劳动合同在本法施行后解除或者终止，依照本法第四十六条规定应当支付经济补偿的，经济补偿年限自本法施行之日起计算；本法施行前按照当时有关规定，用人单位应当向劳动者支付经济补偿的，按照当时有关规定执行。

第九十八条 本法自 2008 年 1 月 1 日起施行。

第六章

口腔医疗消毒管理

为了加强消毒管理,预防和控制感染性疾病的传播,保障人体健康,2002年原卫生部令第27号公布了《消毒管理办法》,2005年印发了《医疗机构口腔诊疗器械消毒技术操作规范》。为了加强医疗废物的安全管理,防止疾病传播,保护环境,保障人体健康,原卫生部2003年还公布了《医疗废物管理条例》和《医疗卫生机构医疗废物管理办法》。国家药品监督管理局2000年公布了《一次性使用无菌医疗器械监督管理办法》(暂行)。为维护医务人员的职业安全,有效预防医务人员在工作中发生职业暴露感染艾滋病病毒,原卫生部2004年公布了《医务人员艾滋病病毒职业暴露防护工作指导原则(试行)》。国家食品药品监督管理局制定并公布了《定制式义齿注册暂行规定》(国食药监械〔2003〕365号),要求根据《医疗器械监督管理条例》,定制式义齿应进行注册。规定使用已注册的义齿材料生产的定制式义齿产品为Ⅱ类医疗器械;使用未注册的材料生产的定制式义齿产品为Ⅲ类医疗器械,产品类名称为"定制式义齿"。为了推动口腔诊所实施国务院公布的《放射性同位素与射线装置安全和防护条例》,原卫生部2006年公布了《放射诊疗管理规定》。

口腔诊所内部管理中还应按照《中华人民共和国药品管理法》、《医疗器械监督管理条例》等规定依法对药品、医疗器械等加强内部管理。

一、市、区、县卫生监督所

卫生监督所是市、区、县卫生局直属的副局级全民事业单位,对外同时增挂卫生监督执法大队,作为事业法人独立承担民事责任。主要受市卫生局委托,依法在公共卫生、医疗保健领域,包括健康相关产品、医疗卫生保健,开展综合性卫生监督执法工作。主要职责包括:承担卫生行政许可、资格认证的申请受理,预防性卫生审查、现场卫生学审查,提出审核意见;承办卫生行政许可、资格认证有关证书的发放、注册、检验等事务;依据法律、法规对管理相对人进行经常性卫生监督,承担现场卫生监测、抽样等工作;开展卫生法制、公共卫生知识的宣传、教育、咨询和培训;对违反卫生法律、法规的行为提出立案报告,进行调查取证,提出处理意见,送达并执行处罚决定;受理有关投诉、举报并进行调查,提出处理意见;负责卫生监督信息、资料的收集整理、汇总分析、评价报告等。

市、区、县卫生监督所定期召开个体诊所监督管理及现场交流会。组织学习《传染病防治法》、《突发公共卫生事件应急条例》、《传染性非典型肺炎防治管理办法》、《医疗机构管理条例》、《医疗废物管理条例》、《消毒管理办法》等法律法规。

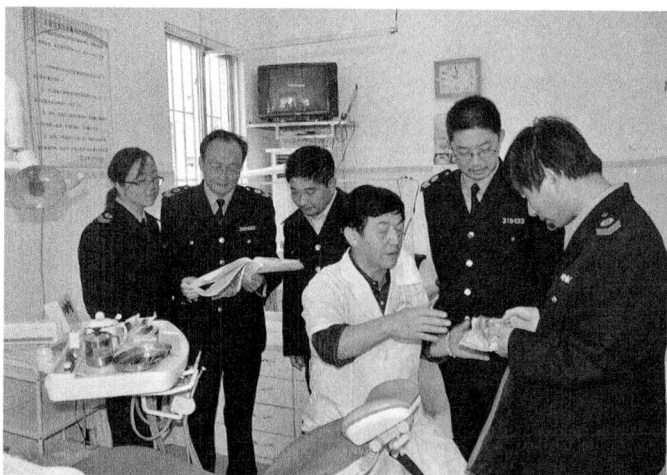

绩溪县卫生局卫生监督所开展口腔诊所监督检查

[案例] 绩溪县卫生局卫生监督所开展口腔诊所监督检查[来源:卫生监督所,日期:2011-11-11]

口腔诊所的消毒灭菌情况是广大市民十分关心的问题,为加强对我县口腔诊所消毒灭菌工作的管理和规范,预防和控制感染的发生,根据《中华人民共和国传染病防治法》、《医疗机构口腔诊疗器械消毒技术操作规范》等法律法规,10月下旬我所对全县口腔诊疗机构开展专项监督检查工作。检查内容包括:消毒管理制度执行、硬件设施、器械的清洗消毒操作程序规范和个人防护以及医疗废弃物处置等情况。通过检查发现各口腔诊所的口腔诊疗器械基本上能按要求做到消毒或灭菌,但在检查中也发现部分口腔诊所消毒工作有待进一步加强,如口腔诊疗器械在消毒过程中未进行包装;高压灭菌后包装外未注明消毒日期、有效期;不能按要求对医疗废物进行处置,存放时间超过2天,以及未能将医疗废物存放于有警示标识的专用包装袋或容器内的现象。

针对检查中发现的问题,卫生执法人员均作出监督意见书要求立即整改,今后我所将对整改情况进行监督复查。通过本次专项检查,进一步提高了我县口腔诊疗单位的消毒工作水平,强化了相关工作人员口腔诊疗器械消毒、灭菌及个人防护知识,促进了《医疗机构口腔诊疗器械消毒技术操作规范》的进一步落实。

二、市、区、县疾病控制预防中心

市、区、县疾病控制预防中心是承担市、区、县政府职能的卫生事业单位,是预防医学领域内一个多学科综合性专业机构,是市、区、县疾病预防控制工作的业务技术指导中心。一般设有传染病防制科、环境卫生科、综合业务信息管理科、免疫预防科、慢性病防制科、艾性结麻科、学校与营养卫生科、职业与安全卫生科、体检科、财务科、行政科、办公室和卫生检验检测所、健康教育馆两个分支机构,承担着全市、区、县人口的急慢性疾病的预防、控制、健康教育工作和为社会提供准确、有效、公证的检验检测数据的检验检测工作。

疾病预防控制机构是政府举办的实施疾病预防控制与公共卫生管理和服务的公益事业单位。按照卫生改革总目标要求,有效利用卫生资源,组建职能分工明确、规范适度、精干高效,集疾病预防与控制、监测检验与评价、健康教育与促进、技术管理与服务为一体的疾病预防控制体系,其服务宗旨是提高疾病预防控制综合能力、提高卫生服务质量与效率,适应社会经济发展要求和医学模式转变,为人民健康服务,为社会主义现代化建设服务。

疾病预防控制机构是公共卫生事业的重要组成部分,承担政府赋予的疾病预防控制、突发公共卫生事件的预警和应急处置,保护公众身体健康和生命安全,还承担着疫情收集与报告,监测检验与评价,健康教育与促进,技术管理与服务等职能,具体工作职责为:

(1)实施疾病预防控制规划、方案,组织开展本地疾病暴发的调查处理和报告,实施计划免疫工作;

(2)调查突发公共卫生事件的危险因素,实施控制措施;

(3)开展常见病原微生物检测和毒物、污染物的检测,并受卫生行政部门认定,承担卫生监督监测检验,预防性健康体检,健康相关产品的技术审核和卫生质量检验;

(4)开展并指导基层卫生院所和社区卫生服务中心开展健康教育与健康促进;

(5)负责对各医院、社区卫生服务中心的业务指导,人员培训和业务考核,指导社区开展防病工作;

(6)组织实施公共卫生健康危险因素和疾病的监测;

（7）管理和承担辖区内疾病预防控制及相关公共卫生信息的报告、预警，为疾病预防控制决策提供科学依据；

（8）对新建、改建、扩建、技术引进、技术改造等工业企业建设项目进行职业卫生预评价以及竣工验收前的控制效果评价；

（9）向社会提供相关的预防保健信息、健康咨询和预防医学等专业技术服务。

配合调查处理口腔诊所水污染事件；开展口腔诊所职业性突发事故的应急处理、危险因素的调查与控制；职业病报告和管理；开展口腔诊所从业人员健康体检和培训；向口腔诊所提供乙肝疫苗等有价疫苗接种的服务。

[案例] **呼和浩特市 2011 年个体口腔诊所消毒质量调查**[来源：崔春霞，王亚丽，李萍. 疾病监测与控制，2013，7（3）：170-171]

口腔是人体细菌病毒等病原微生物寄居数量最多的部位。口腔治疗过程中的黏膜损伤、出血极易造成医源性交叉感染，如感染乙型肝炎病毒（HBV）、丙型肝炎病毒（HCV）、人类免疫缺陷病毒（HIV）等。为了解部分口腔诊所消毒卫生状况，我们对市区几十家个体口腔诊所进行消毒监测，现报道如下：

1. 材料与方法　按常规每年对呼和浩特市区口腔诊所使用的拔牙钳、牙钻手机、扩大针和使用中的消毒剂进行监测。采样、监测方法和判断标准按《消毒技术规范》（2002 年版）和《医院消毒卫生标准》[GB15982—1995]执行。拔牙钳、手机和扩大针采用浸有无菌生理盐水的棉拭子涂抹采样，细菌总数≤20cfu/ml，且未检出致病菌为合格。使用中的消毒液用无菌吸管吸取 1ml 加到 9ml 相应中和剂中，接种培养监测细菌总数，细菌总数≤100cfu/ml，且未检出致病菌为合格。

2. 结果　一年中通过 248 次对个体口腔诊所采样，采集样品 934 份，合格率 85.9%，使用中的消毒剂合格率 100%，扩大针的合格率 83%，拔牙钳合格率 80.7%，牙钻手机的合格率为 60.6%。

3. 讨论　结果表明，个体牙医诊所消毒质量状况令人担忧，由于口腔医疗器械内部结构复杂，腔隙多，在诊疗过程中直接接触病人的唾液、血液，是造成 HBV、HCV、HIV 的重要传播途径。我市的口腔医疗器械的监测结果不容乐观，尤其手机的消毒合格率为 60.6%。针对此种问题，我们应加大监督管理，加大监测力度，成立专门的消毒机构，对手机进行消毒，做到"一人一用一灭菌"，减少交叉感染。2011 年我市通过 248 次对个体口腔门诊消毒效果的监测，医疗器械的消毒效果合格率为 85.9%，与其他城市监测结果相符。由于对口腔保健的需要，个体口腔医疗机构越来越多，而个体口腔诊所为了追求利益最大化，消毒灭菌设备达不到要求，还有部分诊所虽然配备了快速压力蒸汽灭菌器和戊二醛等灭菌剂，由于操作不当而达不到口腔器械灭菌要求。针对此类问题，组织口腔医务人员，每月进行一次消毒及医院感染的知识培训，落实相关的规章制度，加强无菌观念,使个体口腔诊所消毒工作科学化、制度化,确保个体口腔诊所的消毒管理,以保障医疗安全。

[附录] **消毒管理办法**[来源:原卫生部令第27号,2002年公布,自2002年7月1日起实施]

第一章　总则

第一条　为了加强消毒管理,预防和控制感染性疾病的传播,保障人体健康,根据《中华人民共和国传染病防治法》及其实施办法的有关规定,制定本办法。

第二条　本办法适用于医疗卫生机构、消毒服务机构以及从事消毒产品生产、经营活动的单位和个人。

其他需要消毒的场所和物品管理也适用于本办法。

第三条　卫生部主管全国消毒监督管理工作。

铁路、交通卫生主管机构依照本办法负责本系统的消毒监督管理工作。

第二章　消毒的卫生要求

第四条　医疗卫生机构应当建立消毒管理组织,制定消毒管理制度,执行国家有关规范、标准和规定,定期开展消毒与灭菌效果检测工作。

第五条　医疗卫生机构工作人员应当接受消毒技术培训、掌握消毒知识,并按规定严格执行消毒隔离制度。

第六条　医疗卫生机构使用的进入人体组织或无菌器官的医疗用品必须达到灭菌要求。各种注射、穿刺、采血器具应当一人一用一灭菌。凡接触皮肤、黏膜的器械和用品必须达到消毒要求。

医疗卫生机构的一次性使用医疗用品用后应当及时进行无害化处理。

第七条　医疗卫生机构购进消毒产品必须建立并执行进货检查验收制度。

第八条　医疗卫生机构的环境、物品应当符合国家有关规范、标准和规定。排放废弃的污水、污物应当按照国家有关规定进行无害化处理。运送传染病病人及其污染物品的车辆、工具必须随时进行消毒处理。

第九条　医疗卫生机构发生感染性疾病暴发、流行时,应当及时报告当地卫生行政部门,并采取有效消毒措施。

第十条　加工、出售、运输被传染病病原体污染或者来自疫区可能被传染病病原体污染的皮毛,应当进行消毒处理。

第十一条　托幼机构应当健全和执行消毒管理制度,对室内空气、餐(饮)具、毛巾、玩具和其他幼儿活动的场所及接触的物品定期进行消毒。

第十二条　出租衣物及洗涤衣物的单位和个人,应当对相关物品及场所进行消毒。

第十三条　从事致病微生物实验的单位应当执行有关的管理制度、操作规程，对实验的器材、污染物品等按规定进行消毒，防止实验室感染和致病微生物的扩散。

第十四条　殡仪馆、火葬场内与遗体接触的物品及运送遗体的车辆应当及时消毒。

第十五条　招用流动人员200人以上的用工单位，应当对流动人员集中生活起居的场所及使用的物品定期进行消毒。

第十六条　疫源地的消毒应当执行国家有关规范、标准和规定。

第十七条　公共场所、食品、生活饮用水、血液制品的消毒管理，按有关法律、法规的规定执行。

第三章　消毒产品的生产经营

第十八条　消毒产品应当符合国家有关规范、标准和规定。

第十九条　消毒产品的生产应当符合国家有关规范、标准和规定，对生产的消毒产品应当进行检验，不合格者不得出厂。

第二十条　消毒剂、消毒器械、卫生用品和一次性使用医疗用品的生产企业应当取得所在地省级卫生行政部门发放的卫生许可证后，方可从事消毒产品的生产。

第二十一条　省级卫生行政部门应当自受理消毒产品生产企业的申请之日起一个月内作出是否批准的决定。对符合《消毒产品生产企业卫生规范》要求的，发给卫生许可证；对不符合的，不予批准，并说明理由。

第二十二条　消毒产品生产企业卫生许可证编号格式为：（省、自治区、直辖市简称）卫消证字（发证年份）第××××号。

消毒产品生产企业卫生许可证的生产项目分为消毒剂类、消毒器械类、卫生用品类和一次性使用医疗用品类。

第二十三条　消毒产品生产企业卫生许可证有效期为四年，每年复核一次。

消毒产品生产企业卫生许可证有效期满前三个月，生产企业应当向原发证机关申请换发卫生许可证。经审查符合要求的，换发新证。新证延用原卫生许可证编号。

第二十四条　消毒产品生产企业迁移厂址或者另设分厂（车间），应当按本办法规定向生产场所所在地的省级卫生行政部门申请消毒产品生产企业卫生许可证。

产品包装上标注的厂址、卫生许可证号应当是实际生产地地址和其卫生许可证号。

第二十五条　取得卫生许可证的消毒产品生产企业变更企业名称、法定代表人或者生产类别的，应当向原发证机关提出申请，经审查同意，换发新证。新证延用原卫生许可证编号。

第二十六条　卫生用品和一次性使用医疗用品在投放市场前应当向省级卫生行政部门备案。备案时按照卫生部制定的卫生用品和一次性使用医疗用品备案管理规定的要求提交资料。

省级卫生行政部门自受理申请之日起十五日内对符合要求的,发给备案凭证。备案文号格式为:(省、自治区、直辖市简称)卫消备字(发证年份)第××××号。不予备案的,应当说明理由。

备案凭证在全国范围内有效。

第二十七条　进口卫生用品和一次性使用医疗用品在首次进入中国市场销售前应当向卫生部备案。备案时按照卫生部制定的卫生用品和一次性使用医疗用品备案管理规定的要求提交资料。必要时,卫生部可以对生产企业进行现场审核。

卫生部自受理申请之日起十五日内对符合要求的,发给备案凭证。备案文号格式为:卫消备进字(发证年份)第××××号。不予备案的,应当说明理由。

第二十八条　生产消毒剂、消毒器械应当按照本办法规定取得卫生部颁发的消毒剂、消毒器械卫生许可批件。

第二十九条　生产企业申请消毒剂、消毒器械卫生许可批件的审批程序是:

(一) 生产企业应当按卫生部消毒产品申报与受理规定的要求,向所在地省级卫生行政部门提出申请,由省级卫生行政部门对其申报资料和样品进行初审;

(二) 省级卫生行政部门自受理之日起一个月内完成对申报资料完整性、合法性和规范性的审查,审查合格的方可报卫生部审批;

(三) 卫生部自受理申报之日起四个月内作出是否批准的决定。

卫生部对批准的产品,发给消毒剂、消毒器械卫生许可批件,批准文号格式为:卫消字(年份)第××××号。不予批准的,应当说明理由。

第三十条　申请进口消毒剂、消毒器械卫生许可批件的,应当直接向卫生部提出申请,并按照卫生部消毒产品申报与受理规定的要求提交有关材料。必要时,卫生部可以对生产企业现场进行审核。

卫生部应当自受理申报之日起四个月内做出是否批准的决定。对批准进口的,发给进口消毒剂、消毒器械卫生许可批件,批准文号格式为:卫消进字(年份)第××××号。不予批准的,应当说明理由。

第三十一条　消毒剂、消毒器械卫生许可批件的有效期为四年。有效期满前六个月,生产企业或者进口产品代理商应当按照卫生部消毒产品申报与受理规定的要求提出换发卫生许可批件申请。获准换发的,卫生许可批件延用原批准文号。

第三十二条　经营者采购消毒产品时,应当索取下列有效证件:

(一) 生产企业卫生许可证复印件;

（二）产品备案凭证或者卫生许可批件复印件。

有效证件的复印件应当加盖原件持有者的印章。

第三十三条 消毒产品的命名、标签（含说明书）应当符合卫生部的有关规定。

消毒产品的标签（含说明书）和宣传内容必须真实，不得出现或暗示对疾病的治疗效果。

第三十四条 禁止生产经营下列消毒产品：

（一）无生产企业卫生许可证、产品备案凭证或卫生许可批件的；

（二）产品卫生质量不符合要求的。

第四章 消毒服务机构

第三十五条 消毒服务机构应当向省级卫生行政部门提出申请，取得省级卫生行政部门发放的卫生许可证后方可开展消毒服务。

消毒服务机构卫生许可证编号格式为：（省、自治区、辖市简称）卫消服证字（发证年份）第××××号，有效期四年，每年复核一次。有效期满前三个月，消毒服务机构应当向原发证机关申请换发卫生许可证。经审查符合要求的，换发新证。新证延用原卫生许可证编号。

第三十六条 消毒服务机构应当符合以下要求：

（一）具备符合国家有关规范、标准和规定的消毒与灭菌设备；

（二）其消毒与灭菌工艺流程和工作环境必须符合卫生要求；

（三）具有能对消毒与灭菌效果进行检测的人员和条件，建立自检制度；

（四）用环氧乙烷和电离辐射的方法进行消毒与灭菌的，其安全与环境保护等方面的要求按国家有关规定执行；

（五）从事用环氧乙烷和电离辐射进行消毒服务的人员必须经过省级卫生行政部门的专业技术培训，以其他消毒方法进行消毒服务的人员必须经过设区的市（地）级以上卫生行政部门组织的专业技术培训，取得相应资格证书后方可上岗工作。

第三十七条 消毒服务机构不得购置和使用不符合本办法规定的消毒产品。

第三十八条 消毒服务机构应当接受当地卫生行政部门的监督。

第五章 监督

第三十九条 县级以上卫生行政部门对消毒工作行使下列监督管理职权：

（一）对有关机构、场所和物品的消毒工作进行监督检查；

（二）对消毒产品生产企业执行《消毒产品生产企业卫生规范》情况进行监督检查；

（三）对消毒产品的卫生质量进行监督检查；

（四）对消毒服务机构的消毒服务质量进行监督检查；

（五）对违反本办法的行为采取行政控制措施；

（六）对违反本办法的行为给予行政处罚。

第四十条　有下列情形之一的，省级以上卫生行政部门可以对已获得卫生许可批件和备案凭证的消毒产品进行重新审查：

（一）产品配方、生产工艺真实性受到质疑的；

（二）产品安全性、消毒效果受到质疑的；

（三）产品宣传内容、标签（含说明书）受到质疑的。

第四十一条　消毒产品卫生许可批件的持有者应当在接到省级以上卫生行政部门重新审查通知一个月内，按照通知的有关要求提交材料。超过上述期限未提交有关材料的，视为放弃重新审查，省级以上卫生行政部门可以注销产品卫生许可批准文号或备案文号。

第四十二条　省级以上卫生行政部门自收到重新审查所需的全部材料之日起一个月内，应当作出重新审查决定。有下列情形之一的，注销产品卫生许可批准文号或备案文号：

（一）擅自更改产品名称、配方、生产工艺的；

（二）产品安全性、消毒效果达不到要求的；

（三）夸大宣传的。

第四十三条　消毒产品检验机构应当经省级以上卫生行政部门认定。未经认定的，不得从事消毒产品检验工作。

消毒产品检验机构出具的检验和评价报告，应当客观、真实，符合有关规范、标准和规定。

消毒产品检验机构出具的检验报告，在全国范围内有效。

第四十四条　对出具虚假检验报告或者疏于管理难以保证检验质量的消毒产品检验机构，由省级以上卫生行政部门责令改正，并予以通报批评；情节严重的，取消认定资格。被取消认定资格的检验机构二年内不得重新申请认定。

第六章　罚则

第四十五条　医疗卫生机构违反本办法第四、五、六、七、八、九条规定的，由县级以上地方卫生行政部门责令限期改正，可以处 5000 元以下罚款；造成感染性疾病暴发的，可以处 5000 元以上 20 000 元以下罚款。

第四十六条　加工、出售、运输被传染病病原体污染或者来自疫区可能被传染病病原体污染的皮毛，未按国家有关规定进行消毒处理的，应当按照《传染病防治法实施办法》第六十八条的有关规定给予处罚。

第四十七条　消毒产品生产经营单位违反本办法第三十三、三十四条规定的，由县级以上地方卫生行政部门责令其限期改正，可以处 5000 元以下罚款；造成感染性疾病暴发的，可以处 5000 元以上 20 000 元以下的罚款。

第四十八条　消毒服务机构违反本办法规定,有下列情形之一的,由县级以上卫生行政部门责令其限期改正,可以处 5000 元以下的罚款;造成感染性疾病发生的,可以处 5000 元以上 20 000 元以下的罚款:

(一)消毒后的物品未达到卫生标准和要求的;

(二)未取得卫生许可证从事消毒服务业务的。

第七章　附　则

第四十九条　本办法下列用语的含义:

感染性疾病:由微生物引起的疾病。

消毒产品:包括消毒剂、消毒器械(含生物指示物、化学指示物和灭菌物品包装物)、卫生用品和一次性使用医疗用品。

消毒服务机构:指为社会提供可能被污染的物品及场所、卫生用品和一次性使用医疗用品等进行消毒与灭菌服务的单位。

医疗卫生机构:指医疗保健、疾病控制、采供血机构及与上述机构业务活动相同的单位。

第五十条　本办法由卫生部负责解释。

第五十一条　本办法自 2002 年 7 月 1 日起施行。1992 年 8 月 31 日卫生部发布的《消毒管理办法》同时废止。

[附录] **医疗机构口腔诊疗器械消毒技术操作规范**[来源:卫医发〔2005〕73 号,自 2005 年 5 月 1 日起施行]

第一章　总　则

第一条　为规范医疗机构口腔诊疗器械的消毒工作,保障医疗质量和医疗安全,制定本规范。

第二条　本规范适用于综合医院口腔科、口腔医院、口腔诊所等开展口腔科诊疗科目服务的医疗机构。

第三条　开展口腔科诊疗科目服务的医疗机构,必须将口腔诊疗器械的消毒工作纳入医疗质量管理,确保消毒效果。

第四条　各级地方卫生行政部门负责辖区内医疗机构口腔诊疗器械消毒工作的监督管理。

第二章　基本要求

第五条　开展口腔科诊疗科目服务的医疗机构应当制定并落实口腔诊疗器械消毒工作的各项规章制度,建立、健全消毒管理责任制,切实履行职责,确保消毒工作质量。

第六条　从事口腔诊疗服务和口腔诊疗器械消毒工作的医务人员,应当掌握口腔诊疗器械消毒及个人防护等医院感染预防与控制方面的知识,遵循标准预防的原则，严格遵守有关的规章制度。

第七条　医疗机构应当根据口腔诊疗器械的危险程度及材质特点，选择适宜的消毒或者灭菌方法，并遵循以下原则：

一、进入病人口腔内的所有诊疗器械，必须达到"一人一用一消毒或者灭菌"的要求。

二、凡接触病人伤口、血液、破损黏膜或者进入人体无菌组织的各类口腔诊疗器械，包括牙科手机、车针、根管治疗器械、拔牙器械、手术治疗器械、牙周治疗器械、敷料等，使用前必须达到灭菌。

三、接触病人完整黏膜、皮肤的口腔诊疗器械，包括口镜、探针、牙科镊子等口腔检查器械、各类用于辅助治疗的物理测量仪器、印模托盘、漱口杯等，使用前必须达到消毒。

四、凡接触病人体液、血液的修复、正畸模型等物品，送技工室操作前必须消毒。

五、牙科综合治疗台及其配套设施应每日清洁、消毒，遇污染应及时清洁、消毒。

六、对口腔诊疗器械进行清洗、消毒或者灭菌的工作人员，在操作过程中应当做好个人防护工作。

第八条　医务人员进行口腔诊疗操作时，应当戴口罩、帽子，可能出现病人血液、体液喷溅时，应当戴护目镜。每次操作前及操作后应当严格洗手或者手消毒。

医务人员戴手套操作时，每治疗一个病人应当更换一副手套，并洗手或者手消毒。

第九条　口腔诊疗过程中产生的医疗废物应当按照《医疗废物管理条例》及有关法规、规章的规定进行处理。

第十条　口腔诊疗区域和口腔诊疗器械清洗、消毒区域应当分开，布局合理，能够满足诊疗工作和口腔诊疗器械清洗、消毒工作的基本需要。

第三章　消毒工作程序及要点

第十一条　口腔诊疗器械消毒工作包括清洗、器械维护与保养、消毒或者灭菌、贮存等工作程序。

第十二条　口腔诊疗器械清洗工作要点是：

一、口腔诊疗器械使用后，应当及时用流动水彻底清洗，其方式应当采用手工刷洗或者使用机械清洗设备进行清洗。

二、有条件的医院应当使用加酶洗液清洗，再用流动水冲洗干净；对结构复杂、缝隙多的器械，应当采用超声清洗。

三、清洗后的器械应当擦干或者采用机械设备烘干。

第十三条　口腔诊疗器械清洗后应当对口腔器械进行维护和保养，对牙科手机和特殊的口腔器械注入适量专用润滑剂，并检查器械的使用性能。

第十四条　根据采用的消毒与灭菌的不同方式对口腔诊疗器械进行包装，并在包装外注明消毒日期、有效期。

采用快速卡式压力蒸汽灭菌器灭菌器械，可不封袋包装，裸露灭菌后存放于无菌容器中备用；一经打开使用，有效期不得超过4小时。

第十五条　牙科手机和耐湿热、需要灭菌的口腔诊疗器械，首选压力蒸汽灭菌的方法进行灭菌，或者采用环氧乙烷、等离子体等其他灭菌方法进行灭菌。

对不耐湿热、能够充分暴露在消毒液中的器械可以选用化学方法进行浸泡消毒或者灭菌。在器械使用前，应当用无菌水将残留的消毒液冲洗干净。

第十六条　每次治疗开始前和结束后及时踩脚闸冲洗管腔30秒，减少回吸污染；有条件可配备管腔防回吸装置或使用防回吸牙科手机。

第十七条　口腔诊疗区域内应当保证环境整洁，每日对口腔诊疗、清洗、消毒区域进行清洁、消毒；每日定时通风或者进行空气净化；对可能造成污染的诊疗环境表面及时进行清洁、消毒处理。每周对环境进行一次彻底的清洁、消毒。

第四章　消毒与灭菌效果监测

第十八条　医疗机构应当对口腔诊疗器械消毒与灭菌的效果进行监测，确保消毒、灭菌合格。

灭菌效果监测采用工艺监测、化学监测和生物监测。工艺监测包括灭菌物品、洗涤、包装质量合格；灭菌物品放置灭菌器的方法合格；灭菌器的仪表运行正常；灭菌器的运行程序正常。

第十九条　新灭菌设备和维修后的设备在投入使用前，应当确定设备灭菌操作程序、灭菌物品包装形式和灭菌物品重量，进行生物监测合格后，方可投入使用。

在设备灭菌操作程序、灭菌物品包装形式和灭菌物品重量发生改变时，应当进行灭菌效果确认性生物监测。

灭菌设备常规使用条件下，至少每月进行一次生物监测。

第二十条　采用包装方式进行压力蒸汽灭菌或者环氧乙烷灭菌的，应当进行工艺监测、化学监测和生物监测；采用裸露方式进行压力蒸汽灭菌的，应当对每次灭菌进行工艺监测、化学监测，按要求定期进行生物学监测。

第二十一条　使用中的化学消毒剂应当定期进行浓度和微生物污染监测。

浓度监测：对于含氯消毒剂、过氧乙酸等易挥发的消毒剂应当每日监测浓度，对较稳定的消毒剂如2%戊二醛应当每周监测浓度。

微生物污染监测：使用中的消毒剂每季度监测一次，使用中的灭菌剂每月监测一次。

第五章 附则

第二十二条 本规范自 2005 年 5 月 1 日起施行。

原《医院感染管理规范》(试行)及其他与本规范不一致的规定以本规范为准。

[附录] **医疗废物管理条例**[来源:国务院令第 380 号,2003 年 6 月 16 日]

第一章 总则

第一条 为了加强医疗废物的安全管理,防止疾病传播,保护环境,保障人体健康,根据《中华人民共和国传染病防治法》和《中华人民共和国固体废物污染环境防治法》,制定本条例。

第二条 本条例所称医疗废物,是指医疗卫生机构在医疗、预防、保健以及其他相关活动中产生的具有直接或者间接感染性、毒性以及其他危害性的废物。

医疗废物分类目录,由国务院卫生行政主管部门和环境保护行政主管部门共同制定、公布。

第三条 本条例适用于医疗废物的收集、运送、贮存、处置以及监督管理等活动。

医疗卫生机构收治的传染病病人或者疑似传染病病人产生的生活垃圾,按照医疗废物进行管理和处置。

医疗卫生机构废弃的麻醉、精神、放射性、毒性等药品及其相关的废物的管理,依照有关法律、行政法规和国家有关规定、标准执行。

第四条 国家推行医疗废物集中无害化处置,鼓励有关医疗废物安全处置技术的研究与开发。

县级以上地方人民政府负责组织建设医疗废物集中处置设施。

国家对边远贫困地区建设医疗废物集中处置设施给予适当的支持。

第五条 县级以上各级人民政府卫生行政主管部门,对医疗废物收集、运送、贮存、处置活动中的疾病防治工作实施统一监督管理;环境保护行政主管部门,对医疗废物收集、运送、贮存、处置活动中的环境污染防治工作实施统一监督管理。

县级以上各级人民政府其他有关部门在各自的职责范围内负责与医疗废物处置有关的监督管理工作。

第六条 任何单位和个人有权对医疗卫生机构、医疗废物集中处置单位和监督管理部门及其工作人员的违法行为进行举报、投诉、检举和控告。

第二章 医疗废物管理的一般规定

第七条 医疗卫生机构和医疗废物集中处置单位,应当建立、健全医疗废物管理责任制,其法定代表人为第一责任人,切实履行职责,防止因医疗废物导致传染病传播和环境污染事故。

第八条　医疗卫生机构和医疗废物集中处置单位，应当制定与医疗废物安全处置有关的规章制度和在发生意外事故时的应急方案；设置监控部门或者专（兼）职人员，负责检查、督促、落实本单位医疗废物的管理工作，防止违反本条例的行为发生。

第九条　医疗卫生机构和医疗废物集中处置单位，应当对本单位从事医疗废物收集、运送、贮存、处置等工作的人员和管理人员，进行相关法律和专业技术、安全防护以及紧急处理等知识的培训。

第十条　医疗卫生机构和医疗废物集中处置单位，应当采取有效的职业卫生防护措施，为从事医疗废物收集、运送、贮存、处置等工作的人员和管理人员，配备必要的防护用品，定期进行健康检查；必要时，对有关人员进行免疫接种，防止其受到健康损害。

第十一条　医疗卫生机构和医疗废物集中处置单位，应当依照《中华人民共和国固体废物污染环境防治法》的规定，执行危险废物转移联单管理制度。

第十二条　医疗卫生机构和医疗废物集中处置单位，应当对医疗废物进行登记，登记内容应当包括医疗废物的来源、种类、重量或者数量、交接时间、处置方法、最终去向以及经办人签名等项目。登记资料至少保存3年。

第十三条　医疗卫生机构和医疗废物集中处置单位，应当采取有效措施，防止医疗废物流失、泄漏、扩散。

发生医疗废物流失、泄漏、扩散时，医疗卫生机构和医疗废物集中处置单位应当采取减少危害的紧急处理措施，对致病人员提供医疗救护和现场救援；同时向所在地的县级人民政府卫生行政主管部门、环境保护行政主管部门报告，并向可能受到危害的单位和居民通报。

第十四条　禁止任何单位和个人转让、买卖医疗废物。

禁止在运送过程中丢弃医疗废物；禁止在非贮存地点倾倒、堆放医疗废物或者将医疗废物混入其他废物和生活垃圾。

第十五条　禁止邮寄医疗废物。

禁止通过铁路、航空运输医疗废物。

有陆路通道的，禁止通过水路运输医疗废物；没有陆路通道必须经水路运输医疗废物的，应当经设区的市级以上人民政府环境保护行政主管部门批准，并采取严格的环境保护措施后，方可通过水路运输。

禁止将医疗废物与旅客在同一运输工具上载运。

禁止在饮用水源保护区的水体上运输医疗废物。

第三章　医疗卫生机构对医疗废物的管理

第十六条　医疗卫生机构应当及时收集本单位产生的医疗废物，并按照类别分置于防渗漏、防锐器穿透的专用包装物或者密闭的容器内。

医疗废物专用包装物、容器,应当有明显的警示标识和警示说明。

医疗废物专用包装物、容器的标准和警示标识的规定,由国务院卫生行政主管部门和环境保护行政主管部门共同制定。

第十七条　医疗卫生机构应当建立医疗废物的暂时贮存设施、设备,不得露天存放医疗废物;医疗废物暂时贮存的时间不得超过2天。

医疗废物的暂时贮存设施、设备,应当远离医疗区、食品加工区和人员活动区以及生活垃圾存放场所,并设置明显的警示标识和防渗漏、防鼠、防蚊蝇、防蟑螂、防盗以及预防儿童接触等安全措施。

医疗废物的暂时贮存设施、设备应当定期消毒和清洁。

第十八条　医疗卫生机构应当使用防渗漏、防遗撒的专用运送工具,按照本单位确定的内部医疗废物运送时间、路线,将医疗废物收集、运送至暂时贮存地点。

运送工具使用后应当在医疗卫生机构内指定的地点及时消毒和清洁。

第十九条　医疗卫生机构应当根据就近集中处置的原则,及时将医疗废物交由医疗废物集中处置单位处置。

医疗废物中病原体的培养基、标本和菌种、毒种保存液等高危险废物,在交医疗废物集中处置单位处置前应当就地消毒。

第二十条　医疗卫生机构产生的污水、传染病病人或者疑似传染病病人的排泄物,应当按照国家规定严格消毒;达到国家规定的排放标准后,方可排入污水处理系统。

第二十一条　不具备集中处置医疗废物条件的农村,医疗卫生机构应当按照县级人民政府卫生行政主管部门、环境保护行政主管部门的要求,自行就地处置其产生的医疗废物。自行处置医疗废物的,应当符合下列基本要求:

(一)使用后的一次性医疗器具和容易致人损伤的医疗废物,应当消毒并作毁形处理;

(二)能够焚烧的,应当及时焚烧;

(三)不能焚烧的,消毒后集中填埋。

第四章　医疗废物的集中处置

第二十二条　从事医疗废物集中处置活动的单位,应当向县级以上人民政府环境保护行政主管部门申请领取经营许可证;未取得经营许可证的单位,不得从事有关医疗废物集中处置的活动。

第二十三条　医疗废物集中处置单位,应当符合下列条件:

(一)具有符合环境保护和卫生要求的医疗废物贮存、处置设施或者设备;

(二)具有经过培训的技术人员以及相应的技术工人;

(三)具有负责医疗废物处置效果检测、评价工作的机构和人员;

(四)具有保证医疗废物安全处置的规章制度。

第二十四条 医疗废物集中处置单位的贮存、处置设施，应当远离居（村）民居住区、水源保护区和交通干道，与工厂、企业等工作场所有适当的安全防护距离，并符合国务院环境保护行政主管部门的规定。

第二十五条 医疗废物集中处置单位应当至少每2天到医疗卫生机构收集、运送一次医疗废物，并负责医疗废物的贮存、处置。

第二十六条 医疗废物集中处置单位运送医疗废物，应当遵守国家有关危险货物运输管理的规定，使用有明显医疗废物标识的专用车辆。医疗废物专用车辆应当达到防渗漏、防遗撒以及其他环境保护和卫生要求。

运送医疗废物的专用车辆使用后，应当在医疗废物集中处置场所内及时进行消毒和清洁。

运送医疗废物的专用车辆不得运送其他物品。

第二十七条 医疗废物集中处置单位在运送医疗废物过程中应当确保安全，不得丢弃、遗撒医疗废物。

第二十八条 医疗废物集中处置单位应当安装污染物排放在线监控装置，并确保监控装置经常处于正常运行状态。

第二十九条 医疗废物集中处置单位处置医疗废物，应当符合国家规定的环境保护、卫生标准、规范。

第三十条 医疗废物集中处置单位应当按照环境保护行政主管部门和卫生行政主管部门的规定，定期对医疗废物处置设施的环境污染防治和卫生学效果进行检测、评价。检测、评价结果存入医疗废物集中处置单位档案，每半年向所在地环境保护行政主管部门和卫生行政主管部门报告一次。

第三十一条 医疗废物集中处置单位处置医疗废物，按照国家有关规定向医疗卫生机构收取医疗废物处置费用。

医疗卫生机构按照规定支付的医疗废物处置费用，可以纳入医疗成本。

第三十二条 各地区应当利用和改造现有固体废物处置设施和其他设施，对医疗废物集中处置，并达到基本的环境保护和卫生要求。

第三十三条 尚无集中处置设施或者处置能力不足的城市，自本条例施行之日起，设区的市级以上城市应当在1年内建成医疗废物集中处置设施；县级市应当在2年内建成医疗废物集中处置设施。县（旗）医疗废物集中处置设施的建设，由省、自治区、直辖市人民政府规定。

在尚未建成医疗废物集中处置设施期间，有关地方人民政府应当组织制定符合环境保护和卫生要求的医疗废物过渡性处置方案，确定医疗废物收集、运送、处置方式和处置单位。

第五章 监督管理

第三十四条 县级以上地方人民政府卫生行政主管部门、环境保护行政主管部门，应当依照本条例的规定，按照职责分工，对医疗卫生机构和医疗废物集中处置单位进行监督检查。

第三十五条　县级以上地方人民政府卫生行政主管部门，应当对医疗卫生机构和医疗废物集中处置单位从事医疗废物的收集、运送、贮存、处置中的疾病防治工作，以及工作人员的卫生防护等情况进行定期监督检查或者不定期的抽查。

第三十六条　县级以上地方人民政府环境保护行政主管部门，应当对医疗卫生机构和医疗废物集中处置单位从事医疗废物收集、运送、贮存、处置中的环境污染防治工作进行定期监督检查或者不定期的抽查。

第三十七条　卫生行政主管部门、环境保护行政主管部门应当定期交换监督检查和抽查结果。在监督检查或者抽查中发现医疗卫生机构和医疗废物集中处置单位存在隐患时，应当责令立即消除隐患。

第三十八条　卫生行政主管部门、环境保护行政主管部门接到对医疗卫生机构、医疗废物集中处置单位和监督管理部门及其工作人员违反本条例行为的举报、投诉、检举和控告后，应当及时核实，依法作出处理，并将处理结果予以公布。

第三十九条　卫生行政主管部门、环境保护行政主管部门履行监督检查职责时，有权采取下列措施：

（一）对有关单位进行实地检查，了解情况，现场监测，调查取证；

（二）查阅或者复制医疗废物管理的有关资料，采集样品；

（三）责令违反本条例规定的单位和个人停止违法行为；

（四）查封或者暂扣涉嫌违反本条例规定的场所、设备、运输工具和物品；

（五）对违反本条例规定的行为进行查处。

第四十条　发生因医疗废物管理不当导致传染病传播或者环境污染事故，或者有证据证明传染病传播或者环境污染的事故有可能发生时，卫生行政主管部门、环境保护行政主管部门应当采取临时控制措施，疏散人员，控制现场，并根据需要责令暂停导致或者可能导致传染病传播或者环境污染事故的作业。

第四十一条　医疗卫生机构和医疗废物集中处置单位，对有关部门的检查、监测、调查取证，应当予以配合，不得拒绝和阻碍，不得提供虚假材料。

第六章　法律责任

第四十二条　县级以上地方人民政府未依照本条例的规定，组织建设医疗废物集中处置设施或者组织制定医疗废物过渡性处置方案的，由上级人民政府通报批评，责令限期建成医疗废物集中处置设施或者组织制定医疗废物过渡性处置方案；并可以对政府主要领导人、负有责任的主管人员，依法给予行政处分。

第四十三条　县级以上各级人民政府卫生行政主管部门、环境保护行政主管部门或者其他有关部门，未按照本条例的规定履行监督检查职责，发现医疗卫生机构和医疗废物集中处置单位的违法行为不及时处理，发生或者可能发生传染病传播或者环境污染事故时未及时采取减少危害措施，以及有其他玩忽职守、失职、渎职行为的，由本级人民政府或者上级人民政府有关部门责令改正，通报批评；造成传染病传播或者环境污染事故的，对主要负责人、负有责任的主管人员和其他直接责任人员依法给予降级、撤职、开除的行政处分；构成犯罪的，依法追究刑事责任。

第四十四条　县级以上人民政府环境保护行政主管部门，违反本条例的规定发给医疗废物集中处置单位经营许可证的，由本级人民政府或者上级人民政府环境保护行政主管部门通报批评，责令收回违法发给的证书；并可以对主要负责人、负有责任的主管人员和其他直接责任人员依法给予行政处分。

第四十五条　医疗卫生机构、医疗废物集中处置单位违反本条例规定，有下列情形之一的，由县级以上地方人民政府卫生行政主管部门或者环境保护行政主管部门按照各自的职责责令限期改正，给予警告；逾期不改正的，处2000元以上5000元以下的罚款：

（一）未建立、健全医疗废物管理制度，或者未设置监控部门或者专（兼）职人员的；

（二）未对有关人员进行相关法律和专业技术、安全防护以及紧急处理等知识的培训的；

（三）未对从事医疗废物收集、运送、贮存、处置等工作的人员和管理人员采取职业卫生防护措施的；

（四）未对医疗废物进行登记或者未保存登记资料的；

（五）对使用后的医疗废物运送工具或者运送车辆未在指定地点及时进行消毒和清洁的；

（六）未及时收集、运送医疗废物的；

（七）未定期对医疗废物处置设施的环境污染防治和卫生学效果进行检测、评价，或者未将检测、评价效果存档、报告的。

第四十六条　医疗卫生机构、医疗废物集中处置单位违反本条例规定，有下列情形之一的，由县级以上地方人民政府卫生行政主管部门或者环境保护行政主管部门按照各自的职责责令限期改正，给予警告，可以并处5000元以下的罚款；逾期不改正的，处5000元以上3万元以下的罚款：

（一）贮存设施或者设备不符合环境保护、卫生要求的；

（二）未将医疗废物按照类别分置于专用包装物或者容器的；

（三）未使用符合标准的专用车辆运送医疗废物或者使用运送医疗废物的车辆运送其他物品的；

（四）未安装污染物排放在线监控装置或者监控装置未经常处于正常运行状态的。

第四十七条 医疗卫生机构、医疗废物集中处置单位有下列情形之一的，由县级以上地方人民政府卫生行政主管部门或者环境保护行政主管部门按照各自的职责责令限期改正，给予警告，并处 5000 元以上 1 万元以下的罚款；逾期不改正的，处 1 万元以上 3 万元以下的罚款；造成传染病传播或者环境污染事故的，由原发证部门暂扣或者吊销执业许可证件或者经营许可证件；构成犯罪的，依法追究刑事责任：

（一）在运送过程中丢弃医疗废物，在非贮存地点倾倒、堆放医疗废物或者将医疗废物混入其他废物和生活垃圾的；

（二）未执行危险废物转移联单管理制度的；

（三）将医疗废物交给未取得经营许可证的单位或者个人收集、运送、贮存、处置的；

（四）对医疗废物的处置不符合国家规定的环境保护、卫生标准、规范的；

（五）未按照本条例的规定对污水、传染病病人或者疑似传染病病人的排泄物，进行严格消毒，或者未达到国家规定的排放标准，排入污水处理系统的；

（六）对收治的传染病病人或者疑似传染病病人产生的生活垃圾，未按照医疗废物进行管理和处置的。

第四十八条 医疗卫生机构违反本条例规定，将未达到国家规定标准的污水、传染病病人或者疑似传染病病人的排泄物排入城市排水管网的，由县级以上地方人民政府建设行政主管部门责令限期改正，给予警告，并处 5000 元以上 1 万元以下的罚款；逾期不改正的，处 1 万元以上 3 万元以下的罚款；造成传染病传播或者环境污染事故的，由原发证部门暂扣或者吊销执业许可证件；构成犯罪的，依法追究刑事责任。

第四十九条 医疗卫生机构、医疗废物集中处置单位发生医疗废物流失、泄漏、扩散时，未采取紧急处理措施，或者未及时向卫生行政主管部门和环境保护行政主管部门报告的，由县级以上地方人民政府卫生行政主管部门或者环境保护行政主管部门按照各自的职责责令改正，给予警告，并处 1 万元以上 3 万元以下的罚款；造成传染病传播或者环境污染事故的，由原发证部门暂扣或者吊销执业许可证件或者经营许可证件；构成犯罪的，依法追究刑事责任。

第五十条 医疗卫生机构、医疗废物集中处置单位，无正当理由，阻碍卫生行政主管部门或者环境保护行政主管部门执法人员执行职务，拒绝执法人员进入现场，或者不配合执法部门的检查、监测、调查取证的，由县级以上地方人民政府卫生行政主管部门或者环境保护行政主管部门按照各自的职责责令改正，给予警告；拒不改正的，由原发证部门暂扣或者吊销执业许可证件或者经营许可证件；触犯《中华人民共和国治安管理处罚条例》，构成违反治安管理行为的，由公安机关依法予以处罚；构成犯罪的，依法追究刑事责任。

第五十一条　不具备集中处置医疗废物条件的农村，医疗卫生机构未按照本条例的要求处置医疗废物的，由县级人民政府卫生行政主管部门或者环境保护行政主管部门按照各自的职责责令限期改正，给予警告；逾期不改正的，处1000元以上5000元以下的罚款；造成传染病传播或者环境污染事故的，由原发证部门暂扣或者吊销执业许可证件；构成犯罪的，依法追究刑事责任。

第五十二条　未取得经营许可证从事医疗废物的收集、运送、贮存、处置等活动的，由县级以上地方人民政府环境保护行政主管部门责令立即停止违法行为，没收违法所得，可以并处违法所得1倍以下的罚款。

第五十三条　转让、买卖医疗废物，邮寄或者通过铁路、航空运输医疗废物，或者违反本条例规定通过水路运输医疗废物的，由县级以上地方人民政府环境保护行政主管部门责令转让、买卖双方、邮寄人、托运人立即停止违法行为，给予警告，没收违法所得；违法所得5000元以上的，并处违法所得2倍以上5倍以下的罚款；没有违法所得或者违法所得不足5000元的，并处5000元以上2万元以下的罚款。

承运人明知托运人违反本条例的规定运输医疗废物，仍予以运输的，或者承运人将医疗废物与旅客在同一工具上载运的，按照前款的规定予以处罚。

第五十四条　医疗卫生机构、医疗废物集中处置单位违反本条例规定，导致传染病传播或者发生环境污染事故，给他人造成损害的，依法承担民事赔偿责任。

第七章　附　则

第五十五条　计划生育技术服务、医学科研、教学、尸体检查和其他相关活动中产生的具有直接或者间接感染性、毒性以及其他危害性废物的管理，依照本条例执行。

第五十六条　军队医疗卫生机构医疗废物的管理由中国人民解放军卫生主管部门参照本条例制定管理办法。

第五十七条　本条例自公布之日起施行。

[附录] 医疗卫生机构医疗废物管理办法[来源：已于2003年8月14日经原卫生部部务会议讨论通过，2003年10月15日公布]

第一章　总　则

第一条　为规范医疗卫生机构对医疗废物的管理，有效预防和控制医疗废物对人体健康和环境产生危害，根据《医疗废物管理条例》，制定本办法。

第二条　各级各类医疗卫生机构应当按照《医疗废物管理条例》和本办法的规定对医疗废物进行管理。

第三条　卫生部对全国医疗卫生机构的医疗废物管理工作实施监督。

县级以上地方人民政府卫生行政主管部门对本行政区域医疗卫生机构的医疗废物管理工作实施监督。

第二章　医疗卫生机构对医疗废物的管理职责

第四条　医疗卫生机构应当建立、健全医疗废物管理责任制，其法定代表人或者主要负责人为第一责任人，切实履行职责，确保医疗废物的安全管理。

第五条　医疗卫生机构应当依据国家有关法律、行政法规、部门规章和规范性文件的规定，制定并落实医疗废物管理的规章制度、工作流程和要求、有关人员的工作职责及发生医疗卫生机构内医疗废物流失、泄漏、扩散和意外事故的应急方案。内容包括：

（一）医疗卫生机构内医疗废物各产生地点对医疗废物分类收集方法和工作要求；

（二）医疗卫生机构内医疗废物的产生地点、暂时贮存地点的工作制度及从产生地点运送至暂时贮存地点的工作要求；

（三）医疗废物在医疗卫生机构内部运送及将医疗废物交由医疗废物处置单位的有关交接、登记的规定；

（四）医疗废物管理过程中的特殊操作程序及发生医疗废物流失、泄漏、扩散和意外事故的紧急处理措施；

（五）医疗废物分类收集、运送、暂时贮存过程中有关工作人员的职业卫生安全防护。

第六条　医疗卫生机构应当设置负责医疗废物管理的监控部门或者专（兼）职人员，履行以下职责：

（一）负责指导、检查医疗废物分类收集、运送、暂时贮存及机构内处置过程中各项工作的落实情况；

（二）负责指导、检查医疗废物分类收集、运送、暂时贮存及机构内处置过程中的职业卫生安全防护工作；

（三）负责组织医疗废物流失、泄漏、扩散和意外事故发生时的紧急处理工作；

（四）负责组织有关医疗废物管理的培训工作；

（五）负责有关医疗废物登记和档案资料的管理；

（六）负责及时分析和处理医疗废物管理中的其他问题。

第七条　医疗卫生机构发生医疗废物流失、泄漏、扩散和意外事故时，应当按照《医疗废物管理条例》和本办法的规定采取相应紧急处理措施，并在48小时内向所在地的县级人民政府卫生行政主管部门、环境保护行政主管部门报告。调查处理工作结束后，医疗卫生机构应当将调查处理结果向所在地的县级人民政府卫生行政主管部门、环境保护行政主管部门报告。

县级人民政府卫生行政主管部门每月汇总逐级上报至当地省级人民政府卫生行政主管部门。

省级人民政府卫生行政主管部门每半年汇总后报卫生部。

第八条 医疗卫生机构发生因医疗废物管理不当导致1人以上死亡或者3人以上健康损害，需要对致病人员提供医疗救护和现场救援的重大事故时，应当在12小时内向所在地的县级人民政府卫生行政主管部门报告，并按照《医疗废物管理条例》和本办法的规定，采取相应紧急处理措施。

县级人民政府卫生行政主管部门接到报告后，应当在12小时内逐级向省级人民政府卫生行政主管部门报告。

医疗卫生机构发生因医疗废物管理不当导致3人以上死亡或者10人以上健康损害，需要对致病人员提供医疗救护和现场救援的重大事故时，应当在2小时内向所在地的县级人民政府卫生行政主管部门报告，并按照《医疗废物管理条例》和本办法的规定，采取相应紧急处理措施。

县级人民政府卫生行政主管部门接到报告后，应当在6小时内逐级向省级人民政府卫生行政主管部门报告。

省级人民政府卫生行政主管部门接到报告后，应当在6小时内向卫生部报告。

发生因医疗废物管理不当导致传染病传播事故，或者有证据证明传染病传播的事故有可能发生时，应当按照《传染病防治法》及有关规定报告，并采取相应措施。

第九条 医疗卫生机构应当根据医疗废物分类收集、运送、暂时贮存及机构内处置过程中所需要的专业技术、职业卫生安全防护和紧急处理知识等，制定相关工作人员的培训计划并组织实施。

第三章 分类收集、运送与暂时贮存

第十条 医疗卫生机构应当根据《医疗废物分类目录》，对医疗废物实施分类管理。

第十一条 医疗卫生机构应当按照以下要求，及时分类收集医疗废物：

（一）根据医疗废物的类别，将医疗废物分置于符合《医疗废物专用包装物、容器的标准和警示标识的规定》的包装物或者容器内；

（二）在盛装医疗废物前，应当对医疗废物包装物或者容器进行认真检查，确保无破损、渗漏和其他缺陷；

（三）感染性废物、病理性废物、损伤性废物、药物性废物及化学性废物不能混合收集。少量的药物性废物可以混入感染性废物，但应当在标签上注明；

（四）废弃的麻醉、精神、放射性、毒性等药品及其相关的废物的管理，依照有关法律、行政法规和国家有关规定、标准执行；

（五）化学性废物中批量的废化学试剂、废消毒剂应当交由专门机构处置；

（六）批量的含有汞的体温计、血压计等医疗器具报废时，应当交由专门机构处置；

（七）医疗废物中病原体的培养基、标本和菌种、毒种保存液等高危险废物，应当首先在产生地点进行压力蒸汽灭菌或者化学消毒处理，然后按感染性废物收集处理；

（八）隔离的传染病病人或者疑似传染病病人产生的具有传染性的排泄物，应当按照国家规定严格消毒，达到国家规定的排放标准后方可排入污水处理系统；

（九）隔离的传染病病人或者疑似传染病病人产生的医疗废物应当使用双层包装物，并及时密封；

（十）放入包装物或者容器内的感染性废物、病理性废物、损伤性废物不得取出。

第十二条　医疗卫生机构内医疗废物产生地点应当有医疗废物分类收集方法的示意图或者文字说明。

第十三条　盛装的医疗废物达到包物或者容器的3/4时，应当使用有效的封口方式，使包装物或者容器的封口紧实、严密。

第十四条　包装物或者容器的外表面被感染性废物污染时，应当对被污染处进行消毒处理或者增加一层包装。

第十五条　盛装医疗废物的每个包装物、容器外表面应当有警示标识，在每个包装物、容器上应当系中文标签，中文标签的内容应当包括：医疗废物产生单位、产生日期、类别及需要的特别说明等。

第十六条　运送人员每天从医疗废物产生地点将分类包装的医疗废物按照规定的时间和路线运送至内部指定的暂时贮存地点。

第十七条　运送人员在运送医疗废物前，应当检查包装物或者容器的标识、标签及封口是否符合要求，不得将不符合要求的医疗废物运送至暂时贮存地点。

第十八条　运送人员在运送医疗废物时，应当防止造成包装物或容器破损和医疗废物的流失、泄漏和扩散，并防止医疗废物直接接触身体。

第十九条　运送医疗废物应当使用防渗漏、防遗撒、无锐利边角、易于装卸和清洁的专用运送工具。每天运送工作结束后，应当对运送工具及时进行清洁和消毒。

第二十条　医疗卫生机构应当建立医疗废物暂时贮存设施、设备，不得露天存放医疗废物；医疗废物暂时贮存的时间不得超过2天。

第二十一条　医疗卫生机构建立的医疗废物暂时贮存设施、设备应当达到以下要求：

（一）远离医疗区、食品加工区、人员活动区和生活垃圾存放场所，方便医疗废物运送人员及运送工具、车辆的出入；

（二）有严密的封闭措施，设专（兼）职人员管理，防止非工作人员接触医疗废物；

（三）有防鼠、防蚊蝇、防蟑螂的安全措施；

（四）防止渗漏和雨水冲刷；

（五）易于清洁和消毒；

（六）避免阳光直射；

（七）设有明显的医疗废物警示标识和"禁止吸烟、饮食"的警示标识。

第二十二条　暂时贮存病理性废物，应当具备低温贮存或者防腐条件。

第二十三条　医疗卫生机构应当将医疗废物交由取得县级以上人民政府环境保护行政主管部门许可的医疗废物集中处置单位处置，依照危险废物转移联单制度填写和保存转移联单。

第二十四条　医疗卫生机构应当对医疗废物进行登记，登记内容应当包括医疗废物的来源、种类、重量或者数量、交接时间、最终去向以及经办人签名等项目。登记资料至少保存3年。

第二十五条　医疗废物转交出去后，应当对暂时贮存地点、设施及时进行清洁和消毒处理。

第二十六条　禁止医疗卫生机构及其工作人员转让、买卖医疗废物。禁止在非收集、非暂时贮存地点倾倒、堆放医疗废物，禁止将医疗废物混入其他废物和生活垃圾。

第二十七条　不具备集中处置医疗废物条件的农村地区，医疗卫生机构应当按照当地卫生行政主管部门和环境保护主管部门的要求，自行就地处置其产生的医疗废物。自行处置医疗废物的，应当符合以下基本要求：

（一）使用后的一次性医疗器具和容易致人损伤的医疗废物应当消毒并作毁形处理；

（二）能够焚烧的，应当及时焚烧；

（三）不能焚烧的，应当消毒后集中填埋。

第二十八条　医疗卫生机构发生医疗废物流失、泄漏、扩散和意外事故时，应当按照以下要求及时采取紧急处理措施：

（一）确定流失、泄漏、扩散的医疗废物的类别、数量、发生时间、影响范围及严重程度；

（二）组织有关人员尽快按照应急方案，对发生医疗废物泄漏、扩散的现场进行处理；

（三）对被医疗废物污染的区域进行处理时，应当尽可能减少对病人、医务人员、其他现场人员及环境的影响；

（四）采取适当的安全处置措施，对泄漏物及受污染的区域、物品进行消毒或者其他无害化处置，必要时封锁污染区域，以防扩大污染；

（五）对感染性废物污染区域进行消毒时，消毒工作从污染最轻区域向污染最严重区域进行，对可能被污染的所有使用过的工具也应当进行消毒；

（六）工作人员应当做好卫生安全防护后进行工作。

处理工作结束后，医疗卫生机构应当对事件的起因进行调查，并采取有效的防范措施预防类似事件的发生。

第四章　人员培训和职业安全防护

第二十九条　医疗卫生机构应当对本机构工作人员进行培训，提高全体工作人员对医疗废物管理工作的认识。对从事医疗废物分类收集、运送、暂时贮存、处置等工作的人员和管理人员，进行相关法律和专业技术、安全防护以及紧急处理等知识的培训。

第三十条　医疗废物相关工作人员和管理人员应当达到以下要求：

（一）掌握国家相关法律、法规、规章和有关规范性文件的规定，熟悉本机构制定的医疗废物管理的规章制度、工作流程和各项工作要求；

（二）掌握医疗废物分类收集、运送、暂时贮存的正确方法和操作程序；

（三）掌握医疗废物分类中的安全知识、专业技术、职业卫生安全防护等知识；

（四）掌握在医疗废物分类收集、运送、暂时贮存及处置过程中预防被医疗废物刺伤、擦伤等伤害的措施及发生后的处理措施；

（五）掌握发生医疗废物流失、泄漏、扩散和意外事故情况时的紧急处理措施。

第三十一条　医疗卫生机构应当根据接触医疗废物种类及风险大小的不同，采取适宜、有效的职业卫生防护措施，为机构内从事医疗废物分类收集、运送、暂时贮存和处置等工作的人员和管理人员配备必要的防护用品，定期进行健康检查，必要时，对有关人员进行免疫接种，防止其受到健康损害。

第三十二条　医疗卫生机构的工作人员在工作中发生被医疗废物刺伤、擦伤等伤害时，应当采取相应的处理措施，并及时报告机构内的相关部门。

第五章　监督管理

第三十三条　县级以上地方人民政府卫生行政主管部门应当依照《医疗废物管理条例》和本办法的规定，对所辖区域的医疗卫生机构进行定期监督检查和不定期抽查。

第三十四条　对医疗卫生机构监督检查和抽查的主要内容是：

（一）医疗废物管理的规章制度及落实情况；

（二）医疗废物分类收集、运送、暂时贮存及机构内处置的工作状况；

（三）有关医疗废物管理的登记资料和记录；

（四）医疗废物管理工作中，相关人员的安全防护工作；

（五）发生医疗废物流失、泄漏、扩散和意外事故的上报及调查处理情况；

（六）进行现场卫生学监测。

第三十五条　卫生行政主管部门在监督检查或者抽查中发现医疗卫生机构存在隐患时，应当责令立即消除隐患。

第三十六条　县级以上卫生行政主管部门应当对医疗卫生机构发生违反《医疗废物管理条例》和本办法规定的行为依法进行查处。

第三十七条　发生因医疗废物管理不当导致传染病传播事故，或者有证据证明传染病传播的事故有可能发生时，卫生行政主管部门应当按照《医疗废物管理条例》第四十条的规定及时采取相应措施。

第三十八条　医疗卫生机构对卫生行政主管部门的检查、监测、调查取证等工作，应当予以配合，不得拒绝和阻碍，不得提供虚假材料。

第六章　罚则

第三十九条　医疗卫生机构违反《医疗废物管理条例》及本办法规定，有下列情形之一的，由县级以上地方人民政府卫生行政主管部门责令限期改正、给予警告；逾期不改正的，处以2000元以上5000以下的罚款：

（一）未建立、健全医疗废物管理制度，或者未设置监控部门或者专（兼）职人员的；

（二）未对有关人员进行相关法律和专业技术、安全防护以及紧急处理等知识的培训的；

（三）未对医疗废物进行登记或者未保存登记资料的；

（四）未对机构内从事医疗废物分类收集、运送、暂时贮存、处置等工作的人员和管理人员采取职业卫生防护措施的；

（五）未对使用后的医疗废物运送工具及时进行清洁和消毒的；

（六）自行建有医疗废物处置设施的医疗卫生机构，未定期对医疗废物处置设施的卫生学效果进行检测、评价，或者未将检测、评价效果存档、报告的。

第四十条　医疗卫生机构违反《医疗废物管理条例》及本办法规定，有下列情形之一的，由县级以上地方人民政府卫生行政主管部门责令限期改正、给予警告，可以并处5000元以下的罚款；逾期不改正的，处5000元以上3万元以下的罚款：

（一）医疗废物暂时贮存地点、设施或者设备不符合卫生要求的；

（二）未将医疗废物按类别分置于专用包装物或者容器的；

（三）使用的医疗废物运送工具不符合要求的。

第四十一条　医疗卫生机构违反《医疗废物管理条例》及本办法规定，有下列情形之一的，由县级以上地方人民政府卫生行政主管部门责令限期改正，给予警告，并处 5000 元以上 1 万元以下的罚款；逾期不改正的，处 1 万元以上 3 万元以下的罚款；造成传染病传播的，由原发证部门暂扣或者吊销医疗卫生机构执业许可证件；构成犯罪的，依法追究刑事责任：

（一）在医疗卫生机构内丢弃医疗废物和在非贮存地点倾倒、堆放医疗废物或者将医疗废物混入其他废物和生活垃圾的；

（二）将医疗废物交给未取得经营许可证的单位或者个人的；

（三）未按照条例及本办法的规定对污水、传染病病人和疑似传染病病人的排泄物进行严格消毒，或者未达到国家规定的排放标准，排入污水处理系统的；

（四）对收治的传染病病人或者疑似传染病病人产生的生活垃圾，未按照医疗废物进行管理和处置的。

第四十二条　医疗卫生机构转让、买卖医疗废物的，依照《医疗废物管理条例》第五十三条处罚。

第四十三条　医疗卫生机构发生医疗废物流失、泄漏、扩散时，未采取紧急处理措施，或者未及时向卫生行政主管部门报告的，由县级以上地方人民政府卫生行政主管部门责令改正，给予警告，并处 1 万元以上 3 万元以下的罚款；造成传染病传播的，由原发证部门暂扣或者吊销医疗卫生机构执业许可证件；构成犯罪的，依法追究刑事责任。

第四十四条　医疗卫生机构无正当理由，阻碍卫生行政主管部门执法人员执行职务，拒绝执法人员进入现场，或者不配合执法部门的检查、监测、调查取证的，由县级以上地方人民政府卫生行政主管部门责令改正，给予警告；拒不改正的，由原发证部门暂扣或者吊销医疗卫生机构执业许可证件；触犯《中华人民共和国治安管理处罚条例》，构成违反治安管理行为的，由公安机关依法予以处罚；构成犯罪的，依法追究刑事责任。

第四十五条　不具备集中处置医疗废物条件的农村，医疗卫生机构未按照《医疗废物管理条例》和本办法的要求处置医疗废物的，由县级以上地方人民政府卫生行政主管部门责令限期改正，给予警告；逾期不改的，处 1000 元以上 5000 元以下的罚款；造成传染病传播的，由原发证部门暂扣或者吊销医疗卫生机构执业许可证件；构成犯罪的，依法追究刑事责任。

第四十六条　医疗卫生机构违反《医疗废物管理条例》及本办法规定，导致传染病传播，给他人造成损害的，依法承担民事赔偿责任。

第七章　附则

第四十七条　本办法所称医疗卫生机构指依照《医疗机构管理条例》的规定取得《医疗机构执业许可证》的机构及疾病预防控制机构、采供血机构。

第四十八条　本办法自公布之日起施行。

[附录] 医务人员艾滋病病毒职业暴露防护工作指导原则(试行)[来源:卫医发〔2004〕108号,自2004年6月1日起实施]

第一章 总则

第一条 为维护医务人员的职业安全,有效预防医务人员在工作中发生职业暴露感染艾滋病病毒,制定本指导原则。

第二条 本指导原则所称艾滋病病毒职业暴露是指医务人员从事诊疗、护理等工作过程中意外被艾滋病病毒感染者或者艾滋病病人的血液、体液污染了皮肤或者黏膜,或者被含有艾滋病病毒的血液、体液污染了的针头及其他锐器刺破皮肤,有可能被艾滋病病毒感染的情况。

第三条 各级各类医疗卫生机构应当按照本指导原则的规定,加强医务人员预防与控制艾滋病病毒感染的防护工作。

第二章 预防

第四条 医务人员预防艾滋病病毒感染的防护措施应当遵照标准预防原则,对所有病人的血液、体液及被血液、体液污染的物品均视为具有传染性的病源物质,医务人员接触这些物质时,必须采取防护措施。

第五条 医务人员接触病源物质时,应当采取以下防护措施:

(一)医务人员进行有可能接触病人血液、体液的诊疗和护理操作时必须戴手套,操作完毕,脱去手套后立即洗手,必要时进行手消毒。

(二)在诊疗、护理操作过程中,有可能发生血液、体液飞溅到医务人员的面部时,医务人员应当戴手套、具有防渗透性能的口罩、防护眼镜;有可能发生血液、体液大面积飞溅或者有可能污染医务人员的身体时,还应当穿戴具有防渗透性能的隔离衣或者围裙。

(三)医务人员手部皮肤发生破损,在进行有可能接触病人血液、体液的诊疗和护理操作时必须戴双层手套。

第六条 医务人员在进行侵袭性诊疗、护理操作过程中,要保证充足的光线,并特别注意防止被针头、缝合针、刀片等锐器刺伤或者划伤。

第七条 使用后的锐器应当直接放入耐刺、防渗漏的利器盒,或者利用针头处理设备进行安全处置,也可以使用具有安全性能的注射器、输液器等医用锐器,以防刺伤。

禁止将使用后的一次性针头重新套上针头套。禁止用手直接接触使用后的针头、刀片等锐器。

第三章 发生职业暴露后的处理措施

第八条 医务人员发生艾滋病病毒职业暴露后,应当立即实施以下局部处理措施:

(一)用肥皂液和流动水清洗污染的皮肤,用生理盐水冲洗黏膜。

（二）如有伤口，应当在伤口旁端轻轻挤压，尽可能挤出损伤处的血液，再用肥皂液和流动水进行冲洗；禁止进行伤口的局部挤压。

（三）受伤部位的伤口冲洗后，应当用消毒液，如：75% 酒精或者 0.5% 碘伏进行消毒，并包扎伤口；被暴露的黏膜，应当反复用生理盐水冲洗干净。

第九条 医务人员发生艾滋病病毒职业暴露后，医疗卫生机构应当对其暴露的级别和暴露源的病毒载量水平进行评估和确定。

第十条 艾滋病病毒职业暴露级别分为三级。

发生以下情形时，确定为一级暴露：

（一）暴露源为体液、血液或者含有体液、血液的医疗器械、物品；

（二）暴露类型为暴露源沾染了有损伤的皮肤或者黏膜，暴露量小且暴露时间较短。

发生以下情形时，确定为二级暴露：

（一）暴露源为体液、血液或者含有体液、血液的医疗器械、物品；

（二）暴露类型为暴露源沾染了有损伤的皮肤或者黏膜，暴露量大且暴露时间较长；或者暴露类型为暴露源刺伤或者割伤皮肤，但损伤程度较轻，为表皮擦伤或者针刺伤。

发生以下情形时，确定为三级暴露：

（一）暴露源为体液、血液或者含有体液、血液的医疗器械、物品；

（二）暴露类型为暴露源刺伤或者割伤皮肤，但损伤程度较重，为深部伤口或者割伤物有明显可见的血液。

第十一条 暴露源的病毒载量水平分为轻度、重度和暴露源不明三种类型。

经检验，暴露源为艾滋病病毒阳性，但滴度低、艾滋病病毒感染者无临床症状、CD4 计数正常者，为轻度类型。

经检验，暴露源为艾滋病病毒阳性，但滴度高、艾滋病病毒感染者有临床症状、CD4 计数低者，为重度类型。

不能确定暴露源是否为艾滋病病毒阳性者，为暴露源不明型。

第十二条 医疗卫生机构应当根据暴露级别和暴露源病毒载量水平对发生艾滋病病毒职业暴露的医务人员实施预防性用药方案。

第十三条 预防性用药方案分为基本用药程序和强化用药程序。基本用药程序为两种逆转录酶制剂，使用常规治疗剂量，连续使用 28 天。强化用药程序是在基本用药程序的基础上，同时增加一种蛋白酶抑制剂，使用常规治疗剂量，连续使用 28 天。

预防性用药应当在发生艾滋病病毒职业暴露后尽早开始，最好在 4 小时内实施，最迟不得超过 24 小时；即使超过 24 小时，也应当实施预防性用药。

发生一级暴露且暴露源的病毒载量水平为轻度时，可以不使用预防性用药；发生一级暴露且暴露源的病毒载量水平为重度或者发生二级暴露且暴露源的病毒载量水平为轻度时，使用基本用药程序。

发生二级暴露且暴露源的病毒载量水平为重度或者发生三级暴露且暴露源的病毒载量水平为轻度或者重度时，使用强化用药程序。

暴露源的病毒载量水平不明时，可以使用基本用药程序。

第十四条　医务人员发生艾滋病病毒职业暴露后，医疗卫生机构应当给予随访和咨询。随访和咨询的内容包括：在暴露后的第4周、第8周、第12周及6个月时对艾滋病病毒抗体进行检测，对服用药物的毒性进行监控和处理，观察和记录艾滋病病毒感染的早期症状等。

第四章　登记和报告

第十五条　医疗卫生机构应当对艾滋病病毒职业暴露情况进行登记，登记的内容包括：艾滋病病毒职业暴露发生的时间、地点及经过；暴露方式；暴露的具体部位及损伤程度；暴露源种类和含有艾滋病病毒的情况；处理方法及处理经过，是否实施预防性用药、首次用药时间、药物毒副作用及用药的依从性情况；定期检测及随访情况。

第十六条　医疗卫生机构每半年应当将本单位发生艾滋病病毒职业暴露情况进行汇总，逐级上报至省级疾病预防控制中心，省级疾病预防控制中心汇总后上报中国疾病预防控制中心。

第五章　附　则

第十七条　本指导原则所称医疗卫生机构指依照《医疗机构管理条例》的规定取得《医疗机构执业许可证》的机构及疾病预防控制机构、采供血机构。

公安、司法等有关部门在发生艾滋病病毒职业暴露后的处理方面，可以参照本指导原则。

第十八条　本指导原则所称体液包括羊水、心包液、胸腔液、腹腔液、脑脊液、滑液、阴道分泌物等人体物质。

第十九条　本指导原则自2004年6月1日起实施。

[附录]**职业暴露感染艾滋病病毒处理程序规定**[来源：国卫办疾控发〔2015〕38号，国家卫生计生委办公厅关于印发职业暴露感染艾滋病病毒处理程序规定的通知，2015年7月8日]

第一章　总　则

第一条　为规范职业暴露感染艾滋病病毒处理程序，为艾滋病职业暴露感染提供诊断依据，制定本规定。

第二条　本规定适用于医疗卫生人员及人民警察等因职业活动发生以下导致感染或可能感染艾滋病病毒的情况：

（一）被含有艾滋病病毒血液、体液污染的医疗器械及其他器具刺伤皮肤的；

（二）被艾滋病病毒感染者或病人的血液、体液污染了皮肤或者黏膜的；

（三）被携带艾滋病病毒的生物样本、废弃物污染了皮肤或者黏膜的；

（四）其他因职业活动发生或可能感染艾滋病的。

第三条　职业暴露感染艾滋病病毒处理程序包括处置和调查工作，工作应当遵循科学、严谨、公正、及时的原则。

第二章　职责分工

第四条　地方各级卫生计生行政部门应当根据职业暴露处置工作需要，指定辖区内具备条件的医疗卫生机构作为艾滋病病毒职业暴露处置机构，并向社会公布名单和相关服务信息。

处置机构承担职业暴露的现场处置、处置指导、暴露后感染危险性评估咨询、预防性治疗、实验室检测、收集、保存接触暴露源的相关信息、信息登记报告以及随访检测等工作。

第五条　省级卫生计生行政部门指定1～2所本省（自治区、直辖市）的医疗卫生机构作为职业暴露感染艾滋病病毒的调查机构，并向社会公布名单。

调查机构承担职业暴露随访期内艾滋病病毒抗体发生阳转者的材料审核、调查工作。

第六条　同一家医疗卫生机构原则上不得同时为处置机构和调查机构。

第七条　中国疾病预防控制中心负责组织专家对全国艾滋病病毒职业暴露感染处置及调查工作进行技术指导。省级疾病预防控制中心负责组织专家对本省艾滋病病毒职业暴露感染处置及调查工作进行技术指导。

第三章　处置

第八条　医疗卫生人员及人民警察等在职业活动中发生艾滋病病毒职业暴露后，应当及时就近到医疗机构进行局部紧急处理，并在1小时内报告用人单位。用人单位应当在暴露发生后2小时内向辖区内的处置机构报告，并提供相关材料，配合处置工作。

第九条　艾滋病病毒职业暴露防护及暴露后的局部紧急处理、感染危险性评估要按照《医务人员艾滋病病毒职业暴露防护工作指导原则（试行）》（卫医发〔2004〕108号）有关规定执行。预防性治疗要按照国家免费艾滋病抗病毒药物治疗的有关规定执行。

第十条　处置机构在接到用人单位报告后，应当立即组织人员开展感染危险性评估、咨询、预防性治疗和实验室检测工作，收集、保存接触暴露源的相关信息，填写"艾滋病病毒职业暴露个案登记表"和"艾滋病病毒职业暴露事件汇总表"，并将"艾滋病病毒职业暴露事件汇总表"上传至艾滋病综合防治信息系统。

处置机构应当按照要求在随访期内开展随访检测，及时更新相关信息。

处置机构对暴露情况进行感染危险性评估时，应当首先了解暴露源是否携带艾滋病病毒。对于不清楚感染状况的暴露源，应当在暴露当日采集其样本进行检测。

第十一条　对存在艾滋病病毒职业暴露感染风险的暴露者，处置机构应当在发生暴露24小时内采集其血样，按照《全国艾滋病检测技术规范》的要求检测艾滋病病毒抗体，若抗体初筛检测阴性，需要在随访期内进行动态抗体检测；若抗体初筛检测阳性，进行抗体确证检测，若抗体确证为阳性，视为暴露前感染，将感染者转介到相关医疗卫生机构按规定进行随访干预和抗病毒治疗。

第十二条　处置机构应当妥善保存暴露源样品、暴露者的暴露当日血液样品和随访期内阳转血液样品，必要时应当送调查机构保存备查。样品现场采集时应当至少有2名见证人，每份血液样品含全血1支、血浆2支（每支1毫升以上）。暴露源为病毒培养物标本的，每份标本应当有2支（每支1毫升以上）。样品送检单信息应当与"艾滋病病毒职业暴露个案登记表"相关联。

第四章　调查

第十三条　在随访期内，暴露者艾滋病病毒抗体发生阳转的，处置机构应当及时报告调查机构，并会同用人单位提交以下材料：

（一）暴露者完整的"艾滋病病毒职业暴露个案登记表"；（处置机构提供）

（二）暴露者接触过暴露源的相关信息；（处置机构提供）

（三）暴露者与用人单位存在劳动或人事关系等相关证明材料，并写明工种、工作岗位；（用人单位提供）

（四）暴露源携带艾滋病病毒的证明材料；（处置机构提供）

（五）暴露者在随访期内的艾滋病病毒抗体检测报告。（处置机构提供）

第十四条　调查机构组织临床、检验、流行病学等相关领域专家对收到的材料进行审核，必要时可以到处置机构进行核实。

第十五条　对于暴露源阳性，有"艾滋病病毒职业暴露个案登记表"，在暴露24小时内检测艾滋病病毒抗体为阴性，随访期内艾滋病病毒抗体阳转的暴露者，为艾滋病病毒职业暴露感染。

对于暴露者在暴露前、后6个月内发生过易感染艾滋病病毒的行为，或者有线索显示暴露者感染的病毒不是来自本次职业暴露的，应当根据需要进行分子流行病学检测，并根据检测结果判定暴露感染者感染的病毒是否来自本次职业暴露。

第十六条　调查机构出具的调查结论应当书面告知当事人和用人单位，并作为职业病诊断的重要依据。

第十七条　参与职业暴露处置调查的人员应当依法保护暴露者的个人隐私。

第五章　附则

第十八条　本办法所称随访期是指发生职业暴露之后6个月。处置机构应当分别在暴露24小时内及之后的第4、8、12周和第6个月抽血复查。对于暴露者存在基础疾患或免疫功能低下，产生抗体延迟等特殊情况的，随访期可延长至1年。

第十九条　本办法所称暴露源为艾滋病病毒阳性者的血液、体液，被含有艾滋病病毒阳性者血液、体液污染的医疗器械、医疗垃圾及其他器具，以及含艾滋病病毒的生物样本或废弃物等。

第二十条　本办法自发布之日起施行。

第七章

口腔医疗器械管理

依据《医疗器械注册管理办法》(国家食品药品监督管理总局令第 4 号),加强对全市、区、县医疗器械市场监管工作。我国绝大部分市、区、县成立了食品药品监督局。食药监局设有稽查科(稽查大队)和综合监管科机构。稽查科(稽查大队)按照事权划分原则,监督抽查辖区内生产、经营、使用单位的药品、医疗器械和药品包装材料的质量,受理药品和医疗器械质量案件的举报和投诉,依法查处制售假冒伪劣药品、医疗器械、药品包装材料和容器的行为和责任人。综合监管科按照事权划分原则,综合行使药品和医疗器械安全监管及市场监督的相关职能。指导和稽查口腔诊所购买、储存、使用、销毁一次性医疗器械。根据《医疗器械注册管理办法》(国家食品药品监督管理总局令第 4 号)、《关于印发定制式义齿注册暂行规定的通知》(国食药监械〔2003〕365 号)及原国家食品药品监督管理局制定的《定制式义齿产品注册技术审查指导原则》的要求,并结合定制式义齿产品的特点,以规范该类产品的技术审查工作和指导该类产品的注册申报工作。

[案例] **大宁县食药监局开展牙科门诊专项检查**[来源:中国经济网,日期:2014-08-06]

中国经济网临汾 8 月 6 日讯(通讯员:姚慧华)近日,大宁县食药监局对全县医疗机构口腔科、口腔专科诊所进行了专项监督检查。

此次专项检查的重点,一是药械购进渠道是否合法;二是有无存在使用过期失效药品和医疗器械的行为;三是所使用义齿的加工企业及产品是否经食品药品监督管理部门批准,义齿供货方的生产许可证、注册证及委托加工协议是否真实有效。

截止目前,共出动执法人员 24 人次,检查医疗机构 8 家,下达责令改正通知书 4 份。通过对牙科门诊的专项检查,进一步规范了口腔类医疗器械的使用行为,全力保障全县人民群众用械安全。

[案例] 关于进一步全面推进牙科医疗器械监督管理工作的通知[来源：黑市食药监管字〔2006〕25号]

各县（市）食品药品监督管理局：

为认真贯彻落实国务院颁布的《医疗器械监督管理条例》，进一步巩固我市牙科医疗器械专项整顿工作成果，规范牙科医疗器械及口腔科材料的购货渠道和使用行为，保障人民群众使用牙科医疗器械的安全，市食品药品监督管理局决定在全市范围内进一步深入推进牙科医疗器械监督管理工作，现就有关事项通知如下：

一、加强牙科医疗器械监督管理工作的组织领导

近两年我市先后组织了两次牙科医疗器械专项整顿活动，各县（市）局在专项整顿活动中都取得了一定的成果，但由于有些牙科诊所负责人及主管医疗器械工作人员对此项工作的重视程度不够，质量管理能力水平不高，导致不规范使用牙科医疗器械的行为时有发生。为使全市所有牙科诊所牙科医疗器械管理符合规范化、标准化的要求，各县（市）食品药品监督管理局要从"立党为公、执政为民"的高度，充分认识进一步全面推进牙科医疗器械监督管理工作的重要性和紧迫性，统筹安排，精心组织，成立牙科医疗器械监督管理工作领导机构，确定一名领导亲自指挥，抽调精干执法人员组成专项工作推进组，扎扎实实地搞好辖区内的牙科医疗器械监督管理工作。

二、采取多项措施进一步全面推进牙科医疗器械监督管理工作

（一）帮促牙科诊所形成规范使用牙科医疗器械的工作规程

牙科医疗器械涉及广大使用者的切身利益，各县（市）局要多措并举，促进牙科诊所成立牙科医疗器械管理领导组织，明确牙科医疗器械的管理工作职责；促进牙科诊所悬挂牙科医疗器械购进验收示意图版及规范使用牙科医疗器械规程图版，用于指导牙科医疗器械管理工作；促进牙科诊所医务人员自觉遵守各项操作规程，确保规范使用牙科医疗器械。

（二）帮促牙科诊所规范牙科医疗器械的管理工作

各县（市）局通过组织召开牙科诊所负责人或质量管理人员参加座谈会和举办法规知识讲座等形式进行集中培训，通报检查情况，探讨管理方法，充实业务知识，提高管理能力。最大限度帮促牙科诊所做到制度完善、进货合法、档案完整、记录真实、使用规范、质量合格。要求牙科诊所达到以下目标：

1. 建立健全各项牙科医疗器械管理制度；

2. 医疗器械的采购渠道合法，从具有《医疗器械生产（经营）企业许可证》和《营业执照》的合法企业购进产品，索要相关证照资料齐全；

3. 建立牙科医疗器械质量档案，内容包括《医疗器械生产企业许可证》、《医疗器械经营企业许可证》、医疗器械注册证及产品制造认可表、产品的合格证明

等材料。对全部口腔科设备、器具和口腔科材料进行登记,内容包括名称、型号、产品注册证号(无注册证号的标明原因)、生产厂家、出厂日期、使用时间等有关情况;

4. 建立医疗器械购进、验收、保管及植入医疗器械使用情况等各项记录,记录内容真实完整;

5. 规范使用牙科医疗器械,杜绝使用未经注册、无合格证明、过期、失效或者淘汰的医疗器械;

6. 使用的口腔科材料,如由原包装分装到小瓶内,要在小瓶上贴上标签,并标注与原包装相同的产品名称、注册证号、批号、有效期等项内容。

(三)运用法律制约手段,加大监督检查力度

各县(市)局要加强与卫生部门的组织协调,采取联合执法、联合检查的形式全面开展专项检查工作。对前段实施牙科医疗器械专项检查情况进行综合评估的基础上,制定切实可行的实施方案,针对全市各级各类医疗机构的口腔科及牙科诊所,继续组织开展牙科医疗器械专项检查活动。利用举报信息平台,发挥广大用械群众的监督作用,确保随时受理群众的举报。遇有下列情况,各县(市)局要依法查处:

1. 非法渠道购进牙科医疗器械的行为;

2. 使用未经注册、无合格证明、过期、失效或者淘汰的医疗器械(包括口腔科材料)的行为。各县(市)局在专项检查中要对照整治目标认真做好总结验收工作,及时查漏补缺,并将检查情况以书面形式于 2006 年 6 月 30 日前上报到市局医疗器械科。

三、建立起牙科医疗器械的长效监督管理机制

请各县(市)局注意把握此项工作重点,围绕牙科医疗器械采购行为、产品质量和用械行为三条主线,扎实开展各项工作。力争把工作想细,把工作做细,确保牙科医疗器械监督管理工作不走过场、不留死角、富有成效。各县(市)局应善于总结以往监督管理工作经验,并借鉴其他地市牙科医疗器械监管经验,结合当地实际情况,积极发挥主观能动性,努力探索、创新监管方式,建立起牙科医疗器械的长效监督管理机制,务必使牙科医疗器械的监管工作在原有基础上再提高到一个新的水平,务必使牙科医疗器械的监管工作始终保持高压态势,着力从根本上防范牙科医疗器械质量隐患,构筑牙科用械的安全屏障。

二〇〇六年三月二十七日

[案例] **海南省局多举措开展定制式义齿专项整治**[来源:国家食品药品监督管理总局官网,日期:2014 年 8 月 18 日发布]

海南省局重视定制式义齿生产使用环节监管,在医疗器械"五整治"专项行

动中,多举措并进,扎实开展定制式义齿专项整治,取得实实在在的效果。

一是严密部署对定制式义齿生产使用环节整治。海南省局认真研究了国家总局的整治方案,经过前期的调查研究,在今年3月份制定的《海南省医疗器械"五整治"专项行动实施方案》中,专门将定制式义齿生产和使用环节作为重点检查内容。7月接到国家总局开展定制式义齿生产和使用环节专项检查的文件后,结合3月份检查中的缺漏问题,海南省局又专门下发文件部署检查工作。

二是规范义齿生产使用记录。针对定制式义齿生产企业生产和销售记录不全、使用单位购进记录不全等问题,海南局编制了义齿生产使用记录等相关记录表,印发给定制式义齿生产企业和牙科门诊,要求今后统一按照规范表格进行记录,各级食品药品监管部门加强监督检查,如果不严格执行的,按照新版《医疗器械监管管理条例》相关条款进行处罚。通过完善定制式义齿生产企业和使用单位的相关记录,健全了义齿产品质量追溯制度,有利于打击使用无证产品行为。

三是开展义齿生产企业法定代表人约谈。针对部分企业取得《医疗器械生产企业许可证》后,长时间没有申请定制式义齿产品注册或之前发现违法生产的企业,海南省局对该部分企业法定代表人进行约谈,要求守法生产、诚信生产,加强新版法规的学习,提高管理水平。

四是加强新版条例的宣传。在检查中发现,大部分牙科门诊对定制式义齿的管理法规不熟悉。海南局结合新版《医疗器械监督管理条例》的宣贯工作,设计印刷了定制式义齿宣传海报3000份,在牙科门诊、定制式义齿生产企业、农贸市场、社区等地方张贴,达到既宣传新版条例又普及义齿知识的目的。

[附录] 医疗器械监督管理条例[来源:中华人民共和国国务院令第650号,2014年6月1日起施行]

第一章 总则

第一条 为了保证医疗器械的安全、有效,保障人体健康和生命安全,制定本条例。

第二条 在中华人民共和国境内从事医疗器械的研制、生产、经营、使用活动及其监督管理,应当遵守本条例。

第三条 国务院食品药品监督管理部门负责全国医疗器械监督管理工作。国务院有关部门在各自的职责范围内负责与医疗器械有关的监督管理工作。

县级以上地方人民政府食品药品监督管理部门负责本行政区域的医疗器械监督管理工作。县级以上地方人民政府有关部门在各自的职责范围内负责与医疗器械有关的监督管理工作。

国务院食品药品监督管理部门应当配合国务院有关部门,贯彻实施国家医疗器械产业规划和政策。

第四条 国家对医疗器械按照风险程度实行分类管理。

第一类是风险程度低，实行常规管理可以保证其安全、有效的医疗器械。

第二类是具有中度风险，需要严格控制管理以保证其安全、有效的医疗器械。

第三类是具有较高风险，需要采取特别措施严格控制管理以保证其安全、有效的医疗器械。

评价医疗器械风险程度，应当考虑医疗器械的预期目的、结构特征、使用方法等因素。

国务院食品药品监督管理部门负责制定医疗器械的分类规则和分类目录，并根据医疗器械生产、经营、使用情况，及时对医疗器械的风险变化进行分析、评价，对分类目录进行调整。制定、调整分类目录，应当充分听取医疗器械生产经营企业以及使用单位、行业组织的意见，并参考国际医疗器械分类实践。医疗器械分类目录应当向社会公布。

第五条 医疗器械的研制应当遵循安全、有效和节约的原则。国家鼓励医疗器械的研究与创新，发挥市场机制的作用，促进医疗器械新技术的推广和应用，推动医疗器械产业的发展。

第六条 医疗器械产品应当符合医疗器械强制性国家标准；尚无强制性国家标准的，应当符合医疗器械强制性行业标准。

一次性使用的医疗器械目录由国务院食品药品监督管理部门会同国务院卫生计生主管部门制定、调整并公布。重复使用可以保证安全、有效的医疗器械，不列入一次性使用的医疗器械目录。对因设计、生产工艺、消毒灭菌技术等改进后重复使用可以保证安全、有效的医疗器械，应当调整出一次性使用的医疗器械目录。

第七条 医疗器械行业组织应当加强行业自律，推进诚信体系建设，督促企业依法开展生产经营活动，引导企业诚实守信。

第二章 医疗器械产品注册与备案

第八条 第一类医疗器械实行产品备案管理，第二类、第三类医疗器械实行产品注册管理。

第九条 第一类医疗器械产品备案和申请第二类、第三类医疗器械产品注册，应当提交下列资料：

（一）产品风险分析资料；

（二）产品技术要求；

（三）产品检验报告；

（四）临床评价资料；

（五）产品说明书及标签样稿；

（六）与产品研制、生产有关的质量管理体系文件；

（七）证明产品安全、有效所需的其他资料。

医疗器械注册申请人、备案人应当对所提交资料的真实性负责。

第十条　第一类医疗器械产品备案，由备案人向所在地设区的市级人民政府食品药品监督管理部门提交备案资料。其中，产品检验报告可以是备案人的自检报告；临床评价资料不包括临床试验报告，可以是通过文献、同类产品临床使用获得的数据证明该医疗器械安全、有效的资料。

向我国境内出口第一类医疗器械的境外生产企业，由其在我国境内设立的代表机构或者指定我国境内的企业法人作为代理人，向国务院食品药品监督管理部门提交备案资料和备案人所在国（地区）主管部门准许该医疗器械上市销售的证明文件。

备案资料载明的事项发生变化的，应当向原备案部门变更备案。

第十一条　申请第二类医疗器械产品注册，注册申请人应当向所在地省、自治区、直辖市人民政府食品药品监督管理部门提交注册申请资料。申请第三类医疗器械产品注册，注册申请人应当向国务院食品药品监督管理部门提交注册申请资料。

向我国境内出口第二类、第三类医疗器械的境外生产企业，应当由其在我国境内设立的代表机构或者指定我国境内的企业法人作为代理人，向国务院食品药品监督管理部门提交注册申请资料和注册申请人所在国（地区）主管部门准许该医疗器械上市销售的证明文件。

第二类、第三类医疗器械产品注册申请资料中的产品检验报告应当是医疗器械检验机构出具的检验报告；临床评价资料应当包括临床试验报告，但依照本条例第十七条的规定免于进行临床试验的医疗器械除外。

第十二条　受理注册申请的食品药品监督管理部门应当自受理之日起3个工作日内将注册申请资料转交技术审评机构。技术审评机构应当在完成技术审评后向食品药品监督管理部门提交审评意见。

第十三条　受理注册申请的食品药品监督管理部门应当自收到审评意见之日起20个工作日内作出决定。对符合安全、有效要求的，准予注册并发给医疗器械注册证；对不符合要求的，不予注册并书面说明理由。

国务院食品药品监督管理部门在组织对进口医疗器械的技术审评时认为有必要对质量管理体系进行核查的，应当组织质量管理体系检查技术机构开展质量管理体系核查。

第十四条　已注册的第二类、第三类医疗器械产品，其设计、原材料、生产工艺、适用范围、使用方法等发生实质性变化，有可能影响该医疗器械安全、有效的，注册人应当向原注册部门申请办理变更注册手续；发生非实质性变化，不影响该医疗器械安全、有效的,应当将变化情况向原注册部门备案。

第十五条 医疗器械注册证有效期为 5 年。有效期届满需要延续注册的,应当在有效期届满 6 个月前向原注册部门提出延续注册的申请。

除有本条第三款规定情形外,接到延续注册申请的食品药品监督管理部门应当在医疗器械注册证有效期届满前作出准予延续的决定。逾期未作决定的,视为准予延续。

有下列情形之一的,不予延续注册:

(一)注册人未在规定期限内提出延续注册申请的;

(二)医疗器械强制性标准已经修订,申请延续注册的医疗器械不能达到新要求的;

(三)对用于治疗罕见疾病以及应对突发公共卫生事件急需的医疗器械,未在规定期限内完成医疗器械注册证载明事项的。

第十六条 对新研制的尚未列入分类目录的医疗器械,申请人可以依照本条例有关第三类医疗器械产品注册的规定直接申请产品注册,也可以依据分类规则判断产品类别并向国务院食品药品监督管理部门申请类别确认后依照本条例的规定申请注册或者进行产品备案。

直接申请第三类医疗器械产品注册的,国务院食品药品监督管理部门应当按照风险程度确定类别,对准予注册的医疗器械及时纳入分类目录。申请类别确认的,国务院食品药品监督管理部门应当自受理申请之日起 20 个工作日内对该医疗器械的类别进行判定并告知申请人。

第十七条 第一类医疗器械产品备案,不需要进行临床试验。申请第二类、第三类医疗器械产品注册,应当进行临床试验;但是,有下列情形之一的,可以免于进行临床试验:

(一)工作机理明确、设计定型,生产工艺成熟,已上市的同品种医疗器械临床应用多年且无严重不良事件记录,不改变常规用途的;

(二)通过非临床评价能够证明该医疗器械安全、有效的;

(三)通过对同品种医疗器械临床试验或者临床使用获得的数据进行分析评价,能够证明该医疗器械安全、有效的。

免于进行临床试验的医疗器械目录由国务院食品药品监督管理部门制定、调整并公布。

第十八条 开展医疗器械临床试验,应当按照医疗器械临床试验质量管理规范的要求,在有资质的临床试验机构进行,并向临床试验提出者所在地省、自治区、直辖市人民政府食品药品监督管理部门备案。接受临床试验备案的食品药品监督管理部门应当将备案情况通报临床试验机构所在地的同级食品药品监督管理部门和卫生计生主管部门。

医疗器械临床试验机构资质认定条件和临床试验质量管理规范，由国务院食品药品监督管理部门会同国务院卫生计生主管部门制定并公布；医疗器械临床试验机构由国务院食品药品监督管理部门会同国务院卫生计生主管部门认定并公布。

第十九条 第三类医疗器械进行临床试验对人体具有较高风险的，应当经国务院食品药品监督管理部门批准。临床试验对人体具有较高风险的第三类医疗器械目录由国务院食品药品监督管理部门制定、调整并公布。

国务院食品药品监督管理部门审批临床试验，应当对拟承担医疗器械临床试验的机构的设备、专业人员等条件，该医疗器械的风险程度，临床试验实施方案，临床受益与风险对比分析报告等进行综合分析。准予开展临床试验的，应当通报临床试验提出者以及临床试验机构所在地省、自治区、直辖市人民政府食品药品监督管理部门和卫生计生主管部门。

第三章 医疗器械生产

第二十条 从事医疗器械生产活动，应当具备下列条件：

（一）有与生产的医疗器械相适应的生产场地、环境条件、生产设备以及专业技术人员；

（二）有对生产的医疗器械进行质量检验的机构或者专职检验人员以及检验设备；

（三）有保证医疗器械质量的管理制度；

（四）有与生产的医疗器械相适应的售后服务能力；

（五）产品研制、生产工艺文件规定的要求。

第二十一条 从事第一类医疗器械生产的，由生产企业向所在地设区的市级人民政府食品药品监督管理部门备案，并提交其符合本条例第二十条规定条件的证明资料。

第二十二条 从事第二类、第三类医疗器械生产的，生产企业应当向所在地省、自治区、直辖市人民政府食品药品监督管理部门申请生产许可，并提交其符合本条例第二十条规定条件的证明资料以及所生产医疗器械的注册证。

受理生产许可申请的食品药品监督管理部门应当自受理之日起30个工作日内对申请资料进行审核，按照国务院食品药品监督管理部门制定的医疗器械生产质量管理规范的要求进行核查。对符合规定条件的，准予许可并发给医疗器械生产许可证；对不符合规定条件的，不予许可并书面说明理由。

医疗器械生产许可证有效期为5年。有效期届满需要延续的，依照有关行政许可的法律规定办理延续手续。

第二十三条 医疗器械生产质量管理规范应当对医疗器械的设计开发、生产设备条件、原材料采购、生产过程控制、企业的机构设置和人员配备等影响医疗器械安全、有效的事项作出明确规定。

第二十四条 医疗器械生产企业应当按照医疗器械生产质量管理规范的要求,建立健全与所生产医疗器械相适应的质量管理体系并保证其有效运行;严格按照经注册或者备案的产品技术要求组织生产,保证出厂的医疗器械符合强制性标准以及经注册或者备案的产品技术要求。

医疗器械生产企业应当定期对质量管理体系的运行情况进行自查,并向所在地省、自治区、直辖市人民政府食品药品监督管理部门提交自查报告。

第二十五条 医疗器械生产企业的生产条件发生变化,不再符合医疗器械质量管理体系要求的,医疗器械生产企业应当立即采取整改措施;可能影响医疗器械安全、有效的,应当立即停止生产活动,并向所在地县级人民政府食品药品监督管理部门报告。

第二十六条 医疗器械应当使用通用名称。通用名称应当符合国务院食品药品监督管理部门制定的医疗器械命名规则。

第二十七条 医疗器械应当有说明书、标签。说明书、标签的内容应当与经注册或者备案的相关内容一致。

医疗器械的说明书、标签应当标明下列事项:

(一)通用名称、型号、规格;

(二)生产企业的名称和住所、生产地址及联系方式;

(三)产品技术要求的编号;

(四)生产日期和使用期限或者失效日期;

(五)产品性能、主要结构、适用范围;

(六)禁忌证、注意事项以及其他需要警示或者提示的内容;

(七)安装和使用说明或者图示;

(八)维护和保养方法,特殊储存条件、方法;

(九)产品技术要求规定应当标明的其他内容。

第二类、第三类医疗器械还应当标明医疗器械注册证编号和医疗器械注册人的名称、地址及联系方式。

由消费者个人自行使用的医疗器械还应当具有安全使用的特别说明。

第二十八条 委托生产医疗器械,由委托方对所委托生产的医疗器械质量负责。受托方应当是符合本条例规定、具备相应生产条件的医疗器械生产企业。委托方应当加强对受托方生产行为的管理,保证其按照法定要求进行生产。

具有高风险的植入性医疗器械不得委托生产,具体目录由国务院食品药品监督管理部门制定、调整并公布。

第四章 医疗器械经营与使用

第二十九条 从事医疗器械经营活动,应当有与经营规模和经营范围相适应的经营场所和贮存条件，以及与经营的医疗器械相适应的质量管理制度和质量管理机构或者人员。

第三十条　从事第二类医疗器械经营的，由经营企业向所在地设区的市级人民政府食品药品监督管理部门备案并提交其符合本条例第二十九条规定条件的证明资料。

第三十一条　从事第三类医疗器械经营的，经营企业应当向所在地设区的市级人民政府食品药品监督管理部门申请经营许可并提交其符合本条例第二十九条规定条件的证明资料。

受理经营许可申请的食品药品监督管理部门应当自受理之日起30个工作日内进行审查，必要时组织核查。对符合规定条件的，准予许可并发给医疗器械经营许可证；对不符合规定条件的，不予许可并书面说明理由。

医疗器械经营许可证有效期为5年。有效期届满需要延续的，依照有关行政许可的法律规定办理延续手续。

第三十二条　医疗器械经营企业、使用单位购进医疗器械，应当查验供货者的资质和医疗器械的合格证明文件，建立进货查验记录制度。从事第二类、第三类医疗器械批发业务以及第三类医疗器械零售业务的经营企业，还应当建立销售记录制度。

记录事项包括：

（一）医疗器械的名称、型号、规格、数量；

（二）医疗器械的生产批号、有效期、销售日期；

（三）生产企业的名称；

（四）供货者或者购货者的名称、地址及联系方式；

（五）相关许可证明文件编号等。

进货查验记录和销售记录应当真实，并按照国务院食品药品监督管理部门规定的期限予以保存。国家鼓励采用先进技术手段进行记录。

第三十三条　运输、贮存医疗器械，应当符合医疗器械说明书和标签标示的要求；对温度、湿度等环境条件有特殊要求的，应当采取相应措施，保证医疗器械的安全、有效。

第三十四条　医疗器械使用单位应当有与在用医疗器械品种、数量相适应的贮存场所和条件。

医疗器械使用单位应当加强对工作人员的技术培训，按照产品说明书、技术操作规范等要求使用医疗器械。

第三十五条　医疗器械使用单位对重复使用的医疗器械，应当按照国务院卫生计生主管部门制定的消毒和管理的规定进行处理。

一次性使用的医疗器械不得重复使用，对使用过的应当按照国家有关规定销毁并记录。

第三十六条　医疗器械使用单位对需要定期检查、检验、校准、保养、维护的医疗器械，应当按照产品说明书的要求进行检查、检验、校准、保养、维护并予以记录，及时进行分析、评估，确保医疗器械处于良好状态，保障使用质量；对使用期限长的大型医疗器械，应当逐台建立使用档案，记录其使用、维护、转让、实际使用时间等事项。记录保存期限不得少于医疗器械规定使用期限终止后5年。

第三十七条　医疗器械使用单位应当妥善保存购入第三类医疗器械的原始资料，并确保信息具有可追溯性。

使用大型医疗器械以及植入和介入类医疗器械的，应当将医疗器械的名称、关键性技术参数等信息以及与使用质量安全密切相关的必要信息记载到病历等相关记录中。

第三十八条　发现使用的医疗器械存在安全隐患的，医疗器械使用单位应当立即停止使用，并通知生产企业或者其他负责产品质量的机构进行检修；经检修仍不能达到使用安全标准的医疗器械，不得继续使用。

第三十九条　食品药品监督管理部门和卫生计生主管部门依据各自职责，分别对使用环节的医疗器械质量和医疗器械使用行为进行监督管理。

第四十条　医疗器械经营企业、使用单位不得经营、使用未依法注册、无合格证明文件以及过期、失效、淘汰的医疗器械。

第四十一条　医疗器械使用单位之间转让在用医疗器械，转让方应当确保所转让的医疗器械安全、有效，不得转让过期、失效、淘汰以及检验不合格的医疗器械。

第四十二条　进口的医疗器械应当是依照本条例第二章的规定已注册或者已备案的医疗器械。

进口的医疗器械应当有中文说明书、中文标签。说明书、标签应当符合本条例规定以及相关强制性标准的要求，并在说明书中载明医疗器械的原产地以及代理人的名称、地址、联系方式。没有中文说明书、中文标签或者说明书、标签不符合本条规定的，不得进口。

第四十三条　出入境检验检疫机构依法对进口的医疗器械实施检验；检验不合格的，不得进口。

国务院食品药品监督管理部门应当及时向国家出入境检验检疫部门通报进口医疗器械的注册和备案情况。进口口岸所在地出入境检验检疫机构应当及时向所在地设区的市级人民政府食品药品监督管理部门通报进口医疗器械的通关情况。

第四十四条　出口医疗器械的企业应当保证其出口的医疗器械符合进口国（地区）的要求。

第四十五条　医疗器械广告应当真实合法，不得含有虚假、夸大、误导性的内容。

医疗器械广告应当经医疗器械生产企业或者进口医疗器械代理人所在地省、自治区、直辖市人民政府食品药品监督管理部门审查批准，并取得医疗器械广告批准文件。广告发布者发布医疗器械广告，应当事先核查广告的批准文件及其真实性；不得发布未取得批准文件、批准文件的真实性未经核实或者广告内容与批准文件不一致的医疗器械广告。省、自治区、直辖市人民政府食品药品监督管理部门应当公布并及时更新已经批准的医疗器械广告目录以及批准的广告内容。

省级以上人民政府食品药品监督管理部门责令暂停生产、销售、进口和使用的医疗器械，在暂停期间不得发布涉及该医疗器械的广告。

医疗器械广告的审查办法由国务院食品药品监督管理部门会同国务院工商行政管理部门制定。

第五章　不良事件的处理与医疗器械的召回

第四十六条　国家建立医疗器械不良事件监测制度，对医疗器械不良事件及时进行收集、分析、评价、控制。

第四十七条　医疗器械生产经营企业、使用单位应当对所生产经营或者使用的医疗器械开展不良事件监测；发现医疗器械不良事件或者可疑不良事件，应当按照国务院食品药品监督管理部门的规定，向医疗器械不良事件监测技术机构报告。

任何单位和个人发现医疗器械不良事件或者可疑不良事件，有权向食品药品监督管理部门或者医疗器械不良事件监测技术机构报告。

第四十八条　国务院食品药品监督管理部门应当加强医疗器械不良事件监测信息网络建设。

医疗器械不良事件监测技术机构应当加强医疗器械不良事件信息监测，主动收集不良事件信息；发现不良事件或者接到不良事件报告的，应当及时进行核实、调查、分析，对不良事件进行评估，并向食品药品监督管理部门和卫生计生主管部门提出处理建议。

医疗器械不良事件监测技术机构应当公布联系方式，方便医疗器械生产经营企业、使用单位等报告医疗器械不良事件。

第四十九条　食品药品监督管理部门应当根据医疗器械不良事件评估结果及时采取发布警示信息以及责令暂停生产、销售、进口和使用等控制措施。

省级以上人民政府食品药品监督管理部门应当会同同级卫生计生主管部门和相关部门组织对引起突发、群发的严重伤害或者死亡的医疗器械不良事件及时进行调查和处理，并组织对同类医疗器械加强监测。

第五十条　医疗器械生产经营企业、使用单位应当对医疗器械不良事件监测技术机构、食品药品监督管理部门开展的医疗器械不良事件调查予以配合。

第五十一条　有下列情形之一的，省级以上人民政府食品药品监督管理部门应当对已注册的医疗器械组织开展再评价：

（一）根据科学研究的发展，对医疗器械的安全、有效有认识上的改变的；

（二）医疗器械不良事件监测、评估结果表明医疗器械可能存在缺陷的；

（三）国务院食品药品监督管理部门规定的其他需要进行再评价的情形。

再评价结果表明已注册的医疗器械不能保证安全、有效的，由原发证部门注销医疗器械注册证，并向社会公布。被注销医疗器械注册证的医疗器械不得生产、进口、经营、使用。

第五十二条　医疗器械生产企业发现其生产的医疗器械不符合强制性标准、经注册或者备案的产品技术要求或者存在其他缺陷的，应当立即停止生产，通知相关生产经营企业、使用单位和消费者停止经营和使用，召回已经上市销售的医疗器械，采取补救、销毁等措施，记录相关情况，发布相关信息，并将医疗器械召回和处理情况向食品药品监督管理部门和卫生计生主管部门报告。

医疗器械经营企业发现其经营的医疗器械存在前款规定情形的，应当立即停止经营，通知相关生产经营企业、使用单位、消费者，并记录停止经营和通知情况。医疗器械生产企业认为属于依照前款规定需要召回的医疗器械，应当立即召回。

医疗器械生产经营企业未依照本条规定实施召回或者停止经营的，食品药品监督管理部门可以责令其召回或者停止经营。

第六章　监督检查

第五十三条　食品药品监督管理部门应当对医疗器械的注册、备案、生产、经营、使用活动加强监督检查，并对下列事项进行重点监督检查：

（一）医疗器械生产企业是否按照经注册或者备案的产品技术要求组织生产；

（二）医疗器械生产企业的质量管理体系是否保持有效运行；

（三）医疗器械生产经营企业的生产经营条件是否持续符合法定要求。

第五十四条　食品药品监督管理部门在监督检查中有下列职权：

（一）进入现场实施检查、抽取样品；

（二）查阅、复制、查封、扣押有关合同、票据、账簿以及其他有关资料；

（三）查封、扣押不符合法定要求的医疗器械，违法使用的零配件、原材料以及用于违法生产医疗器械的工具、设备；

（四）查封违反本条例规定从事医疗器械生产经营活动的场所。

食品药品监督管理部门进行监督检查，应当出示执法证件，保守被检查单位的商业秘密。

有关单位和个人应当对食品药品监督管理部门的监督检查予以配合，不得隐瞒有关情况。

第五十五条 对人体造成伤害或者有证据证明可能危害人体健康的医疗器械，食品药品监督管理部门可以采取暂停生产、进口、经营、使用的紧急控制措施。

第五十六条 食品药品监督管理部门应当加强对医疗器械生产经营企业和使用单位生产、经营、使用的医疗器械的抽查检验。抽查检验不得收取检验费和其他任何费用，所需费用纳入本级政府预算。

省级以上人民政府食品药品监督管理部门应当根据抽查检验结论及时发布医疗器械质量公告。

第五十七条 医疗器械检验机构资质认定工作按照国家有关规定实行统一管理。经国务院认证认可监督管理部门会同国务院食品药品监督管理部门认定的检验机构，方可对医疗器械实施检验。

食品药品监督管理部门在执法工作中需要对医疗器械进行检验的，应当委托有资质的医疗器械检验机构进行，并支付相关费用。

当事人对检验结论有异议的，可以自收到检验结论之日起 7 个工作日内选择有资质的医疗器械检验机构进行复检。承担复检工作的医疗器械检验机构应当在国务院食品药品监督管理部门规定的时间内作出复检结论。复检结论为最终检验结论。

第五十八条 对可能存在有害物质或者擅自改变医疗器械设计、原材料和生产工艺并存在安全隐患的医疗器械，按照医疗器械国家标准、行业标准规定的检验项目和检验方法无法检验的，医疗器械检验机构可以补充检验项目和检验方法进行检验；使用补充检验项目、检验方法得出的检验结论，经国务院食品药品监督管理部门批准，可以作为食品药品监督管理部门认定医疗器械质量的依据。

第五十九条 设区的市级和县级人民政府食品药品监督管理部门应当加强对医疗器械广告的监督检查；发现未经批准、篡改经批准的广告内容的医疗器械广告，应当向所在地省、自治区、直辖市人民政府食品药品监督管理部门报告，由其向社会公告。

工商行政管理部门应当依照有关广告管理的法律、行政法规的规定，对医疗器械广告进行监督检查，查处违法行为。食品药品监督管理部门发现医疗器械广告违法发布行为，应当提出处理建议并按照有关程序移交所在地同级工商行政管理部门。

第六十条 国务院食品药品监督管理部门建立统一的医疗器械监督管理信息平台。食品药品监督管理部门应当通过信息平台依法及时公布医疗器械许可、备案、抽查检验、违法行为查处情况等日常监督管理信息。但是，不得泄露当事人的商业秘密。

食品药品监督管理部门对医疗器械注册人和备案人、生产经营企业、使用单位建立信用档案，对有不良信用记录的增加监督检查频次。

第六十一条　食品药品监督管理等部门应当公布本单位的联系方式，接受咨询、投诉、举报。食品药品监督管理等部门接到与医疗器械监督管理有关的咨询，应当及时答复；接到投诉、举报，应当及时核实、处理、答复。对咨询、投诉、举报情况及其答复、核实、处理情况，应当予以记录、保存。

有关医疗器械研制、生产、经营、使用行为的举报经调查属实的，食品药品监督管理等部门对举报人应当给予奖励。

第六十二条　国务院食品药品监督管理部门制定、调整、修改本条例规定的目录以及与医疗器械监督管理有关的规范，应当公开征求意见；采取听证会、论证会等形式，听取专家、医疗器械生产经营企业和使用单位、消费者以及相关组织等方面的意见。

第七章　法律责任

第六十三条　有下列情形之一的，由县级以上人民政府食品药品监督管理部门没收违法所得、违法生产经营的医疗器械和用于违法生产经营的工具、设备、原材料等物品；违法生产经营的医疗器械货值金额不足1万元的，并处5万元以上10万元以下罚款；货值金额1万元以上的，并处货值金额10倍以上20倍以下罚款；情节严重的，5年内不受理相关责任人及企业提出的医疗器械许可申请：

（一）生产、经营未取得医疗器械注册证的第二类、第三类医疗器械的；

（二）未经许可从事第二类、第三类医疗器械生产活动的；

（三）未经许可从事第三类医疗器械经营活动的。

有前款第一项情形、情节严重的，由原发证部门吊销医疗器械生产许可证或者医疗器械经营许可证。

第六十四条　提供虚假资料或者采取其他欺骗手段取得医疗器械注册证、医疗器械生产许可证、医疗器械经营许可证、广告批准文件等许可证件的，由原发证部门撤销已经取得的许可证件，并处5万元以上10万元以下罚款，5年内不受理相关责任人及企业提出的医疗器械许可申请。

伪造、变造、买卖、出租、出借相关医疗器械许可证件的，由原发证部门予以收缴或者吊销，没收违法所得；违法所得不足1万元的，处1万元以上3万元以下罚款；违法所得1万元以上的，处违法所得3倍以上5倍以下罚款；构成违反治安管理行为的，由公安机关依法予以治安管理处罚。

第六十五条　未依照本条例规定备案的，由县级以上人民政府食品药品监督管理部门责令限期改正；逾期不改正的，向社会公告未备案单位和产品名称，可以处 1 万元以下罚款。

备案时提供虚假资料的，由县级以上人民政府食品药品监督管理部门向社会公告备案单位和产品名称；情节严重的，直接责任人员 5 年内不得从事医疗器械生产经营活动。

第六十六条　有下列情形之一的，由县级以上人民政府食品药品监督管理部门责令改正，没收违法生产、经营或者使用的医疗器械；违法生产、经营或者使用的医疗器械货值金额不足 1 万元的，并处 2 万元以上 5 万元以下罚款；货值金额 1 万元以上的，并处货值金额 5 倍以上 10 倍以下罚款；情节严重的，责令停产停业，直至由原发证部门吊销医疗器械注册证、医疗器械生产许可证、医疗器械经营许可证：

（一）生产、经营、使用不符合强制性标准或者不符合经注册或者备案的产品技术要求的医疗器械的；

（二）医疗器械生产企业未按照经注册或者备案的产品技术要求组织生产，或者未依照本条例规定建立质量管理体系并保持有效运行的；

（三）经营、使用无合格证明文件、过期、失效、淘汰的医疗器械，或者使用未依法注册的医疗器械的；

（四）食品药品监督管理部门责令其依照本条例规定实施召回或者停止经营后，仍拒不召回或者停止经营医疗器械的；

（五）委托不具备本条例规定条件的企业生产医疗器械，或者未对受托方的生产行为进行管理的。

第六十七条　有下列情形之一的，由县级以上人民政府食品药品监督管理部门责令改正，处 1 万元以上 3 万元以下罚款；情节严重的，责令停产停业，直至由原发证部门吊销医疗器械生产许可证、医疗器械经营许可证：

（一）医疗器械生产企业的生产条件发生变化、不再符合医疗器械质量管理体系要求，未依照本条例规定整改、停止生产、报告的；

（二）生产、经营说明书、标签不符合本条例规定的医疗器械的；

（三）未按照医疗器械说明书和标签标示要求运输、贮存医疗器械的；

（四）转让过期、失效、淘汰或者检验不合格的在用医疗器械的。

第六十八条　有下列情形之一的，由县级以上人民政府食品药品监督管理部门和卫生计生主管部门依据各自职责责令改正，给予警告；拒不改正的，处 5000 元以上 2 万元以下罚款；情节严重的，责令停产停业，直至由原发证部门吊销医疗器械生产许可证、医疗器械经营许可证：

（一）医疗器械生产企业未按照要求提交质量管理体系自查报告的；

（二）医疗器械经营企业、使用单位未依照本条例规定建立并执行医疗器械进货查验记录制度的；

（三）从事第二类、第三类医疗器械批发业务以及第三类医疗器械零售业务的经营企业未依照本条例规定建立并执行销售记录制度的；

（四）对重复使用的医疗器械，医疗器械使用单位未按照消毒和管理的规定进行处理的；

（五）医疗器械使用单位重复使用一次性使用的医疗器械，或者未按照规定销毁使用过的一次性使用的医疗器械的；

（六）对需要定期检查、检验、校准、保养、维护的医疗器械，医疗器械使用单位未按照产品说明书要求检查、检验、校准、保养、维护并予以记录，及时进行分析、评估，确保医疗器械处于良好状态的；

（七）医疗器械使用单位未妥善保存购入第三类医疗器械的原始资料，或者未按照规定将大型医疗器械以及植入和介入类医疗器械的信息记载到病历等相关记录中的；

（八）医疗器械使用单位发现使用的医疗器械存在安全隐患未立即停止使用、通知检修，或者继续使用经检修仍不能达到使用安全标准的医疗器械的；

（九）医疗器械生产经营企业、使用单位未依照本条例规定开展医疗器械不良事件监测，未按照要求报告不良事件，或者对医疗器械不良事件监测技术机构、食品药品监督管理部门开展的不良事件调查不予配合的。

第六十九条　违反本条例规定开展医疗器械临床试验的，由县级以上人民政府食品药品监督管理部门责令改正或者立即停止临床试验，可以处5万元以下罚款；造成严重后果的，依法对直接负责的主管人员和其他直接责任人员给予降级、撤职或者开除的处分；有医疗器械临床试验机构资质的，由授予其资质的主管部门撤销医疗器械临床试验机构资质，5年内不受理其资质认定申请。

医疗器械临床试验机构出具虚假报告的，由授予其资质的主管部门撤销医疗器械临床试验机构资质，10年内不受理其资质认定申请；由县级以上人民政府食品药品监督管理部门处5万元以上10万元以下罚款；有违法所得的，没收违法所得；对直接负责的主管人员和其他直接责任人员，依法给予撤职或者开除的处分。

第七十条　医疗器械检验机构出具虚假检验报告的，由授予其资质的主管部门撤销检验资质，10年内不受理其资质认定申请；处5万元以上10万元以下罚款；有违法所得的，没收违法所得；对直接负责的主管人员和其他直接责任人员，依法给予撤职或者开除的处分；受到开除处分的，自处分决定作出之日起10年内不得从事医疗器械检验工作。

第七十一条　违反本条例规定，发布未取得批准文件的医疗器械广告，未事先核实批准文件的真实性即发布医疗器械广告，或者发布广告内容与批准文件不一致的医疗器械广告的，由工商行政管理部门依照有关广告管理的法律、行政法规的规定给予处罚。

篡改经批准的医疗器械广告内容的，由原发证部门撤销该医疗器械的广告批准文件，2年内不受理其广告审批申请。

发布虚假医疗器械广告的，由省级以上人民政府食品药品监督管理部门决定暂停销售该医疗器械，并向社会公布；仍然销售该医疗器械的，由县级以上人民政府食品药品监督管理部门没收违法销售的医疗器械，并处2万元以上5万元以下罚款。

第七十二条　医疗器械技术审评机构、医疗器械不良事件监测技术机构未依照本条例规定履行职责，致使审评、监测工作出现重大失误的，由县级以上人民政府食品药品监督管理部门责令改正，通报批评，给予警告；造成严重后果的，对直接负责的主管人员和其他直接责任人员，依法给予降级、撤职或者开除的处分。

第七十三条　食品药品监督管理部门及其工作人员应当严格依照本条例规定的处罚种类和幅度，根据违法行为的性质和具体情节行使行政处罚权，具体办法由国务院食品药品监督管理部门制定。

第七十四条　违反本条例规定，县级以上人民政府食品药品监督管理部门或者其他有关部门不履行医疗器械监督管理职责或者滥用职权、玩忽职守、徇私舞弊的，由监察机关或者任免机关对直接负责的主管人员和其他直接责任人员依法给予警告、记过或者记大过的处分；造成严重后果的，给予降级、撤职或者开除的处分。

第七十五条　违反本条例规定，构成犯罪的，依法追究刑事责任；造成人身、财产或者其他损害的，依法承担赔偿责任。

第八章　附　则

第七十六条　本条例下列用语的含义：

医疗器械，是指直接或者间接用于人体的仪器、设备、器具、体外诊断试剂及校准物、材料以及其他类似或者相关的物品，包括所需要的计算机软件；其效用主要通过物理等方式获得，不是通过药理学、免疫学或者代谢的方式获得，或者虽然有这些方式参与但是只起辅助作用；其目的是：

（一）疾病的诊断、预防、监护、治疗或者缓解；

（二）损伤的诊断、监护、治疗、缓解或者功能补偿；

（三）生理结构或者生理过程的检验、替代、调节或者支持；

（四）生命的支持或者维持；

（五）妊娠控制；

（六）通过对来自人体的样本进行检查，为医疗或者诊断目的提供信息。

医疗器械使用单位，是指使用医疗器械为他人提供医疗等技术服务的机构，包括取得医疗机构执业许可证的医疗机构，取得计划生育技术服务机构执业许可证的计划生育技术服务机构，以及依法不需要取得医疗机构执业许可证的血站、单采血浆站、康复辅助器具适配机构等。

第七十七条　医疗器械产品注册可以收取费用。具体收费项目、标准分别由国务院财政、价格主管部门按照国家有关规定制定。

第七十八条　非营利的避孕医疗器械管理办法以及医疗卫生机构为应对突发公共卫生事件而研制的医疗器械的管理办法，由国务院食品药品监督管理部门会同国务院卫生计生主管部门制定。

中医医疗器械的管理办法，由国务院食品药品监督管理部门会同国务院中医药管理部门依据本条例的规定制定；康复辅助器具类医疗器械的范围及其管理办法，由国务院食品药品监督管理部门会同国务院民政部门依据本条例的规定制定。

第七十九条　军队医疗器械使用的监督管理，由军队卫生主管部门依据本条例和军队有关规定组织实施。

第八十条　本条例自 2014 年 6 月 1 日起施行。

[附录] **定制式义齿注册暂行规定**[来源：原国家食品药品监督管理局制定，2003 年 12 月 23 日公布　国食药监械〔2003〕365 号]

一、定制式义齿注册规定的依据

根据《医疗器械监督管理条例》，定制式义齿应进行注册。

二、定制式义齿产品的管理分类

使用已注册的义齿材料生产的定制式义齿产品为Ⅱ类医疗器械，使用未注册的材料生产的定制式义齿产品为Ⅲ类医疗器械，产品类代号为 6863—16，名称为"定制式义齿"。

三、定制式义齿注册产品标准的编写

（一）编写注册产品标准应遵照以下文件执行

1.《医疗器械标准管理办法》（国家药品监督管理局令第 31 号）。

2.《医疗器械注册产品标准编写规范》（国药监械〔2002〕407 号）。

3. GB/T1.1—2000 标准化工作导则　第 1 部分：标准的结构和编写规则。

4. GB/T1.2—2002 标准化工作导则　第 2 部分：标准中规范性技术要素内容的确定方法。

5. 我局制定了《定制式义齿产品质量基本要求》（见附件），作为注册产品标准审查的依据。

（二）注册产品标准中，对定制式义齿的要求（标准中的技术要素），根据义齿的原材料、分类和使用要求应至少包括以下内容：

1. 定制式义齿应根据医疗机构提供的患者牙模及按规定程序批准的图样制造；

2. 对定制式义齿主体原材料的规定。

（三）定制式义齿的规格尺寸在注册产品标准中可不作具体要求。

（四）注册产品标准中对定制式义齿产品的检验规则、单包装标志、外包装标志、合格证、使用说明书、运输方式和储存条件应有要求。

四、定制式义齿产品注册的申请

（一）定制式义齿生产企业在对其生产的定制式义齿产品申请《医疗器械注册证》时，应执行《医疗器械注册管理办法》（国家药品监督管理局令第16号）。

（二）定制式义齿产品注册时，如生产企业已建立体系并正常运行的，可直接申请准产注册；如未建立体系，按试产申请注册，可不要求提供体系考核报告。

（三）对于用已注册的原材料做成的产品，可不做生物性能检测。

（四）注册时企业提供的自测报告中应提供义齿加工检验流程记录。

（五）使用已注册的义齿材料生产的产品，注册时，企业应提供所用原材料的《医疗器械注册证》。

附件：定制式义齿产品质量的基本要求

一、说明

1. 分类

按照不同的修复方式，定制式义齿产品可以分为两类：固定修复体和活动修复体。

（1）固定修复体产品包括：冠、桥、嵌体、贴面等。

（2）活动修复体产品包括：局部义齿、总义齿等。

2. 基准

（1）固定修复体以完整的石膏模型为基准制作并检验。

（2）活动修复体以完整的石膏模型为基准制作，但修复体完成后模型即被破坏，不能以模型为基准进行检验。

二、固定修复体的基本要求

1. 修复体的制作应符合口腔临床医生的设计要求。

2. 修复体在模型上应有良好的密合度。在修复体边缘处，肉眼应观察不到明显的缝隙，用牙科探针划过时应无障碍感。

3. 修复体的邻面与相邻牙之间的接触部位应与同名正常牙的接触部位相一致。

4. 修复体的咬合面应有接触点，但不应存在咬合障碍。

5. 修复体的外形及大小应与同名牙相匹配，应符合牙齿的正常解剖特点。

6. 修复体瓷质部分的颜色应与医生设计单中要求的色号相符。用肉眼观察应无裂纹、无气泡。

7. 修复体的金属部分应高度抛光，表面粗糙度应达到 Ra≤0.025。用肉眼观察应无裂纹、无气泡，内部应无气孔、夹杂。

8. 冠修复体唇、颊面的微细结构应与正常牙一致。

三、活动修复体的基本要求

1. 活动修复体应符合口腔临床医生的设计要求。

2. 修复体中除组织面外，假牙、基托、卡环及连接体均应高度抛光。表面粗糙度应达到 Ra≤0.025。

3. 修复体的组织面不得存在残余石膏。

4. 树脂基托不能有肉眼可见气孔和裂纹，铸造的基托、连接体和卡环内部应无气孔、夹杂。

5. 全口总义齿的上、下颌修复体对𬌗后，4～7 牙位均应有接触，且上下颌修复体之间应无翘动现象。

[附录] **山东省定制式义齿管理办法**［来源：鲁食药监发〔2013〕20 号，山东省食品药品监督管理局关于印发山东省定制式义齿管理办法的通知，2013 年 12 月 26 日］

第一章 总则

第一条 为规范定制式义齿的生产、使用和监督管理，依据《医疗器械监督管理条例》、《医疗器械生产监督管理办法》、《医疗器械注册管理办法》、《医疗器械生产企业质量体系考核办法》、《医疗器械生产质量管理规范（试行）》等相关法规规章，制定本办法。

第二条 凡在山东省行政区域内从事定制式义齿的生产、使用和监督管理的单位和个人，应当遵守本办法。

第三条 本办法所称的定制式义齿，是指人工制作的能够恢复牙体缺损、牙列缺损、牙列缺失的形态、功能及外观的修复体。

第二章 生产管理

第四条 开办定制式义齿生产企业应依法取得《医疗器械生产许可证》和《医疗器械注册证》。申办《医疗器械生产许可证》，除应符合《医疗器械生产监督管理办法》、《医疗器械生产质量管理规范（试行）》有关规定外，还应符合以下条件：

（一）企业应当建立完备的质量管理体系，并保持有效运行，应配备质量管理体系内部审核员，从事质量管理和生产的人员应与生产规模相适应。

（二）企业质量机构负责人、生产和技术负责人应具有口腔技工工艺学或口腔医学相关专业大专及以上学历或中级及以上技术职称；企业生产（技术）负责人同质量负责人不得相互兼职。

（三）企业应配备专职检验人员，检验人员应具备相关专业学历并经培训，具有熟练操作检验设备完成检验工作的能力。

（四）企业从事代型、蜡型、铸造、车金、喷砂、堆瓷、车瓷、排牙及其他工序的生产操作人员，应经培训并具有独立完成某工序的能力。

（五）企业应具有与口腔定制式义齿生产相适应的生产设施、设备和检验检测仪器（详见附件）。

（六）生产区应设立在非居住性建筑内。对使用非工业用建筑的，应当由物业管理部门征得利益相关人同意后，出具可供生产使用的证明。

（七）生产区应与办公、生活区分开，周边环境应整洁，远离污染源。生产区（包括生产车间、质检室等）应布局科学，工艺流程合理，满足生产工艺要求，各生产区域应当单独设置或分区设置，其中消毒、铸造、喷砂、烤瓷、检验等工序必须有能独立开展工作的合理的生产区域，划分清楚，标识明确。

（八）企业应当制定生产工序流程、工艺文件和作业指导书，明确关键工序和特殊过程。

（九）企业应具备良好的物品贮存条件，仓储场所应满足采购物资、半成品及成品的存储要求，并合理分区、分类，标识明确。

第五条　企业对直接从事定制式义齿加工的技术工人、检验人员每年须进行理论和操作技能的专业培训，并保存相应的学习和培训记录。

第六条　生产定制式义齿应当符合以下要求：

（一）口腔模型的接受区应与生产区分开，口腔模型进入接受区之前应进行消毒；

（二）接受区的工作台面应每天清洁和消毒；

（三）用于清洗、消毒、包装的生产区应保持环境清洁；

（四）喷砂、抛光及打磨工位应配备吸尘装置；

（五）所使用的模型传递盒应在每一使用周期后进行清洗、消毒；

（六）口腔定制式义齿成品应消毒、包装后方可出厂，并随产品附符合法规要求的说明书、产品合格证和质保卡；

（七）铸造车间应单独设置，并配有防火、防爆装备；

（八）工作人员应着工作服并穿戴整洁，直接接触产品的员工每年应接受健康体检；

（九）定制式义齿生产后的废料应按照规定处理，铸造金属废料不得再次用于义齿制作，应保留废料数量及处理记录。

第七条　企业应加强原材料的采购、管理和控制，严格按照注册批准内容生产，不得使用未经注册的义齿材料加工定制式义齿。

第八条　成品出厂应经出厂检验，生产企业应开具相应的产品出库单及质保卡，质保卡应随产品交付医疗机构，由患者持有。

第九条　出库单及质保卡应载明生产企业名称、医疗机构名称、产品名称、注册证号、数量、产品编号、出库时间、原材料构成、患者姓名等信息。

第十条　企业应保存定制记录，不得接受无口腔医疗执业资格的单位或个人的委托加工定制式义齿。

第十一条　企业应当保持开展医疗器械不良事件监测和再评价工作的记录，并建立相关档案。

第三章　使用管理

第十二条　定制式义齿使用单位应当依据有关法律、法规和规章及本办法，结合实际，制定本单位义齿使用的管理制度。

管理制度至少应包括：质量管理制度、采购验收管理制度、首次采购供货商资质审核制度、信息公示制度、仓储管理制度、不合格品处理制度、质量跟踪制度、不良事件监测报告制度等。

第十三条　定制式义齿使用单位应从具有合法资质的企业购进义齿，首次采购应严格审核和索取供货商资质证明，同时加盖供方印章并存档。

供货商资质证明包括：《医疗器械生产许可证》复印件；《医疗器械注册证》及附件《医疗器械注册登记表》复印件；产品合格证明等。

第十四条　定制式义齿使用单位购进义齿须对产品包装、标识、有效期、合格证明等进行验收并做好验收记录。

第十五条　定制式义齿使用单位应保证患者持有定制式义齿的质保卡。并建立真实完整的使用记录，记录中须载明患者姓名及联系方式、医师姓名、定制类型、定制时间、产品编号等；同时建立真实完整的使用档案，包括义齿生产企业的定制单、印有编号的定制式义齿产品标签或说明书等，以保证产品的可追溯性。

第十六条　定制式义齿使用单位应在明显位置悬挂产品及齿科材料来源公开公示牌，对义齿的生产单位和采用的齿科材料进行公开，确保顾客的知情权。

第十七条　定制式义齿使用单位义齿的贮存应具备相应的条件，并建立管理制度。

仓库（区域）要保持相对独立，仓库（区域）面积与库存量相适宜，环境应整洁，库内墙壁及地面干净、卫生，室内通气、明亮。

仓库管理应实行分区、分类管理，进、出库要有记录，应有货物卡，要账、物、卡相符。

应明确专人负责仓库的养护工作，做好防尘、防火、防潮、防虫、防鼠等，并有养护记录。

第十八条　定制式义齿使用单位在进货验收、贮存等环节中疑为不合格的医疗器械，应予以确认与处理，已经确认不合格的医疗器械，不得使用，并记录相关内容。

第十九条　定制式义齿使用单位发现疑似医疗器械不良事件的，应当填写《可疑医疗器械不良事件报告表》，按照规定时限向医疗器械不良事件监测机构和相关行政管理部门报告，同时告知相关定制式义齿生产企业。

第四章　监督管理

第二十条　山东省食品药品监督管理局负责制定定制式义齿年度监督检查计划。市、县（区）食品药品监督管理部门负责组织实施本行政辖区内定制式义齿的监督检查和日常监督管理工作。

第二十一条　市、县（区）食品药品监督管理部门组织监督检查时，应当制定检查方案，严格检查程序，如实记录现场检查情况，检查结果应当以书面形式告知被检查单位。需要整改的应当提出整改内容及整改期限，并实施跟踪检查。

第二十二条　食品药品监督管理部门在监督检查中发现存在下列行为的，应依据《国务院关于加强食品等产品安全监督管理的特别规定》、《医疗器械监督管理条例》、《医疗器械生产监督管理办法》、《医疗器械注册管理办法》等相关法律、法规处理。

（一）定制式义齿生产企业未取得《医疗器械生产许可证》、《医疗器械注册证》从事定制式义齿生产销售的；

（二）未按照法定条件要求从事生产经营活动的；

（三）定制式义齿生产企业生产产品所使用的原料、辅料及其他材料，不符合法律、法规的规定和国家强制性标准的；

（四）定制式义齿生产企业未及时主动召回存在安全隐患产品的；

（五）定制式义齿使用单位使用无《医疗器械生产许可证》、《医疗器械注册证》产品的。

第二十三条　市、县（区）食品药品监督管理部门应当建立本行政区域内定制式义齿生产企业及使用单位的监管档案。监管档案应当包括：医疗器械注册审批、生产许可、生产使用监督检查、产品质量监督抽查、不良事件监测、不良行为记录和投诉举报等内容。对本行政区域内有不良行为记录的生产和使用单位，可以增加监督检查和产品抽验频次。

第五章　附则

第二十四条　本办法自2014年1月1日起施行，有效期至2016年12月31日。

[附录] **定制式义齿产品注册技术审查指导原则** [来源：国家食品药品监督管理总局，2011年5月11日发布]

本指导原则旨在指导和规范定制式义齿产品的技术审评工作，帮助审评人员理解和掌握该类产品原理／机理、结构、性能、预期用途等内容，把握技术审评工作基本要求和尺度，对产品安全性、有效性做出系统地评价。

本指导原则所确定的核心内容是在目前的科技认识水平和现有产品技术基础上形成的，因此，审评人员应注意其适宜性，密切关注适用标准及相关技术的最新进展，考虑产品的更新和变化。

本指导原则不作为法规强制执行，不包括行政审批要求。但是，审评人员需密切关注相关法规的变化，以确认申报产品是否符合法规要求。

一、适用范围

本指导原则所称定制式义齿是指人工制作的能够恢复牙体缺损、牙列缺损、牙列缺失的形态、功能及外观的修复体。定制式义齿产品可以分为固定义齿及活动义齿两类。

本指导原则适用于使用已注册的义齿材料生产的定制式义齿，产品类代号为Ⅱ-6863—16。

本指导原则不适用于种植体、颌面赝复体。

二、技术审查要点

（一）产品名称

1. 定制式义齿可命名为定制式固定义齿和定制式活动义齿。

定制式固定义齿和定制式活动义齿可按照产品的材料、工艺和结构的不同分成具体的型号。

如：

按主体材料可分为：树脂、金属、贵金属、瓷等；

按生产工艺可分为：铸造、胶连、烧结、沉积、切削等；

按结构功能可分为：贴面、嵌体、冠、桥、可摘局部义齿、全口义齿等。

2. 具体型号的命名应能反映制作产品的主要材料、工艺和结构，并适当考虑临床的习惯称谓。一般采用"主要材料＋工艺＋结构功能"的命名方法。

如：金沉积烤瓷冠、金合金烤瓷桥、弯制支架可摘局部义齿、树脂基托全口义齿。

（二）产品工作原理

定制式义齿是由临床机构设计、义齿加工生产企业生产的医疗器械产品，用于修复患者牙体缺损、牙列缺损、牙列缺失的形态、功能及外观。义齿加工生产企业依据临床机构提供的义齿加工单和患者的口腔模型（或称工作模型），选择合适的材料和工艺，生产的应符合医生设计要求的定制式义齿产品。

（三）产品适用的相关标准

1. GB/T 17168—1997 齿科铸造贵金属合金

2. GB/T 191—2008 包装储运图示标志

3. GB/T 6387—1986齿科材料名词术语

4. GB/T 9937.2—2008口腔词汇　第2部分：口腔材料

5. YY 0271.1—2009牙科水基水门汀　第1部分：粉/液酸碱水门汀

6. YY 0714.2—2009牙科学　活动义齿软衬材料　第2部分：长期使用材料

7. YY/T 0517—2009牙科预成根管桩

8. YY/T 0527—2009牙科学　复制材料

9. YY 0270—2003牙科学　义齿基托聚合物

10. YY 0272—2009牙科学　氧化锌/丁香酚水门汀和不含丁香酚的氧化锌水门汀

11. YY 0300—2009牙科学　修复用人工牙

12. YY 0301—1998牙科学　陶瓷牙

13. YY 0462—2003牙科石膏产品

14. YY 0463—2003牙科磷酸盐铸造包埋材料

15. YY 0493—2004牙科学　弹性体印模材料

16. YY 0494—2004牙科琼脂基水胶体印模材料

17. YY 0496—2004牙科铸造蜡

18. YY 0620—2008牙科学　铸造金合金

19. YY 0621—2008牙科金属　烤瓷修复体系

20. YY 0626—2008贵金属含量25%～75%的牙科铸造合金

21. YY 0710—2009牙科学　聚合物基冠桥材料

22. YY 0712—2009牙科硅酸乙酯结合剂铸造包埋材料

23. YY 0713—2009牙科石膏结合剂铸造包埋材料

24. YY 0714.1—2009牙科学　活动义齿软衬材料　第1部分：短期使用材料

25. YY 0716—2009牙科陶瓷

26. YY 0768—2009牙科学　义齿基托聚合物　冲击强度试验

27. YY 1027—2001齿科藻酸盐印模材料

28. YY 1042—2003牙科学　聚合物基充填、修复和粘固材料

29. YY 1070—2008牙科基托/模型蜡

　　上述标准包括了注册产品标准中经常涉及到的标准。有的企业还会根据产品的特点引用一些行业外的标准和一些较为特殊的标准。

　　产品适用及引用标准的审查可以分两步来进行。首先对引用标准的齐全性和适宜性进行审查，也就是在编写注册产品标准时与产品相关的国家、行业标准是否进行了引用，以及引用是否准确。可以通过对注册产品标准中"规范性引用文件"是否引用了相关标准，以及所引用的标准是否适宜来进行审查。此时，应注意标准编号、标准名称是否完整规范，年代号是否有效。

其次对引用标准的采纳情况进行审查。即所引用的标准中的条款要求,是否在注册产品标准中进行了实质性的条款引用。这种引用通常采用两种方式,文字表述繁多内容复杂的可以直接引用标准及条文号,比较简单的也可以直接引述具体要求。

(四)产品的预期用途

1. 定制式固定义齿用于牙列缺损或牙体缺损的固定修复。

(其中用于修复牙列缺损者指固定桥,修复牙体缺损者指贴面、嵌体、冠。)

2. 定制式活动义齿用于牙列缺损、牙列缺失的活动修复。

(其中用于修复牙列缺损者指可摘局部义齿,修复牙列缺失者指全口义齿。)

(五)产品的主要风险

定制式义齿应按照 YY/T 0316—2008《医疗器械风险管理对医疗器械的应用》进行风险分析。在进行风险分析时至少应包括以下的主要危害,企业还应根据自身产品特点确定其他危害(见表1)。

表1　义齿产品的主要危害

危害类型	可能的危害
生物学危害	义齿材料生物相容性潜在的危害,如:牙龈刺激、出现红肿。
	义齿在口腔环境中的降解、腐蚀,如:黑圈。
使用中危害	对副作用警告不充分。
	产品的异常使用、不适合的摘戴。
	活动义齿断裂,造成碎片吞咽,如崩瓷。
	产品的清洁消毒。

(六)产品的主要技术要求

1. 定制式固定义齿的主要技术要求

(1)应按医疗机构提供的工作模型及设计文件制造。

(2)义齿的制作,应使用具有医疗器械注册证书的齿科烤瓷合金、齿科铸造合金、瓷粉、瓷块、复合树脂、铸造蜡、铸造包埋材料及其他按医疗器械管理的产品。

(3)义齿中牙冠的颜色,应符合设计文件的要求。

(4)义齿暴露于口腔的金属部分应高度抛光,其表面粗糙度应达到 Ra≤0.025μm。固位体、连接体的表面应光滑、有光泽、无裂纹、无孔隙。瓷体部分应无裂纹、无气泡、无夹杂。

(5)金瓷结合性能

按照 YY 0621—2008 规定的方法试验,金属烤瓷的金瓷结合强度应不小于25MPa。

（6）耐急冷热性能

按照 YY 0301—1998 中 6.5 条规定的方法试验，义齿的任何瓷质部分不得出现裂纹。

（7）金属内部质量：

按附件规定的方法试验，义齿的金属内部质量应满足以下要求：

金属铸造全冠咬合面的厚度大于等于 0.7mm；

贵金属烤瓷内冠咬合面的厚度大于等于 0.5mm；

非贵金属烤瓷内冠咬合面的厚度大于等于 0.3mm；

金沉积内冠咬合面厚度大于等于 0.2mm。

（8）孔隙度：义齿的瓷质部分，按照 YY 0301—1998 中 6.6 条规定的方法试验，在试样受试表面上，直径大于 30μm 的孔隙不超过 16 个，其中直径为 40～150μm 的孔隙不超过 6 个，并且不应有直径大于 150μm 的孔隙。

（9）义齿与相邻牙之间应有接触，接触部位应与同名天然牙的接触部位相同。

（10）义齿边缘与工作模型的密合性

义齿边缘与工作模型之间密合，肉眼观察应无明显的缝隙，且用牙科探针划过时，应无障碍感。

（11）义齿的咬合面与对颌牙应有接触点，但不应产生咬合障碍。

（12）人工牙的外形及大小应与同名牙相匹配且符合牙齿的正常解剖形态。人工牙的唇、颊面微细结构，应与同名天然牙基本一致。

2. 定制式活动义齿的主要技术要求

（1）应按医疗机构提供的工作模型及设计文件制造。

（2）义齿的制作，应使用具有医疗器械注册证书的齿科铸造合金、陶瓷牙、合成树脂牙、义齿基托树脂、基托蜡、铸造蜡、铸造包埋材料及其他按医疗器械管理的产品。

（3）义齿除组织面外，人工牙、基托、卡环及连接体均应光滑。

（4）义齿的组织面不得存在残余石膏。

（5）义齿的基托不应有肉眼可见的气孔、裂纹。

（6）义齿中的人工牙的颜色，符合设计文件的要求。

（7）义齿基托树脂部分应颜色均匀，按附件规定的方法试验，义齿基托树脂部分应具有良好的色泽稳定性。

（8）局部义齿金属部分内部质量

按附件规定的方法试验，义齿卡环体部与卡环臂部的连接处应无气泡或砂眼，卡环臂至卡环尖的图像变化应均匀。

（9）局部义齿的铸造连接体和卡环不应有肉眼可见的气孔、裂纹和夹杂；卡环体与卡环臂连接处的最大厚度不小于 1.0mm；舌杆下缘的厚度不小于 2.0mm，前腭杆的厚度不小于1.0mm,后腭杆的厚度为1.2～2.0mm,腭板的厚度不小于0.5mm。

(10) 全口义齿的上、下颌对𬌗后,上下颌同名后牙均应有接触。轮番按压上下颌义齿的第一前磨牙、第二磨牙区域,上下颌义齿之间应无翘动现象。人工牙的功能尖(又称"工作尖")基本位于牙槽嵴顶。

(11) 全口义齿的树脂基托部分最薄处应不小于2mm。

(七) 产品的出厂检验和型式试验

1. 出厂检验

(1) 定制式固定义齿应由检验部门进行逐件出厂检验,合格后方可出厂。出厂检验项目至少应包括固定义齿的主要技术要求中的(1)、(2)、(3)、(4)、(9)、(10)、(11)、(12)。

(2) 定制式活动义齿应由检验部门进行逐件出厂检验,合格后方可出厂。出厂检验项目至少应包括活动义齿的主要技术要求中的(1)、(2)、(3)、(4)、(5)、(6)、(9)、(10)。

2. 型式试验

产品型式试验项目为主要技术要求中的全部要求。

(八) 产品的临床要求

定制式义齿产品属于定制式产品,其产品的安全性和有效性可通过产品注册检验和质量体系考核等方面予以确认,因此定制式义齿可豁免临床试验,在产品注册过程中,可提供相关临床试验资料。

(九) 标志、包装、运输和贮存

产品说明书、标签和包装标识的编写要求,应符合《医疗器械说明书、标签和包装标识管理规定》(10号令),还应符合以下要求:

1. 包装的标志

(1) 制造厂名称、地址和电话;

(2) 产品名称;

(3) 产品编号;

(4) 出厂日期;

(5) 产品注册证号。

2. 每一包装内应附有检验合格证,合格证上应有检验员代号。

3. 追溯标识

每个定制式义齿应附有追溯标识,追溯标识至少包含以下内容:

医疗机构(委托方)名称;

企业名称;

产品名称;产品批号

注册证号;

材料注册证号(固定义齿至少包括:瓷粉、金属、树脂、瓷块,活动义齿至少包括:树脂、金属、成品牙);

材料批号。

4.包装要求

(1)包装具有防挤压的功能,在正常搬运和贮存期间产品不应损坏;

(2)包装中应有设计单、合格证等。

(十)产品的不良事件历史记录

定制式义齿产品暂未发现不良事件。

(十一)注册单元划分的原则

产品的注册单元原则上以修复体类型为划分依据。

可划分为:定制式固定义齿,定制式活动义齿。

(十二)同一注册单元中典型产品的确定原则、抽样原则

1.同一注册单元内,典型产品作为被检测的产品。典型产品是指能够涵盖本注册单元内全部产品工艺的一个或多个产品。

2.抽样原则

按照"同一注册单元内,所检测的产品应当是能够代表本注册单元内全部产品安全性和有效性的典型产品"的原则,故抽取样品应能涵盖该注册单元内全部产品的生产工艺。

(十三)注意事项、禁忌证的说明

1.注意事项一般应有以下内容:

(1)定制式义齿需要由具有专业资质的医师进行戴用、调试。

(2)定制式义齿戴用前应经过清洁、消毒。

(3)应根据产品的材料特性,提出产品使用、清洁、消毒的注意事项。

(4)定制式活动义齿不能用酸性和碱性清洗剂和消毒剂,饭后和睡前应摘下清洗,不宜用热水浸泡等。

(5)在贮存、运输过程中的要求。

2.禁忌证至少应有以下内容:

(1)有吞服活动义齿危险的患者;

(2)对义齿材料过敏者;

(3)基牙形态不适合戴用义齿者。

三、审查关注点

(一)关于产品的规格型号

定制式义齿可按照产品的材料、工艺和结构的不同分成具体的型号,在注册审查的过程中应注意区分不同的型号予以注册。

（二）关于产品的加工检验记录

自测报告中应提供义齿加工检验流程记录，且应提供每一型号的记录。

（三）关于原材料的证明

使用已注册的义齿材料生产的产品，注册时，应关注企业提供所用原材料的《医疗器械注册证书》。使用未注册的材料生产的定制式义齿产品为Ⅲ类医疗器械。

（四）关于典型产品

同一注册单元内，典型产品作为被检测的产品。典型产品是指能够含盖本注册单元内全部产品工艺的一个或多个产品。

按照"同一注册单元内，所检测的产品应当是能够代表本注册单元内其他产品安全性和有效性的典型产品"的原则，抽取样品应能涵盖该注册单元全部产品的生产工艺。

如：活动义齿应抽取带弯制卡环的铸造支架局部义齿和全口总义齿各一套。

如：固定义齿应抽取义齿样品数量不低于3单位的金属烤瓷桥（铸造和沉积）和全瓷桥进行检测。

如企业只生产单冠产品，可抽取1颗单冠进行检测。

第八章

口腔放射工作管理

    为加强放射诊疗工作的管理，保证医疗质量和医疗安全，保障放射诊疗工作人员、患者和公众的健康权益，依据《中华人民共和国职业病防治法》、《放射性同位素与射线装置安全和防护条例》和《医疗机构管理条例》等法律、行政法规的规定，制定《放射诊疗管理规定》，本规定适用于开展放射诊断工作的口腔诊所。为实施《放射诊疗管理规定》，指导和规范各地的放射诊疗许可工作，根据《卫生行政许可管理办法》和有关法律、法规、规章的规定，卫生部制定了《放射诊疗许可证发放管理程序》，口腔诊所应申请放射诊疗许可证，放射诊疗许可证申请和发放工作要严格依据相应法律、法规、标准、规范和程序进行。

    [附录] **放射诊疗管理规定**[来源：原卫生部令第46号，《放射诊疗管理规定》已于2005年6月2日经原卫生部部务会议讨论通过，现予以发布，自2006年3月1日起施行]

第一章　总则

    第一条　为加强放射诊疗工作的管理，保证医疗质量和医疗安全，保障放射诊疗工作人员、患者和公众的健康权益，依据《中华人民共和国职业病防治法》、《放射性同位素与射线装置安全和防护条例》和《医疗机构管理条例》等法律、行政法规的规定，制定本规定。

    第二条　本规定适用于开展放射诊疗工作的医疗机构。

    本规定所称放射诊疗工作，是指使用放射性同位素、射线装置进行临床医学诊断、治疗和健康检查的活动。

    第三条　卫生部负责全国放射诊疗工作的监督管理。

    县级以上地方人民政府卫生行政部门负责本行政区域内放射诊疗工作的监督管理。

    第四条　放射诊疗工作按照诊疗风险和技术难易程度分为四类管理：

    （一）放射治疗；

    （二）核医学；

    （三）介入放射学；

（四）X射线影像诊断。

医疗机构开展放射诊疗工作，应当具备与其开展的放射诊疗工作相适应的条件，经所在地县级以上地方卫生行政部门的放射诊疗技术和医用辐射机构许可（以下简称放射诊疗许可）。

第五条　医疗机构应当采取有效措施，保证放射防护、安全与放射诊疗质量符合有关规定、标准和规范的要求。

第二章　执业条件

第六条　医疗机构开展放射诊疗工作，应当具备以下基本条件：

（一）具有经核准登记的医学影像科诊疗科目；

（二）具有符合国家相关标准和规定的放射诊疗场所和配套设施；

（三）具有质量控制与安全防护专（兼）职管理人员和管理制度，并配备必要的防护用品和监测仪器；

（四）产生放射性废气、废液、固体废物的，具有确保放射性废气、废液、固体废物达标排放的处理能力或者可行的处理方案；

（五）具有放射事件应急处理预案。

第七条　医疗机构开展不同类别放射诊疗工作，应当分别具有下列人员：

（一）开展放射治疗工作的，应当具有：

1. 中级以上专业技术职务任职资格的放射肿瘤医师；

2. 病理学、医学影像学专业技术人员；

3. 大学本科以上学历或中级以上专业技术职务任职资格的医学物理人员；

4. 放射治疗技师和维修人员。

（二）开展核医学工作的，应当具有：

1. 中级以上专业技术职务任职资格的核医学医师；

2. 病理学、医学影像学专业技术人员；

3. 大学本科以上学历或中级以上专业技术职务任职资格的技术人员或核医学技师。

（三）开展介入放射学工作的，应当具有：

1. 大学本科以上学历或中级以上专业技术职务任职资格的放射影像医师；

2. 放射影像技师；

3. 相关内、外科的专业技术人员。

（四）开展X射线影像诊断工作的，应当具有专业的放射影像医师。

第八条　医疗机构开展不同类别放射诊疗工作，应当分别具有下列设备：

（一）开展放射治疗工作的，至少有一台远距离放射治疗装置，并具有模拟定位设备和相应的治疗计划系统等设备；

（二）开展核医学工作的，具有核医学设备及其他相关设备；

（三）开展介入放射学工作的，具有带影像增强器的医用诊断 X 射线机、数字减影装置等设备；

（四）开展 X 射线影像诊断工作的，有医用诊断 X 射线机或 CT 机等设备。

第九条　医疗机构应当按照下列要求配备并使用安全防护装置、辐射检测仪器和个人防护用品：

（一）放射治疗场所应当按照相应标准设置多重安全联锁系统、剂量监测系统、影像监控、对讲装置和固定式剂量监测报警装置；配备放疗剂量仪、剂量扫描装置和个人剂量报警仪；

（二）开展核医学工作的，设有专门的放射性同位素分装、注射、储存场所，放射性废物屏蔽设备和存放场所；配备活度计、放射性表面污染监测仪；

（三）介入放射学与其他 X 射线影像诊断工作场所应当配备工作人员防护用品和受检者个人防护用品。

第十条　医疗机构应当对下列设备和场所设置醒目的警示标志：

（一）装有放射性同位素和放射性废物的设备、容器，设有电离辐射标志；

（二）放射性同位素和放射性废物储存场所，设有电离辐射警告标志及必要的文字说明；

（三）放射诊疗工作场所的入口处，设有电离辐射警告标志；

（四）放射诊疗工作场所应当按照有关标准的要求分为控制区、监督区，在控制区进出口及其他适当位置，设有电离辐射警告标志和工作指示灯。

第三章　放射诊疗的设置与批准

第十一条　医疗机构设置放射诊疗项目，应当按照其开展的放射诊疗工作的类别，分别向相应的卫生行政部门提出建设项目卫生审查、竣工验收和设置放射诊疗项目申请：

（一）开展放射治疗、核医学工作的，向省级卫生行政部门申请办理；

（二）开展介入放射学工作的，向设区的市级卫生行政部门申请办理；

（三）开展 X 射线影像诊断工作的，向县级卫生行政部门申请办理。

同时开展不同类别放射诊疗工作的，向具有高类别审批权的卫生行政部门申请办理。

第十二条　新建、扩建、改建放射诊疗建设项目，医疗机构应当在建设项目施工前向相应的卫生行政部门提交职业病危害放射防护预评价报告，申请进行建设项目卫生审查。立体定向放射治疗、质子治疗、重离子治疗、带回旋加速器的正电子发射断层扫描诊断等放射诊疗建设项目，还应当提交卫生部指定的放射卫生技术机构出具的预评价报告技术审查意见。

卫生行政部门应当自收到预评价报告之日起三十日内，作出审核决定。经审核符合国家相关卫生标准和要求的，方可施工。

第十三条　医疗机构在放射诊疗建设项目竣工验收前，应当进行职业病危害控制效果评价；并向相应的卫生行政部门提交下列资料，申请进行卫生验收：

（一）建设项目竣工卫生验收申请；

（二）建设项目卫生审查资料；

（三）职业病危害控制效果放射防护评价报告；

（四）放射诊疗建设项目验收报告。

立体定向放射治疗、质子治疗、重离子治疗、带回旋加速器的正电子发射断层扫描诊断等放射诊疗建设项目，应当提交卫生部指定的放射卫生技术机构出具的职业病危害控制效果评价报告技术审查意见和设备性能检测报告。

第十四条　医疗机构在开展放射诊疗工作前，应当提交下列资料，向相应的卫生行政部门提出放射诊疗许可申请：

（一）放射诊疗许可申请表；

（二）《医疗机构执业许可证》或《设置医疗机构批准书》（复印件）；

（三）放射诊疗专业技术人员的任职资格证书（复印件）；

（四）放射诊疗设备清单；

（五）放射诊疗建设项目竣工验收合格证明文件。

第十五条　卫生行政部门对符合受理条件的申请应当即时受理；不符合要求的，应当在五日内一次性告知申请人需要补正的资料或者不予受理的理由。

卫生行政部门应当自受理之日起二十日内作出审查决定，对合格的予以批准，发给《放射诊疗许可证》；不予批准的，应当书面说明理由。

《放射诊疗许可证》的格式由卫生部统一规定（见附件）。

第十六条　医疗机构取得《放射诊疗许可证》后，到核发《医疗机构执业许可证》的卫生行政执业登记部门办理相应诊疗科目登记手续。执业登记部门应根据许可情况，将医学影像科核准到二级诊疗科目。

未取得《放射诊疗许可证》或未进行诊疗科目登记的，不得开展放射诊疗工作。

第十七条　《放射诊疗许可证》与《医疗机构执业许可证》同时校验，申请校验时应当提交本周期有关放射诊疗设备性能与辐射工作场所的检测报告、放射诊疗工作人员健康监护资料和工作开展情况报告。

医疗机构变更放射诊疗项目的，应当向放射诊疗许可批准机关提出许可变更申请，并提交变更许可项目名称、放射防护评价报告等资料；同时向卫生行政执业登记部门提出诊疗科目变更申请，提交变更登记项目及变更理由等资料。

卫生行政部门应当自收到变更申请之日起二十日内作出审查决定。未经批准不得变更。

第十八条　有下列情况之一的，由原批准部门注销放射诊疗许可，并登记存档，予以公告：

（一）医疗机构申请注销的；

（二）逾期不申请校验或者擅自变更放射诊疗科目的；

（三）校验或者办理变更时不符合相关要求，且逾期不改进或者改进后仍不符合要求的；

（四）歇业或者停止诊疗科目连续一年以上的；

（五）被卫生行政部门吊销《医疗机构执业许可证》的。

第四章　安全防护与质量保证

第十九条　医疗机构应当配备专（兼）职的管理人员，负责放射诊疗工作的质量保证和安全防护。其主要职责是：

（一）组织制定并落实放射诊疗和放射防护管理制度；

（二）定期组织对放射诊疗工作场所、设备和人员进行放射防护检测、监测和检查；

（三）组织本机构放射诊疗工作人员接受专业技术、放射防护知识及有关规定的培训和健康检查；

（四）制定放射事件应急预案并组织演练；

（五）记录本机构发生的放射事件并及时报告卫生行政部门。

第二十条　医疗机构的放射诊疗设备和检测仪表，应当符合下列要求：

（一）新安装、维修或更换重要部件后的设备，应当经省级以上卫生行政部门资质认证的检测机构对其进行检测，合格后方可启用；

（二）定期进行稳定性检测、校正和维护保养，由省级以上卫生行政部门资质认证的检测机构每年至少进行一次状态检测；

（三）按照国家有关规定检验或者校准用于放射防护和质量控制的检测仪表；

（四）放射诊疗设备及其相关设备的技术指标和安全、防护性能，应当符合有关标准与要求。

不合格或国家有关部门规定淘汰的放射诊疗设备不得购置、使用、转让和出租。

第二十一条　医疗机构应当定期对放射诊疗工作场所、放射性同位素储存场所和防护设施进行放射防护检测，保证辐射水平符合有关规定或者标准。

放射性同位素不得与易燃、易爆、腐蚀性物品同库储存；储存场所应当采取有效的防泄漏等措施，并安装必要的报警装置。

放射性同位素储存场所应当有专人负责，有完善的存入、领取、归还登记和检查的制度，做到交接严格，检查及时，账目清楚，账物相符，记录资料完整。

第二十二条　放射诊疗工作人员应当按照有关规定配戴个人剂量计。

第二十三条　医疗机构应当按照有关规定和标准，对放射诊疗工作人员进行上岗前、在岗期间和离岗时的健康检查，定期进行专业及防护知识培训，并分别建立个人剂量、职业健康管理和教育培训档案。

第二十四条 医疗机构应当制定与本单位从事的放射诊疗项目相适应的质量保证方案,遵守质量保证监测规范。

第二十五条 放射诊疗工作人员对患者和受检者进行医疗照射时,应当遵守医疗照射正当化和放射防护最优化的原则,有明确的医疗目的,严格控制受照剂量;对邻近照射野的敏感器官和组织进行屏蔽防护,并事先告知患者和受检者辐射对健康的影响。

第二十六条 医疗机构在实施放射诊断检查前应当对不同检查方法进行利弊分析,在保证诊断效果的前提下,优先采用对人体健康影响较小的诊断技术。

实施检查应当遵守下列规定:

(一)严格执行检查资料的登记、保存、提取和借阅制度,不得因资料管理、受检者转诊等原因使受检者接受不必要的重复照射;

(二)不得将核素显像检查和 X 射线胸部检查列入对婴幼儿及少年儿童体检的常规检查项目;

(三)对育龄妇女腹部或骨盆进行核素显像检查或 X 射线检查前,应问明是否怀孕;非特殊需要,对受孕后八至十五周的育龄妇女,不得进行下腹部放射影像检查;

(四)应当尽量以胸部 X 射线摄影代替胸部荧光透视检查;

(五)实施放射性药物给药和 X 射线照射操作时,应当禁止非受检者进入操作现场;因患者病情需要其他人员陪检时,应当对陪检者采取防护措施。

第二十七条 医疗机构使用放射影像技术进行健康普查的,应当经过充分论证,制定周密的普查方案,采取严格的质量控制措施。

使用便携式 X 射线机进行群体透视检查,应当报县级卫生行政部门批准。

在省、自治区、直辖市范围内进行放射影像健康普查,应当报省级卫生行政部门批准。

跨省、自治区、直辖市或者在全国范围内进行放射影像健康普查,应当报卫生部批准。

第二十八条 开展放射治疗的医疗机构,在对患者实施放射治疗前,应当进行影像学、病理学及其他相关检查,严格掌握放射治疗的适应证。对确需进行放射治疗的,应当制定科学的治疗计划,并按照下列要求实施:

(一)对体外远距离放射治疗,放射诊疗工作人员在进入治疗室前,应首先检查操作控制台的源位显示,确认放射线束或放射源处于关闭位时,方可进入;

(二)对近距离放射治疗,放射诊疗工作人员应当使用专用工具拿取放射源,不得徒手操作;对接受敷贴治疗的患者采取安全护理,防止放射源被患者带走或丢失;

（三）在实施永久性籽粒插植治疗时，放射诊疗工作人员应随时清点所使用的放射性籽粒，防止在操作过程中遗失；放射性籽粒植入后，必须进行医学影像学检查，确认植入部位和放射性籽粒的数量；

（四）治疗过程中，治疗现场至少应有2名放射诊疗工作人员，并密切注视治疗装置的显示及病人情况，及时解决治疗中出现的问题；严禁其他无关人员进入治疗场所；

（五）放射诊疗工作人员应当严格按照放射治疗操作规范、规程实施照射；不得擅自修改治疗计划；

（六）放射诊疗工作人员应当验证治疗计划的执行情况，发现偏离计划现象时，应当及时采取补救措施并向本科室负责人或者本机构负责医疗质量控制的部门报告。

第二十九条 开展核医学诊疗的医疗机构，应当遵守相应的操作规范、规程，防止放射性同位素污染人体、设备、工作场所和环境；按照有关标准的规定对接受体内放射性药物诊治的患者进行控制，避免其他患者和公众受到超过允许水平的照射。

第三十条 核医学诊疗产生的放射性固体废物、废液及患者的放射性排出物应当单独收集，与其他废物、废液分开存放，按照国家有关规定处理。

第三十一条 医疗机构应当制定防范和处置放射事件的应急预案；发生放射事件后应当立即采取有效应急救援和控制措施，防止事件的扩大和蔓延。

第三十二条 医疗机构发生下列放射事件情形之一的，应当及时进行调查处理，如实记录，并按照有关规定及时报告卫生行政部门和有关部门：

（一）诊断放射性药物实际用量偏离处方剂量50%以上的；

（二）放射治疗实际照射剂量偏离处方剂量25%以上的；

（三）人员误照或误用放射性药物的；

（四）放射性同位素丢失、被盗和污染的；

（五）设备故障或人为失误引起的其他放射事件。

第五章 监督管理

第三十三条 医疗机构应当加强对本机构放射诊疗工作的管理，定期检查放射诊疗管理法律、法规、规章等制度的落实情况，保证放射诊疗的医疗质量和医疗安全。

第三十四条 县级以上地方人民政府卫生行政部门应当定期对本行政区域内开展放射诊疗活动的医疗机构进行监督检查。检查内容包括：

（一）执行法律、法规、规章、标准和规范等情况；

（二）放射诊疗规章制度和工作人员岗位责任制等制度的落实情况；

（三）健康监护制度和防护措施的落实情况；

（四）放射事件调查处理和报告情况。

第三十五条　卫生行政部门的执法人员依法进行监督检查时，应当出示证件；被检查的单位应当予以配合，如实反映情况，提供必要的资料，不得拒绝、阻碍、隐瞒。

第三十六条　卫生行政部门的执法人员或者卫生行政部门授权实施检查、检测的机构及其工作人员依法检查时，应当保守被检查单位的技术秘密和业务秘密。

第三十七条　卫生行政部门应当加强监督执法队伍建设，提高执法人员的业务素质和执法水平，建立健全对执法人员的监督管理制度。

第六章　法律责任

第三十八条　医疗机构有下列情形之一的，由县级以上卫生行政部门给予警告、责令限期改正，并可以根据情节处以3000元以下的罚款；情节严重的，吊销其《医疗机构执业许可证》。

（一）未取得放射诊疗许可从事放射诊疗工作的；

（二）未办理诊疗科目登记或者未按照规定进行校验的；

（三）未经批准擅自变更放射诊疗项目或者超出批准范围从事放射诊疗工作的。

第三十九条　医疗机构使用不具备相应资质的人员从事放射诊疗工作的，由县级以上卫生行政部门责令限期改正，并可以处以5000元以下的罚款；情节严重的，吊销其《医疗机构执业许可证》。

第四十条　医疗机构违反建设项目卫生审查、竣工验收有关规定的，按照《中华人民共和国职业病防治法》的规定进行处罚。

第四十一条　医疗机构违反本规定，有下列行为之一的，由县级以上卫生行政部门给予警告，责令限期改正；并可处一万元以下的罚款：

（一）购置、使用不合格或国家有关部门规定淘汰的放射诊疗设备的；

（二）未按照规定使用安全防护装置和个人防护用品的；

（三）未按照规定对放射诊疗设备、工作场所及防护设施进行检测和检查的；

（四）未按照规定对放射诊疗工作人员进行个人剂量监测、健康检查、建立个人剂量和健康档案的；

（五）发生放射事件并造成人员健康严重损害的；

（六）发生放射事件未立即采取应急救援和控制措施或者未按照规定及时报告的；

（七）违反本规定的其他情形。

第四十二条　卫生行政部门及其工作人员违反本规定，对不符合条件的医疗机构发放《放射诊疗许可证》的，或者不履行法定职责，造成放射事故的，对直接负责的主管人员和其他直接责任人员,依法给予行政处分;情节严重,构成犯罪的,依法追究刑事责任。

第七章　附则

第四十三条　本规定中下列用语的含义:

放射治疗:是指利用电离辐射的生物效应治疗肿瘤等疾病的技术。

核医学:是指利用放射性同位素诊断或治疗疾病或进行医学研究的技术。

介入放射学:是指在医学影像系统监视引导下,经皮针穿刺或引入导管做抽吸注射、引流或对管腔、血管等做成型、灌注、栓塞等,以诊断与治疗疾病的技术。

X射线影像诊断:是指利用X射线的穿透等性质取得人体内器官与组织的影像信息以诊断疾病的技术。

第四十四条　已开展放射诊疗项目的医疗机构应当于2006年9月1日前按照本办法规定,向卫生行政部门申请放射诊疗技术和医用辐射机构许可,并重新核定医学影像科诊疗科目。

第四十五条　本规定由卫生部负责解释。

第四十六条　本规定自2006年3月1日起施行。2001年10月23日发布的《放射工作卫生防护管理办法》同时废止。

[附录] **放射诊疗许可证发放管理程序**[来源:卫监督发〔2006〕479号,原卫生部关于印发放射诊疗许可证发放管理程序的通知,2006年12月18日发布]

第一章　总则

第一条　为实施《放射诊疗管理规定》,规范放射诊疗许可证发放工作,根据《卫生行政许可管理办法》和有关法律、法规、规章的规定,制定本程序。

第二条　县级以上地方人民政府卫生行政部门遵照本程序,负责办理《放射诊疗许可证》的相关事宜,依法履行对放射诊疗工作的监督管理职责。

第三条　省级卫生行政部门可以根据本程序的规定,结合本地区实际情况,制定本行政区域内放射诊疗许可工作的具体实施程序。

第四条　卫生行政部门发放《放射诊疗许可证》,应当遵循公开、公平、公正、便民的原则,公布受理机构名称、地点、受理和批准条件、受理时间和审批期限等事项。

第五条　医疗机构开展放射诊疗工作,应当按照本程序向地方卫生行政部门提出申请,取得《放射诊疗许可证》并办理相应诊疗科目登记后,方可从事许可范围内的放射诊疗工作。

第二章　申请与受理

第六条　医疗机构申请放射诊疗许可,应当向地方卫生行政部门提交申请材料。

申请材料主要包括：

（一）放射诊疗许可申请表（附1）；

（二）《医疗机构执业许可证》（复印件）或《设置医疗机构批准书》（复印件）；

（三）放射诊疗工作人员专业技术职务任职资格证书（复印件）；

（四）放射诊疗设备清单。

其中（一）和（四）需同时提交电子版。

需提供的其他材料：

（一）属于配置许可管理的放射诊疗设备，尚需提交大型医用设备配置许可证明文件（复印件）；

（二）《放射工作卫生许可证》或《辐射安全许可证》（复印件）；

（三）本年度放射诊疗设备防护性能检测报告（复印件）；

（四）如果是《放射诊疗管理规定》实施后的新建、改建、扩建项目，需要提交放射诊疗建设项目竣工验收合格证明文件（复印件）。

第七条　医疗机构按照所开展的放射诊疗工作类别向所在地卫生行政部门提出许可申请：

（一）使用X射线CT机、CR、DR、普通X射线机或牙科、乳腺X射线机等开展X射线影像诊断工作的医疗机构，向县级卫生行政部门提出申请。

（二）开展（一）所列放射诊断工作，同时开展介入放射诊疗工作的医疗机构，向设区的市级地方卫生行政部门提出申请。

（三）开展（一）、（二）所列放射诊疗工作，同时使用γ刀、X刀、医用加速器、质子治疗装置、中子治疗装置、重离子治疗装置、钴-60机、后装治疗机、深部X射线机、敷贴治疗源、PET、SPECT、γ相机、γ骨密度仪、籽粒插植治疗源或放射性药物等开展放射治疗或核医学工作的医疗机构，向省级卫生行政部门提出申请。

第八条　申请材料应当真实、完整，原件应加盖申请机构公章。

对符合受理要求的，地方卫生行政部门应当在5个工作日内受理并向申请机构出具申请受理通知书。

不符合受理要求的，地方卫生行政部门应当在5个工作日内向申请机构出具申请不予受理通知书。不予受理通知书应写明不予受理的理由。

第三章　审查与批准

第九条　地方卫生行政部门应当对医疗机构提出的放射诊疗许可申请进行资料审查，必要时，可以进行现场审核。

第十条　现场审核工作应当有2名以上工作人员。审核人员的组成应当满足审核所需法律知识和专业技术能力的需要。审核人员应当严格遵守有关规定，不得与被审核单位或项目有经济利益关系，不得向被审核单位收取费用或谋取其他不正当利益。

第十一条　现场审核人员应当对医疗机构申请材料所列的内容进行核实，填写《放射诊疗许可现场审核表》(附2)，出具现场审核意见，给出"建议批准"、"建议整改"或"建议不批准"的结论。

第十二条　地方卫生行政部门自受理之日起，在20个工作日内作出审查决定。

第十三条　审核结论为"建议批准"的，由地方卫生行政部门履行审批程序，并发放《放射诊疗许可证》。

第十四条　申请机构持《放射诊疗许可证》到核发《医疗机构执业许可证》的卫生行政部门申请相应的放射诊疗科目登记。办理登记的程序按照《医疗机构管理条例实施细则》的规定执行。

第十五条　审核结论为"建议整改"的，地方卫生行政部门应向申请机构发出《整改通知书》。

申请机构应在收到《整改通知书》之日起三个月内，按照要求进行整改，并向地方卫生行政部门提交整改报告。整改期不计算在许可期限内。逾期未按照要求完成整改的，应当向卫生行政部门书面说明理由。

第十六条　地方卫生行政部门在接到整改报告之日起20个工作日内完成复核工作，并提出复核意见。

第十七条　审核或复核结论为"建议不批准"的，地方卫生行政部门审核并作出不予许可的决定，向申请机构发出《不予行政许可决定书》，决定书中应说明不予许可的理由。

第四章　校验、变更和注销

第十八条　医疗机构《放射诊疗许可证》的校验与《医疗机构执业许可证》校验一并进行，并由核发《医疗机构执业许可证》的卫生行政部门负责具体校验事宜。医疗机构应当提交下列材料：

(一)《放射诊疗许可证》正、副本；

(二) 放射诊疗设备、人员清单及变动情况；

(三) 放射工作人员个人剂量监测、健康检查和教育培训情况；

(四) 放射防护与质量控制管理与检测情况及检测报告；

(五) 放射事件发生与处理情况。

校验部门自接到申请之日起30个工作日内，对申报材料进行审查，必要时可请有关专业技术人员或专业技术管理部门提出评价意见，符合要求的，予以校验；不符合要求的，提出整改意见，要求医疗机构限期整改。

第十九条　医疗机构变更放射诊疗场所、诊疗设备或诊疗项目的，应当按照本程序第六条至第八条的要求向有变更项目审批权的卫生行政部门申请办理变更手续，提交申请材料并在申请材料中注明变更内容。

第二十条 地方卫生行政部门按照本程序第九条至第十七条的规定办理放射诊疗许可变更手续。

第二十一条 医疗机构有下列情形之一的,由原许可的地方卫生行政部门注销放射诊疗许可,并予以公告:

（一）医疗机构申请注销的;

（二）逾期不申请校验或者擅自变更放射诊疗科目的;

（三）校验或者办理变更时不符合相关要求,且逾期不改进或者改进后仍不符合要求的;

（四）歇业或者停止放射诊疗科目连续一年以上的;

（五）被依法吊销《医疗机构执业许可证》、大型医疗设备配置许可的。

第五章 监督管理

第二十二条 医疗机构取得《放射诊疗许可证》后,应当悬挂在明显位置,接受监督;严禁伪造、涂改、转让、出借或倒卖。

第二十三条 医疗机构遗失《放射诊疗许可证》,应当及时在发证机关所在地的主要报刊上刊登遗失公告,并在公告30日后的一个月内向原发证部门申请补办。

第二十四条 县级以上地方卫生行政部门应当建立健全《放射诊疗许可证》发放监督管理制度。

第二十五条 检查中发现或接到举报并经核实有下列情形之一的,作出放射诊疗许可决定的卫生行政部门或者其上级卫生行政部门应当撤销《放射诊疗许可证》:

（一）医疗机构以欺骗、贿赂等不正当手段取得《放射诊疗许可证》的;

（二）卫生行政部门工作人员滥用职权,玩忽职守,给不符合条件的申请机构发放《放射诊疗许可证》的;

（三）卫生行政部门工作人员超越法定职权发放《放射诊疗许可证》的;

（四）依法可以撤销的其他情形。

第二十六条 县级以上地方卫生行政部门应当建立放射诊疗许可信息管理制度,相互通报《放射诊疗许可证》发放、注销等许可管理情况,定期公告本辖区取得和注销《放射诊疗许可证》的医疗机构名录。

第二十七条 本程序自发布之日起实施。

[附录] **放射工作人员职业健康管理办法**[来源:原卫生部令第55号,自2007年11月1日起开始执行]

第一章 总则

第一条 为了保障放射工作人员的职业健康与安全,根据《中华人民共和国职业病防治法》(以下简称《职业病防治法》)和《放射性同位素与射线装置安全和防护条例》,制定本办法。

第二条 中华人民共和国境内的放射工作单位及其放射工作人员,应当遵守本办法。

本办法所称放射工作单位,是指开展下列活动的企业、事业单位和个体经济组织:

(一)放射性同位素(非密封放射性物质和放射源)的生产、使用、运输、贮存和废弃处理;

(二)射线装置的生产、使用和维修;

(三)核燃料循环中的铀矿开采、铀矿水冶、铀的浓缩和转化、燃料制造、反应堆运行、燃料后处理和核燃料循环中的研究活动;

(四)放射性同位素、射线装置和放射工作场所的辐射监测;

(五)卫生部规定的与电离辐射有关的其他活动。

本办法所称放射工作人员,是指在放射工作单位从事放射职业活动中受到电离辐射照射的人员。

第三条 卫生部主管全国放射工作人员职业健康的监督管理工作。

县级以上地方人民政府卫生行政部门负责本行政区域内放射工作人员职业健康的监督管理。

第四条 放射工作单位应当采取有效措施,使本单位放射工作人员职业健康的管理符合本办法和有关标准及规范的要求。

第二章 从业条件与培训

第五条 放射工作人员应当具备下列基本条件:

(一)年满18周岁;

(二)经职业健康检查,符合放射工作人员的职业健康要求;

(三)放射防护和有关法律知识培训考核合格;

(四)遵守放射防护法规和规章制度,接受职业健康监护和个人剂量监测管理;

(五)持有《放射工作人员证》。

第六条 放射工作人员上岗前,放射工作单位负责向所在地县级以上地方人民政府卫生行政部门为其申请办理《放射工作人员证》。

开展放射诊疗工作的医疗机构,向为其发放《放射诊疗许可证》的卫生行政部门申请办理《放射工作人员证》。

开展本办法第二条第二款第(三)项所列活动以及非医用加速器运行、辐照加工、射线探伤和油田测井等活动的放射工作单位,向所在地省级卫生行政部门申请办理《放射工作人员证》。

其他放射工作单位办理《放射工作人员证》的规定，由所在地省级卫生行政部门结合本地区实际情况确定。

《放射工作人员证》的格式由卫生部统一制定。

第七条　放射工作人员上岗前应当接受放射防护和有关法律知识培训，考核合格方可参加相应的工作。培训时间不少于4天。

第八条　放射工作单位应当定期组织本单位的放射工作人员接受放射防护和有关法律知识培训。放射工作人员两次培训的时间间隔不超过2年，每次培训时间不少于2天。

第九条　放射工作单位应当建立并按照规定的期限妥善保存培训档案。培训档案应当包括每次培训的课程名称、培训时间、考试或考核成绩等资料。

第十条　放射防护及有关法律知识培训应当由符合省级卫生行政部门规定条件的单位承担，培训单位可会同放射工作单位共同制定培训计划，并按照培训计划和有关规范、标准实施和考核。

放射工作单位应当将每次培训的情况及时记录在《放射工作人员证》中。

第三章　个人剂量监测管理

第十一条　放射工作单位应当按照本办法和国家有关标准、规范的要求，安排本单位的放射工作人员接受个人剂量监测，并遵守下列规定：

（一）外照射个人剂量监测周期一般为30天，最长不应超过90天；内照射个人剂量监测周期按照有关标准执行；

（二）建立并终生保存个人剂量监测档案；

（三）允许放射工作人员查阅、复印本人的个人剂量监测档案。

第十二条　个人剂量监测档案应当包括：

（一）常规监测的方法和结果等相关资料；

（二）应急或者事故中受到照射的剂量和调查报告等相关资料。

放射工作单位应当将个人剂量监测结果及时记录在《放射工作人员证》中。

第十三条　放射工作人员进入放射工作场所，应当遵守下列规定：

（一）正确佩戴个人剂量计；

（二）操作结束离开非密封放射性物质工作场所时，按要求进行个人体表、衣物及防护用品的放射性表面污染监测，发现污染要及时处理，做好记录并存档；

（三）进入辐照装置、工业探伤、放射治疗等强辐射工作场所时，除佩戴常规个人剂量计外，还应当携带报警式剂量计。

第十四条　个人剂量监测工作应当由具备资质的个人剂量监测技术服务机构承担。个人剂量监测技术服务机构的资质审定由中国疾病预防控制中心协助卫生部组织实施。

个人剂量监测技术服务机构的资质审定按照《职业病防治法》、《职业卫生技术服务机构管理办法》和卫生部有关规定执行。

第十五条 个人剂量监测技术服务机构应当严格按照国家职业卫生标准、技术规范开展监测工作，参加质量控制和技术培训。

个人剂量监测报告应当在每个监测周期结束后1个月内送达放射工作单位，同时报告当地卫生行政部门。

第十六条 县级以上地方卫生行政部门按规定时间和格式，将本行政区域内的放射工作人员个人剂量监测数据逐级上报到卫生部。

第十七条 中国疾病预防控制中心协助卫生部拟定个人剂量监测技术服务机构的资质审定程序和标准，组织实施全国个人剂量监测的质量控制和技术培训，汇总分析全国个人剂量监测数据。

第四章 职业健康管理

第十八条 放射工作人员上岗前，应当进行上岗前的职业健康检查，符合放射工作人员健康标准的，方可参加相应的放射工作。

放射工作单位不得安排未经职业健康检查或者不符合放射工作人员职业健康标准的人员从事放射工作。

第十九条 放射工作单位应当组织上岗后的放射工作人员定期进行职业健康检查，两次检查的时间间隔不应超过2年，必要时可增加临时性检查。

第二十条 放射工作人员脱离放射工作岗位时，放射工作单位应当对其进行离岗前的职业健康检查。

第二十一条 对参加应急处理或者受到事故照射的放射工作人员，放射工作单位应当及时组织健康检查或者医疗救治，按照国家有关标准进行医学随访观察。

第二十二条 从事放射工作人员职业健康检查的医疗机构（以下简称职业健康检查机构）应当经省级卫生行政部门批准。

第二十三条 职业健康检查机构应当自体检工作结束之日起1个月内，将职业健康检查报告送达放射工作单位。

职业健康检查机构出具的职业健康检查报告应当客观、真实，并对职业健康检查报告负责。

第二十四条 职业健康检查机构发现有可能因放射性因素导致健康损害的，应当通知放射工作单位，并及时告知放射工作人员本人。

职业健康检查机构发现疑似职业性放射性疾病病人应当通知放射工作人员及其所在放射工作单位，并按规定向放射工作单位所在地卫生行政部门报告。

第二十五条 放射工作单位应当在收到职业健康检查报告的7日内，如实告知放射工作人员，并将检查结论记录在《放射工作人员证》中。

放射工作单位对职业健康检查中发现不宜继续从事放射工作的人员，应当及时调离放射工作岗位，并妥善安置；对需要复查和医学随访观察的放射工作人员，应当及时予以安排。

第二十六条 放射工作单位不得安排怀孕的妇女参与应急处理和有可能造成职业性内照射的工作。哺乳期妇女在其哺乳期间应当避免接受职业性内照射。

第二十七条 放射工作单位应当为放射工作人员建立并终生保存职业健康监护档案。职业健康监护档案应包括以下内容：

（一）职业史、既往病史和职业照射接触史；

（二）历次职业健康检查结果及评价处理意见；

（三）职业性放射性疾病诊疗、医学随访观察等健康资料。

第二十八条 放射工作人员有权查阅、复印本人的职业健康监护档案。放射工作单位应当如实、无偿提供。

第二十九条 放射工作人员职业健康检查、职业性放射性疾病的诊断、鉴定、医疗救治和医学随访观察的费用，由其所在单位承担。

第三十条 职业性放射性疾病的诊断鉴定工作按照《职业病诊断与鉴定管理办法》和国家有关标准执行。

第三十一条 放射工作人员的保健津贴按照国家有关规定执行。

第三十二条 在国家统一规定的休假外，放射工作人员每年可以享受保健休假2～4周。享受寒、暑假的放射工作人员不再享受保健休假。从事放射工作满20年的在岗放射工作人员，可以由所在单位利用休假时间安排健康疗养。

第五章 监督检查

第三十三条 县级以上地方人民政府卫生行政部门应当定期对本行政区域内放射工作单位的放射工作人员职业健康管理进行监督检查。检查内容包括：

（一）有关法规和标准执行情况；

（二）放射防护措施落实情况；

（三）人员培训、职业健康检查、个人剂量监测及其档案管理情况；

（四）《放射工作人员证》持证及相关信息记录情况；

（五）放射工作人员其他职业健康权益保障情况。

第三十四条 卫生行政执法人员依法进行监督检查时，应当出示证件。被检查的单位应当予以配合，如实反映情况，提供必要的资料，不得拒绝、阻碍、隐瞒。

第三十五条 卫生行政执法人员依法检查时，应当保守被检查单位的技术秘密和业务秘密。

第三十六条 卫生行政部门接到对违反本办法行为的举报后应当及时核实、处理。

第六章 法律责任

第三十七条 放射工作单位违反本办法，有下列行为之一的，按照《职业病防治法》第六十三条处罚：

（一）未按照规定组织放射工作人员培训的；

（二）未建立个人剂量监测档案的；

（三）拒绝放射工作人员查阅、复印其个人剂量监测档案和职业健康监护档案的。

第三十八条 放射工作单位违反本办法，未按照规定组织职业健康检查、未建立职业健康监护档案或者未将检查结果如实告知劳动者的，按照《职业病防治法》第六十四条处罚。

第三十九条 放射工作单位违反本办法，未给从事放射工作的人员办理《放射工作人员证》的，由卫生行政部门责令限期改正，给予警告，并可处3万元以下的罚款。

第四十条 放射工作单位违反本办法，有下列行为之一的，按照《职业病防治法》第六十五条处罚：

（一）未按照规定进行个人剂量监测的；

（二）个人剂量监测或者职业健康检查发现异常，未采取相应措施的。

第四十一条 放射工作单位违反本办法，有下列行为之一的，按照《职业病防治法》第六十八条处罚：

（一）安排未经职业健康检查的劳动者从事放射工作的；

（二）安排未满18周岁的人员从事放射工作的；

（三）安排怀孕的妇女参加应急处理或者有可能造成内照射工作的，或者安排哺乳期的妇女接受职业性内照射的；

（四）安排不符合职业健康标准要求的人员从事放射工作的。

第四十二条 技术服务机构未取得资质擅自从事个人剂量监测技术服务的，或者医疗机构未经批准擅自从事放射工作人员职业健康检查的，按照《职业病防治法》第七十二条处罚。

第四十三条 开展个人剂量监测的职业卫生技术服务机构和承担放射工作人员职业健康检查的医疗机构违反本办法，有下列行为之一的，按照《职业病防治法》第七十三条处罚：

（一）超出资质范围从事个人剂量监测技术服务的，或者超出批准范围从事放射工作人员职业健康检查的；

（二）未按《职业病防治法》和本办法规定履行法定职责的；

（三）出具虚假证明文件的。

第四十四条 卫生行政部门及其工作人员违反本办法，不履行法定职责，造成严重后果的，对直接负责的主管人员和其他直接责任人员，依法给予行政处分；情节严重，构成犯罪的，依法追究刑事责任。

第七章　附　则

第四十五条　放射工作人员职业健康检查项目及职业健康检查表由卫生部制定。

第四十六条　本办法自 2007 年 11 月 1 日起施行。1997 年 6 月 5 日卫生部发布的《放射工作人员健康管理规定》同时废止。

第九章

医疗机构经营管理

为了加强医疗机构病历管理，保证病历资料客观、真实、完整，根据《医疗机构管理条例》和《医疗事故处理条例》等法规，原卫生部的卫医政发〔2010〕11号文件公布了《病历书写基本规范》，卫医政发〔2010〕24号文件公布了《电子病历基本规范（试行）》。国家卫生计生委和国家中医药管理局的国卫医发〔2013〕31号公布《医疗机构病历管理规定》。口腔诊所在日常经营管理中的内部规范也普遍受到法律的约束和制约。

为了规范互联网医疗卫生信息服务活动，促进互联网医疗卫生信息服务健康有序发展，根据国务院发布的《互联网信息服务管理办法》及有关卫生法律法规，原卫生部制定了《互联网医疗保健信息服务管理办法》。口腔诊所为提高自身知名度，采用广告方式对自身进行宣传，《中华人民共和国广告法》以及国家工商行政管理总局和原卫生部联合发布的《医疗广告管理办法》对医疗广告的发布作了详细规定，口腔诊所必须事先取得卫生行政部门出具的医疗广告证明，方可进行广告宣传。国家工商行政管理局还于1998年10月26日以工商广字〔1998〕第249号《关于实行医疗广告发布内容格式化的通知》对医疗广告的内容进行了限制。口腔诊所在日常经营活动中的对外经济交往也普遍受到法律的约束和制约，如对外签订合同就必须遵守《中华人民共和国合同法》的规定。

[附录] **病历书写基本规范**[来源：卫医政发〔2010〕11号，原卫生部关于印发《病历书写基本规范》的通知，2010年3月1日起施行]

第一章　基本要求

第一条　病历是指医务人员在医疗活动过程中形成的文字、符号、图表、影像、切片等资料的总和，包括门（急）诊病历和住院病历。

第二条　病历书写是指医务人员通过问诊、查体、辅助检查、诊断、治疗、护理等医疗活动获得有关资料，并进行归纳、分析、整理形成医疗活动记录的行为。

第三条　病历书写应当客观、真实、准确、及时、完整、规范。

第四条　病历书写应当使用蓝黑墨水、碳素墨水，需复写的病历资料可以使用蓝或黑色油水的圆珠笔。计算机打印的病历应当符合病历保存的要求。

第五条　病历书写应当使用中文，通用的外文缩写和无正式中文译名的症状、体征、疾病名称等可以使用外文。

第六条　病历书写应规范使用医学术语，文字工整，字迹清晰，表述准确，语句通顺，标点正确。

第七条　病历书写过程中出现错字时，应当用双线划在错字上，保留原记录清楚、可辨，并注明修改时间，修改人签名。不得采用刮、粘、涂等方法掩盖或去除原来的字迹。

上级医务人员有审查修改下级医务人员书写的病历的责任。

第八条　病历应当按照规定的内容书写，并由相应医务人员签名。

实习医务人员、试用期医务人员书写的病历，应当经过本医疗机构注册的医务人员审阅、修改并签名。

进修医务人员由医疗机构根据其胜任本专业工作实际情况认定后书写病历。

第九条　病历书写一律使用阿拉伯数字书写日期和时间，采用24小时制记录。

第十条　对需取得患者书面同意方可进行的医疗活动，应当由患者本人签署知情同意书。患者不具备完全民事行为能力时，应当由其法定代理人签字；患者因病无法签字时，应当由其授权的人员签字；为抢救患者，在法定代理人或被授权人无法及时签字的情况下，可由医疗机构负责人或者授权的负责人签字。

因实施保护性医疗措施不宜向患者说明情况的，应当将有关情况告知患者近亲属，由患者近亲属签署知情同意书，并及时记录。患者无近亲属的或者患者近亲属无法签署同意书的，由患者的法定代理人或者关系人签署同意书。

第二章　门（急）诊病历书写内容及要求

第十一条　门（急）诊病历内容包括门（急）诊病历首页（门（急）诊手册封面）、病历记录、化验单（检验报告）、医学影像检查资料等。

第十二条　门（急）诊病历首页内容应当包括患者姓名、性别、出生年月日、民族、婚姻状况、职业、工作单位、住址、药物过敏史等项目。

门诊手册封面内容应当包括患者姓名、性别、年龄、工作单位或住址、药物过敏史等项目。

第十三条　门（急）诊病历记录分为初诊病历记录和复诊病历记录。

初诊病历记录书写内容应当包括就诊时间、科别、主诉、现病史、既往史，阳性体征、必要的阴性体征和辅助检查结果，诊断及治疗意见和医师签名等。

复诊病历记录书写内容应当包括就诊时间、科别、主诉、病史、必要的体格检查和辅助检查结果、诊断、治疗处理意见和医师签名等。

急诊病历书写就诊时间应当具体到分钟。

第十四条 门(急)诊病历记录应当由接诊医师在患者就诊时及时完成。

第十五条 急诊留观记录是急诊患者因病情需要留院观察期间的记录,重点记录观察期间病情变化和诊疗措施,记录简明扼要,并注明患者去向。抢救危重患者时,应当书写抢救记录。门(急)诊抢救记录书写内容及要求按照住院病历抢救记录书写内容及要求执行。

第三章 住院病历书写内容及要求

第十六条 住院病历内容包括:住院病案首页、入院记录、病程记录、手术同意书、麻醉同意书、输血治疗知情同意书、特殊检查(特殊治疗)同意书、病危(重)通知书、医嘱单、辅助检查报告单、体温单、医学影像检查资料、病理资料等。

第十七条 入院记录是指患者入院后,由经治医师通过问诊、查体、辅助检查获得有关资料,并对这些资料归纳分析书写而成的记录。可分为入院记录、再次或多次入院记录、24小时内入出院记录、24小时内入院死亡记录。

入院记录、再次或多次入院记录应当于患者入院后24小时内完成;24小时内入出院记录应当于患者出院后24小时内完成;24小时内入院死亡记录应当于患者死亡后24小时内完成。

第十八条 入院记录的要求及内容。

(一)患者一般情况包括姓名、性别、年龄、民族、婚姻状况、出生地、职业、入院时间、记录时间、病史陈述者。

(二)主诉是指促使患者就诊的主要症状(或体征)及持续时间。

(三)现病史是指患者本次疾病的发生、演变、诊疗等方面的详细情况,应当按时间顺序书写。内容包括发病情况、主要症状特点及其发展变化情况、伴随症状、发病后诊疗经过及结果、睡眠和饮食等一般情况的变化,以及与鉴别诊断有关的阳性或阴性资料等。

1.发病情况:记录发病的时间、地点、起病缓急、前驱症状、可能的原因或诱因。

2.主要症状特点及其发展变化情况:按发生的先后顺序描述主要症状的部位、性质、持续时间、程度、缓解或加剧因素,以及演变发展情况。

3.伴随症状:记录伴随症状,描述伴随症状与主要症状之间的相互关系。

4.发病以来诊治经过及结果:记录患者发病后到入院前,在院内、外接受检查与治疗的详细经过及效果。对患者提供的药名、诊断和手术名称需加引号("")以示区别。

5.发病以来一般情况:简要记录患者发病后的精神状态、睡眠、食欲、大小便、体重等情况。

与本次疾病虽无紧密关系、但仍需治疗的其他疾病情况，可在现病史后另起一段予以记录。

（四）既往史是指患者过去的健康和疾病情况。内容包括：既往一般健康状况、疾病史、传染病史、预防接种史、手术外伤史、输血史、食物或药物过敏史等。

（五）个人史，婚育史、月经史，家族史。

1. 个人史：记录出生地及长期居留地，生活习惯及有无烟、酒、药物等嗜好，职业与工作条件及有无工业毒物、粉尘、放射性物质接触史，有无冶游史。

2. 婚育史、月经史：婚姻状况、结婚年龄、配偶健康状况、有无子女等。女性患者记录初潮年龄、行经期天数、间隔天数、末次月经时间（或闭经年龄），月经量、痛经及生育等情况。

3. 家族史：父母、兄弟、姐妹健康状况，有无与患者类似疾病，有无家族遗传倾向的疾病。

（六）体格检查应当按照系统循序进行书写。内容包括体温、脉搏、呼吸、血压，一般情况，皮肤、黏膜，全身浅表淋巴结，头部及其器官，颈部，胸部（胸廓、肺部、心脏、血管），腹部（肝、脾等），直肠肛门，外生殖器，脊柱，四肢，神经系统等。

（七）专科情况应当根据专科需要记录专科特殊情况。

（八）辅助检查指入院前所做的与本次疾病相关的主要检查及其结果。应分类按检查时间顺序记录检查结果，如系在其他医疗机构所做检查，应当写明该机构名称及检查号。

（九）初步诊断是指经治医师根据患者入院时情况，综合分析所作出的诊断。如初步诊断为多项时，应当主次分明。对待查病例应列出可能性较大的诊断。

（十）书写入院记录的医师签名。

第十九条　再次或多次入院记录，是指患者因同一种疾病再次或多次住入同一医疗机构时书写的记录。要求及内容基本同入院记录。主诉是记录患者本次入院的主要症状（或体征）及持续时间；现病史中要求首先对本次住院前历次有关住院诊疗经过进行小结，然后再书写本次入院的现病史。

第二十条　患者入院不足24小时出院的，可以书写24小时内入出院记录。内容包括患者姓名、性别、年龄、职业、入院时间、出院时间、主诉、入院情况、入院诊断、诊疗经过、出院情况、出院诊断、出院医嘱，医师签名等。

第二十一条　患者入院不足24小时死亡的，可以书写24小时内入院死亡记录。内容包括患者姓名、性别、年龄、职业、入院时间、死亡时间、主诉、入院情况、入院诊断、诊疗经过（抢救经过）、死亡原因、死亡诊断，医师签名等。

第二十二条　病程记录是指继入院记录之后，对患者病情和诊疗过程所进行的连续性记录。内容包括患者的病情变化情况、重要的辅助检查结果及临床意义、上级医师查房意见、会诊意见、医师分析讨论意见、所采取的诊疗措施及效果、医嘱更改及理由、向患者及其近亲属告知的重要事项等。

病程记录的要求及内容：

（一）首次病程记录是指患者入院后由经治医师或值班医师书写的第一次病程记录，应当在患者入院8小时内完成。首次病程记录的内容包括病例特点、拟诊讨论（诊断依据及鉴别诊断）、诊疗计划等。

1.病例特点：应当在对病史、体格检查和辅助检查进行全面分析、归纳和整理后写出本病例特征，包括阳性发现和具有鉴别诊断意义的阴性症状和体征等。

2.拟诊讨论（诊断依据及鉴别诊断）：根据病例特点，提出初步诊断和诊断依据；对诊断不明的写出鉴别诊断并进行分析；并对下一步诊治措施进行分析。

3.诊疗计划：提出具体的检查及治疗措施安排。

（二）日常病程记录是指对患者住院期间诊疗过程的经常性、连续性记录。由经治医师书写，也可以由实习医务人员或试用期医务人员书写，但应有经治医师签名。书写日常病程记录时，首先标明记录时间，另起一行记录具体内容。对病危患者应当根据病情变化随时书写病程记录，每天至少1次，记录时间应当具体到分钟。对病重患者，至少2天记录一次病程记录。对病情稳定的患者，至少3天记录一次病程记录。

（三）上级医师查房记录是指上级医师查房时对患者病情、诊断、鉴别诊断、当前治疗措施疗效的分析及下一步诊疗意见等的记录。

主治医师首次查房记录应当于患者入院48小时内完成。内容包括查房医师的姓名、专业技术职务、补充的病史和体征、诊断依据与鉴别诊断的分析及诊疗计划等。

主治医师日常查房记录间隔时间视病情和诊疗情况确定，内容包括查房医师的姓名、专业技术职务、对病情的分析和诊疗意见等。

科主任或具有副主任医师以上专业技术职务任职资格医师查房的记录，内容包括查房医师的姓名、专业技术职务、对病情的分析和诊疗意见等。

（四）疑难病例讨论记录是指由科主任或具有副主任医师以上专业技术任职资格的医师主持、召集有关医务人员对确诊困难或疗效不确切病例讨论的记录。内容包括讨论日期、主持人、参加人员姓名及专业技术职务、具体讨论意见及主持人小结意见等。

（五）交（接）班记录是指患者经治医师发生变更之际，交班医师和接班医师分别对患者病情及诊疗情况进行简要总结的记录。交班记录应当在交班前由交班医师书写完成；接班记录应当由接班医师于接班后24小时内完成。交（接）班记录的内容包括入院日期、交班或接班日期、患者姓名、性别、年龄、主诉、入院情况、入院诊断、诊疗经过、目前情况、目前诊断、交班注意事项或接班诊疗计划、医师签名等。

（六）转科记录是指患者住院期间需要转科时，经转入科室医师会诊并同意接收后，由转出科室和转入科室医师分别书写的记录。包括转出记录和转入记录。转出记录由转出科室医师在患者转出科室前书写完成（紧急情况除外）；转入记录由转入科室医师于患者转入后 24 小时内完成。转科记录内容包括入院日期、转出或转入日期，转出、转入科室，患者姓名、性别、年龄、主诉、入院情况、入院诊断、诊疗经过、目前情况、目前诊断、转科目的及注意事项或转入诊疗计划、医师签名等。

（七）阶段小结是指患者住院时间较长，由经治医师每月所作病情及诊疗情况总结。阶段小结的内容包括入院日期、小结日期，患者姓名、性别、年龄、主诉、入院情况、入院诊断、诊疗经过、目前情况、目前诊断、诊疗计划、医师签名等。

交（接）班记录、转科记录可代替阶段小结。

（八）抢救记录是指患者病情危重，采取抢救措施时做的记录。因抢救急危患者，未能及时书写病历的，有关医务人员应当在抢救结束后 6 小时内据实补记，并加以注明。内容包括病情变化情况、抢救时间及措施、参加抢救的医务人员姓名及专业技术职称等。记录抢救时间应当具体到分钟。

（九）有创诊疗操作记录是指在临床诊疗活动过程中进行的各种诊断、治疗性操作（如胸腔穿刺、腹腔穿刺等）的记录。应当在操作完成后即刻书写。内容包括操作名称、操作时间、操作步骤、结果及患者一般情况，记录过程是否顺利、有无不良反应，术后注意事项及是否向患者说明，操作医师签名。

（十）会诊记录（含会诊意见）是指患者在住院期间需要其他科室或者其他医疗机构协助诊疗时，分别由申请医师和会诊医师书写的记录。会诊记录应另页书写。内容包括申请会诊记录和会诊意见记录。申请会诊记录应当简要载明患者病情及诊疗情况、申请会诊的理由和目的，申请会诊医师签名等。常规会诊意见记录应当由会诊医师在会诊申请发出后 48 小时内完成；急会诊时会诊医师应当在会诊申请发出后 10 分钟内到场，并在会诊结束后即刻完成会诊记录。会诊记录内容包括会诊意见、会诊医师所在的科别或者医疗机构名称、会诊时间及会诊医师签名等。申请会诊医师应在病程记录中记录会诊意见执行情况。

（十一）术前小结是指在患者手术前，由经治医师对患者病情所作的总结。内容包括简要病情、术前诊断、手术指征、拟施手术名称和方式、拟施麻醉方式、注意事项，并记录手术者术前查看患者相关情况等。

（十二）术前讨论记录是指因患者病情较重或手术难度较大，手术前在上级医师主持下,对拟实施手术方式和术中可能出现的问题及应对措施所作的讨论。讨论内容包括术前准备情况、手术指征、手术方案、可能出现的意外及防范措施、参加讨论者的姓名及专业技术职务、具体讨论意见及主持人小结意见、讨论日期、记录者的签名等。

(十三)麻醉术前访视记录是指在麻醉实施前,由麻醉医师对患者拟施麻醉进行风险评估的记录。麻醉术前访视可另立单页,也可在病程中记录。内容包括姓名、性别、年龄、科别、病案号,患者一般情况、简要病史、与麻醉相关的辅助检查结果、拟行手术方式、拟行麻醉方式、麻醉适应证及麻醉中需注意的问题、术前麻醉医嘱、麻醉医师签字并填写日期。

(十四)麻醉记录是指麻醉医师在麻醉实施中书写的麻醉经过及处理措施的记录。麻醉记录应当另页书写,内容包括患者一般情况、术前特殊情况、麻醉前用药、术前诊断、术中诊断、手术方式及日期、麻醉方式、麻醉诱导及各项操作开始及结束时间、麻醉期间用药名称、方式及剂量、麻醉期间特殊或突发情况及处理、手术起止时间、麻醉医师签名等。

(十五)手术记录是指手术者书写的反映手术一般情况、手术经过、术中发现及处理等情况的特殊记录,应当在术后 24 小时内完成。特殊情况下由第一助手书写时,应有手术者签名。手术记录应当另页书写,内容包括一般项目(患者姓名、性别、科别、病房、床位号、住院病历号或病案号)、手术日期、术前诊断、术中诊断、手术名称、手术者及助手姓名、麻醉方法、手术经过、术中出现的情况及处理等。

(十六)手术安全核查记录是指由手术医师、麻醉医师和巡回护士三方,在麻醉实施前、手术开始前和病人离室前,共同对病人身份、手术部位、手术方式、麻醉及手术风险、手术使用物品清点等内容进行核对的记录,输血的病人还应对血型、用血量进行核对。应有手术医师、麻醉医师和巡回护士三方核对、确认并签字。

(十七)手术清点记录是指巡回护士对手术患者术中所用血液、器械、敷料等的记录,应当在手术结束后即时完成。手术清点记录应当另页书写,内容包括患者姓名、住院病历号(或病案号)、手术日期、手术名称、术中所用各种器械和敷料数量的清点核对、巡回护士和手术器械护士签名等。

(十八)术后首次病程记录是指参加手术的医师在患者术后即时完成的病程记录。内容包括手术时间、术中诊断、麻醉方式、手术方式、手术简要经过、术后处理措施、术后应当特别注意观察的事项等。

(十九)麻醉术后访视记录是指麻醉实施后,由麻醉医师对术后患者麻醉恢复情况进行访视的记录。麻醉术后访视可另立单页,也可在病程中记录。内容包括姓名、性别、年龄、科别、病案号,患者一般情况、麻醉恢复情况、清醒时间、术后医嘱、是否拔除气管插管等,如有特殊情况应详细记录,麻醉医师签字并填写日期。

(二十)出院记录是指经治医师对患者此次住院期间诊疗情况的总结,应当在患者出院后 24 小时内完成。内容主要包括入院日期、出院日期、入院情况、入院诊断、诊疗经过、出院诊断、出院情况、出院医嘱、医师签名等。

(二十一)死亡记录是指经治医师对死亡患者住院期间诊疗和抢救经过的记录,应当在患者死亡后 24 小时内完成。内容包括入院日期、死亡时间、入院情况、入院诊断、诊疗经过(重点记录病情演变、抢救经过)、死亡原因、死亡诊断等。记录死亡时间应当具体到分钟。

(二十二)死亡病例讨论记录是指在患者死亡一周内,由科主任或具有副主任医师以上专业技术职务任职资格的医师主持,对死亡病例进行讨论、分析的记录。内容包括讨论日期、主持人及参加人员姓名、专业技术职务、具体讨论意见及主持人小结意见、记录者的签名等。

(二十三)病重(病危)患者护理记录是指护士根据医嘱和病情对病重(病危)患者住院期间护理过程的客观记录。病重(病危)患者护理记录应当根据相应专科的护理特点书写。内容包括患者姓名、科别、住院病历号(或病案号)、床位号、页码、记录日期和时间、出入液量、体温、脉搏、呼吸、血压等病情观察、护理措施和效果、护士签名等。记录时间应当具体到分钟。

第二十三条　手术同意书是指手术前,经治医师向患者告知拟施手术的相关情况,并由患者签署是否同意手术的医学文书。内容包括术前诊断、手术名称、术中或术后可能出现的并发症、手术风险、患者签署意见并签名、经治医师和术者签名等。

第二十四条　麻醉同意书是指麻醉前,麻醉医师向患者告知拟施麻醉的相关情况,并由患者签署是否同意麻醉意见的医学文书。内容包括患者姓名、性别、年龄、病案号、科别、术前诊断、拟行手术方式、拟行麻醉方式,患者基础疾病及可能对麻醉产生影响的特殊情况,麻醉中拟行的有创操作和监测,麻醉风险、可能发生的并发症及意外情况,患者签署意见并签名、麻醉医师签名并填写日期。

第二十五条　输血治疗知情同意书是指输血前,经治医师向患者告知输血的相关情况,并由患者签署是否同意输血的医学文书。输血治疗知情同意书内容包括患者姓名、性别、年龄、科别、病案号、诊断、输血指征、拟输血成份、输血前有关检查结果、输血风险及可能产生的不良后果、患者签署意见并签名、医师签名并填写日期。

第二十六条　特殊检查、特殊治疗同意书是指在实施特殊检查、特殊治疗前,经治医师向患者告知特殊检查、特殊治疗的相关情况,并由患者签署是否同意检查、治疗的医学文书。内容包括特殊检查、特殊治疗项目名称、目的、可能出现的并发症及风险、患者签名、医师签名等。

第二十七条　病危（重）通知书是指因患者病情危、重时，由经治医师或值班医师向患者家属告知病情，并由患方签名的医疗文书。内容包括患者姓名、性别、年龄、科别，目前诊断及病情危重情况、患方签名、医师签名并填写日期。一式两份，一份交患方保存，另一份归病历中保存。

第二十八条　医嘱是指医师在医疗活动中下达的医学指令。医嘱单分为长期医嘱单和临时医嘱单。

长期医嘱单内容包括患者姓名、科别、住院病历号（或病案号）、页码、起始日期和时间、长期医嘱内容、停止日期和时间、医师签名、执行时间、执行护士签名。临时医嘱单内容包括医嘱时间、临时医嘱内容、医师签名、执行时间、执行护士签名等。

医嘱内容及起始、停止时间应当由医师书写。医嘱内容应当准确、清楚，每项医嘱应当只包含一个内容，并注明下达时间，应当具体到分钟。医嘱不得涂改。需要取消时，应当使用红色墨水标注"取消"字样并签名。

一般情况下，医师不得下达口头医嘱。因抢救急危患者需要下达口头医嘱时，护士应当复诵一遍。抢救结束后，医师应当即刻据实补记医嘱。

第二十九条　辅助检查报告单是指患者住院期间所做各项检验、检查结果的记录。内容包括患者姓名、性别、年龄、住院病历号（或病案号）、检查项目、检查结果、报告日期、报告人员签名或者印章等。

第三十条　体温单为表格式，以护士填写为主。内容包括患者姓名、科室、床号、入院日期、住院病历号（或病案号）、日期、手术后天数、体温、脉博、呼吸、血压、大便次数、出入液量、体重、住院周数等。

第四章　打印病历内容及要求

第三十一条　打印病历是指应用文字处理软件编辑生成并打印的病历（如Word 文档、WPS 文档等）。打印病历应当按照本规定的内容录入并及时打印，由相应医务人员手写签名。

第三十二条　医疗机构打印病历应当统一纸张、字体、字号及排版格式。打印字迹应清楚易认，符合病历保存期限和复印的要求。

第三十三条　打印病历编辑过程中应当按照权限要求进行修改，已完成录入打印并签名的病历不得修改。

第五章　其他

第三十四条　住院病案首页按照《卫生部关于修订下发住院病案首页的通知》（卫医发〔2001〕286 号）的规定书写。

第三十五条　特殊检查、特殊治疗按照《医疗机构管理条例实施细则》（1994年卫生部令第 35 号）有关规定执行。

第三十六条 中医病历书写基本规范由国家中医药管理局另行制定。

第三十七条 电子病历基本规范由卫生部另行制定。

第三十八条 本规范自2010年3月1日起施行。我部于2002年颁布的《病历书写基本规范（试行）》（卫医发〔2002〕190号）同时废止。

[附录] **电子病历基本规范（试行）**[来源：卫医政发〔2010〕24号，原卫生部关于印发《电子病历基本规范（试行）》的通知，2010年4月1日起施行]

第一章 总则

第一条 为规范医疗机构电子病历管理，保证医患双方合法权益，根据《中华人民共和国执业医师法》、《医疗机构管理条例》、《医疗事故处理条例》、《护士条例》等法律、法规，制定本规范。

第二条 本规范适用于医疗机构电子病历的建立、使用、保存和管理。

第三条 电子病历是指医务人员在医疗活动过程中，使用医疗机构信息系统生成的文字、符号、图表、图形、数据、影像等数字化信息，并能实现存储、管理、传输和重现的医疗记录，是病历的一种记录形式。

使用文字处理软件编辑、打印的病历文档，不属于本规范所称的电子病历。

第四条 医疗机构电子病历系统的建设应当满足临床工作需要，遵循医疗工作流程，保障医疗质量和医疗安全。

第二章 要求

第五条 电子病历录入应当遵循客观、真实、准确、及时、完整的原则。

第六条 电子病历录入应当使用中文和医学术语，要求表述准确，语句通顺，标点正确。通用的外文缩写和无正式中文译名的症状、体征、疾病名称等可以使用外文。记录日期应当使用阿拉伯数字，记录时间应当采用24小时制。

第七条 电子病历包括门（急）诊电子病历、住院电子病历及其他电子医疗记录。电子病历内容应当按照卫生部《病历书写基本规范》执行，使用卫生部统一制定的项目名称、格式和内容，不得擅自变更。

第八条 电子病历系统应当为操作人员提供专有的身份标识和识别手段，并设置有相应权限；操作人员对本人身份标识的使用负责。

第九条 医务人员采用身份标识登录电子病历系统完成各项记录等操作并予确认后，系统应当显示医务人员电子签名。

第十条 电子病历系统应当设置医务人员审查、修改的权限和时限。实习医务人员、试用期医务人员记录的病历，应当经过在本医疗机构合法执业的医务人员审阅、修改并予电子签名确认。医务人员修改时，电子病历系统应当进行身份识别、保存历次修改痕迹、标记准确的修改时间和修改人信息。

第十一条 电子病历系统应当为患者建立个人信息数据库（包括姓名、性别、出生日期、民族、婚姻状况、职业、工作单位、住址、有效身份证件号码、社会保障号码或医疗保险号码、联系电话等),授予唯一标识号码并确保与患者的医疗记录相对应。

第十二条　电子病历系统应当具有严格的复制管理功能。同一患者的相同信息可以复制,复制内容必须校对,不同患者的信息不得复制。

第十三条　电子病历系统应当满足国家信息安全等级保护制度与标准。严禁篡改、伪造、隐匿、抢夺、窃取和毁坏电子病历。

第十四条　电子病历系统应当为病历质量监控、医疗卫生服务信息以及数据统计分析和医疗保险费用审核提供技术支持,包括医疗费用分类查询、手术分级管理、临床路径管理、单病种质量控制、平均住院日、术前平均住院日、床位使用率、合理用药监控、药物占总收入比例等医疗质量管理与控制指标的统计,利用系统优势建立医疗质量考核体系,提高工作效率,保证医疗质量,规范诊疗行为,提高医院管理水平。

第三章　条件

第十五条　医疗机构建立电子病历系统应当具备以下条件:

(一)具有专门的管理部门和人员,负责电子病历系统的建设、运行和维护。

(二)具备电子病历系统运行和维护的信息技术、设备和设施,确保电子病历系统的安全、稳定运行。

(三)建立、健全电子病历使用的相关制度和规程,包括人员操作、系统维护和变更的管理规程,出现系统故障时的应急预案等。

第十六条　医疗机构电子病历系统运行应当符合以下要求:

(一)具备保障电子病历数据安全的制度和措施,有数据备份机制,有条件的医疗机构应当建立信息系统灾备体系。应当能够落实系统出现故障时的应急预案,确保电子病历业务的连续性。

(二)对操作人员的权限实行分级管理,保护患者的隐私。

(三)具备对电子病历创建、编辑、归档等操作的追溯能力。

(四)电子病历使用的术语、编码、模板和标准数据应当符合有关规范要求。

第四章　管理

第十七条　医疗机构应当成立电子病历管理部门并配备专职人员,具体负责本机构门(急)诊电子病历和住院电子病历的收集、保存、调阅、复制等管理工作。

第十八条　医疗机构电子病历系统应当保证医务人员查阅病历的需要,能够及时提供并完整呈现该患者的电子病历资料。

第十九条　患者诊疗活动过程中产生的非文字资料(CT、磁共振、超声等医学影像信息,心电图,录音,录像等)应当纳入电子病历系统管理,应确保随时调阅、内容完整。

第二十条　门诊电子病历中的门（急）诊病历记录以接诊医师录入确认即为归档，归档后不得修改。

第二十一条　住院电子病历随患者出院经上级医师于患者出院审核确认后归档，归档后由电子病历管理部门统一管理。

第二十二条　对还不能电子化的植入材料条形码、知情同意书等医疗信息资料，可以采取措施使之信息数字化后纳入电子病历并留存原件。

第二十三条　归档后的电子病历采用电子数据方式保存，必要时可打印纸质版本，打印的电子病历纸质版本应当统一规格、字体、格式等。

第二十四条　电子病历数据应当保存备份，并定期对备份数据进行恢复试验，确保电子病历数据能够及时恢复。当电子病历系统更新、升级时，应当确保原有数据的继承与使用。

第二十五条　医疗机构应当建立电子病历信息安全保密制度，设定医务人员和有关医院管理人员调阅、复制、打印电子病历的相应权限，建立电子病历使用日志，记录使用人员、操作时间和内容。未经授权，任何单位和个人不得擅自调阅、复制电子病历。

第二十六条　医疗机构应当受理下列人员或机构复印或者复制电子病历资料的申请：

（一）患者本人或其代理人；

（二）死亡患者近亲属或其代理人；

（三）为患者支付费用的基本医疗保障管理和经办机构；

（四）患者授权委托的保险机构。

第二十七条　医疗机构应当指定专门机构和人员负责受理复印或者复制电子病历资料的申请，并留存申请人有效身份证明复印件及其法定证明材料、保险合同等复印件。受理申请时，应当要求申请人按照以下要求提供材料：

（一）申请人为患者本人的，应当提供本人有效身份证明；

（二）申请人为患者代理人的，应当提供患者及其代理人的有效身份证明、申请人与患者代理关系的法定证明材料；

（三）申请人为死亡患者近亲属的，应当提供患者死亡证明及其近亲属的有效身份证明、申请人是死亡患者近亲属的法定证明材料；

（四）申请人为死亡患者近亲属代理人的，应当提供患者死亡证明、死亡患者近亲属及其代理人的有效身份证明、死亡患者与其近亲属关系的法定证明材料、申请人与死亡患者近亲属代理关系的法定证明材料；

（五）申请人为基本医疗保障管理和经办机构的，应当按照相应基本医疗保障制度有关规定执行；

（六）申请人为保险机构的，应当提供保险合同复印件，承办人员的有效身份证明，患者本人或者其代理人同意的法定证明材料；患者死亡的，应当提供保险合同复印件，承办人员的有效身份证明，死亡患者近亲属或者其代理人同意的法定证明材料。合同或者法律另有规定的除外。

第二十八条　公安、司法机关因办理案（事）件，需要收集、调取电子病历资料的，医疗机构应当在公安、司法机关出具法定证明及执行公务人员的有效身份证明后如实提供。

第二十九条　医疗机构可以为申请人复印或者复制电子病历资料的范围按照我部《医疗机构病历管理规定》执行。

第三十条　医疗机构受理复印或者复制电子病历资料申请后，应当在医务人员按规定时限完成病历后方予提供。

第三十一条　复印或者复制的病历资料经申请人核对无误后，医疗机构应当在电子病历纸质版本上加盖证明印记，或提供已锁定不可更改的病历电子版。

第三十二条　发生医疗事故争议时，应当在医患双方在场的情况下锁定电子病历并制作完全相同的纸质版本供封存，封存的纸质病历资料由医疗机构保管。

第五章　附则

第三十三条　各省级卫生行政部门可根据本规范制定本辖区相关实施细则。

第三十四条　中医电子病历基本规范由国家中医药管理局另行制定。

第三十五条　本规范由卫生部负责解释。

第三十六条　本规范自 2010 年 4 月 1 日起施行。

［附录］**医疗机构病历管理规定**（**2013 年版**）［来源：国家卫生计生委，国家中医药管理局，国卫医发〔2013〕31 号公布，自 2014 年 1 月 1 日起实施］

第一章　总则

第一条　为加强医疗机构病历管理，保障医疗质量与安全，维护医患双方的合法权益，制定本规定。

第二条　病历是指医务人员在医疗活动过程中形成的文字、符号、图表、影像、切片等资料的总和，包括门（急）诊病历和住院病历。病历归档以后形成病案。

第三条　本规定适用于各级各类医疗机构对病历的管理。

第四条　按照病历记录形式不同，可区分为纸质病历和电子病历。电子病历与纸质病历具有同等效力。

第五条　医疗机构应当建立健全病历管理制度，设置病案管理部门或者配备专（兼）职人员，负责病历和病案管理工作。

医疗机构应当建立病历质量定期检查、评估与反馈制度。医疗机构医务部门负责病历的质量管理。

第六条　医疗机构及其医务人员应当严格保护患者隐私，禁止以非医疗、教学、研究目的泄露患者的病历资料。

第二章　病历的建立

第七条　医疗机构应当建立门（急）诊病历和住院病历编号制度，为同一患者建立唯一的标识号码。已建立电子病历的医疗机构，应当将病历标识号码与患者身份证明编号相关联，使用标识号码和身份证明编号均能对病历进行检索。

门（急）诊病历和住院病历应当标注页码或者电子页码。

第八条　医务人员应当按照《病历书写基本规范》、《中医病历书写基本规范》、《电子病历基本规范（试行）》和《中医电子病历基本规范（试行）》要求书写病历。

第九条　住院病历应当按照以下顺序排序：体温单、医嘱单、入院记录、病程记录、术前讨论记录、手术同意书、麻醉同意书、麻醉术前访视记录、手术安全核查记录、手术清点记录、麻醉记录、手术记录、麻醉术后访视记录、术后病程记录、病重（病危）患者护理记录、出院记录、死亡记录、输血治疗知情同意书、特殊检查（特殊治疗）同意书、会诊记录、病危（重）通知书、病理资料、辅助检查报告单、医学影像检查资料。

病案应当按照以下顺序装订保存：住院病案首页、入院记录、病程记录、术前讨论记录、手术同意书、麻醉同意书、麻醉术前访视记录、手术安全核查记录、手术清点记录、麻醉记录、手术记录、麻醉术后访视记录、术后病程记录、出院记录、死亡记录、死亡病例讨论记录、输血治疗知情同意书、特殊检查（特殊治疗）同意书、会诊记录、病危（重）通知书、病理资料、辅助检查报告单、医学影像检查资料、体温单、医嘱单、病重（病危）患者护理记录。

第三章　病历的保管

第十条　门（急）诊病历原则上由患者负责保管。医疗机构建有门（急）诊病历档案室或者已建立门（急）诊电子病历的，经患者或者其法定代理人同意，其门（急）诊病历可以由医疗机构负责保管。

住院病历由医疗机构负责保管。

第十一条　门（急）诊病历由患者保管的，医疗机构应当将检查检验结果及时交由患者保管。

第十二条　门（急）诊病历由医疗机构保管的，医疗机构应当在收到检查检验结果后 24 小时内，将检查检验结果归入或者录入门（急）诊病历，并在每次诊疗活动结束后首个工作日内将门（急）诊病历归档。

第十三条　患者住院期间，住院病历由所在病区统一保管。因医疗活动或者工作需要,须将住院病历带离病区时,应当由病区指定的专门人员负责携带和保管。

医疗机构应当在收到住院患者检查检验结果和相关资料后24小时内归入或者录入住院病历。

患者出院后,住院病历由病案管理部门或者专(兼)职人员统一保存、管理。

第十四条　医疗机构应当严格病历管理,任何人不得随意涂改病历,严禁伪造、隐匿、销毁、抢夺、窃取病历。

第四章　病历的借阅与复制

第十五条　除为患者提供诊疗服务的医务人员,以及经卫生计生行政部门、中医药管理部门或者医疗机构授权的负责病案管理、医疗管理的部门或者人员外,其他任何机构和个人不得擅自查阅患者病历。

第十六条　其他医疗机构及医务人员因科研、教学需要查阅、借阅病历的,应当向患者就诊医疗机构提出申请,经同意并办理相应手续后方可查阅、借阅。查阅后应当立即归还,借阅病历应当在3个工作日内归还。查阅的病历资料不得带离患者就诊医疗机构。

第十七条　医疗机构应当受理下列人员和机构复制或者查阅病历资料的申请,并依规定提供病历复制或者查阅服务:

(一)患者本人或者其委托代理人;

(二)死亡患者法定继承人或者其代理人。

第十八条　医疗机构应当指定部门或者专(兼)职人员负责受理复制病历资料的申请。受理申请时,应当要求申请人提供有关证明材料,并对申请材料的形式进行审核。

(一)申请人为患者本人的,应当提供其有效身份证明;

(二)申请人为患者代理人的,应当提供患者及其代理人的有效身份证明,以及代理人与患者代理关系的法定证明材料和授权委托书;

(三)申请人为死亡患者法定继承人的,应当提供患者死亡证明、死亡患者法定继承人的有效身份证明,死亡患者与法定继承人关系的法定证明材料;

(四)申请人为死亡患者法定继承人代理人的,应当提供患者死亡证明、死亡患者法定继承人及其代理人的有效身份证明,死亡患者与法定继承人关系的法定证明材料,代理人与法定继承人代理关系的法定证明材料及授权委托书。

第十九条　医疗机构可以为申请人复制门(急)诊病历和住院病历中的体温单、医嘱单、住院志(入院记录)、手术同意书、麻醉同意书、麻醉记录、手术记录、病重(病危)患者护理记录、出院记录、输血治疗知情同意书、特殊检查(特殊治疗)同意书、病理报告、检验报告等辅助检查报告单、医学影像检查资料等病历资料。

第二十条　公安、司法、人力资源社会保障、保险以及负责医疗事故技术鉴定的部门，因办理案件、依法实施专业技术鉴定、医疗保险审核或仲裁、商业保险审核等需要，提出审核、查阅或者复制病历资料要求的，经办人员提供以下证明材料后，医疗机构可以根据需要提供患者部分或全部病历：

（一）该行政机关、司法机关、保险或者负责医疗事故技术鉴定部门出具的调取病历的法定证明；

（二）经办人本人有效身份证明；

（三）经办人本人有效工作证明（需与该行政机关、司法机关、保险或者负责医疗事故技术鉴定部门一致）。

保险机构因商业保险审核等需要，提出审核、查阅或者复制病历资料要求的，还应当提供保险合同复印件、患者本人或者其代理人同意的法定证明材料；患者死亡的，应当提供保险合同复印件、死亡患者法定继承人或者其代理人同意的法定证明材料。合同或者法律另有规定的除外。

第二十一条　按照《病历书写基本规范》和《中医病历书写基本规范》要求，病历尚未完成，申请人要求复制病历时，可以对已完成病历先行复制，在医务人员按照规定完成病历后，再对新完成部分进行复制。

第二十二条　医疗机构受理复制病历资料申请后，由指定部门或者专（兼）职人员通知病案管理部门或专（兼）职人员，在规定时间内将需要复制的病历资料送至指定地点，并在申请人在场的情况下复制；复制的病历资料经申请人和医疗机构双方确认无误后，加盖医疗机构证明印记。

第二十三条　医疗机构复制病历资料，可以按照规定收取工本费。

第五章　病历的封存与启封

第二十四条　依法需要封存病历时，应当在医疗机构或者其委托代理人、患者或者其代理人在场的情况下，对病历共同进行确认，签封病历复制件。

医疗机构申请封存病历时，医疗机构应当告知患者或者其代理人共同实施病历封存；但患者或者其代理人拒绝或者放弃实施病历封存的，医疗机构可以在公证机构公证的情况下，对病历进行确认，由公证机构签封病历复制件。

第二十五条　医疗机构负责封存病历复制件的保管。

第二十六条　封存后病历的原件可以继续记录和使用。

按照《病历书写基本规范》和《中医病历书写基本规范》要求，病历尚未完成，需要封存病历时，可以对已完成病历先行封存，当医师按照规定完成病历后，再对新完成部分进行封存。

第二十七条　开启封存病历应当在签封各方在场的情况下实施。

第六章　病历的保存

第二十八条　医疗机构可以采用符合档案管理要求的缩微技术等对纸质病

历进行处理后保存。

　　第二十九条　门（急）诊病历由医疗机构保管的，保存时间自患者最后一次就诊之日起不少于15年；住院病历保存时间自患者最后一次住院出院之日起不少于30年。

　　第三十条　医疗机构变更名称时，所保管的病历应当由变更后医疗机构继续保管。

　　医疗机构撤销后，所保管的病历可以由省级卫生计生行政部门、中医药管理部门或者省级卫生计生行政部门、中医药管理部门指定的机构按照规定妥善保管。

第七章　附则

　　第三十一条　本规定由国家卫生计生委负责解释。

　　第三十二条　本规定自2014年1月1日起施行。原卫生部和国家中医药管理局于2002年公布的《医疗机构病历管理规定》（卫医发〔2002〕193号）同时废止。

　　[附录]　互联网医疗保健信息服务管理办法[来源：于2009年3月25日经原卫生部部务会议审议通过，原卫生部令第66号发布，自2009年7月1日起施行]

第一章　总则

　　第一条　为规范互联网医疗保健信息服务活动，保证互联网医疗保健信息科学、准确，促进互联网医疗保健信息服务健康有序发展，根据《互联网信息服务管理办法》，制定本办法。

　　第二条　在中华人民共和国境内从事互联网医疗保健信息服务活动，适用本办法。

　　本办法所称互联网医疗保健信息服务是指通过开办医疗卫生机构网站、预防保健知识网站或者在综合网站设立预防保健类频道向上网用户提供医疗保健信息的服务活动。

　　开展远程医疗会诊咨询、视频医学教育等互联网信息服务的，按照卫生部相关规定执行。

　　第三条　互联网医疗保健信息服务分为经营性和非经营性两类。

　　经营性互联网医疗保健信息服务，是指向上网用户有偿提供医疗保健信息等服务的活动。

　　非经营性互联网医疗保健信息服务，是指向上网用户无偿提供公开、共享性医疗保健信息等服务的活动。

　　第四条　从事互联网医疗保健信息服务，在向通信管理部门申请经营许可或者履行备案手续前，应当经省、自治区、直辖市人民政府卫生行政部门、中医药管理部门审核同意。

第二章　设立

第五条　申请提供互联网医疗保健信息服务，应当具备下列条件：

（一）主办单位为依法设立的医疗卫生机构、从事预防保健服务的企事业单位或者其他社会组织；

（二）具有与提供的互联网医疗保健信息服务活动相适应的专业人员、设施及相关制度；

（三）网站或者频道有2名以上熟悉医疗卫生管理法律、法规和医疗卫生专业知识的技术人员；提供性知识宣传的，应当有1名副高级以上卫生专业技术职务任职资格的医师。

第六条　申请提供的互联网医疗保健信息服务中含有性心理、性伦理、性医学、性治疗等性科学研究内容的，除具备第五条规定条件外，还应当同时具备下列条件：

（一）主办单位必须是医疗卫生机构；

（二）具有仅向从事相关临床和科研工作的专业人员开放的相关网络技术措施。

第七条　申请提供互联网医疗保健信息服务的，应当按照属地管理原则，向主办单位所在地省、自治区、直辖市人民政府卫生行政部门、中医药管理部门提出申请，并提交下列材料：

（一）申请书和申请表。申请表内容主要包括：网站类别、服务性质（经营性或者非经营性）、内容分类（普通、性知识、性科研）、网站设置地点、预定开始提供服务日期、主办单位名称、机构性质、通信地址、邮政编码、负责人及其身份证号码、联系人、联系电话等；

（二）主办单位基本情况，包括机构法人证书或者企业法人营业执照；

（三）医疗卫生专业人员学历证明及资格证书、执业证书复印件，网站负责人身份证及简历；

（四）网站域名注册的相关证书证明文件；

（五）网站栏目设置说明；

（六）网站对历史发布信息进行备份和查阅的相关管理制度及执行情况说明；

（七）卫生行政部门、中医药管理部门在线浏览网站上所有栏目、内容的方法及操作说明；

（八）健全的网络与信息安全保障措施，包括网站安全保障措施、信息安全保密管理制度、用户信息安全管理制度；

（九）保证医疗保健信息来源科学、准确的管理措施、情况说明及相关证明。

第八条　从事互联网医疗卫生信息服务网站的中文名称，除与主办单位名称相同的以外，不得以"中国"、"中华"、"全国"等冠名。

第九条 省、自治区、直辖市人民政府卫生行政部门、中医药管理部门自受理之日起 20 日内，对申请提供互联网医疗保健信息服务的材料进行审核，并作出予以同意或不予同意的审核意见。予以同意的，核发《互联网医疗保健信息服务审核同意书》，发布公告，并向卫生部、国家中医药管理局备案；不予同意的，应当书面通知申请人并说明理由。

《互联网医疗保健信息服务审核同意书》格式由卫生部统一制定。

第十条 互联网医疗保健信息服务提供者变更下列事项之一的，应当向原发证机关申请办理变更手续，填写《互联网医疗保健信息服务项目变更申请表》，同时提供相关证明文件：

（一）《互联网医疗保健信息服务审核同意书》中审核同意的项目；

（二）互联网医疗保健信息服务主办单位的基本项目；

（三）提供互联网医疗保健信息服务的基本情况。

第十一条 《互联网医疗保健信息服务审核同意书》有效期 2 年。需要继续提供互联网医疗保健信息服务的，应当在有效期届满前 2 个月内，向原审核机关申请复核。通过复核的，核发《互联网医疗保健信息服务复核同意书》。

第三章 医疗保健信息服务

第十二条 互联网医疗保健信息服务内容必须科学、准确，必须符合国家有关法律、法规和医疗保健信息管理的相关规定。

提供互联网医疗保健信息服务的网站应当对发布的全部信息包括所链接的信息负全部责任。

不得发布含有封建迷信、淫秽内容的信息；不得发布虚假信息；不得发布未经审批的医疗广告；不得从事网上诊断和治疗活动。

非医疗机构不得在互联网上储存和处理电子病历和健康档案信息。

第十三条 发布医疗广告，必须符合《医疗广告管理办法》的有关规定。应当注明医疗广告审查证明文号，并按照核准的广告成品样件内容登载。

不得夸大宣传，严禁刊登违法广告。

第十四条 开展性知识宣传，必须提供信息内容的来源，并在明显位置标明。信息内容要由医疗卫生专业人员审核把关，确保其科学、准确。

不得转载、摘编非法出版物的内容；不得以宣传性知识为名渲染性心理、性伦理、性医学、性治疗等性科学研究的内容；严禁传播淫秽内容。

第十五条 开展性科学研究的医疗保健网站，只能向从事相关临床和科研工作的专业人员开放。

严禁以开展性科学研究为名传播淫秽内容。综合性网站的预防保健类频道不得开展性科学研究内容服务。

第十六条 提供医疗保健信息服务的网站登载的新闻信息，应当符合《互联网新闻信息服务管理办法》的相关规定；登载的药品信息应当符合《互联网药品信息服务管理办法》的相关规定。

第十七条 提供互联网医疗保健信息服务，应当在其网站主页底部的显著位置标明卫生行政部门、中医药管理部门《互联网医疗保健信息服务审核同意书》或者《互联网医疗保健信息服务复核同意书》的编号。

第四章 监督管理

第十八条 卫生部、国家中医药管理局对各省、自治区、直辖市人民政府卫生行政部门、中医药管理部门的审核和日常监管工作进行指导和管理。

省、自治区、直辖市人民政府卫生行政部门、中医药管理部门依法负责对本行政区域内主办单位提供的医疗保健信息服务开展审核工作，对本行政区域的互联网医疗保健信息服务活动进行监督管理。

第十九条 各级卫生行政部门、中医药管理部门对下列内容进行日常监管：

（一）开办医疗机构类网站的，其医疗机构的真实性和合法性；

（二）提供性知识宣传和普通医疗保健信息服务的，是否取得互联网医疗保健信息服务资格，是否超范围提供服务；

（三）提供性科学研究信息服务的，其主办单位是否具备相应资质，是否违规向非专业人士开放；

（四）是否利用性知识宣传和性科学研究的名义传播淫秽内容，是否刊载违法广告和禁载广告。

第二十条 卫生行政部门、中医药管理部门设立投诉举报电话和电子信箱，接受上网用户对互联网医疗保健信息服务的投诉举报。

第二十一条 卫生行政部门、中医药管理部门对上网用户投诉举报和日常监督管理中发现的问题，要及时通知互联网医疗保健信息服务提供者予以改正；对超范围提供互联网医疗保健信息服务的，应责令其停止提供。

第二十二条 互联网医疗保健信息服务审核和监督管理情况应当向社会公告。

第五章 法律责任

第二十三条 未经过卫生行政部门、中医药管理部门审核同意从事互联网医疗保健信息服务的，由省级以上人民政府卫生行政部门、中医药管理部门通报同级通信管理部门，依法予以查处；情节严重的，依照有关法律法规给予处罚。

第二十四条 已通过卫生行政部门、中医药管理部门审核或者复核同意从事互联网医疗保健信息服务的，违反本办法，有下列情形之一的，由省、自治区、直辖市人民政府卫生行政部门、中医药管理部门给予警告，责令其限期改正；情节严重的，对非经营性互联网医疗保健信息服务提供者处以3000元以上1万元以下罚款，对经营性互联网医疗保健信息服务提供者处以1万元以上3万元以下罚款；拒不改正的，提出监管处理意见，并移交通信管理部门依法处理；构成犯罪的，移交司法部门追究刑事责任：

（一）超出审核同意范围提供互联网医疗保健信息服务的；

（二）超出有效期使用《互联网医疗保健信息服务审核同意书》的；

（三）未在网站主页规定位置标明卫生行政部门、中医药管理部门审核或者复核同意书编号的；

（四）提供不科学、不准确医疗保健信息服务，并造成不良社会影响的；

（五）借开展性知识宣传和性科学研究为名传播淫秽内容的。

第二十五条　省、自治区、直辖市人民政府卫生行政部门、中医药管理部门违规对互联网医疗保健信息服务申请作出审核意见的，原审核机关应当撤销原批准的《互联网医疗保健信息服务审核同意书》；对主管人员和其他直接责任人员，由其所在单位上级机关依法给予处分。

第六章　附　则

第二十六条　本办法自2009年7月1日起施行。2001年1月3日卫生部发布的《卫生部关于印发〈互联网医疗卫生信息服务办法〉的通知》（卫办发〔2001〕3号）同时废止。

[附录] **医疗广告管理办法**[来源：中华人民共和国国家工商行政管理总局　原卫生部令第26号，《医疗广告管理办法》已经中华人民共和国国家工商行政管理总局和原卫生部决定修改，自2007年1月1日起施行]

第一条　为加强医疗广告管理，保障人民身体健康，根据《广告法》、《医疗机构管理条例》、《中医药条例》等法律法规的规定，制定本办法。

第二条　本办法所称医疗广告，是指利用各种媒介或者形式直接或间接介绍医疗机构或医疗服务的广告。

第三条　医疗机构发布医疗广告，应当在发布前申请医疗广告审查。未取得《医疗广告审查证明》，不得发布医疗广告。发布医疗广告的有效期为一年，并严格按照核定内容进行广告宣传。

第四条　工商行政管理机关负责医疗广告的监督管理。

卫生行政部门、中医药管理部门负责医疗广告的审查，并对医疗机构进行监督管理。

第五条　非医疗机构不得发布医疗广告，医疗机构不得以内部科室名义发布医疗广告。

第六条　医疗广告内容仅限于以下项目：

（一）医疗机构第一名称；

（二）医疗机构地址；

（三）所有制形式；

（四）医疗机构类别；

（五）诊疗科目；

（六）床位数；

（七）接诊时间；

（八）联系电话。

（一）至（六）项发布的内容必须与卫生行政部门、中医药管理部门核发的《医疗机构执业许可证》或其副本载明的内容一致。

第七条　医疗广告的表现形式不得含有以下情形：

（一）涉及医疗技术、诊疗方法、疾病名称、药物的；

（二）保证治愈或者隐含保证治愈的；

（三）宣传治愈率、有效率等诊疗效果的；

（四）淫秽、迷信、荒诞的；

（五）贬低他人的；

（六）利用患者、卫生技术人员、医学教育科研机构及人员以及其他社会社团、组织的名义、形象作证明的；

（七）使用解放军和武警部队名义的；

（八）法律、行政法规规定禁止的其他情形。

第八条　医疗机构发布医疗广告，应当向其所在地省级卫生行政部门申请，并提交以下材料：

（一）《医疗广告审查申请表》；

（二）《医疗机构执业许可证》副本原件和复印件，复印件应当加盖核发其《医疗机构执业许可证》的卫生行政部门公章；

（三）医疗广告成品样件。电视、广播广告可以先提交镜头脚本和广播文稿。

中医、中西医结合、民族医医疗机构发布医疗广告，应当向其所在地省级中医药管理部门申请。

第九条　省级卫生行政部门、中医药管理部门应当自受理之日起20日内对医疗广告成品样件内容进行审查。卫生行政部门、中医药管理部门需要请有关专家进行审查的，可延长10日。

对审查合格的医疗广告，省级卫生行政部门、中医药管理部门发给《医疗广告审查证明》，并将通过审查的医疗广告样件和核发的《医疗广告审查证明》予以公示；对审查不合格的医疗广告，应当书面通知医疗机构并告知理由。

第十条　省级卫生行政部门、中医药管理部门应对已审查的医疗广告成品样件和审查意见予以备案保存，保存时间自《医疗广告审查证明》生效之日起至少两年。

第十一条　《医疗广告审查申请表》《医疗广告审查证明》的格式由卫生部、国家中医药管理局规定。

第十二条　省级卫生行政部门、中医药管理部门应在核发《医疗广告审查证明》之日起五个工作日内，将《医疗广告审查证明》抄送本地同级工商行政管理机关。

第十三条　《医疗广告审查证明》的有效期为一年。到期后仍需继续发布医疗广告的，应重新提出审查申请。

第十四条　发布医疗广告应当标注医疗机构第一名称和《医疗广告审查证明》文号。

第十五条　医疗机构发布户外医疗广告，应在取得《医疗广告审查证明》后，按照《户外广告登记管理规定》办理登记。

医疗机构在其法定控制地带标示仅含有医疗机构名称的户外广告，无需申请医疗广告审查和户外广告登记。

第十六条　禁止利用新闻形式、医疗资讯服务类专题节（栏）目发布或变相发布医疗广告。

有关医疗机构的人物专访、专题报道等宣传内容，可以出现医疗机构名称，但不得出现有关医疗机构的地址、联系方式等医疗广告内容；不得在同一媒介的同一时间段或者版面发布该医疗机构的广告。

第十七条　医疗机构应当按照《医疗广告审查证明》核准的广告成品样件内容与媒体类别发布医疗广告。

医疗广告内容需要改动或者医疗机构的执业情况发生变化，与经审查的医疗广告成品样件内容不符的，医疗机构应当重新提出审查申请。

第十八条　广告经营者、广告发布者发布医疗广告，应当由其广告审查员查验《医疗广告审查证明》，核实广告内容。

第十九条　有下列情况之一的，省级卫生行政部门、中医药管理部门应当收回《医疗广告审查证明》，并告知有关医疗机构：

（一）医疗机构受到停业整顿、吊销《医疗机构执业许可证》的；

（二）医疗机构停业、歇业或被注销的；

（三）其他应当收回《医疗广告审查证明》的情形。

第二十条　医疗机构违反本办法规定发布医疗广告，县级以上地方卫生行政部门、中医药管理部门应责令其限期改正，给予警告；情节严重的，核发《医疗机构执业许可证》的卫生行政部门、中医药管理部门可以责令其停业整顿、吊销有关诊疗科目，直至吊销《医疗机构执业许可证》。

未取得《医疗机构执业许可证》发布医疗广告的，按非法行医处罚。

第二十一条　医疗机构篡改《医疗广告审查证明》内容发布医疗广告的，省级卫生行政部门、中医药管理部门应当撤销《医疗广告审查证明》，并在一年内不受理该医疗机构的广告审查申请。

省级卫生行政部门、中医药管理部门撤销《医疗广告审查证明》后，应当自作出行政处理决定之日起5个工作日内通知同级工商行政管理机关，工商行政管理机关应当依法予以查处。

第二十二条　工商行政管理机关对违反本办法规定的广告主、广告经营者、广告发布者依据《广告法》、《反不正当竞争法》予以处罚，对情节严重，造成严重后果的，可以并处一至六个月暂停发布医疗广告，直至取消广告经营者、广告发布者的医疗广告经营和发布资格的处罚。法律法规没有规定的，工商行政管理机关应当对负有责任的广告主、广告经营者、广告发布者给予警告或者处以一万元以上三万元以下的罚款；医疗广告内容涉嫌虚假的，工商行政管理机关可根据需要会同卫生行政部门、中医药管理部门作出认定。

第二十三条　本办法自2007年1月1日起施行。

[附录] **医疗机构实行价格公示的规定** [来源：原国家计委、原卫生部、解放军总后勤部、国家中医药管理局关于印发《医疗机构实行价格公示的规定》的通知，时间：2002-11-28 计价检〔2002〕2606号]

一、为规范医疗机构的价格行为，提高药品、医用材料和医疗服务价格的透明度，维护医患双方的合法权益，根据《中华人民共和国价格法》、国家计委《关于商品和服务实行明码标价的规定》制定本规定。

二、在中华人民共和国境内向社会提供医疗服务的各级、各类医疗机构均应实行价格公示。

三、本规定所称价格公示是指医疗机构对常用药品、医用材料和主要医疗服务的价格实行明码标价的一种方式。公示的具体药品、医用材料品种及医疗服务项目，由各省、自治区、直辖市价格主管部门商卫生主管部门共同确定。

四、医疗机构对药品价格公示的内容包括：药品的通用名、商品名、剂型、规格、计价单位、价格、生产厂家，主要的中药饮片产地等有关情况，并应明示是否为列入国家基本医疗保险药品目录的药品。对实行政府定价的药品，还应公示其最高零售价格及实际销售价格。

五、医疗机构对医用材料价格公示的内容包括：医用材料的品名、规格、价格等有关情况。

六、医疗机构对医疗服务价格公示的内容包括：医疗服务项目名称、项目内涵、除外内容、计价单位、价格、价格管理形式、批准文号、政府指导价及实际执行价格等有关情况。

七、医疗机构在其服务场所的显著位置，可通过电子触摸屏、电子显示屏、公示栏、公示牌、价目表、价目本、住院费用结算清单等方式实行价格公示。有条件的医疗机构应当使用电子触摸屏、电子显示屏，对所提供的药品、医用材料和医疗服务的价格进行公示。标价方式由价格主管部门的监督检查机构进行监制。

八、实行价格公示的药品、医用材料和医疗服务的价格发生变动时，医疗机构应当在执行新价格前，及时调整公示内容。医疗机构应当按照价格公示的实际项目和价格进行收费。

九、医疗机构有义务向患者提供药品、医用材料和医疗服务价格情况的查询服务。有条件的医疗机构应当推行住院费用清单制度。

十、对医疗机构不按明码标价的规定进行价格公示的，或者利用标价进行价格欺诈的，由政府价格主管部门依照《价格法》、《价格违法行为行政处罚规定》、《关于商品和服务实行明码标价的规定》、《禁止价格欺诈行为的规定》进行处罚。

十一、医疗机构价格公示应当同时公布价格举报电话12358，方便群众进行监督。

十二、本规定自 2002 年 12 月 15 日起施行。

第十章

口腔临床技术管理

为加强我国口腔临床技术管理，规范口腔临床技术应用行为，加强口腔临床技术医疗质量管理与控制，保障医疗质量和医疗安全，国家卫生和计划生育委员会相继组织专家制定了《口腔种植技术管理规范》、《牙本质敏感的诊断和防治指南》、《口腔预防适宜技术操作规范》等规范、指南。口腔医师和口腔诊所应遵照执行。

[附录] **口腔种植技术管理规范**[来源：卫办医政发〔2013〕32号，国家卫生和计划生育委员会办公厅于2013年4月23日发布]

为规范口腔种植技术的临床应用，保证医疗质量和医疗安全，制定本规范。本规范为医疗机构及其医师开展口腔种植技术的最低要求。

本规范所称口腔种植技术，是指通过外科方法在口腔或颌面部植入人工种植体，进而进行有关牙列缺损、缺失或颌面部器官缺损、缺失修复的技术。

口腔种植技术分为简单种植技术与复杂种植技术。简单种植技术是指无需在术区进行复杂种植技术处理即可进行种植体植入，进而实施修复的种植技术。复杂种植技术是指在术区需经下列一项及一项以上处理，方可进行种植体植入和修复的种植技术，包括：骨劈开技术、上颌窦底提升植骨技术、即刻修复技术、牙槽突牵引成骨技术、功能性颌骨重建技术，以及面部赝复体种植修复技术等。

一、医疗机构基本要求

（一）医疗机构开展口腔种植诊疗技术，应当与其功能、任务相适应。

（二）有卫生行政部门核准登记的口腔科诊疗科目。

（三）房屋建筑面积与功能划分、设备设施与人员配备应当符合原卫生部印发的《医疗机构基本标准（试行）》的基本要求。

（四）用于口腔种植外科治疗的诊室应当是独立的诊疗间。用于口腔种植诊疗的诊室除具备基本诊疗设备及附属设施外，同时应当装备口腔种植动力系统、种植外科器械、种植修复器械及相关专用器械。

（五）具备曲面体层或颌骨CT影像诊断设备及诊断能力。

（六）用于口腔种植诊疗的诊室的消毒管理应当符合《医疗机构口腔诊疗器械消毒技术操作规范》要求。

（七）从事使用射线装置的医疗技术人员应当持有当地卫生行政部门颁发的《放射工作人员证》，并按照相关规定开展诊疗活动。

二、医师基本要求

（一）取得《医师执业证书》，执业范围为口腔专业。

（二）具有口腔医学专业本科及本科以上学历的口腔执业医师接受正式口腔种植学课程120课时以上（含种植学实习）考试合格；或经过口腔种植学的继续教育累计Ⅰ类学分40分以上；或在境内外教育机构（国家教育部认可的教育机构）接受口腔种植学培训和学习满3个月并获得结业证书，方可从事口腔种植诊疗活动。

（三）在医疗机构设立的专业口腔种植科室工作3年以上，并专职从事口腔种植临床诊疗工作的医师可免于培训。

三、技术管理基本要求

（一）严格遵守相关技术操作规范和诊疗指南，根据患者病情、可选择的治疗方案等因素综合判断治疗措施，因病施治，合理治疗，严格掌握口腔技术的适应证和禁忌证。对患有全身系统性疾病或局部疾患等种植治疗禁忌证的患者应当待全身或局部疾患改善后酌情实施种植治疗。

具有种植治疗适应证并同意接受种植治疗的患者在首次手术治疗前应当依照常规进行颌骨X线检查与诊断、必要的血液检查及传染病筛查。

（二）对具备口腔种植治疗适应证并同意接受种植治疗的患者，经治医师应当履行告知义务，并签署种植治疗知情同意书。

（三）开展口腔种植治疗活动的医疗机构应当建立完善的种植门诊病历，其书写与管理应当执行原卫生部《病历书写基本规范》，种植门诊病历还应当包括X线检查记录、手术记录、治疗记录、使用材料（含种植体）登记记录、复诊记录等。

（四）医疗机构和医师按照规定定期接受口腔种植技术临床应用能力评价和临床应用效果评估，包括病例选择、手术成功率、严重并发症、药物并发症、医疗事故发生情况、术后病人管理、病人生活质量以及随访情况和病历质量等。

四、其他管理要求

（一）使用经国家药品监督管理部门审批的口腔种植技术所需的材料、器械、设备。

（二）建立口腔种植技术医用器材登记制度，保证器材来源可追溯。在病人住院病历中手术记录部分留存介入医用器材条形码或者其他合格证明文件。

（三）严格执行国家物价、财务政策，按照规定收费。

[附录] **牙本质敏感的诊断和防治指南**[来源：中华口腔医学会牙本质敏感专家组.中华口腔医学会杂志，2009，44（3）：132-134]

一、牙本质敏感的定义

通过对文献的全面回顾，参考加拿大专家委员会及 Holland 等提出的牙本质敏感定义，将牙本质敏感定义为："暴露的牙本质对外界刺激产生短而尖锐的疼痛，并且不能归因于其他特定原因引起的牙体缺损或病变，典型的刺激包括温度刺激、吹气刺激、机械性刺激或化学刺激。"

使用排除法的定义有利于口腔医师更好地理解牙本质敏感的特点，有助于更好地诊断和进行临床处理。划分基于以下几个理由：暴露的牙本质小管往往在微观下才能看到，其他有敏感症状的牙齿疾病，如牙齿折裂、龋病或微渗漏等可以用肉眼观察分辨出；牙本质敏感的症状有一定的特点，对刺激所产生的敏感症状并不是经常伴随疼痛症状，而敏感症状往往间歇发作，有些敏感症状有自愈性；目前牙本质敏感已形成特定和多种治疗方法，在口腔保健及临床已得到广泛应用，不同于其他牙齿疾病，如牙齿折裂、微渗漏等。

二、牙本质敏感的解剖学基础

扫描电镜观察显示，敏感牙本质与不敏感牙本质的区别在于牙本质小管开放的数量和开放牙本质小管直径的大小。敏感的牙本质单位面积上平均暴露的牙本质小管数量是不敏感牙本质的 8 倍。敏感牙本质小管直径是不敏感牙本质小管的 2 倍。根据 Poiseuil 的定律——液体流动与管道半径的 4 次方成正比，开放的敏感牙本质小管内液体流动速率是不敏感牙本质小管的 16 倍。另外，敏感的牙本质玷污层更薄，钙化度更低。

导致牙本质敏感的条件：①牙本质暴露（存在病损）通常由釉质缺损或牙龈退缩所致；②牙本质小管在口腔和牙髓两面开放（病损形成）；③牙齿受到刺激（冷、热、酸、机械性刺激等）。

三、牙本质敏感的病因及发病机制

（一）牙本质敏感的病因

牙本质暴露往往是磨损、磨耗、酸蚀以及应力作用下釉质内碎的综合效果。异常的咬合状况可导致夜磨牙症，被认为是牙体磨损的一个重要危险因素。

使用合格的牙刷和牙膏、采用正确的方法刷牙不会对牙齿造成磨损，但牙膏对暴露的牙骨质可能会有一定的磨损作用。进食酸性食物和饮料后即刻刷牙容易去除软化的牙本质，因此牙体缺损的情况可能是酸蚀、磨损综合作用的结果。

酸蚀作用也是导致牙本质小管口暴露的另一个重要原因。外源性酸主要是酸性食物和饮料；内源性酸来源于胃、食管返流，这些都会导致牙本质表面覆盖物溶解，牙本质小管口暴露。釉质对酸十分敏感，对酸蚀过的釉质刷牙可产生显著的磨损效果。

牙龈退缩是牙本质敏感最重要的危险因素之一。牙龈退缩后暴露的牙骨质很薄并易磨损，会导致牙本质更快、更广泛地暴露。多种因素可导致牙龈退缩，如使用不合格牙刷、刷牙用力过大、牙龈自身损伤、牙周病及牙周病的不当治疗等。

总之，牙本质敏感的发生是磨损、酸蚀、釉质内碎等联合作用的结果，进程缓慢，早期症状不明显。除洁牙术和牙周手术所引起的敏感有医源性因素外，大多数病例牙本质敏感都与患者自身因素有关。

（二）牙本质敏感的机制

目前，解释牙本质敏感的机制主要有几种理论：①神经学说；②牙本质纤维传导学说；③流体动力学理论。其中被最为广泛接受的牙本质敏感机制是Brannstrom 提出的流体动力学理论，即外界温度、机械性或化学因素刺激作用于暴露的牙本质小管表面，导致牙本质小管中的液体流动发生改变（增加或方向改变）。这种改变刺激成牙本质细胞周围的 A-δ 纤维和部分 A-β 纤维，从而产生敏感症状。

四、诊断

（一）诊断

牙本质敏感的诊断是建立在病史收集及患者主观感受之上，因此必须获得敏感史和对症状的精确描述。牙本质敏感患者通常在寒冷（最常见的触发因素）、机械性、吹气、化学刺激或渗透压变化下出现短暂而尖锐的疼痛。

临床检查一般采用冷空气喷吹、温度刺激、探针接触等方法，但这些方法常常不能再现所有的牙本质敏感，因此临床上还采用患者在治疗前后对疼痛的感受作为辅助诊断的依据。

（二）鉴别诊断

根据定义，牙本质敏感属于排除性诊断。

因此，必须排除具有牙本质敏感症状的实体性疾病。如：牙折裂、充填体折裂、充填体边缘微渗漏、牙体缺损、龋病、牙髓炎等。鉴别诊断或首先诊断这些疾病很有必要，以下为几个主要鉴别及注意的内容：

1. 牙齿微裂、充填体边缘微渗漏：一般可以通过放大装置或染色剂渗透的方法发现。

2. 磨损、酸蚀、釉质内碎：可使釉质或牙骨质丧失，导致牙本质表面小管口暴露从而造成牙本质敏感。对于这些原因造成的严重牙体组织缺损，一般需要粘接修复，在诊断牙本质敏感的同时也可以直接诊断为磨损、酸蚀或楔状缺损等。

3. 牙本质敏感的症状特点　一般刺激产生的牙本质敏感症状持续时间短暂，且不随时间延长而加剧（如不可复性牙髓炎等），也不会因咀嚼压力而激发（如牙隐裂等）。

五、预防

预防牙本质敏感首先必须改变或去除危险因素。建议：①建立餐后漱口的习惯；②减少酸性食物和饮料的摄入；③进食酸性食物和饮料后，不要即刻刷牙，1小时后再刷牙；④选择合格的牙刷、采用正确的刷牙方法，避免刷牙时用力过大；⑤有牙周疾病、夜磨牙症、牙齿过度磨耗等相关疾病的患者应及时诊治；⑥有内源性酸来源的患者，建议治疗全身疾病。

六、治疗

（一）治疗原理

减少牙本质小管内的液体流动和（或）阻断牙本质小管内的神经传导。

1. 阻断牙本质小管内的神经传导：通常采用含钾化合物如硝酸钾、氯化钾等。

2. 减少牙本质小管内的液体流动：通常采用物理或化学的方法封闭牙本质小管或产生表面层。包括使用树脂、玻璃离子粘固粉和粘接剂、氯化锶或醋酸锶、草酸铝、草酸钾或草酸铁；含硅或含钙材料以及蛋白质沉淀剂等。

（二）治疗原则与方法

对牙本质敏感的治疗可分为创伤性和非创伤性两类方法，应优先考虑非创伤性治疗方法。

1. 治疗首选：抗敏感牙膏是首选推荐的、适合患者自己使用的一种牙本质敏感控制方法。抗敏感牙膏常采用含钾化合物如硝酸钾、氯化钾等为其主要有效成分。

2. 根据症状选择治疗方法

（1）敏感症状中等严重：推荐在使用抗敏感牙膏的基础上，应用高浓度含氟涂料，或使用玻璃离子、树脂封闭剂或粘接剂等治疗方法。

（2）敏感症状严重且牙体组织破坏较大：应采用牙体修复的方法。

3. 其他：一些疾病治疗过程中或治疗后可能产生牙本质敏感，例如洁治术、根面平整术、牙周手术以及牙齿漂白术等。为减少患者的焦虑，取得患者的配合，医师应在术前向患者作出解释，并采取必要的预防和治疗措施。

4. 随访 对牙本质敏感患者要定期随访。使用抗敏感牙膏刷牙4～8周后，若敏感症状持续存在，必须重新评估诊断，排除其他原因。必要时采取创伤性的治疗措施，如膜龈手术、树脂充填术或牙髓摘除术等。若敏感症状减轻，但之后复发，如诊断正确，则必须进一步建议患者去除危险索因素，坚持使用抗敏感牙膏，并采取其他抗敏感治疗措施。

七、研究需要及方向

需要开展长期的随访，建议首选随机、安慰剂对照、双盲的临床试验研究；还需要进一步研究牙本质敏感的机制以开发更有效的治疗措施。

八、教育

建议中华口腔医学会增设关于牙本质敏感的继续教育项目。教学重点在于牙本质敏感的危险因素、诊断和鉴别诊断以及防治方法。

（参考文献省略）

[附录] **口腔预防适宜技术操作规范** [来源：原卫生部办公厅关于印发《口腔预防适宜技术操作规范》的通知，颁布时间：2009-01-23　卫办疾控发〔2009〕15号]

前言

口腔预防适宜技术是指防治龋病和牙周病等口腔常见疾病的技术和方法，具有安全、有效、经济、简便的特点，适于基层口腔专业人员在设备和器械相对简单的条件下应用。随着口腔预防适宜技术在我国的逐步推广，迫切需要加强口腔卫生医疗机构技术操作的规范化，为此特制定本规范。

口腔预防适宜技术操作规范主要包括局部用氟、窝沟封闭、非创伤性充填（ART）、预防性树脂充填、龈上洁治。口腔专业人员应严格遵循本规范，提供高质量的口腔卫生服务，保护人民群众的口腔健康。

局部用氟

1. 定义

局部用氟是将氟化物直接用于牙表面，通过局部作用预防龋病的技术。局部用氟根据操作方式可以分为个人自我使用和口腔专业人员操作使用两种类型。口腔专业人员操作使用的氟化物浓度相对较高，需要严格按操作规范使用。本规范只介绍口腔专业人员操作使用的局部用氟方法。常用的方法有含氟涂料、含氟凝胶、含氟泡沫三种。

2. 适应证

主要适用于以下人群：

1）学龄前儿童、中小学生；

2）口腔内已经有多个龋齿者；

3）口腔内带有固定矫正器者；

4）牙列拥挤或牙排列不齐者；

5）釉质脱矿或釉质发育有缺陷者；

6）牙龈萎缩，牙根面暴露的中老年人；

7）长期药物治疗导致的口干综合症者；

8）进食甜食频率高且口腔卫生较差者；

9）头颈部进行放射线治疗者；

10）不能进行口腔自我清洁的残障者。

本规范以常见的氟化物剂型、浓度、操作方法和适用人群等（表1）为例进行说明,其他不同浓度的氟制剂产品可参照执行。

表1 局部用氟常见的剂型、氟浓度和使用方法

剂型	氟浓度	使用方法	使用时间	适用年龄	使用频率
含氟涂料	2.26%F⁻	牙面涂布	待其干燥	2岁以上	每半年一次
含氟凝胶	1.23%F⁻	使用托盘	4分钟	6岁以上	每半年一次
含氟泡沫	1.23%F⁻	使用托盘	4分钟	3岁以上	每半年一次

3. 临床操作方法

含氟涂料

1)器械和材料

器械:口镜、探针、镊子、棉卷、棉签、小毛刷、吸唾装置。

材料:2.26%的含氟涂料。

2)临床操作

清洁牙面:在使用前清洁牙面,以增强氟化物与牙面的接触,延长氟化物在牙面滞留的时间。

隔湿和干燥:在操作过程中保持牙面干燥,可用吸唾装置,如果没有吸唾装置,也可以用棉卷隔湿代替。

涂布:用小毛刷将含氟涂料直接涂布在所有牙面上,特别是两个牙之间的邻间隙。

时间:自然干燥或者用压缩空气轻吹牙面,直至含氟涂料干燥,使含氟涂料在牙面上形成一层薄膜。

医嘱:2~4小时内不进食,当晚不刷牙。

含氟凝胶

1)器械和材料

器械:口镜、探针、镊子、棉卷、托盘。

材料:1.23%的酸性磷酸氟凝胶。

2)临床操作

清洁牙面:在使用前清洁牙面,以增强含氟凝胶与牙面的接触,延长含氟凝胶在牙面上滞留的时间。

涂布:将置有含氟凝胶的托盘放入口中,压入上下牙列,轻轻咬住,使含氟凝胶布满所有的牙面并挤入牙间隙。托盘要与牙列大小相合适,既能覆盖全部牙列,又有足够的深度覆盖到牙颈部,同时要避免托盘过大产生不良刺激。托盘内的含氟凝胶要适量,做到既能覆盖全部牙列又避免含氟凝胶过多使患者感到不适或被吞咽。

体位:操作过程中保持患者的身体前倾,可用吸唾装置或用口杯接住流出

的唾液,避免吞咽动作。

时间:让托盘在口内留置4分钟,之后取出托盘并拭去残余含氟凝胶,也可以让患者自行吐净口中的凝胶。

医嘱:30分钟内不漱口、不进食、不喝水。

含氟泡沫

1)器械和材料

器械:口镜、探针、镊子、棉卷、托盘。

材料:1.23%的含氟泡沫。

2)临床操作

同含氟凝胶的临床操作。

4. 注意事项

在使用不同产品的氟化物之前,要仔细阅读产品说明,严格控制每次的用量。在临床操作过程中应避免儿童发生误吞、误咽。

窝沟封闭

1. 定义

窝沟封闭是指不损伤牙体组织,将封闭材料涂布于牙冠咬合面、颊舌面的窝沟点隙,阻止致龋菌及酸性代谢产物对牙体的侵蚀,以达到预防窝沟龋的方法。窝沟封闭使用的封闭材料称为窝沟封闭剂,有自凝固化和光固化两种。

2. 适应证

窝沟封闭主要应用于乳磨牙、恒磨牙及恒前磨牙。封闭的最佳时机是牙冠完全萌出,龋齿尚未发生的时候,一般乳磨牙在3~5岁,第一恒磨牙在6~8岁,第二恒磨牙在11~13岁时。

有下列情况的牙适合进行窝沟封闭:

1)咬合面、颊面及舌腭面的窝沟点隙深,特别是有可以插入或卡住探针的窝沟(包括可疑龋);

2)对侧同名牙已经患龋或者有患龋倾向;

3)牙萌出达咬合平面或牙冠窝沟点隙均完全暴露于口腔后。

有下列情况的牙不适合进行窝沟封闭:

1)咬合面无深的窝沟点隙、自洁作用好;

2)牙尚未完全萌出,部分咬合面被牙龈覆盖。

3. 器械和材料

1)器械:口镜、探针、镊子、低速手机、清洁用小毛刷、三用枪、无油空气压缩机、吸唾装置、适量棉卷或棉球、涂布封闭剂的小毛刷,自凝固化窝沟封闭剂需要有调拌刀和调和板/纸,光固化窝沟封闭剂需要配备光固化机、咬合纸、高速手机和钻针。

2）材料：酸蚀剂（常用的是37%的磷酸凝胶），窝沟封闭剂。

4. 临床操作方法

1）清洁牙面：在低速手机上装上小毛刷，彻底清洁准备封闭的牙面窝沟部位，然后用水枪充分冲洗。

2）酸蚀：清洁牙面后即用棉卷隔湿，将牙面吹干并保持干燥。用小毛刷或小棉球蘸适量酸蚀剂涂在要封闭的牙面窝沟部位，不要反复涂擦，酸蚀面积一般为牙尖斜面的2/3。常规用37%的磷酸凝胶酸蚀，酸蚀时间为30秒，不同产品的酸蚀时间可能有差异，需仔细阅读产品使用说明。酸蚀后用水枪冲洗牙面10~15秒，以确保将残余的酸蚀剂冲洗干净。边冲洗边用吸唾器吸干冲洗液，切忌让患者自行吐出冲洗液，以免酸蚀牙面被唾液污染。

3）干燥：冲洗后立即用棉卷隔湿并吹干牙面，吹干后的牙面应该呈白垩状外观，如果酸蚀后的牙面没有出现这种现象，说明酸蚀程度不够，应重新酸蚀。操作中要确保酸蚀牙面不被唾液污染，如果发生唾液污染，应再冲洗牙面，彻底干燥后重复酸蚀步骤。

4）涂布封闭剂：用小毛刷或专用器械，蘸取适量封闭剂涂布在干燥的牙面上。要使封闭剂充分渗入窝沟点隙中，可用小毛刷引导，注意封闭后的窝沟点隙中不能留有气泡。

5）固化：光固化封闭剂涂布后，立即用光固化灯照射。照射时尽量靠近，但不能接触牙面。照射时间要根据采用的产品类型与可见光源性能决定，一般为20~40秒。采用自凝固化封闭剂时，每次封闭前要取等量A、B组分调拌混匀。通常调拌10~15秒。调拌时要避免产生气泡。自凝封闭剂固化时间一般为1分钟。调拌涂布要掌握好时机，在初凝阶段前完成。涂布后不要再污染和搅动。

6）检查：封闭剂固化后，用探针进行全面检查。检查固化程度，有无气泡存在，寻找遗漏或未封闭的窝沟并重新封闭；观察有无过多封闭材料和是否需要去除，如发现问题应及时处理；检查咬合关系，如果封闭剂过厚应调磨。

5. 注意事项

窝沟封闭的防龋效果与封闭剂的保留率直接相关，因此操作必须严格、规范。封闭失败（封闭剂脱落）的主要原因一是酸蚀不充分，牙面干燥后没有呈现白垩状外观；二是唾液或者气枪压缩空气中混有水/油，污染了酸蚀后的牙面，致使封闭剂脱落。影响封闭质量的其他原因还有适应证的选择、临床操作技能等方面。封闭后还应定期（三个月、半年或一年）复查，观察封闭剂保留情况，脱落时应重作封闭。

非创伤性充填（ART）

1. 定义

非创伤性充填（ART）是使用手用器械清除龋坏的牙体组织，然后用粘接、耐压和耐磨性能较好的玻璃离子材料将龋洞充填的技术。

非创伤性充填（ART）具有以下特点：

1）采用手用器械，不需要昂贵的电动牙科设备，可以不受医院条件限制，为居民提供简单龋齿充填治疗；

2）符合现代预防的基本观点。采用有粘接性的玻璃离子材料，只需最少的洞形预备，得以保存较多的健康牙体组织，同时材料中氟离子的释放可使牙体组织再矿化，阻止龋病的发展，兼有治疗和预防效果；

3）操作简单，特别适合在医疗条件相对滞后的地区开展。

2．适应证

1）适用于医疗设备短缺、没有电动牙科设备的地区；也适用于因为精神或身体原因不能耐受常规牙科治疗的特殊人群，如儿童、老人、患有精神疾病的个体等；

2）对牙的选择有严格适应证。适用于恒牙或乳牙的中小龋洞，能允许手用器械进入，能去净龋坏牙体组织，无牙髓暴露，无可疑牙髓炎的患者。

3．器械和材料

1）器械：口镜、探针、镊子、ART专用的大、中、小型挖匙、牙科用斧、雕刻刀、调拌刀、调和刀。

2）材料：充填用的玻璃离子、棉卷、棉球、凡士林、成形片、楔子。

4．临床操作方法

1）检查、清洁龋坏牙：检查牙龋坏的部位、深度等，判断是否适合作非创伤性充填（ART）。

2）洞形制备：隔湿患牙，使用手用器械去除龋坏牙体组织，略微修整洞形。

3）清洁洞形：用牙本质处理剂清洁洞形，促进玻璃离子材料与牙齿结构间的化学结合。

4）调和材料：按产品说明调和材料，准备充填。

5）充填：用调和刀将材料充填到预备好的洞形中。可配合使用手指，在戴手套的食指上涂少许凡士林，用力按压窝洞和窝沟里的软修复材料（称为指压法），约30秒后移开手指，用器械去除多余材料。注意要充填密实，修整边缘与咬合，最后涂凡士林。充填过程中注意隔湿，保持干燥。

6）医嘱：充填结束后1小时内不进食。

5．注意事项

非创伤性充填（ART）修复体可能发生问题的原因及处理：

1）修复体完全脱落：常见原因包括在修复过程中唾液或血液污染；修复材料调和得过稀或过干；腐质和软化牙本质未去净；留有隐裂的釉质薄片断裂。可通过彻底清洁窝洞，用牙本质处理剂处理，按操作步骤重新修复窝洞等方法处理。

2）修复体部分脱落：一般由于修复体过高或放置修复材料期间混有气泡所致。因此，在处理整个牙面和原材料前，先用探针或小号挖匙和湿棉球清洁牙面和／或残留的修复材料。用新混合的玻璃离子材料修复缺损，确保修复体不过高。

3）修复体断裂：最常发生于过高的复面洞修复体。修复的方法主要取决于断裂的位置和断端的动度。如果断端松动能去除，则按照部分脱落修复。如果断端松动不能去除，用非创伤性充填（ART）无法直接修复，则需用电动牙钻做传统治疗。

4）修复体磨损严重：常见原因有患者常吃较硬食物，有磨牙咬牙习惯，修复材料混合得过干或过稀。重新修复要彻底清洁所有牙面和残留的修复体，去除软化牙本质。用牙本质处理剂处理旧玻璃离子和窝洞壁，在旧玻璃离子上重新覆盖一层新材料，按操作步骤完成修复。

5）修复体边缘继发龋：去除腐质和软化牙本质后，按照标准步骤清洁、修复邻近原修复体的新窝洞。

预防性树脂充填

1. 定义

对于早期的窝沟龋，仅去除窝沟处的龋损牙釉质或牙本质，采用酸蚀方法和树脂材料充填方法治疗，并在上面使用窝沟封闭剂来封闭窝沟的方法，称为预防性树脂充填。这是一种窝沟封闭与早期龋充填相结合的预防措施，该方法只去除少量龋坏组织，不做预防性扩展，保留了更多的健康牙体组织。

2. 适应证

凡是有明确患龋迹象的早期窝沟龋，已不适宜窝沟封闭的牙均可做预防性树脂充填。

1）窝沟较深，有患龋倾向（窝沟壁呈不透明、白垩色外观）；

2）早期的小窝沟龋，深度浅，范围小。

禁忌证：预防性充填不适于范围大而深的窝沟龋和复面龋损。

3. 器械和材料

除需要完成窝沟封闭的相应器械和材料外，预防性树脂充填还需要以下器械和材料：

1）器械：小号快速球钻、慢速球钻。

2）材料：粘接剂、流动树脂。

4. 临床操作方法

1）清理窝沟：用小号球钻去除脱矿牙釉质，去除龋坏组织。洞形大小依龋坏范围而定，不做预防性扩展，不要求底平壁直。

2）清洁牙面、冲洗、吹干、隔湿。

3）酸蚀牙面、冲洗、吹干、隔湿。

4）根据洞形的不同深度进行充填：

a）洞底位于釉质内或者在釉牙骨质界处：直接进行窝沟封闭。

b）洞底位于牙本质浅层：按照常规树脂充填的方法用流动树脂充填龋洞，其余窝沟点隙酸蚀，用封闭剂封闭。

c）洞底位于牙本质中层：通常情况下，如果龋坏达到牙本质中层，洞形一般较大，充填后承担的𬌗力大，不是预防性树脂充填的适应证，应该做常规的充填术。但如果龋坏范围小，充填后不会承受较大的𬌗力，可以先用玻璃离子水门汀垫底，之后先用流动树脂充填，后进行窝沟封闭。

5）检查咬合关系，必要时进行调𬌗。

5. 注意事项

1）严格选择适应证。如果龋坏范围较大，不能进行预防性树脂充填，则需要做常规的龋齿充填术。

2）预防性树脂充填是常规树脂充填和窝沟封闭的结合与发展，因此进行预防性树脂充填应该熟练掌握常规树脂充填和窝沟封闭技术。

龈上洁治

1. 定义

使用手用洁治器械和超声波洁牙机去除龈上牙石和菌斑，并用抛光器械将牙面抛光，延迟菌斑和牙石再沉积。

2. 适应证

龈上洁治是预防和治疗牙周病、维护口腔健康的一项公共卫生措施。根据每个人的口腔卫生情况及其牙周健康状况，原则上每年进行一次。

有以下情况者不宜做龈上洁治：

1）某些血液病患者，如凝血机制障碍、急性白血病等；

2）患有严重全身系统疾病者；

3）急性坏死溃疡性牙周病患者。

3. 器械

洁治器械有手用洁治器和超声波洁牙机两种。手用洁治器包括镰形洁治器和锄形洁治器。超声波洁牙机是一种高效去除牙石的器械，由超声波发生器和换能器（即手机）两部分组成，手机配有不同形状的工作头，以适应清洁不同位置的需要。

4. 临床操作方法

手用洁治器

1）洁治前用3%的双氧水含漱一分钟。

2）选择合适的锐利器械，用改良握笔法握持洁治器，以邻近牙齿为支点。

3）将洁治器工作刃端紧贴牙面，以探查的动作到达并放置于牙石的根方，调整洁治器工作面的角度，使洁治器刀刃与牙面呈 70°～90° 角。

4）去除牙石时，先向牙面施加侧向压力，然后以支点为中心的转动力将牙石整体向冠方刮除。

5）将全口牙齿分为六个区段，逐个区段进行洁治。不同区域的牙齿与不同牙面，需要选用不同的器械和体位。

6）完成后配合使用探针检查有无遗漏的牙石。

超声洁牙机

1）洁治前用 3% 的双氧水含漱一分钟。

2）根据牙石堆积的位置选择合适的工作头。

3）选择合适的输出功率，功率大小根据牙石的厚薄而定，以能将牙石清除为准。

4）调节水量至工作头的顶端产生薄雾且吸唾器能将口内的水吸走为宜。

5）用握笔或者改良握笔法轻持洁治器，将工作头的前端与牙面平行或小于 15° 角，轻轻接触牙石，通过工作头的超声振动将牙石击碎而脱落。

6）超声洁治后用探针仔细检查有无遗漏的牙石，特别是牙齿邻面，必要时可用手用器械将其清除。

7）对于牙石较多、炎症较重、一次清除难彻底者，有必要进行二次洁治，并可局部上药消炎。

8）洁治后应用橡皮轮抛光牙面，以延迟菌斑、牙石的再附着。炎症较重者，洁治和抛光应分次进行。

5. 注意事项

手用洁治器

1）操作要有支点，避免损伤口腔软组织；

2）尽量将牙石成块状一次去除，避免层层刮削牙石；

3）每次洁治的部位与上次洁治的部位要有重叠，避免遗漏；

4）患者洁治后可能出现牙齿遇冷不适、牙根暴露等情况，应向患者解释，必要时进行脱敏。

超声洁牙机

1）操作时工作头的动作要小而轻，并保持不停的移动，可采用垂直、水平或者斜向重叠的动作，禁止将工作头的顶端停留在一点上振动，以免损伤牙面。

2）在传染病活动期的患者，如结核、乙肝抗原阳性、HIV 感染等禁用超声洁牙机，因为它产生的带菌喷雾会造成污染和传播。

3）有呼吸系统疾病的患者，如呼吸抑制、慢性肺病等也不宜使用超声洁牙机，超声治疗中的喷水、喷雾会对患者带来危险。

4）体内装有电子器件的患者,如心脏起博器等,禁用超声洁牙机洁治。

5）禁用普通超声工作头清洁种植体表面。

6）患者洁治后可能出现牙齿遇冷不适、牙根暴露等情况,应向患者解释,必要时进行脱敏。

第十一章

社区口腔卫生服务

近年来,全球卫生领域日益重视社区卫生保健。无论是高度发达国家还是发展中国家,都十分重视在现有卫生资源的基础上,优先开展社区口腔卫生保健项目,提高社区居民的口腔健康水平。在没有政府国立社区口腔诊所的社区,私立口腔诊所应努力争取承担政府和卫生行政部门赋予社区口腔医疗、预防、保健任务。

[附录] **关于组织义诊活动实行备案管理的通知** [来源:卫医发〔2001〕365号,原卫生部于2001年12月29日发布]

各省、自治区、直辖市卫生厅局、新疆生产建设兵团卫生局:

义诊是提供医疗、预防、保健等咨询服务的非商业性社会公益活动,对于疾病防治、宣传卫生知识、普及健康教育以及卫生支农等均具有积极的重要作用,是医务人员实践全心全意为人民服务宗旨的具体行动。近年来,各种社会团体、企、事业单位(以下简称组织单位)积极开展社会公益活动,组织医务人员开展形式多样的义诊活动,受到广大群众的欢迎。但是,在义诊活动中也出现了一些不规范的行为,有个别单位甚至以义诊的名义非法行医、欺骗群众、诈骗钱财,损害人民群众的利益,造成了恶劣影响。为加强对组织单位组织义诊的管理,规范义诊行为,保障公民健康和合法权益,现通知如下:

一、各级卫生行政部门要从实践"三个代表"重要思想的高度,支持组织单位组织义诊,鼓励各级各类医疗、预防、保健机构组织医务人员积极开展或参加义诊活动。

二、县级以上卫生行政部门负责对义诊活动的备案、审查、监督和管理。义诊组织单位原则上应组织本地区的医务人员在本地区范围内举行义诊,在开展义诊活动前15~30日到义诊所在地县级以上卫生行政部门备案;需跨县(区)、市(地、州)或省(自治区、直辖市)组织义诊时,组织单位应在开展义诊活动前15~30日分别向其所在地和义诊所在地相应的县(区)、市(地、州)、省(自治区、直辖市)卫生行政部门备案。

三、义诊组织单位到卫生行政部门备案时需提交以下材料：

（一）义诊情况说明，包括义诊的组织单位，开展义诊的时间、地点，义诊的内容，参加的医疗、预防、保健机构名称、医务人员数量及其从事专业等。

（二）组织单位法人代表签发的责任承诺书，包括：在预定时间、地点开展所备案的义诊，义诊中不从事商业活动，不误导、欺骗公众，不聘请、雇佣非医务人员提供医疗、预防、保健咨询，不妨碍公共秩序等。

（三）参加义诊医疗、预防、保健机构的《医疗机构执业许可证》（复印件）或卫生行政部门批准设置的有效证明（复印件）。

（四）参加义诊医务人员所在医疗、预防、保健机构出具的同意其参加义诊的证明。

（五）在城镇公共场所开展义诊须提供城管等部门的同意书。

四、卫生行政部门对按规定提交的全部备案材料进行审查。经审查，不符合义诊要求的，应明确提出，并在义诊活动前10日书面通知义诊组织单位予以纠正；不纠正者，不得组织开展义诊活动。

五、参加义诊的机构必须是经县级以上卫生行政部门核发《医疗机构执业许可证》的医疗机构或批准设置的预防、保健机构。

六、参加义诊进行医疗、预防、保健咨询活动的人员必须具有医学专业技术职务任职资格，并经县级以上卫生行政部门执业注册的医务人员。医务人员参加义诊需经所在医疗、预防、保健机构批准，并在义诊时佩带本机构统一印制的胸卡。

七、义诊组织单位应当按照向卫生行政部门备案的内容开展义诊。发现有下列行为之一者，卫生行政部门要立即责成义诊组织单位停止义诊，并依照《执业医师法》、《医疗机构管理条例》等有关法律法规追究责任，对相关机构和人员予以严肃处理：

（一）未经卫生行政部门备案擅自组织的义诊；

（二）组织非医疗、预防、保健机构或非医务人员参加的义诊；

（三）在义诊中推销药品、医疗器械、保健品等，非法做医疗、药品、医疗器械、保健品等广告或从事其他商业活动；

（四）超出上报卫生行政部门备案的义诊内容，擅自变更义诊时间、地点等；

（五）弄虚作假骗取卫生行政部门同意其开展义诊或骗取医疗、预防、保健机构同意其医务人员参加的义诊；

（六）在义诊中进行封建迷信活动。

八、组织非医疗、预防、保健机构或非医务人员参加义诊的视为非法行医，卫生行政部门可依照《执业医师法》、《医疗机构管理条例》等有关法律法规对组织单位予以严肃处理；情节严重的，依法追究刑事责任。

[附录] **关于开展全国"爱牙日"活动的通知**[来源：原卫生部办公厅　全国妇联办公厅关于开展全国"爱牙日"活动的通知，公告时间：2011 年 8 月 4 日　卫办疾控发〔2011〕105 号]

各省、自治区、直辖市卫生厅局、妇联，新疆生产建设兵团卫生局、妇联，中国疾病预防控制中心，中国健康教育中心：

2011 年 9 月 20 日是我国第二十三个全国"爱牙日"。为发挥家庭的优势和作用，提高家庭成员口腔保健意识及对孩子口腔健康的关注程度和能力，今年的活动主题确定为"健康口腔，幸福家庭"，副主题为"呵护孩子，预防龋齿"（主题信息详见附件）。为做好今年的"爱牙日"活动，现将有关事项通知如下：

一、部门合作，共同做好全国"爱牙日"宣传工作

口腔疾病是影响我国居民健康的常见病和多发病，与人们的日常生活习惯密切相关，尤其是儿童口腔健康状况与家长的口腔保健知识水平和重视程度有很大关系。家庭作为社会生活的基本单位，在口腔保健中能发挥重要作用，开展家庭口腔健康教育，是改善全民口腔健康状况、提高儿童口腔保健水平的重要途径。各级卫生行政部门要把普及口腔保健知识、提高群众口腔健康水平作为全民健康保障工作的内容之一，把"爱牙日"宣传工作作为口腔卫生工作的抓手，围绕主题，研究制订活动方案，统筹资源，动员各方面力量，明确各机构任务，全面推动本地"爱牙日"宣传活动的开展。

各级妇联要充分发挥网络健全、家庭教育经验丰富的优势，将"健康口腔，幸福家庭"主题宣传与"和谐家庭创建行动"等活动有机结合。各级卫生行政部门要积极与妇联沟通协调，共同研究活动方案，逐步建立家庭口腔健康宣传的长效工作机制。各级疾病预防控制机构和口腔专业医疗机构要积极为妇联开展"健康口腔，幸福家庭"主题宣传活动提供技术支持，共同把口腔保健知识送进家庭，从预防儿童龋齿入手，使儿童首先受益。

二、创新形式，组织开展丰富多样的宣传活动

各地卫生部门和妇联要主动建立联系，通过电视、广播、报纸、互联网、手机短信等多种形式加强宣传，营造共同关注口腔健康的良好舆论氛围。要结合全民健康生活方式行动的开展，以《中国居民口腔健康指南》为指导，以社区为阵地，以预防儿童龋齿为重点，根据家庭成员的不同年龄需求和口腔保健特点，科学策划活动形式，组织开展家庭和儿童喜闻乐见、丰富多彩的口腔健康宣传活动，普及口腔保健知识，帮助居民掌握口腔保健技能，养成有利于口腔健康的生活习惯，控制影响口腔健康的危险因素。

三、结合医改，推动口腔保健宣传进社区、进家庭

为使城乡居民逐步享有均等化的基本公共卫生服务，2011 年，卫生部把口腔保健纳入了 0～6 岁儿童健康管理服务项目内容中。各地要结合这一有利时

机,把"爱牙日"主题宣传与开展基本公共卫生服务相结合,把口腔保健知识送进家庭。各级疾病预防控制机构和口腔专业医疗机构要以"爱牙日"活动为契机,加强对基层医疗机构的口腔保健技术指导,组织开展专业培训,提供健康教育材料,举办健康讲座和咨询等活动,提高基层人员口腔保健服务能力,共同把口腔健康宣传带进社区和家庭,推动基本公共卫生服务均等化任务的落实,为儿童提供合格的基本口腔保健服务。

四、推广综合干预措施,切实加强儿童龋病防治工作

采取综合干预措施是预防儿童龋齿的最有效途径。各地要积极推广口腔预防适宜技术,组织开展适龄儿童窝沟封闭、龋齿早期充填,在低氟和适氟地区开展局部应用氟化物防龋等综合干预项目。中西部儿童口腔疾病综合干预项目地区要结合"爱牙日"活动的开展,引导适龄儿童和家长自觉参加口腔健康检查和窝沟封闭,按时、保质保量完成工作任务,确保儿童受益。

为便于各地开展全国"爱牙日"活动,2010年卫生部制作下发的3部公益广告光盘今年各地继续使用,近期卫生部还将统一制作2011年"爱牙日"宣传材料并免费发各地。各地要积极协调,在电视台、移动传媒等公共媒体上播放公益广告,并把宣传材料张贴到社区、基层医疗卫生机构、中小学校及其他人群集中的公共场所,确保公益广告和宣传材料的使用效率及覆盖面,让口腔健康知识宣传深入到尽可能多的家庭。

请各省、自治区、直辖市卫生厅局于2011年12月30日前将今年"爱牙日"活动总结报送卫生部疾病预防控制局。

联系人:卫生部疾病预防控制局刘晓亮

联系电话:010-68792651

传真:010-68792342

附件:2011年全国"爱牙日"活动主题和主题信息

一、活动主题

主题:健康口腔,幸福家庭

副主题:呵护孩子,预防龋齿

二、主题信息

(一)家庭在口腔保健中的重要作用。口腔疾病是与人的生活状况和行为习惯密切相关的常见病和多发病,影响着人一生的健康。家庭作为社会生活的基本单位,承担着抚养子女、养老、传递人类文明和社会规范、健康保健和教育等功能。因此,家庭在预防口腔疾病和口腔保健中发挥着重要作用。

家庭口腔保健与家庭教育应当紧密结合。家庭教育与社会教育和学校教育可以互补,有良好生活习惯养成的互动性、血缘关系的亲密性、亲子教育的早期

性、持久性等特点，可以在口腔保健知识的普及应用方面发挥作用。

家庭口腔保健在家庭成员间有良好的示范性。良好的口腔保健习惯会让每一位家庭成员受益。应当在家庭生活中营造良好的爱牙环境，早晚刷牙，饭后漱口，掌握正确刷牙方法，使用含氟牙膏，定期做口腔健康检查等，让爱牙好习惯代代相传。

家庭口腔保健可以提高父母关爱孩子口腔健康的能力。父母是儿童健康成长的第一责任人，对儿童的口腔保健负有应尽的义务。婴幼儿的口腔完全依靠父母来护理，儿童的口腔健康状况也和父母的重视程度有很大关系。家长的防龋意识、防龋措施掌握程度以及家长自身的口腔健康状况与儿童龋病的发生发展密切相关。第三次全国口腔健康流行病学调查结果显示，我国 5 岁儿童的乳牙患龋率为 66%，在世界处于较高水平，12 岁儿童的恒牙患龋率也达到 29%，而对家长的问卷调查结果显示，只有 49% 的家长知道含氟牙膏，仅 9% 的家长能够每天帮助孩子刷牙。因此，向父母宣传口腔健康知识，提高他们的爱牙意识，关爱孩子的口腔健康至关重要。家庭口腔保健要从"呵护孩子，预防龋齿"做起。

（二）口腔健康的标准和家庭口腔保健基本内容。

1. 口腔健康的标准。1979 年世界卫生组织对口腔健康的定义是：牙齿清洁，无龋洞，无痛感，牙龈颜色正常，无出血现象。

2. 家庭口腔保健基本内容。

（1）家庭成员每人早晚刷牙，饭后漱口，使用保健牙刷和含氟牙膏。

（2）家长监督或帮助儿童刷牙。

（3）家庭成员能够做到科学吃糖，少喝碳酸饮料。

（4）帮助儿童克服吮咬、吐舌、口呼吸等不良习惯。

（5）家庭成员了解《中国居民口腔健康指南》内容。

（6）家庭成员每人每年至少进行一次口腔健康检查，检查中发现的问题应当及时接受相应的预防和治疗措施，如局部用氟、窝沟封闭、龋齿充填、牙周洁治、义齿修复等。

（三）龋齿对儿童健康的危害。龋齿（俗称虫牙或蛀牙）是儿童最常见的口腔疾病。龋齿对儿童的危害表现在：

1. 疼痛。龋齿遇酸、甜、冷、热等刺激时会感到疼痛不适，影响进食和睡眠；龋齿进一步发展侵犯牙髓后疼痛十分明显，严重时还会出现牙龈、面部肿胀，甚至高热等全身症状，严重影响儿童正常生长发育。

2. 咀嚼困难。龋齿可导致儿童咀嚼困难，影响孩子进食多纤维的蔬菜和肉食，形成偏食等不良饮食习惯，造成营养不均衡；由于龋齿造成的偏侧咀嚼，还可导致双侧面部发育不对称。

3. 乳牙龋齿影响恒牙。乳牙龋齿不及时治疗可影响恒牙的正常发育，可造成恒牙萌出障碍和牙列不齐。

4. 心理影响。由于龋齿对言语、美观等功能的影响，会引起儿童社会交往困难和心理障碍，影响儿童身心健康。

（四）儿童龋齿的预防方法。

1. 早晚刷牙，饭后漱口。刷牙能去除牙菌斑、软垢和食物残渣，饭后漱口也可去除口腔内的食物残渣，保持口腔清洁。指导儿童刷牙的要点有：

（1）早晚两次刷牙，晚上睡前刷牙更重要。

（2）选用适合儿童年龄的保健牙刷，每3个月更换一次。

（3）做到一人一刷一口杯。

（4）儿童学习刷牙，家长应当帮助和监督。

2. 局部用氟，预防龋齿。氟是人体健康所必需的一种微量元素，摄入适量氟可以减少牙齿被酸溶解和促进牙齿再矿化、抑制口腔微生物生长，预防龋齿的发生。氟化物防龋措施适宜在低氟地区、适氟地区以及在龋齿高发地区的高危人群中应用。指导儿童局部使用氟化物防龋的要点有：

（1）使用含氟牙膏要注意用量。学龄前儿童使用含氟牙膏刷牙每次用量为豌豆粒大小，应当在家长或老师的监督指导下应用，以防误吞。不要给孩子使用成人牙膏。

（2）接受专业机构提供的局部用氟措施。家长可带儿童到医疗机构或在幼儿园和学校接受由专业机构和人员提供的局部用氟防龋措施。

3. 窝沟封闭预防窝沟龋。窝沟封闭是预防恒磨牙窝沟龋的最有效方法。窝沟封闭技术无痛、无创伤、安全简便。窝沟封闭的最佳时机是儿童牙冠完全萌出，龋齿尚未发生的时候，一般第一恒磨牙在6～9岁，第二恒磨牙在11～13岁。窝沟封闭后还应当好好刷牙，如果发现封闭剂脱落应当重新封闭。指导儿童接受窝沟封闭的要点：

（1）如果当地政府提供免费窝沟封闭，家长要主动带孩子到政府指定的医疗机构接受检查和窝沟封闭。

（2）如果当地政府还没有开展免费窝沟封闭项目，家长也应当主动带孩子到有资质的医疗机构进行检查和窝沟封闭。

4. 养成良好饮食习惯。健康的饮食结构和良好的饮食习惯是口腔健康和全身健康的基础，养成良好的饮食习惯会使儿童终生受益。

（1）母乳喂养，正确使用奶瓶。

（2）科学吃糖，少喝碳酸饮料，睡前刷牙后不再进食。

（3）多吃纤维性食物，增强咀嚼功能。

5. 定期口腔检查，及早治疗龋齿。龋齿的发生和进展缓慢，早期没有症状，不易察觉，出现症状已经到了中晚期，治疗起来复杂，患者遭受的痛苦大，花费多，治疗效果也不如早期治疗好。因此，家长要定期带孩子到医疗机构进行口腔健康检查，对儿童口腔疾病做到早预防、早诊断、早治疗。提倡儿童每6个月接受一次口腔健康检查。

[附录] 2012 **年全国"爱牙日"宣传主题及提纲**[来源：卫办疾控函〔2012〕735号，原卫生部办公厅关于开展全国"爱牙日"活动的通知，2012 年 8 月 16 日]

一、活动主题

主题：健康口腔，幸福家庭

副主题：关爱自己，保护牙周

二、主题信息

（一）牙周健康的标准。

牙周健康的标准：牙龈不出血，颜色为粉红色，牙龈边缘外形菲薄而紧贴牙面，牙龈乳头充满牙间隙，质地坚韧。牙齿完全萌出后龈沟探诊深度不超过 3mm。

（二）积极关注牙周病。

1. 牙周病主要指发生在牙周组织的慢性感染性疾病，其中最常见的是牙龈炎和牙周炎。

2. 牙菌斑是黏附在牙齿表面的细菌膜。牙菌斑的细菌及其产物是引发牙周病的始动因子，没有菌斑微生物就没有牙周病。

3. 有效刷牙是减少和控制牙菌斑最主要的方法。如果牙面上的菌斑没有被及时清除，就会被唾液中钙离子钙化形成牙石。牙石对牙龈有机械刺激作用，牙石对牙周组织的主要危害来自其表面积聚的菌斑，牙石为菌斑的形成提供了理想的表面，牙石的存在使得菌斑与软组织表面紧密接触。因此，牙石是牙周病发生发展的重要致病因素。

4. 口腔内牙菌斑易堆积的部位包括牙颈部和牙齿邻面。刷牙难以清洁的部位包括牙齿邻面、最后一颗磨牙的远中面以及失牙间隙前后的牙齿邻面。

（三）牙周病是一种多因素疾病。

1. 牙周病是多因素引起的牙周组织慢性炎症病变，局部的、全身的、行为和社会心理的诸多因素都是牙周病的危险因子。

2. 局部因素包括牙菌斑、牙石、咬合创伤、食物嵌塞以及一些解剖因素等。

3. 牙周炎的发生发展存在明显的个体差异，影响个体对牙周炎敏感性的重要因素之一是基因，但不是单基因疾病，其发病可能是与其他诸多因素（如牙菌斑、吸烟、精神压力等）共同作用所致。

4. 老年人牙周病的患病率和严重程度要高于年轻人，老年人牙周状况不良更多的是牙周病常年累积效应的结果，如能获得及时的治疗和长期的维护，老年人也可以拥有非常健康的牙周组织。

5. 吸烟是牙周炎发生的一个重要危险因素,吸烟不仅提高了牙周炎的发病几率,还会加重牙周炎病变的严重程度。吸烟对牙周健康的影响程度与吸烟的量呈正比,这在年轻人中尤为明显。同时,吸烟对牙周炎的治疗效果有负面影响,使牙周炎易复发。

（四）定期检查是早发现早治疗的关键。

1. 牙龈炎主要表现为牙龈出血,常在刷牙或进食时出现。经过治疗可治愈,但若不注意维护则可反复发生。

2. 牙周炎是牙龈炎进一步发展的结果,主要表现为牙龈红肿出血、牙周袋形成、牙槽骨吸收、牙齿松动。牙周炎病变不可逆,及时治疗可以停止其发展。如不有效控制牙菌斑和定期进行维护治疗,可加重或复发。

3. 重度牙周炎常伴发牙齿根分叉病变,增加治疗难度,还可引起牙龈退缩、口腔异味、食物嵌塞、牙根敏感、根面龋、牙周脓肿和牙齿病理性移位等。牙周炎是我国成人失牙的首位原因。

4. 牙周炎可诱发孕妇早产,加重糖尿病的病情,增加心脑血管疾病和呼吸道疾病的患病率。伴发牙周炎的胃溃疡患者,胃溃疡治疗后的复发率增加。

5. 定期检查可早期发现牙龈炎和牙周炎,早期进行治疗。

（五）牙周病是可以预防的疾病。

1. 通过刷牙有效地清除牙菌斑、定期口腔检查和洁治（洗牙）、早期治疗牙龈炎是预防牙周病的有效方法。

2. 养成良好的口腔卫生习惯,早晚刷牙、餐后漱口,使用牙线或牙间刷清洁邻面。

3. 刷牙是控制牙菌斑的主要方法,提倡用水平颤动拂刷法,刷牙要面面俱到,重点清除牙龈边缘和牙缝处的牙面。每次至少刷牙2分钟。

4. 洁治（洗牙）是清除牙石最有效的方法。提倡每年1次到具备执业资质的医疗机构接受洁治（洗牙）,预防牙周病的发生。

5. 戒烟对防治牙周病是非常重要的。

（六）牙周病是可治的,早治牙可维持终生。

1. 牙周病的治疗需制定个性化系统治疗计划,进行彻底的牙周基础治疗和维护期治疗,必要时行手术治疗。

2. 通过系统治疗与定期维护,牙周病是可以控制的,牙周病的病牙可维持终生。

3. 牙周基础治疗包括:

（1）指导患者控制牙菌斑,正确使用适合患者本人的牙菌斑控制方法。

（2）进行龈上洁治和龈下刮治,去除牙石和菌斑。

（3）去除其他局部致病因素，如更换不良充填体或修复体；充填龋齿；消除食物嵌塞；调整咬合等。

（4）对洁治、刮治反应不佳或有急性炎症（如牙周脓肿）时，可用抗菌制剂作为辅助。

（5）评估影响牙周炎治疗进程的全身危险因素，例如糖尿病、吸烟、免疫功能低下、长期用药情况等，必要时可请内科医生会诊。

（6）基础治疗结束后仍需定期复查和进行必要的复治。

[附录] 2013 **年全国"爱牙日"活动宣传主题提纲**[来源：国卫办疾控函〔2013〕203 号，国家卫生计生委办公厅关于开展 2013 年慢性病系列宣传日活动的通知，公告时间：2013 年 9 月 5 日]

一、活动主题

主题：关爱老人，修复失牙。

二、主题宣传提纲

（一）失牙应当及时修复。

每颗牙齿都是一个独立行使功能的器官，联合起来又能行使很多有意义的生理功能。牙齿具有咀嚼食物、辅助发音和维持面容形态等功能。而这些功能的实现，需要不同形态的牙齿协调地组合在一起，分工合作。随着现代人的寿命逐渐增长，牙齿使用的年限也越来越长，要想提高生活质量，就要保持牙龄和寿龄一样长。

有人认为，人老掉牙是自然规律，有的老年人认为自己年龄大了，没必要修复失牙，这些观念都是不正确的。每一颗牙齿都有自己的位置，肩负着特殊的功能，人体的精巧在于每个结构都丝丝入扣、相得益彰，牙齿也如此。牙齿缺失后，整个口腔的平衡就会被打乱，若不及时修复，常会导致缺牙两侧的牙齿出现倾斜、移位，缺牙间隙逐渐缩小，对颌牙伸长，局部咬合关系紊乱，咀嚼功能下降，食物嵌塞、龋病、牙周损伤等问题。牙齿缺失同时影响面容，尤其是全口无牙者，因此牙齿缺失会严重影响患者的社交活动，容易相应产生心理障碍。

为了恢复面容，改善发音和美观，提高咀嚼功能，保持口腔颌面系统的完整性，需要用义齿（假牙）及时修复失牙。

（二）牙齿修复的时机。

依据修复方法的不同，镶牙的时机也各有不同。目前镶牙的主要方法有活动假牙和固定修复。一般情况下，活动假牙可于拔牙后 1～3 个月进行，固定修复可于拔牙后 3 个月进行。因为拔牙后软组织的伤口愈合较快，一般 8～28 天可愈合，但拔牙后牙槽窝内骨的生长、拔牙创口周围骨吸收的稳定，大概需要 3 个月左右才能完成。对于患有糖尿病等全身系统性疾病的患者，拔牙创口的愈合期可能会较长，因此需要请修复科医生检查判断后，视具体情况而定。若患者有较高的生活质量要求，此时可采用即刻义齿进行修复，拔牙的当天即可戴上假牙，过渡性地恢复患者面容和部分咀嚼功能。

（三）修复前的准备工作。

在镶牙以前，必须建立一个基本健康、稳定的口腔条件，才能保证义齿修复的近、远期疗效。

首先，为了给缺失牙齿的修复治疗创造良好的条件，镶牙前应当请修复科医生对患者的口腔情况进行全面检查，拍摄口腔 X 光片，确定剩余牙齿的去留、剩余牙齿需要进行的治疗和治疗的先后顺序，从而根据患者的要求及各方面的条件制订一个完整的修复治疗方案。

然后就可依据治疗方案逐步准备，常见的准备工作包括超声洁牙（洗牙），彻底清除牙结石和牙垢，治疗牙周疾病；治疗和预防龋病（蛀牙）；拔除没有保留价值的余留牙；拆除不良修复体；对牙槽骨和软组织进行修整，手术去除影响镶假牙的不利因素，如骨刺、瘢痕等。

（四）各种义齿的选择

1. 活动假牙

活动假牙分为局部的和全口的，局部活动假牙是利用患者口内余留的牙齿作为基牙，磨除极少量牙体组织，制作患者能自行摘戴的义齿，其制作方法较简单，费用低廉，便于清洁和修理，但其稳定性、舒适度和咀嚼效能不如固定义齿。活动假牙适用范围较广泛，包括各类牙齿缺失患者，特别是对游离端缺失（即末端无牙）及伴有颌骨组织缺损等情况。

2. 固定修复

少数缺失牙时可采用固定桥修复。固定桥是利用缺失牙两端的天然牙齿或牙根作为"桥墩"基牙，在其上制作部分冠或全冠作为义齿的固位体，并与人工牙相连接成为一个整体，借粘固剂将义齿粘固在基牙上。固定桥适用于牙齿缺失数目较少、余留牙条件较好的情况。固定修复体体积小，稳固、美观，患者无需摘戴，但相对于活动假牙需要磨除更多的牙体组织。

3. 种植牙

种植牙的出现可称为修复学上的革命，随着材料学的发展，种植牙的适应证越来越宽，种植牙在支持、功能、感觉、形态、使用效果等方面与真牙非常相似，被誉为"人的第三副牙齿"。种植牙分两步进行，首先将种植体通过小手术埋入缺牙部位的牙槽骨内形成人工牙根，3～6 个月后进行二期手术，术后约 1 个月再在人工牙根上连接美观自然的瓷牙。它无须磨除健康的牙体组织，也不需要牙托和牙钩，咬合力经过种植体直接传导到颌骨内并分散到周围的支持骨，因而能够承受一定的咬合力。

一般情况下，身体健康，没有心脏病、严重高血压、内分泌机能障碍、糖尿病、血液系统疾病等全身性疾病，口腔局部条件良好，剩余牙槽骨的形态、颌骨的质量和密度基本符合条件，咬合基本正常的患者都可以接受种植牙修复；种植体术后的维护很重要。

（五）保护好自己的真牙

无论假牙镶的多好，也不如自身的真牙。因此每个人都要爱护每一颗牙齿，预防口腔疾病，让健康的牙齿伴随健康的一生。

[附录] 2014 **年全国"爱牙日"宣传主题及提纲** [来源：发布时间：2014 年 8 月 28 日，新闻来源：中国健康教育中心办公室]

一、活动主题

主题：健康每一天，从爱牙开始。

二、宣传提纲

随着经济的发展，我国居民的生活方式也发生了巨大的变化。有资料表明，当代人类 45% 的疾病和 60% 的死亡与不良生活方式有关。在我国，前 10 位死因中不良习惯和不健康生活方式占致病因素的 45%。这些数据说明我国人民的健康正面临着不健康生活方式的威胁。因此在日常生活中学习、培养和建立健康的生活方式，以有效减少多种疾病的风险，已经刻不容缓！而且，改善人民群众健康的各种措施中，最应该关注、最经济有效、最简便易行的就是改变不健康的行为习惯，普及健康的生活方式。2014 年全国"爱牙日"活动就是要让所有的人都懂得追求健康首要的是学习和坚持健康的生活方式，要让大家知道健康的生活方式从维护口腔健康开始。一颗牙就是一个器官，牙齿健康不仅关系到全身健康的诸多方面，同时也是现代人健康与文明的标志。牙齿一旦出现问题，将会对人们的正常生活造成极大的影响。我们必须把这些最基本的口腔健康之道告诉人们，将这把获取健康的金钥匙交到每个人的手中。告诉所有人：健康的每一天，从爱牙开始。

1. 口腔健康是全身健康的重要组成部分。

口腔健康直接或间接影响全身健康。口腔疾病如龋病、牙周疾病等会破坏牙齿硬组织和牙齿周围支持组织，除了影响咀嚼、说话等功能和美观外，还会导致社会交往困难和心理障碍。口腔炎症，尤其是牙周炎等可导致或加剧某些全身疾病如冠心病、糖尿病等，危害全身健康，影响生命质量。

2. 养成良好的饮食习惯对维护口腔健康非常重要。

饮食习惯与牙齿健康密切相关，口腔内存留的糖和碳水化合物等是导致龋病的主要原因之一。容易引起龋病的主要是蔗糖，其次为葡萄糖、淀粉等。如果经常摄入过多的含糖甜食或饮用过多的碳酸饮料而不能及时清洁口腔会导致牙齿脱矿,引发龋病或牙齿敏感。吃糖或饮用碳酸饮料的次数越多,牙齿受损风险越大,所以,应尽量减少每天吃糖的次数,少喝碳酸饮料,进食后应用清水或茶水漱口,晚上睡前刷牙后不再进食。

3. 早晚须刷牙、饭后要漱口。

刷牙能去除牙菌斑、软垢和食物残渣,保持口腔卫生,维护牙齿和牙周组织健康。刷牙之后,菌斑很快就会在清洁的牙面上重新附着,不断形成,特别是夜间入睡后,唾液分泌减少,口腔自洁作用差,细菌更易生长。因此,每天至少要刷牙两次,晚上睡前刷牙更重要。饭后漱口可去除口腔内的食物残渣,保持口腔清洁。咀嚼无糖口香糖也可以刺激唾液分泌,降低口腔酸度,有助于口气清新,牙齿清洁。

4. 提倡使用含氟牙膏预防龋病。

牙膏是辅助刷牙的一种制剂,可增强刷牙的摩擦力,帮助去除食物残屑、软垢和牙菌斑,有助于消除或减轻口腔异味,使口气清新。成人每次刷牙只需用大约1克(长度约1厘米)的膏体即可。如果在牙膏膏体中加入其他有效成分,如氟化物、抗菌药物、控制牙石和抗敏感的化学物质,则分别具有防龋、减少牙菌斑、抑制牙石形成和抗敏感的作用。

含氟牙膏有明确的防龋效果,其在世界范围的广泛应用是龋病发病率大幅度下降的主要原因之一。使用含氟牙膏刷牙是安全、有效的防龋措施,特别适合有患龋倾向的儿童和老年人。但应注意:牙膏不是药,只能预防口腔疾病或缓解症状,不能治疗口腔疾病,有了口腔疾病还是应该及时就医治疗。

5. 应定期进行口腔健康检查。

龋病和牙周病等口腔疾病常是缓慢发生的。早期多无明显症状,一般不易察觉,等到出现疼痛等不适症状时可能已经到了疾病的中晚期,治疗起来更为复杂,患者也会遭受更大的痛苦,花费更多的费用,治疗效果还不一定十分满意。因此,定期进行口腔健康检查,每年至少一次,不但能及时发现、治疗口腔疾病,还有助于医生根据情况采取措施预防和控制口腔疾病的发展。

6. 出现口腔问题,及早就医是关键。

常见的口腔疾病,如龋病、牙周病的发生都比较隐蔽,早期几乎没有明显症状,一般不易察觉,等到出现疼痛等不适症状时可能已经到了疾病的中晚期,治疗起来很复杂,患者也会遭受更大的痛苦,花费更多的费用,治疗效果还不一定十分满意。因此,出现口腔不适,及早就医是关键。

牙菌斑、食物残渣、软垢在牙面上附着沉积,与唾液中的矿物质结合,逐渐钙化形成牙石。牙石表面粗糙,对牙龈造成不良刺激,又有利于新的牙菌斑黏附,是引起牙周疾病的一种促进因素。自我口腔保健方法只能清除牙菌斑,不能去除牙石。因此需定期到医院由口腔医生进行洁牙,最好每年一次。洁牙是由口腔医生使用洁牙器械，清除龈缘周围龈上和龈下部位沉积的牙石以及牙菌斑。洁牙过程中可能会有轻微的出血，洁牙之后也可能会出现短暂的牙齿敏感，但一般不会伤及牙龈和牙齿，更不会造成牙缝稀疏和牙齿松动。定期洁牙能够保持牙齿坚固和牙周健康。

失牙是老年人常见的口腔问题。牙齿缺失易发生咀嚼困难、食物嵌塞、对颌牙伸长、邻牙倾斜等。因此，不论失牙多少，都应及时进行义齿修复，修复一般在拔牙2～3个月后进行。修复前应治疗余留牙的疾病，必要时对牙槽骨和软组织进行修整，保证修复质量。

[附录] **中西部地区儿童口腔疾病综合干预项目工作规范**（2011版）[来源：卫办疾控发〔2011〕92号，原卫生部办公厅关于印发《中西部地区儿童口腔疾病综合干预项目工作规范(2011版)》的通知，2011年7月4日]

前言

儿童口腔健康是一生健康的基础，我国儿童龋病患病率高，口腔健康知识和行为养成率低，尤其是中西部地区口腔卫生服务能力较弱，儿童口腔卫生工作亟需加强。

中央财政从2008年起设立了中西部地区儿童口腔疾病综合干预项目，支持在项目地区建立儿童口腔卫生工作机制，开展儿童口腔健康教育、基层口腔卫生专业人员培训，对适龄儿童进行口腔健康检查和窝沟封闭等。项目的实施体现了我国政府对儿童口腔健康的重视，项目对探索适合我国中西部地区特点的口腔卫生工作模式，增强中西部地区口腔卫生保健服务能力，改善中西部地区儿童口腔健康状况，提高儿童口腔健康水平具有重要意义。

各级政府对儿童口腔疾病综合干预项目给予了高度重视，部分地区还落实了配套经费，扩大了项目覆盖面。项目通过有组织地开展群体口腔疾病预防干预，帮助儿童养成良好的口腔卫生习惯，促进了项目地区儿童口腔健康，提高了中西部地区儿童口腔卫生服务的公平性，带动了口腔疾病防治队伍建设。通过几年的实施，各地在项目运行和管理机制、儿童口腔健康教育、儿童口腔疾病预防适宜技术推广等方面积累了大量经验，项目的管理机制、工作内容和流程得到不断完善，经总结形成了本工作规范。

第一章 机构和职责

一、卫生行政部门

（一）负责辖区项目协调领导、督导和评估。

（二）根据卫生部和财政部下达的年度项目任务和上级部门的要求，落实项目所需经费，制定辖区年度项目计划或工作方案并组织实施。

（三）负责协调教育、宣传等部门和公共卫生、医疗服务等机构，建立本辖区多部门合作和医防结合的项目长效工作机制。

（四）省级卫生行政部门负责选择确定本省项目县（市、区、团场），组织开展全省（区、市）项目考核评估。

（五）负责成立辖区中西部地区儿童口腔疾病综合干预项目办公室和项目技术指导组（以下简称项目办和技术指导组），指定项目管理机构，选择定点承担窝沟封闭任务的医疗机构。

国家项目办设在中华口腔医学会，国家项目办和技术指导组成员名单见附件1。

二、项目管理机构和项目办公室

（一）承担项目日常管理工作。

（二）协助卫生行政部门组织拟定项目工作计划、方案以及督导评估方案等。

（三）组织项目培训和技术指导。

（四）组织项目督导、复查和质量控制。

（五）负责项目信息的收集、整理、分析和上报等数据管理工作。

（六）协助卫生行政部门开展项目考核、评估并完成总结报告。

（七）组织落实项目宣传教育、倡导发动、材料制作等工作。

（八）负责辖区项目活动的总结和经验交流推广，定期上报项目进展简报和活动信息。

（九）完成卫生行政部门交办的其他工作。

三、项目技术指导机构或技术指导组

（一）承担项目技术指导任务。

（二）参与拟定项目工作计划、方案以及督导评估方案等。

（三）负责项目培训和技术指导。

（四）负责项目督导、复查和质量控制。

（五）参与项目考核、评估。

（六）参与项目宣传教育、倡导发动、材料制作等工作。

（七）参与辖区项目活动的总结和经验交流推广。

四、承担任务的医疗机构

（一）明确承担项目任务的科室、人员和职责，根据项目要求制定内部管理规则。

（二）负责安排人员培训，开展内部质量控制。

（三）完成对项目目标人群的口腔健康教育、口腔健康检查、窝沟封闭等工作。

（四）收集填报项目数据信息，并按要求及时上报；及时总结工作经验、发现问题、提出建议，提供项目简报交流信息。

（五）协助开展项目督导、复查和质量控制。

（六）参与项目经验交流等活动。

第二章　计划和实施

一、制订计划

根据财政部、卫生部对项目的要求和本工作规范，各级卫生行政部门制订本辖区年度项目计划或实施方案，明确年度项目工作目标、任务内容、机构分工、预期成果、考核评价方法与时间安排。当年所有项目工作自财政部资金和任务要求文件下发之日起一年内完成。

二、确定项目县（区、市、团场）和选择承担任务的医疗机构

（一）确定项目县的原则和要求。

1. 当地政府重视，有一定口腔疾病防治工作基础，能提供配套经费的地区优先考虑。

2. 口腔医疗服务网络比较健全，口腔医疗机构和人力资源的数量及服务能力能适应项目需要。

3. 项目实施机构和人员相对稳定，能保证项目工作持续开展。

4. 对适龄儿童能基本作到全覆盖。

5. 确定项目县（区、市、团场）后，填写中西部地区儿童口腔疾病综合干预项目县（区、市、团场）备案表（附件2），报国家项目办备案。

6. 对出现质量不达标、未按期完成任务的项目县，先进行整改。连续两年仍不能改进的，应取消项目县资格。

（二）选择医疗机构的原则和要求。

1. 领导支持，态度积极，愿意承担项目工作。

2. 有口腔执业（助理）医师资格的口腔科医生，能提供口腔健康教育、口腔健康检查、窝沟封闭等规范服务，确保医疗安全。

3. 合理确定医疗机构的数量和分布范围，能够满足儿童就近就医的需要。

4. 有条件的地区要最大限度地充分发挥基层医疗机构的作用，有一定口腔疾病防治服务能力的社区卫生服务中心（站）和乡镇（中心）卫生院应当作为优先选择对象，同时鼓励民营医疗机构积极参与。

三、确定服务对象

（一）年龄要求。

项目活动目标人群为7～9岁儿童，以8岁儿童为主。

（二）窝沟封闭适宜人群的筛选。

通过口腔健康检查，按适应证标准筛选出窝沟封闭适宜人群，并按照"自愿参与"原则，由家长签订"知情同意书"后，医疗机构提供免费窝沟封闭。

（三）窝沟封闭适应证。

1. 项目提供对适宜目标儿童的第一恒磨牙免费窝沟封闭。

2. 牙冠已完全萌出达咬合平面或牙冠窝沟点隙均完全暴露于口腔,未发生龋齿。

3. 咬合面、颊面及舌腭面的窝沟点隙深,特别是有可以插入或卡住探针的窝沟(包括可疑龋)。

4. 对侧同名牙已经患龋或者有患龋倾向。

四、人员培训

(一)目的。

规范项目服务流程和标准,提高项目管理能力和口腔疾病防治人员项目执行能力和防治水平。

(二)对象。

包括项目管理人员、技术人员、教育部门相关人员。

(三)主要内容。

1. 项目目的、意义和工作规范等管理要求。

2. 项目宣传发动和健康教育的内容、方法和要求。

3. 口腔健康检查和窝沟封闭的技术理论与实际操作。

4. 项目数据收集和管理等。

(四)培训形式。

1. 国家负责对项目省骨干的培训。

2. 对项目县培训以保证质量为前提,形式可以由省级培训项目县骨干,项目县负责对本地所有项目人员的培训,或省级直接培训县级所有人员。

3. 对能力较弱的项目县,要求省级采取"一竿子到底"的培训形式,直接培训到项目县所有参加项目的人员。

(五)有关要求。

1. 提供口腔健康检查和窝沟封闭的医疗机构专业人员,应当具备口腔执业医师或口腔执业助理医师资格,同时还需接受项目培训。

2. 所有项目参与人员均须接受培训。项目办要将培训的相关文件材料妥善存档备查,如培训通知、培训人员名单和签到表、教案、讲课幻灯、照片、考核结果等。

3. 培训后由培训单位进行考核,对考核合格人员颁发合格证书,方可参与项目工作。

4. 窝沟封闭技术培训部分,按《中西部地区儿童口腔疾病综合干预项目窝沟封闭培训指南》(附件3)要求,安排培训程序和内容。

五、宣传发动和健康教育

(一)建立协调机制。

各级卫生行政部门和项目办要积极与教育部门和学校协调,建立项目协调机制，可采用联合发文、与学校签定协议书、班主任负责制、建立奖惩机制等办法，共同制定学校中项目的健康教育工作方案，有组织地开展项目工作。

（二）内容形式。

1. 对象：宣传对象包括大众人群、学校儿童、家长和学校老师。

2. 内容：以《中国居民口腔健康指南》（卫办疾控发〔2009〕141 号）为依据，围绕项目内容，重点宣传口腔卫生知识、儿童口腔疾病防治知识、儿童口腔疾病综合干预项目服务信息、口腔健康检查和窝沟封闭等措施的作用和好处等。提高目标人群的健康知识和自我保健意识，倡导养成良好的口腔卫生习惯，营造全社会关注口腔卫生和儿童口腔健康的社会支持氛围。通过宣传，动员引导适龄儿童家长自觉接受口腔健康检查，参加窝沟封闭，鼓励患有龋病的儿童及早接受充填治疗。具体宣传要点参见附件 4。

3. 形式：宣传形式可采取广播电视播放公益广告、制作专题节目、发放健康教育材料、张贴宣传画、制作宣传展板、举办口腔卫生讲座以及其他目标人群喜闻乐见的形式。充分利用"全国爱牙日"、"六一儿童节"等宣传日和节假日掀起宣传高潮。各地开展健康教育的形式要多样化、多频次，每年针对大众的健康教育活动不少于 3 次，形式不少于 5 种。针对学生、家长和老师，要安排专门时间，开展面对面专题宣传教育，并与项目其他措施做好衔接，逐步探索建立学校口腔健康宣传教育的长效机制。

4. 有关要求。

（1）对技术力量比较薄弱的项目县，省级项目办和技术指导组要给予重点技术支持，可制作本省（区、市）统一的项目宣传教育提纲、讲座幻灯模板等材料，提供项目点在开展学校儿童、家长和老师的健康活动中使用。

（2）国家项目办和技术指导组对各地宣传教育工作给予技术支持，提供口腔健康教育的要点、展板电子版、幻灯模板等工具材料供各地参考使用。

（3）注重对宣传教育的效果评价。各项目县要定期抽查重点目标人群的口腔健康知识需求和知晓情况，及时改进宣传教育工作方式和了解宣传效果。

六、口腔健康检查和窝沟封闭

（一）知情同意。

对适龄儿童开展口腔健康检查和提供窝沟封闭措施前，要将口腔健康检查和窝沟封闭的意义、作用和做法等关键信息，通过书面形式告知家长，征得家长同意并签署家长知情同意书。

（二）实施和登记。

按照卫生部相关临床服务规范，以及《口腔预防适宜技术操作规范》（卫办疾控发〔2009〕15 号）的要求，开展口腔健康检查和进行窝沟封闭操作，根据《中西部地区儿童口腔疾病综合干预项目登记表》及填表说明（附件 5，以下简称登记表)要求,填写登记表并备案。

(三)有关要求。

1. 提供口腔健康检查和窝沟封闭的医疗机构专业人员,必须是经过项目培训的口腔执业医师或口腔执业助理医师,医师资格证书复印件放省级项目办备案。

2. 对实施窝沟封闭后的儿童,建议其3个月后复查,如果发现脱落,要对其重新封闭。对经过口腔健康检查后非窝沟封闭适应证儿童,要做好解释工作。

3. 完成口腔健康检查和窝沟封闭操作后,要以书面形式(附件6)向家长反馈检查结果及封闭情况,对检查过程中发现有口腔问题的儿童,积极建议家长及早接受治疗。

4. 操作过程要严格按照消毒隔离操作规范进行,避免交叉感染。

第三章　信息管理

一、数据收集和录入

(一)内容。

国家建立中西部地区儿童口腔疾病综合干预项目网络数据中心(以下简称数据中心)。各地对每个儿童完成口腔健康检查和窝沟封闭后,填写登记表(附件5),并录入到项目网络数据中心(附件7)。

(二)录入和要求。

1. 项目按年度工作进行数据收集和录入。各省(区、市)负责本省(区、市)数据中心的管理,各项目县或其指定单位负责本地口腔健康检查、窝沟封闭和复查数据的录入工作。

2. 要求每月7号前完成上月数据和有关信息的输入。数据中心的项目信息将作为各地项目执行进度的依据。

3. 各地要认真组织做好登记表的填写、录入、备案、整理等工作,要求登记表记录准确完整,表格逻辑错误、漏项等错误率不超过5%。数据录入要求及时完整、无缺项,无漏报或重复上报。

二、变更备案

各省(区、市)如果对省级项目办公室挂靠单位和主要人员进行调整后,要及时填写中西部地区儿童口腔疾病综合干预项目省级项目办公室变更情况表(附件8),并报送国家项目办备案。

三、材料报送

(一)项目简报。

要求各省(区、市)不定期将项目进展情况、经验和好的做法、先进事例等信息报送国家项目办。每年不少于4期。国家项目办每季度编印项目简报,提供给各省(区、市)和项目县交流参考。各省(区、市)项目简报内容提纲见附件9。

（二）项目季报和年度总结。

各省要在每季度末填写项目进度表（附件10）并报送国家项目办，项目结束后完成年度总结（附件11、12），报卫生部疾控局。

第四章　督导评估

一、项目督导

（一）组织。

卫生部疾控局每年组织对部分项目省（区、市）项目执行情况进行督导。各省（区、市）和项目县（市、区、团场）卫生行政部门分别组织对辖区所有项目县（市、区、团场）和承担项目的医疗机构进行督导。督导组由卫生行政部门、项目管理人员和专家组成。

（二）频次和要求。

1. 频次：项目实施中，要及早、分阶段对工作开展情况进行督导。省级督导组督导次数每年不少于2次。其中至少一次要采用座谈、现场考察和查阅资料相结合的方式，在确保项目县（区、市、团场）不存在较严重问题并能按时完成任务的前提下，另一次可采用电话、邮件等方式。县级督导组要采用座谈、现场考察和查阅资料相结合的方式对各阶段的工作情况进行督导。督导次数每年不少于3次。

2. 痕迹管理要求：每次督导要以照片等形式如实记录、填写抽查表格、形成督导报告和整改情况报告并存档备查。及时将督导结果反馈各项目县（市、区、团场）和各承担项目的医疗卫生机构，总结、推广好的经验，对存在的问题提出意见，限期整改。

（三）内容和方法。

包括项目管理和服务提供两个方面，重点是项目规范化管理、承担项目操作人员的执业医师资格、窝沟封闭质量、消毒隔离等方面。具体内容、方法和指标见表1。

表1　项目主要督导内容、方法及指标

	内容	方法	指标
项目管理	1. 是否及时启动项目工作 2. 是否指定专人负责项目工作 3. 是否按照布局合理、方便群众就医的要求选择承担项目的医疗卫生机构 4. 是否与相关部门进行协调，建立项目工作机制 5. 是否严格组织人员培训	检查相关文件、现场工作照片、承担项目医疗卫生机构名单和布局、培训计划、参加培训人员名单及考核结果、工作进度报告等	定性描述

续表

内容		方法	指标
项目管理	健康教育和宣传发动情况	随机抽取不少于总封闭人数 1% 的儿童，对口腔健康知识知晓率和刷牙情况进行问卷调查	口腔健康知识知晓率不低于85%，刷牙率不低于70%
	1. 对上次督导反馈意见的整改情况 2. 经费使用情况 3. 对承担项目的医疗卫生机构的督导情况	检查相关文件、督导报告、现场工作照片等	定性描述
	4. 工作进度情况（主要包括方案制定、医疗机构选择、健康教育、口腔检查和窝沟封闭完成情况）	已完成窝沟封闭数量占计划完成数量的百分比	不低于90%
	5. 数据中心使用情况	数据录入完成数量占已完成工作数量的百分比	不低于85%
服务提供（应至少抽查一个承担项目的医疗卫生机构）	操作人员是否为参加过项目培训的口腔执业（助理）医师	检查所有参加操作医师资格证书备案情况及培训合格证书	培训率应达到100%，资格证书持有率应达到100%
	所有接受检查儿童的登记是否完整、准确	现场检查项目登记表	项目登记表差错率应低于5%
	服务态度	是否在明显位置设立导诊标志，以方便群众查找	有/无
	是否按照自愿参与原则开展窝沟封闭	现场检查是否有知情同意书	知情同意书填写率应达100%
	1. 是否按照消毒隔离要求操作 2. 操作程序是否符合《口腔预防适宜技术操作规范》	现场考察操作者对窝沟封闭操作技术掌握情况，重点考察口腔检查技术、窝沟封闭适应证的掌握、窝沟封闭材料的选择、隔湿效果、颊/舌侧沟是否封闭等易出现问题的环节和步骤	合格/不合格
	窝沟封闭质量	随机抽取接受窝沟封闭3个月以上的儿童，对封闭完好情况进行检查，省级总抽查人数不少于总封闭人数的1%，县级总抽查人数不少于总封闭人数的20%	封闭完好率不低于85%

（四）有关要求。

项目进度和质量是对项目的重要评价内容。抽查封闭质量不合格者应当由开展封闭的单位进行再封闭。在规定的时间内窝沟封闭完成占总任务量90%以上和完好率在85%以上的项目县（市、区、团场）按完成数量划拨经费，对不达标的，应当不予拨款，并取消第二年的项目资格。

二、项目评估

卫生部根据工作需要，组织制订项目效果评估指标和实施方案，适时对全国项目实施效果进行评估。各省（区、市）卫生行政部门根据财政部和卫生部年度工作任务表中对项目提出的目标和考核指标要求，结合督导内容和指标，确定本辖区的项目考核评估指标和方案，逐年进行检查评估，并将年度评估结果报卫生部疾控局。

第五章 经费管理

中央财政每年安排公共卫生专项经费，对项目省（区、市）的宣传发动、健康教育、人员培训、窝沟封闭、质量复查、数据汇总等给予补助。地方各级卫生行政部门要协调财政部门对完成项目内容不足的经费提供相关配套资金。各省级卫生行政部门要按照财政部、卫生部有关专项资金管理办法的规定，加强资金使用和管理，提高资金使用效益。项目年度资金使用情况（附件13）应当连同年度项目总结一并报卫生部。

附件1～附件13（略）

第十二章

医疗机构行政处罚

　　为保证卫生行政机关正确行使行政处罚职权,保护公民、法人和其他组织的合法权益,维护公共利益和社会秩序,根据《中华人民共和国行政处罚法》和有关卫生法律、法规的规定,原卫生部令第53号公布了《卫生行政处罚程序》。根据《中华人民共和国传染病防治法》、《中华人民共和国固体废物污染环境防治法》和《医疗废物管理条例》,2004年,原卫生部、原国家环境保护总局令第21号公布了《医疗废物管理行政处罚办法》规定,县级以上人民政府卫生行政主管部门和环境保护行政主管部门按照各自职责,对违反医疗废物管理规定的行为实施行政处罚。

　　口腔诊所违反国家有关法律法规应按照《卫生行政处罚程序》和《医疗废物管理行政处罚办法》等进行处罚。

[附录] **卫生行政处罚程序** [来源:原卫生部1997年6月19日发布　原卫生部令第53号]

第一章　总则

　　第一条　为保证卫生行政机关正确行使行政处罚职权,保护公民、法人和其他组织的合法权益,维护公共利益和社会秩序,根据《行政处罚法》和有关卫生法律、法规的规定,制定本程序。

　　第二条　本程序所指行政处罚,是指县级以上卫生行政机关依据卫生法律、法规、规章,对应受制裁的违法行为,作出的警告、罚款、没收违法所得、责令停产停业、吊销许可证以及卫生法律、行政法规规定的其他行政处罚。

　　第三条　县级以上卫生行政机关对违反卫生法律、法规、规章的单位或个人进行行政处罚,适用本程序。

　　卫生法律、法规授予卫生行政处罚职权的卫生机构行使卫生行政处罚权的,依照本程序执行。

　　第四条　卫生行政机关实施行政处罚必须事实清楚,证据确凿,适用法律、法规、规章正确,坚持先调查取证后裁决、合法、适当、公正、公开和处罚与教育相结合的原则。

第五条 卫生行政机关应当建立对卫生行政处罚的监督制度。上级卫生行政机关对下级卫生行政机关实施行政处罚进行监督，卫生行政机关内部法制机构对本机关实施行政处罚进行监督。

第二章 管辖

第六条 县级以上卫生行政机关负责查处所辖区域内的违反卫生法律、法规、规章的案件。

省级卫生行政机关可依据卫生法律、法规、规章和本地区的实际，规定所辖区内管辖的具体分工。

卫生部负责查处重大、复杂的案件。

第七条 上级卫生行政机关可将自己管辖的案件移交下级卫生行政机关处理；也可根据下级卫生行政机关的请求处理下级卫生行政机关管辖的案件。

第八条 两个以上卫生行政机关，在管辖发生争议时，报请其共同的上级卫生行政机关指定管辖。

第九条 卫生行政机关发现查处的案件不属于自己管辖，应当及时书面移送给有管辖权的卫生行政机关。

受移送的卫生行政机关应当将案件查处结果函告移送的卫生行政机关。

受移送地的卫生行政机关如果认为移送不当，应当报请共同的上级卫生行政机关指定管辖，不得再自行移送。

第十条 上级卫生行政机关在接到有关解决管辖争议或者报请移送管辖的请示后，应当在十日内作出具体管辖决定。

第十一条 国境卫生检疫机关依据国境卫生检疫法律、法规实施的行政处罚，由违法行为发生地的国境卫生检疫机关管辖。

卫生部卫生检疫局负责查处重大、复杂的案件。

卫生部卫生检疫局下设的国境卫生检疫机关间对管辖发生争议时，报请卫生部卫生检疫局指定管辖。

第十二条 法律、法规规定的受卫生部委托的有关部门的卫生主管机构，或者由卫生部会同其规定监督职责的国务院有关部门的卫生主管机构，负责规定管辖范围内的案件。

第十三条 卫生行政机关与第十二条所指的有关部门的卫生主管机构对管辖发生争议的，报请省级卫生行政机关指定管辖。

第三章 受理与立案

第十四条 卫生行政机关对下列案件应当及时受理并做好记录：

（一）在卫生监督管理中发现的；

（二）卫生机构监测报告的；

（三）社会举报的；

（四）上级卫生行政机关交办、下级卫生行政机关报请的或者有关部门移送的。

第十五条　卫生行政机关受理的案件符合下列条件的，应当在七日内立案：

（一）有明确的违法行为人或者危害后果；

（二）有来源可靠的事实依据；

（三）属于卫生行政处罚的范围；

（四）属于本机关管辖。

卫生行政机关对决定立案的应当制作报告，由直接领导批准，并确定立案日期和两名以上卫生执法人员为承办人。

第十六条　承办人有下列情形之一的，应当自行回避：

（一）是本案当事人的近亲属；

（二）与本案有利害关系；

（三）与本案当事人有其他利害关系，可能影响案件公正处理的。

当事人有权申请承办人回避。

回避申请由受理的卫生行政机关负责人决定。

第四章　调查取证

第十七条　对于依法给予卫生行政处罚的违法行为，卫生行政机关应当调查取证，查明违法事实。案件的调查取证，必须有两名以上执法人员参加，并出示有关证件。

对涉及国家机密、商业秘密和个人稳私的，应当保守秘密。

第十八条　卫生执法人员应分别询问当事人或证人，并当场制作询问笔录。询问笔录经核对无误后，卫生执法人员和被询问人应当在笔录上签名。被询问人拒绝签名的，应当由两名卫生执法人员在笔录上签名并注明情况。

第十九条　卫生执法人员进行现场检查时，应制作现场检查笔录，笔录经核对无误后，卫生执法人员和被检查人应当在笔录上签名。被检查人拒绝签名的，应当由两名卫生执法人员在笔录上签名并注明情况。

第二十条　调查取证的证据应当是原件、原物，调查取证原件、原物确有困难的，可由提交证据的单位或个人在复制品、照片等物件上签章，并注明"与原件（物）相同"字样或文字说明。

第二十一条　书证、物证、视听材料、证人证言、当事人陈述、鉴定结论、勘验笔录、现场检查笔录等，经卫生执法人员审查或调查属实，为卫生行政处罚证据。

第二十二条　卫生行政机关在收集证据时，在证据可能灭失、或者以后难以取得的情况下，经卫生行政机关负责人批准，可以先行登记保存。执法人员应向当事人出具由行政机关负责人签发的保存证据通知书。

卫生行政机关应当在七日内作出处理决定。卫生法律、法规另有规定的除外。

第二十三条　卫生执法人员调查违法事实，需要采集鉴定检验样品的，应当填写采样记录。所采集的样品应标明编号并及时进行鉴定检验。

第二十四条　调查终结后，承办人应当写出调查报告。其内容应当包括案由、案情、违法事实、违反法律、法规或规章的具体款项等。

第五章　处罚决定

第一节　一般程序

第二十五条　承办人在调查终结后，应当对违法行为的事实、性质、情节以及社会危害程度进行合议并作好记录，合议应当根据认定的违法事实，依照有关卫生法律、法规和规章的规定分别提出下列处理意见：

（一）确有应当受行政处罚的违法行为的，依法提出卫生行政处罚的意见；

（二）违法行为轻微的，依法提出不予卫生行政处罚的意见；

（三）违法事实不能成立的，依法提出不予卫生行政处罚的意见；

（四）违法行为不属于本机关管辖的，应当移送有管辖权的机关处理；

（五）违法行为构成犯罪需要追究刑事责任的，应当移送司法机关。同时应当予以行政处罚的，还应当依法提出卫生行政处罚的意见。

除前款第一项、第五项所述情形之外，承办人应制作结案报告，并经本机关负责人批准后结案。

第二十六条　卫生行政机关在作出合议之后，应当及时告知当事人行政处罚认定的事实、理由和依据，以及当事人依法享有的权利。适用听证程序的按本程序第三十三条规定。

卫生行政机关必须充分听取当事人的陈述和申辩，并进行复核，当事人提出的事实、理由或者证据成立的，应当采纳。

卫生行政机关不得因当事人申辩而加重处罚。

第二十七条　对当事人违法事实已查清，依据卫生法律、法规、规章的规定应给予行政处罚的，承办人应起草行政处罚决定书文稿，报卫生行政机关负责人审批。

卫生行政机关负责人应根据情节轻重及具体情况作出行政处罚决定。对于重大、复杂的行政处罚案件，应当由卫生行政机关负责人集体讨论决定。

行政处罚决定作出后，卫生行政机关应当制作行政处罚决定书。

第二十八条　卫生行政机关适用一般程序实施行政处罚时，对已有证据证明的违法行为，应当在发现违法行为或调查违法事实时，书面责令当事人改正或限期改正违法行为。

第二十九条　卫生行政机关应当自立案之日起三个月内作出行政处罚决定。

因特殊原因，需要延长前款规定的时间的，应当报请上级卫生行政机关批准。

第二节　听证程序

第三十条　卫生行政机关在作出的责令停产停业、吊销许可证或者较大数额罚款等行政处罚决定前，应当告知当事人有要求举行听证的权利。当事人要求听证的，卫生行政机关应当组织听证。听证由卫生行政机关内部法制机构或主管法制工作的综合机构负责。

对较大数额罚款的听证范围依照省、自治区、直辖市人大常委会或人民政府的具体规定执行。

国境卫生检疫机关对二万元以上数额的罚款实行听证。

第三十一条　听证遵循公正、公开的原则。除涉及国家秘密、商业秘密或者个人隐私外，听证应当以公开的方式进行。

听证实行告知、回避制度，依法保障当事人的陈述权和申辩权。

第三十二条　听证由作出行政处罚的卫生行政机关组织。当事人不承担卫生行政机关听证的费用。

第三十三条　卫生行政机关对于适用听证程序的卫生行政处罚案件，应当在作出行政处罚决定前，向当事人送达听证告知书。

听证告知书应当载明下列主要事项：

（一）当事人的姓名或者名称；

（二）当事人的违法行为、行政处罚的理由、依据和拟作出的行政处罚决定；

（三）告知当事人有要求听证的权利；

（四）告知提出听证要求的期限和听证组织机关。

听证告知书必须盖有卫生行政机关的印章。

第三十四条　卫生行政机关决定予以听证的，听证主持人应当在当事人提出听证要求之日起二日内确定举行听证时间、地点和方式，并在举行听证的七日前，将听证通知书送达当事人。

听证通知书应载明下列事项并加盖卫生行政机关印章：

（一）当事人的姓名或者名称；

（二）举行听证的时间、地点和方式；

（三）听证人员的姓名；

（四）告知当事人有权申请回避；

（五）告知当事人准备证据、通知证人等事项。

第三十五条 当事人接到听证通知书后，应当按期出席听证会。因故不能如期参加听证的，应当事先告知主持听证的卫生行政机关，并且获得批准。无正当理由不按期参加听证的，视为放弃听证要求，卫生行政机关予以书面记载。在听证举行过程中当事人放弃申辩和退出听证的，卫生行政机关可以宣布听证终止，并记入听证笔录。

第三十六条 卫生行政机关的听证人员包括听证主持人、听证员和书记员。

听证主持人由行政机关负责人指定本机关内部的非本案调查人员担任，一般由本机关法制机构人员或者专职法制人员担任。

听证员由卫生行政机关指定一至二名本机关内部的非本案调查人员担任。协助听证主持人组织听证。

书记员由卫生行政机关内部的一名非本案调查人员担任，负责听证笔录的制作和其他事务。

第三十七条 当事人认为听证主持人、听证员和书记员与本案有利害关系的，有权申请回避。听证员和书记员的回避，由听证主持人决定；听证主持人的回避由听证机构行政负责人决定。

第三十八条 有下列情形之一的，可以延期举行听证：

（一）当事人有正当理由未到场的；

（二）当事人提出回避申请理由成立，需要重新确定主持人的；

（三）需要通知新的证人到场，或者有新的事实需要重新调查核实的；

（四）其他需要延期的情形。

第三十九条 举行听证时，案件调查人提出当事人违法事实、证据和适用听证程序的行政处罚建议，当事人进行陈述、申辩和质证。

案件调查人员对认定的事实负有举证责任，当事人对自己提出的主张负有举证责任。

第四十条 听证应当制作笔录，听证笔录应当载明下列事项：

（一）案由；

（二）听证参加人姓名或名称、地址；

（三）听证主持人、听证员、书记员姓名；

（四）举行听证的时间、地点、方式；

（五）案件调查人员提出的事实、证据和适用听证程序的行政处罚建议；

（六）当事人陈述、申辩和质证的内容；

（七）听证参加人签名或盖章。

听证主持人应当在听证后将听证笔录当场交当事人和案件调查人审核，并签名或盖章。当事人拒绝签名的，由听证主持人在听证笔录上说明情况。

第四十一条　听证结束后，听证主持人应当依据听证情况，提出书面意见。

第四十二条　卫生行政机关应当根据听证情况进行复核，违法事实清楚的，依法作出行政处罚决定；违法事实与原来认定有出入的，可以进行调查核实，在查清事实后，作出行政处罚决定。

第三节　简易程序

第四十三条　对于违法事实清楚、证据确凿并有下列情形之一的，卫生行政机关可当场作出卫生行政处罚决定：

（一）予以警告的行政处罚；

（二）对公民处以五十元以下罚款的行政处罚；

（三）对法人或者其他组织处以一千元以下罚款的行政处罚。

第四十四条　卫生行政执法人员当场作出行政处罚决定的，应当向当事人出示证件，填写预定格式、编有号码并加盖卫生行政机关印章的当场行政处罚决定书。

前款规定的行政处罚决定书应当载明当事人的违法行为、行政处罚依据（适用的法律、法规、规章名称及条、款、项、目）、具体处罚决定、时间、地点、卫生行政机关名称，并由执法人员签名或盖章。

第四十五条　卫生行政机关适用简易程序作出卫生行政处罚决定的，应在处罚决定书中书面责令当事人改正或限期改正违法行为。

第四十六条　卫生行政执法人员当场作出的行政处罚决定，应当在七日内报所属卫生行政机关备案。

第四节　送达

第四十七条　卫生行政处罚决定书应当在宣告后当场交付当事人并取得送达回执。当事人不在场的，卫生行政机关应当在七日内依照本节规定，将卫生行政处罚决定书送达当事人。

卫生行政处罚决定书由承办人送达被处罚的单位或个人签收，受送达人在送达回执上记明收到日期、签名或盖章。受送达人在送达回执上的签收日期为送达日期。

送达行政处罚决定书应直接送交受送达人。受送达人是公民的，本人不在时，交同住成年家属签收；受送达人是法人或者其他组织的，应由法定代表人、其他组织的主要负责人或者该法人、其他组织负责收件人员签收。

第四十八条　受送达人或者其同住成年家属拒收行政处罚决定书的，送达人应当邀请有关基层组织或者所在单位人员到场并说明情况，在行政处罚决定书送达回执上注明拒收事由和日期，由送达人、见证人签名（盖章），将行政处决定书留在被处罚单位或者个人处，即视为送达。

第四十九条　直接送达有困难的，可以委托就近的卫生行政机关代送或者用挂号邮寄送达，回执注明的收件日期即为送达日期。

第五十条　送达人下落不明，或者依据本程序的其他方式无法送达的，以公告方式送达。

自发出公告之日起，经过六十日，即视为送达。

第六章　执行与结案

第五十一条　卫生行政处罚决定作出后，当事人应当在处罚决定的期限内予以履行。

第五十二条　当事人对卫生行政处罚决定不服申请行政复议或者提起行政诉讼的，行政处罚不停止执行，但行政复议或行政诉讼期间裁定停止执行的除外。

第五十三条　作出罚款决定的卫生行政机关应当与收缴罚款的机关分离，除按规定当场收缴的罚款外，作出行政处罚决定的卫生行政机关及卫生执法人员不得自行收缴罚款。

第五十四条　依据本程序第四十三条当场作出卫生行政处罚决定，有下列情形之一的，卫生执法人员可以当场收缴罚款：

（一）依法给予二十元以下罚款的；

（二）不当场收缴事后难以执行的。

卫生行政机关及其卫生执法人员当场收缴罚款的，必须向当事人出具省、自治区、直辖市财政部门统一制发的罚款收据。

第五十五条　在边远、水上、交通不便地区，卫生行政机关及卫生执法人员依照本程序规定作出处罚决定后，当事人向指定的银行缴纳罚款确有困难的，经当事人提出，卫生行政机关及其卫生执法人员可以当场收缴罚款。

第五十六条　当事人在法定期限内不申请行政复议或者不提起行政诉讼又不履行的，卫生行政机关可以采取下列措施：

（一）到期不缴纳罚款的每日按罚款数额的百分之三加处罚款；

（二）申请人民法院强制执行。

第五十七条　卫生行政处罚决定履行或者执行后，承办人应当制作结案报告。并将有关案件材料进行整理装订，加盖案件承办人印章，归档保存。

第五十八条　卫生行政机关应当将适用听证程序的行政处罚案件在结案后一个月内报上一级卫生行政机关法制机构备案。

卫生部卫生检疫局适用听证程序的行政处罚案件，应当报卫生部法制机构备案。

第七章 附则

第五十九条 本程序所称卫生执法人员是指依照卫生法律、法规、规章聘任的卫生监督员。

第六十条 卫生行政机关及其卫生执法人员违反本程序实施行政处罚，将依照《行政处罚法》的有关规定，追究法律责任。

第六十一条 卫生行政处罚文书规范由卫生部另行制定。

第六十二条 本程序由卫生部负责解释。

第六十三条 本程序自发布之日起实行。以前发布的有关规定与本程序不符的，以本程序为准。

[附录] **医疗废物管理行政处罚办法** [来源：2004年，原卫生部、原国家环境保护总局令第21号公布，自2004年6月1日起施行]

第一条 根据《中华人民共和国传染病防治法》、《中华人民共和国固体废物污染环境防治法》和《医疗废物管理条例》（以下简称《条例》），县级以上人民政府卫生行政主管部门和环境保护行政主管部门按照各自职责，对违反医疗废物管理规定的行为实施的行政处罚，适用本办法。

第二条 医疗卫生机构有《条例》第四十五条规定的下列情形之一的，由县级以上地方人民政府卫生行政主管部门责令限期改正，给予警告；逾期不改正的，处2000元以上5000元以下的罚款：

（一）未建立、健全医疗废物管理制度，或者未设置监控部门或者专（兼）职人员的；

（二）未对有关人员进行相关法律和专业技术、安全防护以及紧急处理等知识培训的；

（三）未对医疗废物进行登记或者未保存登记资料的；

（四）对使用后的医疗废物运送工具或者运送车辆未在指定地点及时进行消毒和清洁的；

（五）依照《条例》自行建有医疗废物处置设施的医疗卫生机构未定期对医疗废物处置设施的污染防治和卫生学效果进行检测、评价，或者未将检测、评价效果存档、报告的。

第三条 医疗废物集中处置单位有《条例》第四十五条规定的下列情形之一的，由县级以上地方人民政府环境保护行政主管部门责令限期改正，给予警告；逾期不改正的，处2000元以上5000元以下的罚款：

（一）未建立、健全医疗废物管理制度，或者未设置监控部门或者专（兼）职人员的；

（二）未对有关人员进行相关法律和专业技术、安全防护以及紧急处理等知识培训的；

（三）未对医疗废物进行登记或者未保存登记资料的；

（四）对使用后的医疗废物运送车辆未在指定地点及时进行消毒和清洁的；

（五）未及时收集、运送医疗废物的；

（六）未定期对医疗废物处置设施的污染防治和卫生学效果进行检测、评价，或者未将检测、评价效果存档、报告的。

第四条　医疗卫生机构、医疗废物集中处置单位有《条例》第四十五条规定的情形，未对从事医疗废物收集、运送、贮存、处置等工作的人员和管理人员采取职业卫生防护措施的，由县级以上地方人民政府卫生行政主管部门责令限期改正，给予警告；逾期不改正的，处 2000 元以上 5000 元以下的罚款。

第五条　医疗卫生机构有《条例》第四十六条规定的下列情形之一的，由县级以上地方人民政府卫生行政主管部门责令限期改正，给予警告，可以并处 5000 元以下的罚款，逾期不改正的，处 5000 元以上 3 万元以下的罚款：

（一）贮存设施或者设备不符合环境保护、卫生要求的；

（二）未将医疗废物按照类别分置于专用包装物或者容器的；

（三）未使用符合标准的运送工具运送医疗废物的。

第六条　医疗废物集中处置单位有《条例》第四十六条规定的下列情形之一的，由县级以上地方人民政府环境保护行政主管部门责令限期改正，给予警告，可以并处 5000 元以下的罚款，逾期不改正的，处 5000 元以上 3 万元以下的罚款：

（一）贮存设施或者设备不符合环境保护、卫生要求的；

（二）未将医疗废物按照类别分置于专用包装物或者容器的；

（三）未使用符合标准的专用车辆运送医疗废物的；

（四）未安装污染物排放在线监控装置或者监控装置未经常处于正常运行状态的。

第七条　医疗卫生机构有《条例》第四十七条规定的下列情形之一的，由县级以上地方人民政府卫生行政主管部门责令限期改正，给予警告，并处 5000 元以上 1 万元以下的罚款；逾期不改正的，处 1 万元以上 3 万元以下的罚款：

（一）在医疗卫生机构内运送过程中丢弃医疗废物，在非贮存地点倾倒、堆放医疗废物或者将医疗废物混入其他废物和生活垃圾的；

（二）未按照《条例》的规定对污水、传染病病人或者疑似传染病病人的排泄物，进行严格消毒的，或者未达到国家规定的排放标准，排入医疗卫生机构内的污水处理系统的；

（三）对收治的传染病病人或者疑似传染病病人产生的生活垃圾，未按照医疗废物进行管理和处置的。

医疗卫生机构在医疗卫生机构外运送过程中丢弃医疗废物，在非贮存地点倾倒、堆放医疗废物或者将医疗废物混入其他废物和生活垃圾的，由县级以上地方人民政府环境保护行政主管部门责令限期改正，给予警告，并处5000元以上1万元以下的罚款；逾期不改正的，处1万元以上3万元以下的罚款。

第八条　医疗废物集中处置单位有《条例》第四十七条规定的情形，在运送过程中丢弃医疗废物，在非贮存地点倾倒、堆放医疗废物或者将医疗废物混入其他废物和生活垃圾的，由县级以上地方人民政府环境保护行政主管部门责令限期改正，给予警告，并处5000元以上1万元以下的罚款；逾期不改正的，处1万元以上3万元以下的罚款。

第九条　医疗废物集中处置单位和依照《条例》自行建有医疗废物处置设施的医疗卫生机构，有《条例》第四十七条规定的情形，对医疗废物的处置不符合国家规定的环境保护、卫生标准、规范的，由县级以上地方人民政府环境保护行政主管部门责令限期改正，给予警告，并处5000元以上1万元以下的罚款；逾期不改正的，处1万元以上3万元以下的罚款。

第十条　医疗卫生机构、医疗废物集中处置单位有《条例》第四十七条规定的下列情形之一的，由县级以上人民政府环境保护行政主管部门责令停止违法行为，限期改正，并处5万元以下的罚款：

（一）未执行危险废物转移联单管理制度的；

（二）将医疗废物交给或委托给未取得经营许可证的单位或者个人收集、运送、贮存、处置的。

第十一条　有《条例》第四十九条规定的情形，医疗卫生机构发生医疗废物流失、泄露、扩散时，未采取紧急处理措施，或者未及时向卫生行政主管部门报告的，由县级以上地方人民政府卫生行政主管部门责令改正，给予警告，并处1万元以上3万元以下的罚款。

医疗废物集中处置单位发生医疗废物流失、泄露、扩散时，未采取紧急处理措施，或者未及时向环境保护行政主管部门报告的，由县级以上地方人民政府环境保护行政主管部门责令改正，给予警告，并处1万元以上3万元以下的罚款。

第十二条　有《条例》第五十条规定的情形，医疗卫生机构、医疗废物集中处置单位阻碍卫生行政主管部门执法人员执行职务，拒绝执法人员进入现场，或者不配合执法部门的检查、监测、调查取证的，由县级以上地方人民政府卫生行政主管部门责令改正，给予警告；拒不改正的，由原发证的卫生行政主管部门暂扣或者吊销医疗卫生机构的执业许可证件。

　　医疗卫生机构、医疗废物集中处置单位阻碍环境保护行政主管部门执法人员执行职务，拒绝执法人员进入现场，或者不配合执法部门的检查、监测、调查取证的，由县级以上地方人民政府环境保护行政主管部门责令限期改正，并处 1 万元以下的罚款；拒不改正的，由原发证的环境保护行政主管部门暂扣或者吊销医疗废物集中处置单位经营许可证件。

　　第十三条　有《条例》第五十一条规定的情形，不具备集中处置医疗废物条件的农村，医疗卫生机构未按照卫生行政主管部门有关疾病防治的要求处置医疗废物的，由县级人民政府卫生行政主管部门责令限期改正，给予警告；逾期不改正的，处 1000 元以上 5000 元以下的罚款；未按照环境保护行政主管部门有关环境污染防治的要求处置医疗废物的，由县级人民政府环境保护行政主管部门责令限期改正，给予警告；逾期不改正的，处 1000 元以上 5000 元以下的罚款。

　　第十四条　有《条例》第五十二条规定的情形，未取得经营许可证从事医疗废物的收集、运送、贮存、处置等活动的，由县级以上地方人民政府环境保护行政主管部门责令停止违法行为，没收违法所得，可以并处违法所得 1 倍以下的罚款。

　　第十五条　有《条例》第四十七条、第四十八条、第四十九条、第五十一条规定的情形，医疗卫生机构造成传染病传播的，由县级以上地方人民政府卫生行政主管部门依法处罚，并由原发证的卫生行政主管部门暂扣或者吊销执业许可证件；造成环境污染事故的，由县级以上地方人民政府环境保护行政主管部门依照《中华人民共和国固体废物污染环境防治法》有关规定予以处罚，并由原发证的卫生行政主管部门暂扣或者吊销执业许可证件。

　　医疗废物集中处置单位造成传染病传播的，由县级以上地方人民政府卫生行政主管部门依法处罚，并由原发证的环境保护行政主管部门暂扣或者吊销经营许可证件；造成环境污染事故的，由县级以上地方人民政府环境保护行政主管部门依照《中华人民共和国固体废物污染环境防治法》有关规定予以处罚，并由原发证的环境保护行政主管部门暂扣或者吊销经营许可证件。

　　第十六条　有《条例》第五十三条规定的情形，转让、买卖医疗废物，邮寄或者通过铁路、航空运输医疗废物，或者违反《条例》规定通过水路运输医疗废物的，由县级以上地方人民政府环境保护行政主管部门责令转让、买卖双方、邮寄人、托运人立即停止违法行为，给予警告，没收违法所得；违法所得 5000 元以上的，并处违法所得 2 倍以上 5 倍以下的罚款；没有违法所得或者违法所得不足 5000 元的，并处 5000 元以上 2 万元以下的罚款。

　　承运人明知托运人违反《条例》的规定运输医疗废物，仍予以运输的，或者承运人将医疗废物与旅客在同一工具上载运的，按照前款的规定予以处罚。

第十七条 本办法自2004年6月1日起施行。

依据《关于废止、修改部分环保部门规章和规范性文件的决定》（环境保护部令第16号），自2010年12月22日起，《医疗废物管理行政处罚办法》（2004年5月27日，卫生部、国家环境保护总局令第21号发布）做如下修改：

1. 将第七条第二款修改为："医疗卫生机构在医疗卫生机构外运送过程中丢弃医疗废物，在非贮存地点倾倒、堆放医疗废物或者将医疗废物混入其他废物和生活垃圾的，由县级以上地方人民政府环境保护行政主管部门依照《中华人民共和国固体废物污染环境防治法》第七十五条规定责令停止违法行为，限期改正，处一万元以上十万元以下的罚款。"

2. 将第八条修改为："医疗废物集中处置单位有《条例》第四十七条规定的情形，在运送过程中丢弃医疗废物，在非贮存地点倾倒、堆放医疗废物或者将医疗废物混入其他废物和生活垃圾的，由县级以上地方人民政府环境保护行政主管部门依照《中华人民共和国固体废物污染环境防治法》第七十五条规定责令停止违法行为，限期改正，处一万元以上十万元以下的罚款。"

3. 将第十条中的"医疗卫生机构、医疗废物集中处置单位有《条例》第四十七条规定的下列情形之一的，由县级以上人民政府环境保护行政主管部门责令停止违法行为，限期改正，并处5万元以下的罚款"，修改为："医疗卫生机构、医疗废物集中处置单位有《条例》第四十七条规定的下列情形之一的，由县级以上人民政府环境保护行政主管部门依照《中华人民共和国固体废物污染环境防治法》第七十五条规定责令停止违法行为，限期改正，处二万元以上二十万元以下的罚款"。

4. 将第十二条第二款修改为："医疗卫生机构、医疗废物集中处置单位阻碍环境保护行政主管部门执法人员执行职务，拒绝执法人员进入现场，或者不配合执法部门的检查、监测、调查取证的，由县级以上地方人民政府环境保护行政主管部门依照《中华人民共和国固体废物污染环境防治法》第七十条规定责令限期改正；拒不改正或者在检查时弄虚作假的，处二千元以上二万元以下的罚款。"

5. 将第十四条修改为："有《条例》第五十二条规定的情形，未取得经营许可证从事医疗废物的收集、运送、贮存、处置等活动的，由县级以上人民政府环境保护行政主管部门依照《中华人民共和国固体废物污染环境防治法》第七十七条规定责令停止违法行为，没收违法所得，可以并处违法所得三倍以下的罚款。"

6. 将第十六条第二款修改为："承运人明知托运人违反《条例》的规定运输医疗废物，仍予以运输的，按照前款的规定予以处罚；承运人将医疗废物与旅客在同一工具上载运的，由县级以上人民政府环境保护行政主管部门依照《中华人民共和国固体废物污染环境防治法》第七十五条规定责令停止违法行为，限期改正，处一万元以上十万元以下的罚款"。

第十三章

口腔医疗行业社团

社会团体是当代中国政治生活的重要组成部分。中国目前的社会团体都带有准官方性质。《社会团体登记管理条例》规定,成立社会团体必须提交业务主管部门的批准文件。业务主管部门是指县级以上各级人民政府有关部门及其授权的组织。社会团体实际上附属在业务主管部门之下。中国的口腔医疗行业社会团体是社会组织的一种,口腔医师和口腔诊所应主动参加当地口腔医疗行业社会团体管理。

一、中华口腔医学会

随着科学技术的发展,口腔医学也得到迅速发展,一些领域已步入国际先进行列,一些专业已接近或达到国际先进水平,并被国际组织和同行认可。由于学科的发展及国际交往的需要,在各级领导的关怀与支持下,经原卫生部、国务院批准,民政部注册中华口腔医学会成立(以下简称"学会")。学会成立于1996年11月7日,它的前身是1951年成立的中华医学会口腔科学会。

中华口腔医学会(Chinese Stomatological Association,缩写 CSA)是口腔医学科学技术工作者自愿组成的全国性学术性群众团体,为非营利性社会组织,是政府联系口腔医学科学技术工作者的纽带和桥梁,是发展我国口腔医学科学的社会力量。

中华口腔医学会的宗旨是遵守宪法、法律、法规和国家政策,遵守社会道德规范,团结广大口腔医学科学技术工作者,促进我国口腔医学科学技术的繁荣与发展,促进口腔医学科学技术的普及与推广,促进口腔医学科学技术人才的成长与提高,为会员和口腔医学科学技术工作者服务,为提高我国人民的口腔健康水平服务。

学会设有办公室、秘书处、国际交流部、继续教育部、学术部、会员部等职能部门。学会致力于国内外的学术交流与国际合作,先后加入了"国际牙科联盟(FDI)"、"国际牙科研究会(IADR)"及"国际牙医师院(ICD)"等。

中华口腔医学会成立以来注重专业学科的发展，积极稳妥地组建专科专业委员会，先后成立了牙体牙髓病学、口腔颌面外科、口腔修复学、口腔正畸、预防口腔医学、口腔病理学、牙周病学、口腔种植、口腔黏膜病、儿童口腔医学、老年口腔医学、口腔颌面放射、颞下颌关节病学及𬌗学、口腔材料、口腔修复工艺学、口腔医学教育、口腔麻醉学、口腔医学计算机、中西医结合、全科口腔医学、口腔生物医学、口腔药学、口腔颌面修复、口腔护理、口腔美学、口腔急诊、镇静镇痛专业委员会，以及中国唇腭裂诊治联盟。

在中华口腔医学会支持下，安徽省口腔医学会、河北省口腔医学会、湖北省口腔医学会、广东省口腔医学会、海南省口腔医学会、黑龙江省口腔医学会、辽宁省口腔医学会、浙江省口腔医学会、福建省口腔医学会、北京市口腔医学会、天津市口腔医学会、陕西省口腔医学会等省、市口腔医学会成立。

二、中国医师协会口腔医师分会

中国医师协会是经国家民政部登记注册，由执业医师、执业助理医师及单位会员自愿组成的全国性、行业性、非营利性的群众团体，是国家一级协会，是独立的法人社团。本会的宗旨是发挥行业服务、协调、自律、维权、监督、管理作用，团结和组织全国医师遵守国家宪法、法律、法规和政策，弘扬以德为本，救死扶伤人道主义的职业道德，努力提高医疗水平和服务质量，维护医师的合法权益，为我国人民的健康和社会主义建设服务。

1999年5月1日，我国正式颁布实施了《中华人民共和国执业医师法》（以下简称"《执业医师法》"）。这是我国制定的第一部有关医师的法律，这充分体现了党和国家对广大医师的关心和爱护。《执业医师法》第一章第七条明确规定"医师可以依法组织和参加医师协会"。《执业医师法》的颁布及实施为中国医师协会的成立提供了法律依据。中国医师协会是依法成立的社团组织。

据当前有关部门统计，我国执业医师人数超过200万人。充分显示了中国医师协会具有广泛的群众基础，是广大医师之家。凡具有执业医师或执业助理医师资格的西医、中医、中西医结合医、民族医以及预防、医疗、保健机构中的医务人员、医疗卫生管理人员、医学协会、学会的管理工作者以及医学科研工作者等，都可以申请加入本协会，成为中国医师协会的会员。

维护医师的合法权益，加强对医师的全方位培训，保证医师队伍建设的健康发展，这是医师协会非常重要的一项工作。医师的职业是高强度脑、体力劳动和高风险的职业，只有充分尊重和保护他们的创造性劳动，调动他们的积极性，才能发挥他们的聪明才智和潜力，才能有效地促进医学科学技术水平的提高，更好地为病人服务。

中国医师协会口腔医师分会成立大会

开展业务咨询服务、介绍推广医、药新技术、新成果，为广大医师、专家、医药企业及科研单位之间架设一座桥梁和快速通道，促进科研成果转化。按照市场经济规律和法则，科学求实的推向市场。

中国医师协会是在我国加入 WTO 和医疗卫生事业深化改革的新形势下应运而生的。这标志着我国医师队伍的管理，将由目前单一的卫生行政管理模式，逐步过渡到卫生行政管理和行业自律协同管理的模式。今后，医师协会将会在行业管理中发挥越来越大的作用，推进我国医师队伍向国际化的管理模式迈出坚实的步伐。

中国医师协会口腔医师分会成立大会于 2003 年在北京召开。口腔医师分会是由国家民政部 2003 年批复组建的中国医师协会二级机构，它的成立对于加强我国口腔医师队伍的建设和管理，提高口腔医师的职业道德和业务素质，保障口腔医师的合法权益，促进口腔医疗卫生事业的健康发展，具有非常重要的意义。

三、市、区、县卫生工作者协会

市、区、县卫生工作者协会是市、区、县卫生局直属的全民事业单位。各地曾于 20 世纪 70 年代初期成立农村卫生工作者协会，20 世纪 90 年代改为卫生工作者协会。卫生工作者协会是社会卫生技术人员非盈利性的群众性组织。

目前协会主要职能：对辖区内一级医院、民办医疗机构、私立医疗机构、企（事）业单位内部医疗机构进行业务督导；开展学术研讨交流；开展文体活动；开展医疗事故鉴定工作。该会义务协助卫生行政部门动员组织社会卫生力量，保障人民群众的生命健康，为我国各地市、县、区社会经济的发展服务。卫生工作者协会要发挥团体优势，履行职责，配合村（居）委会全面实施农村合作医疗卫生工作。要围绕我国各地市、县、区卫生工作的重点,不断提高业务技术水平。当好卫生行政部门的助手,不断促进自身建设和发展。牙科诊所属私立医疗机构,应接受市、区、县卫生工作者协会的业务督导。

例如,上海民营口腔医疗机构联合会在上海卫生工作者协会的直接领导下,严格执行上海卫生工作者协会的章程,团结和组织全市的民营口腔医疗机构遵守国家政策法规,弘扬以德为本、救死扶伤的人道主义职业道德,维护民营口腔医师的合法权益,努力提高医疗水平和服务质量,为上海的口腔医学事业服务,为广大人民群众的口腔卫生与健康服务。

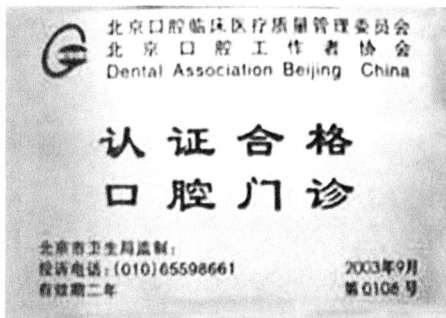

原北京口腔临床医疗质量管理委员会认证合格证

原四川省卫生协会会员单位证书

四、民营牙科协会

牙科,由于其自己的特点,集医学、艺工、技巧于一身,有较强的独立操作性和个体经营性。正如首任中华口腔医学会会长张震康教授早在1989年预言的那样:"中国口腔医疗卫生事业将可能像西方国家那样,私人牙医变得普遍并担任重要角色"。但民营口腔医疗以小型化和分散性为特点,行业的学习和交流受到制约,抗风险能力也比较低。成立民营牙科协会,可以推动民营口腔医疗机构由松散型自主管理转向集约型规范管理,将为民营口腔医疗机构规范、健康发展起到积极作用,同时为行业可持续发展提供良好服务平台。

由于民营口腔医疗机构发展历史较短,在办院(所)方向、经营模式、技术定位、人员素质以及社会责任等方面存在诸多问题,这在一定程度上制约了行业发展。而民营牙科协会已成为行政管理部门与民营医疗机构之间重要的沟通平台,通过协会组织的各种学习交流活动,将使我国各地民营口腔医疗机构在管理水平、行业自律、人员素质、社会责任等方面有较大提升。

改革开放以来,民营口腔医疗发展迅速,近年来在民营口腔医疗机构就业的口腔执业医师人数已超过50%,深圳等地区已达到80%,因而要求成立独立的行业协会的呼声越来越高。2013年广东省民营牙科协会的成立,被中华口腔医学会名誉会长张震康教授称赞为"全国口腔界第一个成立了有独立法人资格的一级协会,这是我国口腔事业发展史上一个突破性进展"。广东省的民营牙科(口腔)医疗经历了从20世纪80年代的恢复,到90年代的发展;从2000年后逐步走向规范,到2010年前后进入升级改造、健康发展的历程。在深圳、广州及珠三角经济较发达的地区,一些中高端民营口腔医院和口腔诊所,其硬件水平和专业技术服务品质已达到发达国家的先进水平。

原广东省卫生厅尹冬梅处长将姚志彬厅长题写的会名书法赠给欧尧会长

[附录] **中华口腔医学会章程**[来源:中华口腔医学会,2011年第四届会员代表大会通过]

第一章 总则

第一条 本会名称为中华口腔医学会(以下简称本会),英文名称 Chinese Stomatological Association,缩写为 CSA。

第二条 本会是口腔医学科学技术工作者以及从事口腔医学相关的企事业单位、社会团体自愿结成的全国性、学术性、非营利性的社会组织。

第三条 本会的宗旨:遵守宪法、法律、法规和国家政策,遵守社会道德规范,团结广大口腔医学科学技术工作者,促进我国口腔医学科学技术的繁荣与发展,推进口腔医学科技创新,促进口腔医学科学技术的普及与推广,促进口腔医学科学技术人才的成长与提高,为会员和口腔医学科学技术工作者服务,为提高我国人民的口腔健康水平服务。贯彻"百花齐放、百家争鸣"的方针和医学科学技术工作、卫生工作方针政策,坚持科教兴国,依靠科技进步、面向经济建设的战略思想,贯彻落实科学发展观,围绕国家科研重点和卫生工作任务,积极开展学术活动。在学术活动中，坚持实事求是的科学态度及优良学风，发扬学术民主，提倡辩证唯物主义和历史唯物主义。提倡"献身、创新、求实、协作"的科学精神及社会主义医学道德，发扬救死扶伤、为人民服务的优良传统。

第四条 本会接受业务主管单位卫生部、社团登记管理机关民政部的业务指导和监督管理。

第五条 本会住所在北京市。

第二章 业务范围

第六条 本会的业务范围

一、开展口腔医学学术交流，组织重点学术课题的研讨，加强学科间和相关学术团体间的横向联系和协作。

二、依照有关规定，编辑出版口腔医学综合性和专科性医学学术期刊、口腔医学科学普及读物及口腔医学信息资料；建立口腔医学专业网站，为会员、专业人员及大众提供信息服务。

三、普及口腔医学卫生知识，提高广大群众的口腔卫生知识水平及自我保健意识。

四、开展继续医学教育，鼓励、组织会员和口腔医学科学技术工作者及开业口腔医师努力学习和不断更新科学知识与技能，提高其业务水平。

五、开展有关口腔专业各类人员的培训工作。

六、协助卫生行政部门起草制定有关口腔保健用品功效标准；经国务院认证认可监督管理部门批准并取得认证资格后开展批准范围内的有关认证活动。

七、加强同境外口腔医学（牙医学）学术团体和口腔医学（牙医学）科技工作者的联系和合作，开展国际间的学术交流。

八、开发和推广口腔医学科学技术成果、新技术、新产品，提供咨询和服务；受政府有关部门委托或根据行业和市场的需要，举办口腔医疗设备及材料展览，构建企业与专业人员交流合作的平台。

九、接受政府有关部门委托，完成交办的各项任务。

十、培养、发现和推荐人才，经政府有关部门批准，评选和奖励会员的优秀科技成果、学术论文和科学普及作品，表彰、奖励在科技与学会活动中取得优异成绩的会员及学术工作者。

十一、依法维护会员和口腔医学科学技术工作者的权利，向党和政府反映他们的合理意见和要求。

十二、组织和参与各项与口腔医学发展、大众口腔健康水平提高的有关社会公益活动。

第三章 会员

第七条 凡承认本会章程，有加入本会的意愿，符合会员条件者，均可自愿申请为本会会员。本会设个人会员、单位会员、名誉会员。

第八条 各类会员条件

一、个人会员

1. 获得口腔医学专业执业医师、助理执业医师、助理编辑、助教、实习研究员、技师、护师、工程师以上技术职务者以及从事与口腔医疗、教学、科研、预防有关的管理工作者。

2. 本会会员中，凡经过专科培训取得主治医师（或相应）技术职务、从事本专业工作连续5年以上者；或取得本专业副主任医师及以上或相应技术职务者可申请为本会专科会员。

二、单位会员

凡愿意参加本会活动，支持本会工作，与本会专业有关的具有一定数量科技人员的科研院、所，医疗卫生、医学教育和医技加工机构以及医药、设备器材生产经营单位，经民政部门批准依法成立的地方性口腔医学会，可申请为本会单位会员。

三、名誉会员

对我国口腔医学科学事业的发展有重要贡献，热心支持帮助本会工作的港、澳、台地区的著名医学专家；对促进我国与其他国家（地区）口腔医学界的友好关系做出重要贡献的外籍专家和知名人士，可申请成为本会名誉会员。

第九条 入会程序

（一）个人会员由本人申请，可直接填写报名表或通过中华口腔医学网向本会申请，由会员管理部门审核，报理事会或常务理事会批准。专科会员由专业委员会（分会）按照本章程的规定组织发展，报本会理事会或常务理事会审批。

（二）单位会员由单位法人代表向本会提出书面申请，经本会理事会或常务理事会批准。

（三）名誉会员由理事，各专业委员会（分会）或组织工作委员会推荐，报本会理事会或常务理事会批准。

第十条 各类会员的权利和义务

一、个人会员

（一）权利

1. 享有选举权、被选举权和表决权；

2. 享有对本会工作的建议权和监督权；

3. 优先参加本会举办的国内外有关学术活动和被选派出席有关的国际会议；

4. 优先参加本会举办的培训班及讲座；

5. 可以参加本会组织的优秀论文等评选及表彰活动；

6. 优先取得本会编印的专业期刊及有关学术资料。

（二）义务

1. 遵守本会章程；

2. 执行本会决议,完成本会委托的工作；

3. 参加本会组织的科学技术推广、科学普及和咨询活动；

4. 按期交纳会费；

5. 维护本会的合法权益；

6. 积极向学会反映情况,提供有关资料。

二、单位会员

（一）权利

1. 享有选举权、被选举权和表决权；

2. 享有对本会工作的建议权和监督权；

3. 派代表参加本会组织的国内外有关的学术活动；

4. 取得本会有关的学术资料；

5. 可要求本会给予技术咨询；

6. 可请求学会协助举办培训班及国内外学术研讨会。

（二）义务

1. 遵守本会章程,执行学会决议及接受本会委托的工作；

2. 协助本会开展有关的学术活动和科普活动；

3. 反映本单位科技人员对本会的意见和要求；

4. 按期交纳会费；

5. 维护本会的合法权益；

6. 积极向学会反映情况,提供有关资料。

三、名誉会员

（一）权利

有对本会工作的建议权与批评权。

（二）义务

1. 参与对国家口腔医学及卫生工作发展战略、政策的重大决策的论证、咨询等活动；

2. 为发展本会事业献计献策。

第十一条　各类会员证书及聘书由本会统一印发。

第十二条　各类会员均可以自由退会,退会应书面上报入会时的审批组织,并交回会员证书。会员如两年不交纳会费者,视为自动退会,收回会员证书。严重违反本会章程者,经理事会或常务理事会表决通过,予以除名,追回会员证或聘书。被剥夺公民权利者,其会籍自然取消。

第四章 组织机构和负责人产生、罢免

第十三条 本会的最高权力机构是会员代表大会。会员代表大会每五年召开一次，因特殊情况需提前或延期召开时，须经理事会讨论通过，报业务主管部门审查并社团登记管理机关同意。延期召开最长不得超过一年。

第十四条 会员代表大会的职权

一、制定和修改本会章程；

二、审议理事会工作报告和财务报告；

三、决定本会工作方针和任务；

四、民主协商、选举和罢免理事；

五、制定和修改会费标准；

六、通过提案和决议；

七、决定终止事宜及其他重大事项。

第十五条 会员代表大会须有2/3以上会员代表出席方能召开，其决议须经到会会员代表半数以上表决通过方能生效。

第十六条 理事会的职权

理事会是会员代表大会的执行机构，在会员代表大会闭会期间领导本会工作，对会员代表大会负责，每届任期五年，理事会的职权如下：

一、执行会员代表大会决议，负责领导和组织本会工作；

二、召开会员代表大会，向大会报告工作及财务状况；

三、选举或罢免会长、副会长、秘书长和常务理事；

四、审批学术会议计划和工作计划；

五、决定办事机构、分支机构、代表机构和实体机构的设立、变更和注销；

六、决定副秘书长及各机构主要负责人的聘任；

七、进行奖励和表彰工作；

八、决定名誉职务的设立和人选；

九、制定内部管理制度；

十、决定其他重大事项。

理事会每年召开一次，可采用召集会议和通讯会议两种形式召开。理事会须有2/3以上理事出席方能召开，其决议须经到会2/3以上理事表决通过方能生效。

第十七条 理事会经民主协商并选举会长一人、副会长若干人、秘书长一人及常务理事若干人组成常务理事会，在理事会闭会期间行使第十六条第一、四、五、六、七、八、九项职权。常务理事会每季度召开一次，可采用召集会议和通讯会议两种形式召开，必要时可提前或延期召开。常务理事会会议须有2/3以上的常务理事出席方能召开，其决议须经到会常务理事2/3以上表决通过方能生效。

第十八条　会长、副会长、秘书长必须具备下列条件：

一、坚持党的路线、方针、政策，政治素质好；

二、在本会业务领域内有较大影响；

三、会长、副会长最高任职年龄不超过70周岁，秘书长为专职，最高任职年龄不超过62周岁；

四、身体健康，能坚持正常工作；

五、未受过剥夺政治权利的刑事处罚；

六、具有完全民事行为能力。

第十九条　会长、副会长、秘书长如超过最高任职年龄的，须经理事会表决通过，报业务主管单位审查并社团登记管理机关批准同意后，方可任职。

第二十条　会长、副会长、秘书长每届任期五年，连任不超过两届，因特殊情况需延长任期的，须会员代表大会2/3以上会员代表表决通过，报业务主管单位审查并经社团登记管理机关批准同意后方可任职。

第二十一条　会长为本会法定代表人，代表本会签署有关重要文件。本会法定代表人不得兼任其他团体的法定代表人。

第二十二条　会长行使下列职权：

一、召集、主持会员代表大会、理事会和常务理事会会议；

二、检查会员代表大会、理事会、常务理事会决议落实情况；

三、主持会长、秘书长办公会，听取秘书长工作汇报，检查办事机构工作。

第二十三条　秘书长行使下列职权：

一、主持办事机构开展日常工作，组织实施年度工作计划；

二、协调各分支机构、代表机构、实体机构开展工作；

三、提名副秘书长及各办事机构、代表机构和实体机构主要负责人人选，交理事会或常务理事会审议；

四、决定办事机构、代表机构、实体机构专职工作人员的聘用；

五、协助会长、副会长落实会员代表大会、理事会、常务理事会决议；

六、接受会长、副会长委托的学会工作；

七、处理其他日常事务。

第二十四条　本会按不同学科和专业，或根据工作需要，经理事会批准（在理事会闭会期间可由常务理事会审批），设立专业委员会（分会）和工作委员会，并报卫生部和民政部审核批准。专业委员会（分会）和工作委员会是理事会领导下的分支机构，负责组织本学科（专业）的业务活动。分支机构不具有法人资格，不另立章程，应按照本会的章程所规定的宗旨和业务范围，制定组织管理办法，在本会授权的范围内开展活动、发展会员。专业委员会（分会）经民主协商、推荐组成其委员会。由委员会委员选举产生的主任委员、副主任委员和常务委员组成常务委员会,负责本专业委员会(分会)的日常工作,任期三年。工作委员会由理事会中有关人员 10～15 名组成,主任委员由委员会选举产生。

第五章 资产管理、使用原则

第二十五条 本会经费来源

一、会费;

二、在核准的业务范围内开展活动或服务的收入;

三、国内外个人或单位、团体的捐赠;

四、政府部门拨付的项目经费;

五、存款利息收入;

六、其他合法收入。

第二十六条 本会经费管理

一、本会实行常务理事会领导下的民主理财管理体制,经费收支执行《民间非营利组织会计制度》。

二、本会的资产管理执行国家规定的财务管理制度,接受会员代表大会和财政部门、审计机关的监督;资产来源属于国家拨款或者社会捐赠、资助的,必须接受审计机关的监督,并将有关情况以适当方式向社会公布。

三、配备具有专业资格的会计人员,会计不得兼任出纳;会计人员调动工作或离职时,必须与接管人员办清交接手续。

四、建立严格的财务管理制度,保证会计资料合法、真实、准确、完整;严格会计核算、实行会计监督。

第二十七条 本会按照国家有关规定和本会会员代表大会决议收取会费。

本会经费必须用于本章程规定的业务范围和事业的发展,不得在会员中分配。

第二十八条 本会的资产任何单位、个人不得侵占、私分和挪用。

第二十九条 本会换届和更换法定代表人前须接受业务主管单位和社团登记管理机关组织的财务审计。

第三十条 本会根据需要,设置若干办事机构、聘任专职工作人员。专职工作人员的工资和保险、福利待遇,按照国家有关规定执行。

第六章 章程的修改程序

第三十一条 本会章程的修改,须经理事会表决通过后报会员代表大会审议通过。

第三十二条 修改的章程在会员代表大会通过后,须在 15 日内,报业务主管单位审查,经同意,报社团登记管理机关核准后生效。

第七章 终止程序及终止后的财产处理

第三十三条 本会因某种原因无法开展正常活动时,由理事会或常务理事会提出终止动议,经会员代表大会 2/3 以上会员代表表决通过,并经业务主管单位审查同意。

第三十四条 本会终止前,须在业务主管单位及有关机关指导下成立清算组织,清理债权债务,处理善后事宜。清算期间,不开展清算以外的活动。

本会经社团登记管理机关办理注销登记手续后即为终止。

第三十五条 本会终止后的剩余财产,在业务主管单位和社团登记管理机关的监督下,按国家有关规定用于发展我国的口腔医学事业。

第八章 附 则

第三十六条 本会会徽,外部轮廓为扁 C 字形框,框内上下文字分别为本会中英文名称,C 字中心为蛇和杖,蛇缠绕在杖上,背景为中国地图。C、蛇、杖的组合构成本会英文名称的缩写 CSA。

第三十七条 本章程经本会 2011 年 9 月 24 日第四届会员代表大会通过。

第三十八条 本章程解释权属于理事会。

第三十九条 本章程经社团登记管理机关核准后生效。

[附录] **中国医师协会口腔医师分会工作条例**(修改讨论稿)[来源:中国医师协会口腔医师分会,2011 年 6 月]

第一章 总 则

第一条 本会的名称为中国医师协会口腔医师分会,英文名称为 Chinese Stomatological Doctor Association,缩写为 CSDA。

第二条 口腔医师分会是以注册的口腔专业执业人员为主(执业医师、执业助理医师)(以下简称医师)及单位会员自愿组成的全国性、行业性、非营利性的依法成立的社团组织。

第三条 本会宗旨:发挥行业指导、服务、自律、协调、监督作用;团结和组织全国口腔医师遵守国家宪法、法律、法规和政策;弘扬以德为本,救死扶伤人道主义的职业道德;维护口腔医师的合法权益;努力提高医疗水平和服务质量;为我国人民的健康和社会主义建设服务。

第四条 中国医师协会对口腔医师分会实施管理。

第五条 本会会址设在北京市海淀区中关村南大街 22 号北京大学口腔医学院。

第二章 业务范围

第六条 本会的业务范围:

(一)组织本行业广大口腔医师,认真贯彻执行《中华人民共和国执业医师法》,通过实践,认真总结经验,向政府提供反馈意见;

(二)实行行业自律性管理,制定口腔医师执业规范。协助卫生行政部门建立口腔专科医师考核体系,审查、认证口腔医师执业资格,监督检查口腔医师执业情况。积极探索口腔医师队伍管理的新模式、新方法,加强医师队伍建设;

(三)依法维护口腔医师在执业活动中享有的合法权益。努力营造和谐有序的医疗环境和医疗秩序,更好地为人民口腔卫生与健康服务,使口腔医师的劳动得到全社会的尊重;

(四)对本行业的口腔医师进行口腔医学终身教育;

(五)积极开展口腔医学科普宣传教育,推广口腔医学科普知识,反对和批判封建迷信、伪科学;

(六)关心和帮助农村、基层的口腔卫生工作,促进其口腔预防及医疗水平不断提高;

(七)开展口腔业务咨询服务,兴办为口腔会员服务的机构。介绍推广口腔医药新技术、新成果,创办必要的口腔杂志刊物,促进口腔医学科学技术的进步和发展;

(八)开展与国际及港澳台地区的口腔医学交流与合作,学习借鉴先进的管理经验,更好地为广大口腔医师服务;

(九)表彰奖励在医疗、预防、保健工作中做出突出贡献的口腔医师以及优秀的协会工作人员;

(十)调查并了解口腔医师队伍的现状、要求和愿望。积极向政府提出建设性意见,更好地调动和发挥广大口腔医师的积极性;

(十一)开展对民营口腔医疗机构中执业医师的行业指导与管理,更好地为民营口腔医疗机构中的执业医师服务;

(十二)建立全国口腔医师网络平台,为医疗机构提供口腔医师资格及执业注册的认证服务,实现全国口腔医师资源共享;

(十三)承接卫生行政部门委托的有关工作。

第三章　会员

第七条　本会会员为个人会员、单位会员、荣誉会员。

第八条　会员资格:

(一)拥护本会章程;

(二)自愿申请加入本会;

(三)取得口腔医学执业医师资格或口腔医学执业助理医师资格的医疗、预防、保健机构中的医务人员,可申请个人会员;

(四)医疗、预防、保健、科研、医学教育以及地方口腔医师协会等机构和团体可申请单位会员;

(五)荣誉会员为我国口腔医学事业的发展做出重大贡献的口腔医学专家、学者,以及非口腔医学界的知名人士。

第九条 会员入会的程序:

(一) 提交入会申请书(可采用网上报名);

(二) 经分会会员工作组审核并经委员会或常委会讨论通过;

(三) 颁发会员证书。

第十条 会员享有下列权利:

(一) 选举权、被选举权和表决权;

(二) 优先参加本会组织或举办的各种活动并享受费用优惠,如继续教育及相关培训、出国考察等;

(三) 优先享受本会提供的各种服务如医师维权的法律咨询及相关援助;

(四) 有权获得"中国医师奖"和"杰出口腔医师奖"的评选资格。其中"中国医师奖"每两年评选一次,"杰出口腔医师奖"在召开全国会员代表大会时进行评选;

(五) 有权对本会的工作提出批评、建议和监督;

(六) 优先获得本会提供的有关信息资料;

(七) 入会自愿,退会自由。

第十一条 会员履行下列义务:

(一) 遵守本会章程;

(二) 执行本会决议;

(三) 遵守口腔医师的职业道德,遵守本会的行业规范和准则,维护本会的合法权益和会员的声誉;

(四) 积极参与本会工作和活动,完成本会委托的各项工作;

(五) 接受本会的监督和检查;

(六) 按期交纳会费,其形式可以个人会员或单位会员交纳。

第十二条 会员退会应书面通知本会,并交回会员证。会员如果一年未交纳会费并未再继续补交或不参加本会活动的,视为自动退会。

第十三条 会员如有严重违反本章程的行为,经委员会或常务委员会表决通过,予以除名。

第四章 组织机构和负责人的产生、罢免

第十四条 本会最高权力机构是全国会员代表大会。全国会员代表大会的职权:

(一) 制定和修改工作条例;

(二) 选举和罢免分会委员;

(三) 审议和批准分会委员会的工作报告和财务报告;

(四) 讨论和决定分会工作方针和任务;

(五) 决定其他重大事宜。

第十五条　全国会员代表大会须有2/3以上的会员代表出席方能召开，其决议须经到会会员代表1/2以上表决通过方能生效。

第十六条　全国会员代表大会每三年举行一次。必要时经常务委员会研究决定，可提前或延迟召开。

第十七条　分会实行大委员会制，由130名委员组成分会委员会。分会委员会是全国会员代表大会的执行机构，对全国会员代表大会负责。委员会委员成员因故空缺时，可经常委会推荐报中国医师协会审核后增补。委员应是在本行业从事专业技术、管理等工作，具有较高学术水平、良好的职业道德、热心协会工作、能联系和团结广大口腔医务工作者，并具有高级专业技术职称的中国医师协会会员。

第十八条　委员会的职权：

（一）执行全国会员代表大会决议，负责领导组织本会工作；

（二）选举和罢免常务委员会成员；

（三）筹备召开全国会员代表大会；

（四）向全国会员代表大会报告工作和财务状况；

（五）决定会员的吸收或除名；

（六）审议、批准设立办事机构、分支机构、代表机构和实体机构；

（七）推选或聘任委员会常设办事机构的主要负责人；

（八）审议各机构的工作计划；

（九）制定内部管理制度；

（十）决定其他重大事项。

第十九条　委员会每1～2年召开一次会议，如遇特殊情况，也可采用通讯或其他方式召开。委员会须有2/3以上委员出席方能召开，其决议须经到会委员2/3以上表决通过方能生效。

第二十条　委员会设立常务委员会，常务委员会由委员会选举产生，常务委员若干人。担任常务委员以上职务者，一般应是本行业中具有较大影响力的高级专业技术职称者。常务委员会在委员会闭会期间行使第十八条一、三、五、六、七、八、九项的职权，对委员会负责。

第二十一条　常务委员会设会长1人、副会长若干人。副会长的产生应当考虑地区分布需要。会长可提名总干事1人、副总干事1人，并经常委会确认通过。可根据情况设名誉会长若干人。

第二十二条　常务委员会每年召开一次会议，如遇特殊情况，也可采用通讯或其他方式召开。常务委员会须有2/3以上常务委员出席方能召开，其决议须经到会常务委员2/3以上表决通过方能生效。

第二十三条　委员会每届任期3年。会长任期一届，因特殊情况需要连任的，须经全国会员代表大会表决通过，报中国医师协会审查批准方可任职。副会长、常务委员原则上连任不得超过两届。委员原则上连任不得超过三届。卸任的会长、副会长、常务委员隔届可以再任。

第二十四条 会长行使下列职权：

（一）召集和主持委员会及常务委员会；

（二）检查全国会员代表大会、委员会及常务委员会决议的落实情况；

（三）代表本会签署有关重要文件；

（四）制定本会发展的长、短期计划，安排年度工作计划。

第二十五条 会长在任期内，因故不能主持机构工作，由常委会推荐一名副会长或总干事代理会长主持工作并报中国医师协会备案。

第二十六条 会长不得兼任中国医师协会同级机构的会长职务。

第二十七条 副会长协助会长工作。

第二十八条 总干事行使下列职权：

（一）主持办事机构开展日常工作，组织实施年度工作计划；

（二）组织、领导各分支机构、代表机构、实体机构开展工作；

（三）建议聘任或解聘副总干事以及各办事机构、分支机构、代表机构和实体机构主要负责人，交委员会或常务委员会决定；

（四）决定办事机构、分支机构、实体机构专职工作人员的聘任和解聘；

（五）负责组织制定业务活动计划，内部管理制度；

（六）处理其他日常事务。

第二十九条 根据工作需要，成立若干学术研究性和工作的分支机构，为本会的工作组。报中国医师协会批准备案。

第五章 委员会换届选举办法

第三十条 委员会的换届选举，由中国医师协会会员部负责组织实施。

（一）按照换届选举的规定，由本届常委会在充分酝酿的基础上，提出下届委员会委员的建议人选名单，结合地方医师协会推荐的当地人选组成候选人名单，在本届委员会进行通讯差额预选。

（二）协会会员部根据通讯预选结果，进行委员资格审查，报中国医师协会审批。

（三）委员确定后，由中国医师协会会员部征求本届常委会对常务委员、副会长、会长人选建议名单的意见。

（四）召开委员会，无记名投票选举产生常务委员；常务委员会无记名投票选举产生会长、副会长。到会委员（常务委员）必须达到委员（常务委员）总人数的 2/3 以上选举方为有效，获得出席会议的委员（常务委员）半数以上选票的候选人方可当选。

第三十一条 名额分配及有关要求

（一）委员名额分配应当考虑到地区分布和本学科各主要领域的需要。

（二）每届委员会更新的比例不应少于1/3。委员会应注意选拔优秀中青年科技骨干。55岁以下的委员比例，应争取达到不少于1/2。新增选委员的最高年龄不超过60岁。

（三）当选的委员由中国医师协会审批后颁发聘任证书。

第三十二条　名誉职务及表彰

（一）本届卸任的会长、副会长可由本届常委会推荐、下届常委会审议通过后，分别聘为名誉会长和顾问，由中国医师协会颁发聘书。

（二）委员卸任后，由本会颁发表彰状。

第六章　资产管理、使用原则

第三十三条　经费来源：

（一）会费收入；

（二）接受境内外团体、单位、企业和个人的捐赠和资助；

（三）政府及有关部门、单位的资助；

（四）有偿服务收入，包括开展与其宗旨相关的咨询服务、技术开发、人才培训、出版刊物、举办会议等服务项目所取得的合法收入；

（五）经营性收入，包括开展与其宗旨相关的经营活动和兴办的经济实体所取得的各项收入；

（六）其他合法收入。

第三十四条　经费支出：

（一）办公费：主要用于日常办公、通讯、差旅、设备购置、维修、租用办公用房、订购业务书籍、报刊等；

（二）事业活动费：主要用于开展学术交流、调查研究、技术开发、咨询服务、承担委托任务、举办宣传、展览、人才培训等；

（三）会议费：主要用于召开各类学术及工作会议等；

（四）机构聘用人员的工资、福利等；

（五）其他合法开支。

第三十五条　建立严格的财务管理制度，保证会计资料合法、真实、准确、完整。会计人员调动工作或离职时，必须与接管人员办清交接手续。

第三十六条　本会所得经费交由中国医师协会法人独立建账管理。其中会员费按照中国医师协会有关要求上交中国医师协会。日常经费由专人负责，经费支出由会长委托总干事或副总干事签字，报中国医师协会会员部审核。

第三十七条　换届或更换主任委员之前，必须进行离任财务审计后方可办理相关财务移交手续。

第三十八条　资产管理严格执行国家规定的财务管理制度，接受全国会员代表大会和财政、审计、税务部门的监督检查。本会的资产,任何单位和个人不得侵占、私分和挪用。

第七章 条例修改程序

第三十九条 本条例的修改,须经委员会表决通过后报全国会员代表大会审议。

第四十条 修改后的条例,须在全国会员代表大会通过后 15 日内报中国医师协会审查核准后方可生效。

第八章 附 则

第四十一条 本条例的解释权在本会常务委员会。

第四十二条 本条例自中国医师协会核准之日起生效。

[附录] **上海市杨浦区卫生工作者协会章程**[来源:上海市杨浦区卫生工作者协会]

第一章 总 则

第一条 本会的名称是上海市杨浦区卫生工作者协会。英文名称是:Association for hygienic qu YangPu District,缩写 AHYP。

第二条 本会由依法获得医疗机构执业许可的上海市杨浦区域内公立和社会办医药卫生机构及其工作者,以及其他与医药卫生相关的单位、团体和个人等自愿组成的区域性、专业性、非营利性的社会团体法人。

第三条 本会宗旨:以邓小平理论和"三个代表"的重要思想为指导,践行科学发展观,在党和政府领导下,团结区域内公立和社会办医疗卫生单位、企事业单位内设医疗机构及其在职和离退休医药卫生工作者,以及其他与医药卫生相关的单位、机构、团体和个人,遵守国家宪法、法律法规,遵守社会公德和职业道德,贯彻党和政府卫生工作方针与相关法令、政策和规范,促进医疗、教育、科研、管理和服务质量的持续改进,促进区域医药卫生事业的改革与发展。

第四条 本会登记管理机关是杨浦区民政局,业务主管机关是杨浦区卫生与计划生育委员会。本会接受登记管理机关和业务主管机关的监管和业务指导。

第五条 本会住所设在上海市杨浦区。

第二章 任务、业务范围、活动原则

第六条 本会的主要任务:

(一)宣传国家法律法规和卫生工作方针、政策,教育会员遵纪守法,坚守职业道德,推进文明行医,提高医疗服务质量,为保护和增进人民的健康、满足基本医疗需求提供服务。

(二)协助政府和卫生行政部门,推进初级卫生保健、公共卫生和基本医疗服务,参与社会办医疗机构和企事业单位内设医疗机构的医疗质量管理,当好区卫生行政部门参谋和助手,服务好会员单位和个体会员。

(三)开展医学继续教育,组办各类业务研讨和业务培训,帮助会员提高学术和业务水平。

(四)举办各种咨询服务活动,传递和推广相关医药卫生领域的新知识、新技术、新经验、新信息。推动和提高会员的管理与专业技术能力。

(五)开展国内外学术交流,提高会员管理和专业技术的学术水平。

(六)发掘、推荐和表彰会员中的优秀管理、专业人才、先进技术、科研及学术成果。

(七)组织各类专题调研,开展科学研究,为政府决策提供建设性意见与建议。

(八)接受卫生行政部门委托的其他工作。

(九)维护会员的合法权益,提供有关服务,协调各种关系。

(十)设置医药卫生咨询服务机构和医药卫生研究机构(上海杨浦区龙之春医疗咨询服务中心和上海杨浦区诚济卫生管理与发展研究中心),开展医药卫生咨询、评估、中介、培训、科学研究等工作。

第七条　本会业务范围:主要是与医药卫生相关的管理协调、学术研讨、继续教育、专业培训、中介服务、咨询与评估、科学研究等。

第八条　本会的活动原则:

(一)本会按照章程开展活动,不超越章程规定的业务范围;

(二)本会开展活动坚守遵纪守法,诚实守信,公正公平,不弄虚作假,不损害国家、会员和个人利益为原则。

(三)本会遵循“自主办会”原则,努力做到工作自主、人员自聘、经费自筹。

第三章　会员

第九条　本会会员由单位会员和个人会员组成。

第十条　申请加入本会,必须具备下列条件:

(一)承认本会章程;

(二)自愿加入本会;

(三)在本会的业务行业领域内具有一定的影响。

第十一条　会员入会的程序是:

(一)提交入会申请书;

(二)经理事会或常务理事会讨论通过;

(三)理事会授权的卫协办事机构发给会员证。

第十二条　会员享有下列权利:

(一)本会的选举权、被选举权和表决权;

(二)参加本会的活动权;

（三）获得本会服务的优先权；

（四）对本会工作的知情权、批评建议权和监督权；

（五）入会自愿、退会自由权。

第十三条 会员履行下列义务：

（一）遵守本会的章程；

（二）执行本会的决议；

（三）维护本会的合法权益；

（四）完成本会交办的工作；

（五）向本会反映情况，提供有关资料；

（六）按规定缴纳会费。

第十四条 会员退会应书面通知本会，并交回会员证。会员超过一年不履行义务的，可视为自动退会。

第十五条 会员如有严重违反本章程的行为，经理事会或常务理事会表决通过，予以除名。会员如对理事会或常务理事会的除名决定不服，可提出申诉，由理事会或常务理事会作出答复，必要时提交会员代表大会审议。

第四章 组织机构、负责人

第十六条 本会的组织原则是民主集中制。领导机构的产生和重大事项的决策，须经集体讨论，并按少数服从多数的原则作出决定。

第十七条 本会的负责人是指会长、副会长和秘书长。

第十八条 本会的最高权力机构是会员代表大会。会员代表大会每届任期四年，换届延期最长不超过一年。定期召开会员代表大会，特殊情况由理事会决定随时召开。

会员代表大会的职权是：

（一）制定和修改章程；

（二）选举或者罢免理事；

（三）制定会费标准；

（四）审议理事会的工作报告和财务报告；

（五）决定更名、终止等重大事宜。

第十九条 会员代表大会须有三分之二以上的会员代表出席方能召开，其决议须经到会会员代表半数以上表决通过后生效。决定终止的会议，经实际到会会员数的过半数同意，决议即为有效。

会员代表可以委托代理人出席会议，代理人应当出示授权委托书，在授权范围内行使表决权。

第二十条 会员代表大会选举理事，组成理事会。鉴于本会会员单位工作性质，理事一般由法人代表担任，若法人代表暂缺，则由主持工作负责人担任。

理事会为本会执行机构，对会员代表大会负责。理事会任期4年，到期应当召开会员代表大会进行换届选举。

第二十一条　理事会的职责是：

（一）召集会员代表大会，向大会提交工作报告和财务报告；

（二）执行会员代表大会决议；

（三）选举或者罢免本会负责人；

（四）决定副秘书长和协会各分支机构负责人的聘免；

（五）决定办事机构、分支机构、代表机构的设立或者注销，并依法向登记管理机关备案或申请登记；

（六）领导本会各分支机构开展工作；

（七）制定内部管理制度；

（八）听取、审议秘书长的工作报告，检查秘书长的工作；

（九）决定其他重大事项。

第二十二条　理事会每年召开一次，情况特殊可随时召开。理事会可补选或免除理事，但补选或免除理事须经下一次会员代表大会确认。

第二十三条　理事会会议由会长或常务副会长负责召集和主持。在特殊情况下有1/3理事提议召开理事会则必须召开。召开理事会会议，召集人需提前5日通知全体理事。理事会会议，应由理事本人出席。理事因故不能出席，可以书面委托其他理事代为出席，委托书中应载明授权事项。

第二十四条　理事会会议须有2/3以上理事出席方能召开；理事会决议须经出席理事2/3以上通过方为有效。

第二十五条　本会设常务理事会，常务理事从理事中选举产生，人数应当不超过理事总数的三分之一。常务理事会在理事会闭会期间行使本章程第二十一条第二、四、五、六、七款的职权，对理事会负责。

第二十六条　常务理事会应定期召开会议，情况特殊可随时召开。增补常务理事，应经理事会选举。特殊情况下可由常务理事会补选，但补选的常务理事应经下一次理事会确认。补选的常务理事应在理事中产生。本会负责人不得由常务理事会选举和罢免。

第二十七条　常务理事会须有2/3以上常务理事出席方才有效，其决议须经到会常务理事2/3以上表决通过方能生效。

第二十八条　本会会员代表大会、理事会、常务理事会进行选举或表决，应当遵照经会员代表大会、理事会、常务理事会同意通过的选举或表决办法进行。以上会议应当制作会议记录，形成决议的，应当制作会议纪要。其中理事会、常务理事会的会议决议应当由出席理事当场审阅、签名。会员代表有权查阅本会章程、规章制度、各种会议纪要和财务会计报告。

第二十九条　本会法定代表人一般由会长或常务副会长担任,如因特殊情况需由副会长或秘书长担任的,应报业务主管单位审查同意并经登记管理机关批准。

第三十条　本会负责人需具备下列条件:

(一)坚持党的路线、方针、政策;

(二)在本会业务领域内有较大的影响和较高的声誉;

(三)最高任职年龄一般不超过70周岁,身体健康,能正常工作;

(四)具有完全民事行为能力。

第三十一条　确因工作需要,任职年龄超过70周岁担任本会负责人的,须经理事会表决通过,报业务主管单位审查同意并经登记管理机关批准。

第三十二条　有下列情形之一的人员,不能担任本会负责人:

(一)因犯罪被判处管制、拘役或者有期徒刑,刑期执行完毕之日起未逾5年的;

(二)因犯罪被判处剥夺政治权利正在执行期间或者曾经被判处剥夺政治权利的;

(三)曾在因违法被撤销登记的社会团体中担任负责人的,且对该社会团体的违法行为负有个人责任,自该社会团体被撤销之日起未逾5年的;

(四)不具有完全民事行为能力的。

第三十三条　本会会长每届任期与理事会的届期相同,连任一般不超过两届。因特殊情况需超届连任的,须经理事会表决通过,报业务主管单位审查并经登记管理机关批准同意。

第三十四条　本会会长行使下列职权:

(一)主持会员代表大会,召集、主持理事会、常务理事会会议;

(二)检查各项会议决议的落实情况;

(三)领导理事会、常务理事会工作,代表本会签署重要文件;

(四)章程规定的其他职权;

(五)可委托常务副会长行使上述职权。

第三十五条　常务副会长、秘书长一般为专职。主要职责是:

(一)主持办事机构开展日常工作,组织实施年度工作计划;

(二)协调本会各分支机构、代表机构开展工作;

(三)拟订内部管理规章制度,报理事会审批;

(四)向理事会提议聘任或解聘副秘书长和各分支机构负责人人选;

(五)向会长和理事会(常务理事会)报告工作情况;

(六)处理其他日常事务;

(七)秘书长协助常务副会长工作。

第三十六条　本会常设办事机构，处理日常事务性工作。

第三十七条　本会专职工作人员应当参加登记管理机关或业务主管单位组织的岗位培训，熟悉和了解社会团体法律、法规和政策，努力提高业务能力。

第五章　财产管理和使用

第三十八条　本会的收入来源于：

（一）会员会费；

（二）单位、团体及个人资助或捐赠；

（三）举办各种培训、学术活动、咨询、评估、中介等；

（四）政府资助；

（五）利息；

（六）其他合法收入

第三十九条　本会的财产及其他收入受法律保护，任何单位、个人不得侵占、私分、挪用。

第四十条　本会按照会员代表大会通过的会费标准收取会员会费。

第四十一条　本会经费必须用于本章程规定的业务范围和事业的发展，不得在会员中分配。

第四十二条　本会执行非营利性组织会计制度，依法进行会计核算、建立健全内部会计监督制度，保证会计资料合法、真实、准确、完整。

第四十三条　本会资产来源属于政府资助及社会捐赠的部分，应及时向业务主管单位和登记管理机关报告接受、使用资助、捐赠的有关情况，并公开接受资助人、捐赠人和社会的监督。与资助人、捐赠人签订捐赠协议的，必须按照捐赠协议中约定的用途、方式、期限使用。本会违反捐赠协议使用捐赠财产的，资助人、捐赠人有权要求本会遵守捐赠协议或者向人民法院申请撤销捐赠行为、解除捐赠协议。

第四十四条　本会接受税务、会计主管部门依法实施的税务监督和会计监督。

第四十五条　本会配备具有专业资格的会计人员。会计不得兼出纳。会计人员调动工作或离职时，必须与接管人员办清交接手续，并接受第三方审计。

第四十六条　本会专职工作人员的工资和保险、福利待遇，根据国家有关规定执行。

第四十七条　本会每年1月1日至12月31日为业务及会计年度，每年3月31日前，理事会对下列事项进行审定：

（一）上年度业务报告及经费收支决算；

（二）本年度业务计划及经费收支预算；

（三）财产清册。

第四十八条　本会进行换届、更换法定代表人以及清算，应当进行财务审计，并报送登记管理机关和业务主管单位。

第四十九条 本会按照《社会团体登记管理条例》规定接受登记管理机关组织的年度检查。

第六章 终止和剩余财产处理

第五十条 本会有以下情形之一，应当终止：

（一）完成章程规定的宗旨的；

（二）无法按照章程规定的宗旨继续从事公益活动的；

（三）发生分立、合并的；

（四）自行解散的。

第五十一条 本会终止，应由理事会或常务理事会提出终止动议，经会员代表大会表决通过后 15 日内，报业务主管单位审查。经业务主管单位审查同意后 15 日内，向登记管理机关申请注销登记。

第五十二条 本会终止前，应当在登记管理机关、业务主管单位的指导下成立清算组织，清理债权债务，处理善后事宜。清算期间，不开展清算以外的活动。

第五十三条 本会经社会团体登记管理机关办理注销登记手续后即为终止。

第五十四条 本会注销后的剩余财产，应当在业务主管单位和登记管理机关的监督下，按照国家有关规定，用于发展与本协会宗旨相关的事业。

第七章 附则

第五十五条 本章程的修改，须经理事会表决通过后，提交会员代表大会审议通过。会员代表大会审议通过后 15 日内，报业务主管单位审查同意，并报登记管理机关核准。

第五十六条 本章程经 2013 年 11 月 5 日第九届第 1 次会员代表大会表决通过。本章程规定如与国家法律、法规和政策不符，以国家法律、法规和政策为准。

第五十七条 本章程的解释权属于本会理事会。

第五十八条 本章程自登记管理机关核准之日起生效。

[附录] 潍坊市民营牙医协会章程 [来源：2014 年 6 月 27 日潍坊市民营牙医协会会员大会表决通过]

第一章 总则

第一条 本协会名称为潍坊市民营牙医协会。

第二条 本协会的性质：本协会是潍坊市从事民营（非公有制）口腔医疗的医师（执业医师、执业助理医师）自愿结成的地方性、专业性、非营利性的社会团体。

第三条　本协会宗旨：遵守宪法、法律、法规和国家政策；发挥行业服务、自律、协调、监督作用；弘扬以德为本的职业道德；维护民营口腔医师与医疗机构的合法权利；互相交流学习，促进民营口腔事业发展。

第四条　本协会的社团登记管理机关是潍坊市民政局，本协会接受相关主管部门（单位）、社团登记管理机关的业务指导和监督管理。

第五条　本协会设在山东省潍坊市。

第二章　业务范围

第六条　本协会的业务范围：

（一）规范全市民营口腔医疗机构及民营口腔医务工作者的技术水平、医疗道德行为；弘扬科学精神，普及科学知识，传播科学思想和科学方法；捍卫科学尊严，推广医学新技术、新材料的应用。

（二）开展民间口腔科学技术交流活动及继续教育和培训工作，做好社区口腔卫生保健知识的宣传与教育，发展同外省市的口腔医务工作者的友好交流。

（三）作为纽带在卫生行政主管部门、公立医院、医学会及医师协会与广大民营口腔机构、从业人员之间起到联系沟通作用，调查并了解潍坊市民营口腔医师队伍的现状、要求和渴望，积极向有关部门反映民营口腔医务工作者的建议、意见和诉求，依法维护会员和口腔医务工作者在执业活动中享有的合法权益，营造和谐有序的医疗环境和医疗秩序，更好的为人民健康服务。

（四）组织会员对国家口腔医疗政策、法规制定和国家事务提出建议，推进决策的科学化、民主化。

（五）开展口腔诊疗服务方面的论证、咨询服务，支持科学研究；接受委托承担项目评估、成果鉴定、技术评价，参与并承担技术标准制定、专业技术资格评审和认证等工作。

（六）举办符合协会章程、有利于口腔医疗发展的社会公益事业。

第三章　会员

第七条　本协会的会员种类：个人会员。

第八条　申请加入本协会的个人会员，必须具备下列条件：

（一）拥护本协会的章程；

（二）有加入本协会的意愿；

（三）是在潍坊市从事民营（非公有制）口腔医疗的医师（执业医师、执业助理医师）。

（四）在本协会的业务领域内具有一定的影响。

第九条　会员入会的程序是：

（一）提交入会申请书；

（二）经理事会讨论通过；

（三）由理事会授权秘书处颁发会员证。

第十条 会员享有下列权利：

（一）本协会的选举权、被选举权和表决权；

（二）参加本协会的活动；

（三）获得本协会服务的优先权；

（四）对本协会工作的批评建议权和监督权；

（五）入会自愿、退会自由；

（六）协会章程规定的其他权利。

第十一条 会员履行下列义务：

（一）执行本协会的决议；

（二）维护本协会合法权益；

（三）完成本协会交办的工作；

（四）向本协会反映情况，提供有关资料。

第十二条 会员退会应书面通知本协会，并交回会员证。会员如果1年不参加本协会活动或1年以上不缴纳会费的，视为自动退会。

第十三条 会员如有严重违反本章程的行为，经理事会表决通过，予以除名。

第四章 组织机构和负责人的产生、罢免

第十四条 本协会最高权力机构是会员大会，会员大会的职权是：

（一）制定和修改章程；

（二）选举和罢免理事；

（三）审议理事会的工作报告和财务报告；

（四）决定终止事宜；

（五）制定会费标准；

（六）决定其他重大事宜。

第十五条 会员大会须有2/3以上的会员出席方能召开，其决议须经到会会员1/2以上表决通过方能生效。

第十六条 会员大会每届5年。因特殊情况需提前或延期换届的，须由理事会表决通过，经社团登记管理机关批准同意。但延期换届最长不超过1年。

第十七条 理事会是会员大会的执行机构，在闭会期间领导本协会开展日常工作，对会员大会负责。

第十八条 理事会的职权：

（一）执行会员大会的决议；

（二）选举和罢免会长、副会长、秘书长；

（三）筹备召开会员大会；

（四）向会员大会报告工作和财务状况；

（五）负责会员的吸收和除名；

（六）决定设立办事机构、分支机构、代表机构和实体机构；

（七）决定副秘书长、各机构主要负责人的聘任；

（八）领导协会各机构开展工作；

（九）制定内部管理制度；

（十）决定其他重大事项。

第十九条　理事会须有2/3以上理事出席方能召开，其决议须经到会的理事2/3以上表决通过方能生效。

第二十条　理事会至少每年召开一次会议，特殊情况的也可用通讯或其他方式召开。

第二十一条　本协会的会长、副会长、秘书长必须具备下列条件：

（一）坚持党的路线、方针、政策，政治素质好；

（二）在本专业学科和业务领域内有较高造诣的专家、学者或有较大影响的人士；

（三）热心协会工作，身体健康，能坚持正常工作；

（四）会长、副会长、秘书长任职时年龄不超过55周岁，秘书长为兼职；

（五）未受过剥夺政治权利刑事处罚的；

（六）具有完全民事行为能力；

（七）工作作风民主，团队精神强。

第二十二条　本协会会长、副会长、秘书长如超过最高任职年龄的，须经理事会表决通过，经社团登记管理机关批准同意后，方可任职。

第二十三条　本协会会长、副会长、秘书长任期5年，因特殊情况需延长任期的，须经会员大会三分之二以上会员表决通过，报相关主管部门（单位）审查并经社团登记管理机关批准同意后方可任职。

第二十四条　本协会会长是本协会的法定代表人，本协会法定代表人不兼任其他团体的法定代表人。

第二十五条　本协会会长行使下列职权：

（一）召集和主持理事会；

（二）检查会员大会、理事会决议的落实情况；

（三）代表协会签署有关重要文件。

第二十六条　本协会秘书长行使下列职权：

（一）主持办事机构开展日常工作，组织实施年度工作计划；

（二）协调各分支机构、代表机构、实体机构开展工作；

（三）提名副秘书长以及各办事机构、分支机构、代表机构和实体机构主要负责人，提交理事会审定；

（四）聘用办事机构、分支机构、代表机构、实体机构专职工作人员；

（五）处理其他日常事务。

第五章 资产管理、使用原则

第二十七条 本协会执行《民间非营利组织会计制度》。

第二十八条 本协会经费来源：

（一）会费；

（二）捐赠；

（三）政府资助；

（四）在核准的业务范围内开展活动或服务的收入；

（五）利息；

（六）其他合法收入。

第二十九条 本协会经费必须用于本章程规定的业务范围和事业的发展，不得在会员中分配。本协会的资产，任何单位、个人不得侵占、私分和挪用。

第三十条 本协会建立严格的财务管理制度，保证会计资料合法、真实、准确、完整。

第三十一条 本协会配备具有专业资格的会计人员。会计不得兼任出纳。会计人员必须进行会计核算，实行会计监督。会计人员调动工作或离职时，必须与接管人员办清交接手续。

第三十二条 本协会的资产管理必须执行国家规定的财务管理制度，接受会员大会和有关部门的监督。资产来源属于国家拨款或者社会捐赠、资助的，必须接受审计机关的监督，并将有关情况以适当方式向社会公布。

第三十三条 本协会换届或更换法定代表人之前必须接受社团登记管理机关和相关主管部门（单位）组织的财务审计。

第三十四条 本协会专职工作人员的工资和保险、福利待遇，参照国家有关规定执行。

第六章 章程的修改程序

第三十五条 本协会章程的修改，须经理事会表决通过后报会员大会通过。

第三十六条 本协会修改的章程，须在会员大会通过后15日内，报社团登记管理机关核准后生效。

第七章 终止程序及终止后的财产处理

第三十七条 本协会完成宗旨或自行解散或由于分立、合并等原因需要注销时，由理事会提出终止动议。

第三十八条 本协会会议终止动议须经会员大会表决通过。

第三十九条 本协会终止前，须在有关机关指导下成立清算组织，清理债权债务，处理善后事宜。清算期间，不得开展清算以外的活动。

第四十条　本协会经社团登记管理机关办理注销手续后即为终止。

第四十一条　本协会终止后的剩余财产,在相关主管部门(单位)和社团登记管理机关的监督下,按照国家有关规定,用于发展与本协会宗旨相关的事业。

第八章　附件

第四十二条　本章程经2014年6月27日会员大会表决通过。

第四十三条　本章程的解释权属本协会的理事会。

第四十四条　本章程自社团登记管理机关核准之日起生效。

参考文献

1. 李根茂，宋锦磷．口腔医疗机构经营管理的有关法律问题．中国口腔医学信息，2002，11（1）：10-11

2. 执业医师法及其配套规定．北京：中国法制出版社，2003，1-10，38-44

3. 个人所得税法及其配套规定．北京：中国法制出版社，2003，1-6

4. 医疗废物管理条例及其配套规定．北京：中国法制出版社，2003，1-13

5. 医疗事故处理条例及其配套规定．北京：中国法制出版社，2003，1-17，40-50

6. 李刚．加强牙科诊所依法开业，适应卫生服务市场需要．中华口腔医学网通讯，2005，1（2）：5-6

7. 王凡．医疗卫生法律法规与行政执法工作手册．北京：当代中国音像出版社，2004

8. 张汝建，肖爱芹．临床医疗法律法规与实践（高等医学院校临床医学专业用教材）．北京：人民军医出版社，2005

9. 医疗事故处理常用法律法规手册．北京：中国民主法制出版社，2003

10. 李刚．口腔医学职业规划和就业指导．北京：人民卫生出版社，2009，88-108

11. 孙轶群，李刚，王伊，等．国外口腔卫生相关的法规．牙科先锋，2013，（11）：54-56

12. 孙轶群，李刚．国外口腔卫生相关的政策．牙科先锋，2013，（2）：50-51

13. 李刚．口腔诊所开业法规．北京：人民卫生出版社，2006

14. 孙轶群，李刚，张思佳，等．社会大众口腔卫生法规和政策需求调查．预防医学情报杂志，2013，29（3）：178-180

15. 卫生部政策法规司．中华人民共和国卫生法规汇编（2001-2003）．北京：法律出版社出版，2004

16. 卫生部政策法规司．中华人民共和国卫生法规汇编（2004-2005）．北京：法律出版社出版，2006

17. 卫生部政策法规司．中华人民共和国卫生法规汇编（2006-2007）．北京：法律出版社出版，2008

18. 卫生部政策法规司．中华人民共和国卫生法规汇编（2008-2009）．北京：法律出版社出版，2010

19. 卫生部政策法规司. 中华人民共和国卫生法规汇编(2010-2011). 北京: 法律出版社出版, 2013

20. 高润涛, 李燕. 提高实习阶段口腔医学生法律意识防范医疗风险. 北京口腔医学, 2012, 20(6): 346-347